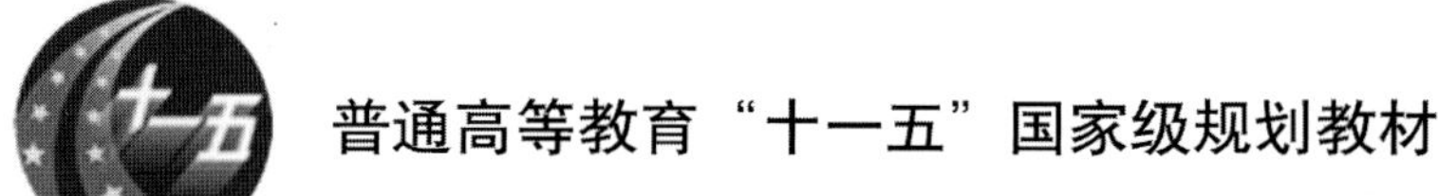

现代管理系列教材

现代生产管理学

CONTEMPORARY PRODUCTION MANAGEMENT

第四版

潘家轺　编著

清华大学出版社
北　京

内容简介

本书分为四篇十六章，较为详细地介绍了生产管理的基本概念和基础知识，并从生产经营战略、生产系统的规划与设计和生产系统的运行，分三个层次系统地介绍其主要的决策内容。本书具有以下特点：内容完整，体系严密，逻辑性强，符合认识规律；理论联系实际，可读性强；定性分析与定量计算相结合，介绍了一些实用的数学模型，使所介绍的管理方法具有可操作性。

本书适合高等院校管理类各专业学生用作学习生产管理学的教材或主要参考书，也可供工商企业的管理层阅读和参考。

图书在版编目(CIP)数据

现代生产管理学/潘家轺编著. —4版. —北京：清华大学出版社，2018（2022.8重印）
（现代管理系列教材）
ISBN 978-7-302-49121-7

Ⅰ. ①现… Ⅱ. ①潘… Ⅲ. ①生产管理—高等学校—教材 Ⅳ. ①F273

中国版本图书馆 CIP 数据核字(2017)第 313218 号

责任编辑：王　青
封面设计：汉风唐韵
责任校对：宋玉莲
责任印制：朱雨萌

出版发行：清华大学出版社
网　　址：http://www.tup.com.cn，http://www.wqbook.com
地　　址：北京清华大学学研大厦 A 座　　**邮　　编**：100084
社 总 机：010-83470000　　**邮　　购**：010-62786544
投稿与读者服务：010-62776969，c-service@tup.tsinghua.edu.cn
质量反馈：010-62772015，zhiliang@tup.tsinghua.edu.cn
印 装 者：天津鑫丰华印务有限公司
经　　销：全国新华书店
开　　本：185mm×260mm　　**印　　张**：21.75　　**插　　页**：1　　**字　　数**：463 千字
版　　次：1994 年 1 月第 1 版　2018 年 3 月第 4 版　　**印　　次**：2022 年 8 月第 3 次印刷
定　　价：55.00 元

产品编号：076179-02

第四版前言

Foreword

本书初稿于1993年成稿，1994年2月初版，20多年来深受广大读者的欢迎，曾获国家教委优秀教材二等奖，并被选为普通高等教育“十一五”国家级规划教材。本书自第二次再版至今已逾六载，蒙各界读者对本书的厚爱，仍不断提出需求。经与清华大学出版社商量，决定进行第三次再版，以满足各界读者的需求。由于第二次再版时，对生态环境保护和绿色制造等已进行了较大的补充和修改，本次再版在这方面没有作更多的修改，只是在个别地方和文字上作了一些修正。限于作者的水平，想必书中仍有许多不足之处，恳请批评指正，不胜感谢。

潘家轺

2017年10月

第三版前言

Foreword

生产管理的发展，离不开当代社会发展和经济发展的大环境。现在已是21世纪第一个十年的末尾，与本书第二版出版之时已经过七八年了。本书第二版的内容主要是反映20世纪90年代的情况，书中有一章描述了对生产管理发展前景的展望，尽管书中的展望与今天的发展现实是相符的，但是经过这十年的发展，从理论研究到管理实践，又提出了很多新的课题，也积累了不少新的管理经验，这些都应该及时充实到书中去。同时，中央提出了贯彻"科学发展观"，要求企业加强研究开发，提高自主创新能力，建设创新型国家等一系列重要指示，这对我国企业管理者提出了很高的要求。这些要求应在教材中有很好的反映。本书的第三版就是在这一愿望的推动下启动的。

进入21世纪以来，这十年世界又发生了哪些变化呢？概括地说，比较突出的有以下三个方面。

1. 节能降耗、保护生态环境，以保障人类社会的可持续发展，这一理念已在全球范围内得到普遍的共识。进入工业社会以来，由于生态环境破坏严重，许多自然资源日趋枯竭，环境保护、防治污染和节能降耗已成为世界各国经济社会发展的当务之急。这也是所有企业，特别是制造类企业今天必须共同承担的社会责任。企业要树立与环境和谐发展的观念，并积极探索和创建绿色营销、绿色制造的新型管理模式。

2. 随着科学技术的飞速发展，21世纪世界已进入知识经济和信息经济时代。知识经济的价值取向体现在知识和智力的占有上，因为价值是通过知识的应用而被创造和增值的。知识已成为企业最主要的资产，为了有效地利用和最好地发挥知识的作用，知识管理将成为企业管理的重要组成部分。为了有效地发挥知识创造价值的作用，企业需要拥有高素质的、掌握各种知识的人才，并调动其积极性和创造性。所以今天生产管理的重点不是物，而是人。突出以人为本的人本管理是新世纪企业管理的主要特点。

3. 经济全球化的进程加快了，经济全球化使资本、商品、服务、技术和人才在国际间流通方便而快捷，使生产要素在全球范围内的配置更加合理，这为整个世界经济的增长与发展提供了更为有利的条件。但同时，每个企业面对的是一个全球化的市场和世界各国的竞争对手，竞争将变得更为激烈。企业必须扩大经营视野，积极开展国际贸易，利用外资或到国外投资，开拓国内、国外两个市场，充分利用国内、国外两方面的资源。

生产管理不能局限在一个企业的界限之内，而要与供应链上的所有合作伙伴进行很好的合作，要重视和仔细研究用户的各种需求，与用户保持密切的联系，以最好地为他们服务，最大限度地满足他们的个性化需求，为他们创造价值。甚至还要和自己的竞争对手又竞争又合作以实现双赢。

信息化和网络化为企业与外界的广泛合作，包括建立虚拟企业提供了有力的技术支撑。网络化制造和电子商务在实践中将不断成熟、不断完善,逐渐成为企业生产经营活动的主要形式。

鉴于以上发展形势,本书第三版着重对以下几章进行了修订:

在第三章企业发展战略中充实了战略管理的内容。在第四章生产战略决策中增加了绿色制造战略和新世纪现代企业提出的几种新的生产战略。在第八章新产品研制与开发中,强调了加强研制开发,提高自主创新能力对提高企业核心竞争力的重要作用,分析了我国企业创新能力不强的原因和存在的问题,借鉴国外经验,提出了提高企业创新能力的措施和途径,还强调了只有企业成为技术创新的主体,才能形成内生的经济增长动力,为从根本上转变我国的经济发展方式打下坚实的基础。第八章还充实了企业研制开发管理的内容,包含企业研制开发的流程管理、研制开发的组织、研制开发的规模和经费,还对研制开发与专利管理做了较详细的介绍。在新产品设计开发一节中研究了新产品开发的动力模式和开发策略,增加了绿色产品和绿色设计的内容,还对产品设计的现代化方法和工具补充了不少新的内容。

对上一版的第十五章供应链管理做了较大的改动,删除了一些如今实用意义已不大的内容。例如,"牛鞭效应",过去学界对此有很多研究,在库存管理上要采取许多对策,但随着信息技术的飞速发展,供应链中上下游企业可以共享产品销售信息,通过建立稳固的合作伙伴关系,依靠信息化实现企业间的沟通与协调,在很大程度上可以消除"牛鞭效应"的影响,所以这一问题已不再是困扰供应链管理的难题了。这次改动着重在供应链的设计与构建上,特别是对供应链物流配送系统的设计补充了不少内容。还介绍了供应链发展过程中国外的一些成功经验,以供设计时参考。最后还增加了一节"建设绿色供应链"。

其他各章也进行了一些小的必要的修改。

本书修订后共四篇十六章。这次修订工作曹德弼教授因故没有参加,因此全书的修订主要是由潘家轺教授主持的,其中第十三章物资供应与库存管理和第十四章供应链管理是潘家轺和李萍老师合作完成的。

本书适合管理类各专业学生作为学习"生产管理学"课程的教材或主要参考书,也可以作为企业生产经营管理干部进修的重要参考读物。

本书在修订过程中参阅了不少文献资料和参考书籍,受益匪浅,特在此向有关文献的国内外作者致以真诚的感谢。

这次修订工作时间上有点仓促,书中如有错误和不妥之处,恳请批评指正,不胜感激。

潘家轺

2010年10月

目录

Contents

第一篇　绪　　论

第一章　现代生产管理概述 …… 3

第一节　现代生产管理基本概念 …… 3

一、关于生产管理和运作管理 …… 3

二、生产管理的研究对象 …… 4

第二节　制造企业最基本的生产经营活动 …… 5

一、制定经营方针和目标 …… 5

二、技术活动 …… 5

三、供应活动 …… 5

四、加工制造活动 …… 5

五、销售活动 …… 5

六、财务活动 …… 5

第三节　生产过程组织 …… 6

一、生产过程的概念 …… 6

二、生产过程的构成 …… 6

三、生产过程的组织形式 …… 7

第四节　生产系统的功能与结构 …… 8

一、用户对产品的要求 …… 8

二、企业经营战略对构造生产系统的影响 …… 8

三、生产系统各项功能相互之间的影响 …… 9

四、生产系统的构成要素 …… 9

五、生产系统的功能、结构与两类要素的关系 …… 10

第五节　生产类型 …… 10

一、生产类型的分类标志 …… 11

二、不同生产类型生产管理工作的特征 …… 12

第六节　现代生产管理的特征 …… 14

一、生产管理面临的挑战 …… 14

二、现代生产管理的主要特征 …… 15

思考题 …… 16

第二章 生产管理的发展历史 …… 18
第一节 泰勒的科学管理法 …… 18
一、泰勒科学管理法产生的背景 …… 18
二、泰勒的管理思想和《工厂管理法》的内容 …… 19
三、泰勒的管理实践 …… 21
第二节 福特的大量生产方式 …… 23
第三节 通用汽车公司的生产管理方式 …… 24
第四节 丰田生产方式 …… 25
第五节 精益生产方式 …… 27
第六节 结束语 …… 28
思考题 …… 29

第二篇 战略决策

第三章 现代企业发展战略 …… 33
第一节 现代企业发展战略的新内涵 …… 33
一、"保护环境、节能降耗"已成为每一个企业必须承担的社会责任 …… 33
二、在管理理念上有了许多新的进展 …… 33
三、当今社会已进入知识经济时代,知识将成为创造财富的最重要的资源 …… 33
四、经济全球化促使企业实施国际化经营 …… 34
第二节 企业发展战略的作用 …… 34
一、明确企业的长远发展方向和目标 …… 34
二、抓住机遇、规避风险 …… 34
三、确定工作重心、优化资源配置 …… 34
第三节 企业发展战略的类型 …… 34
一、按照战略目的分类 …… 34
二、按照竞争态势分类 …… 35
三、按照战略层次分类 …… 36
第四节 企业发展战略管理 …… 36
一、战略规划 …… 36
二、战略实施 …… 41
思考题 …… 43

第四章 生产战略与绿色制造战略 …… 44
第一节 绿色制造战略 …… 44
一、绿色制造战略产生的背景 …… 44
二、绿色制造战略的内涵 …… 45

三、绿色制造的内容 …… 46
第二节 生产战略 …… 48
一、企业生产战略的传统内容 …… 48
二、现代企业 21 世纪的生产战略 …… 50
三、在企业内部管理上要采用生产经营一体化的管理体系 …… 53
思考题 …… 54

第三篇 生产系统的规划与设计

第五章 生产能力规划与计算 …… 57
第一节 生产能力的概念 …… 57
一、生产能力的定义 …… 57
二、生产能力的种类 …… 57
第二节 生产能力的计算 …… 58
一、生产能力的计量单位 …… 58
二、生产能力的计算 …… 59
三、提高生产能力的途径 …… 61
第三节 规模经济理论与生产能力规划 …… 61
一、规模经济理论 …… 61
二、生产能力规划决策 …… 62
思考题 …… 66

第六章 生产系统的合理布局 …… 67
第一节 厂址选择 …… 67
一、影响选址的因素 …… 67
二、厂址选择的程序和方法 …… 70
第二节 厂区合理布局 …… 73
一、厂区布局的原则 …… 74
二、厂区布局的影响因素 …… 75
三、厂区平面布置的程序及方法 …… 75
第三节 车间布置 …… 78
一、机群式布置和生产线布置 …… 78
二、生产线布置的几种方法 …… 79
思考题 …… 84

第七章 工作设计 …… 85
第一节 工作设计的基本原理与方法 …… 85
一、泰勒的管理思想及其方法 …… 85

二、工作设计中的社会技术理论 …… 86
三、工作设计中的行为理论 …… 87
四、团队工作方式 …… 88
第二节 工作环境设计 …… 90
一、气候状况的分析与设计 …… 90
二、照明的影响与照明设计 …… 92
三、色彩对工作人员的影响 …… 92
四、噪声的影响与控制 …… 94
第三节 工作研究 …… 95
一、工作研究的程序和内容 …… 95
二、过程分析 …… 97
三、动作研究 …… 98
四、时间研究与工时定额 …… 100
五、作业测量 …… 102
思考题 …… 106

第四篇 生产系统的运行管理

第八章 新产品研究与开发 …… 109
第一节 企业的研发能力与自主创新 …… 109
一、研发与自主创新在社会经济发展中的地位和作用 …… 109
二、从制造大国迈向研发创新大国 …… 109
三、企业应成为国家技术研发力量的主体 …… 111
第二节 现代工业企业的研发 …… 112
一、研发的分类和特征 …… 112
二、企业的研发能力直接影响企业的生存和发展 …… 113
第三节 企业研发管理 …… 114
一、企业的研发战略 …… 114
二、企业的研发管理 …… 116
第四节 新产品设计开发 …… 123
一、新产品的概念 …… 123
二、新产品开发的动力模式 …… 124
三、新产品开发计划和开发策略 …… 125
四、新产品开发程序 …… 127
五、绿色产品与绿色设计 …… 127
六、新产品生产工艺技术的开发 …… 132
第五节 产品设计的现代化方法和工具 …… 133
一、计算机辅助设计 …… 133
二、并行设计 …… 135

三、质量功能部署法 …… 137
四、价值工程 …… 141
思考题 …… 150

第九章 计划管理工作综述 …… 152
第一节 企业计划体系 …… 152
一、企业计划体系的层次和内容 …… 152
二、企业年度综合计划 …… 153
第二节 年度生产计划的编制 …… 154
一、产品品种组合决策 …… 154
二、产量决策 …… 158
三、关于质量指标和产值指标 …… 160
第三节 不同生产类型生产作业计划的特点 …… 161
一、大量大批生产作业计划的特点 …… 161
二、成批生产类型生产作业计划的特点 …… 161
三、单件小批生产作业计划的特点 …… 161
第四节 生产作业计划的期量标准 …… 163
一、大量流水生产作业计划的期量标准 …… 163
二、成批生产作业计划的期量标准 …… 170
三、单件小批生产作业计划的定额资料和期量标准 …… 178
第五节 生产作业监控 …… 181
一、生产作业监控系统 …… 182
二、生产调度 …… 182
三、生产作业统计 …… 184
四、生产作业计划完成情况考核 …… 185
思考题 …… 187

第十章 产品生产进度计划 …… 189
第一节 大量流水生产类型的产品生产进度计划 …… 189
一、均衡策略 …… 189
二、跟踪策略 …… 189
三、混合策略 …… 190
第二节 成批生产类型的产品生产进度计划 …… 191
一、品种的合理搭配 …… 191
二、生产负荷与生产能力平衡 …… 192
第三节 单件小批生产的产品生产进度计划 …… 192
一、合同谈判阶段 …… 192

二、合同执行开始阶段 …… 193
三、产品制造阶段 …… 193
四、合同总结 …… 193
思考题 …… 196

第十一章 零部件生产进度计划 …… 197
第一节 MRP系统 …… 197
一、物料需求计划的由来与发展 …… 197
二、ERP/MRPⅡ系统的基本结构和主要功能模块 …… 198
三、MRP编制的原理和方法 …… 200
第二节 JIT计划系统 …… 206
一、准时生产制的基本思想和主要内容 …… 206
二、拉式生产系统 …… 207
三、JIT与小批量生产 …… 209
四、灵活配置作业人员 …… 210
第三节 TOC计划系统 …… 212
一、约束理论的由来及其基本思想 …… 212
二、瓶颈资源计划与OPT的九条原则 …… 216
三、瓶颈资源计划及其编制方法 …… 218
思考题 …… 225

第十二章 生产作业排序 …… 226
第一节 作业排序的基本概念 …… 226
一、排序问题的一般假设和常用符号的含义 …… 226
二、排序问题的目标函数 …… 227
三、排序问题的分类 …… 228
第二节 流水型的排序问题 …… 228
一、约翰逊法(Johnson method) …… 228
二、关键工序法 …… 231
三、C-D-S法 …… 232
第三节 非流水型的排序问题 …… 234
一、非流水型排序问题的常用符号和描述方法 …… 234
二、非流水型排序的几种有实用价值的求解方法 …… 235
思考题 …… 240

第十三章 物资供应与库存管理 …… 241
第一节 物资供应工作综述 …… 241

一、物资供应工作的任务和内容 …… 241
二、库存管理的目的和要求 …… 242
第二节 物资供应工作的组织和管理 …… 243
一、企业内部的物资管理体制 …… 243
二、与供应商建立稳定的合作伙伴关系 …… 244
三、仓库管理工作 …… 244
四、计算机辅助物资管理信息系统 …… 246
第三节 库存控制系统的构成 …… 247
一、需求特性 …… 247
二、供应特性 …… 248
三、进货方式 …… 248
四、库存控制系统中的费用要素 …… 250
第四节 确定型库存控制系统 …… 251
一、连续均匀需求的库存控制系统 …… 251
二、具有价格折扣的库存控制系统 …… 254
三、确定的离散型需求 …… 256
第五节 随机型库存控制系统 …… 258
一、随机性需求、确定性订货提前期的库存控制系统 …… 258
二、随机性需求、随机性订货提前期的库存控制系统 …… 261
思考题 …… 262

第十四章 供应链管理 …… 263
第一节 供应链管理产生的社会背景 …… 263
第二节 什么是供应链管理 …… 263
一、什么是供应链 …… 263
二、供应链管理的内涵和核心思想 …… 264
三、供应链管理的特点 …… 265
第三节 供应链设计与构建 …… 266
一、供应链设计原则 …… 266
二、供应链设计 …… 267
第四节 可供借鉴的国际上的成功经验 …… 272
一、快速响应(QR)和准确满足顾客需求(ECR) …… 272
二、自动订货(CRP)和代销策略(VMI) …… 273
三、第三方物流(3PL) …… 273
第五节 建设绿色供应链 …… 274
一、建设绿色供应链是供应链发展的必然要求 …… 274
二、绿色供应链管理的内容 …… 275
思考题 …… 277

第十五章 项目管理 …… 278
第一节 项目管理概述 …… 278
一、项目的定义、特征和类别 …… 278
二、项目管理的基本概念 …… 279
第二节 项目生命周期各阶段的管理 …… 280
一、启动阶段 …… 280
二、计划阶段 …… 282
三、实施阶段 …… 282
四、收尾阶段 …… 283
第三节 可行性研究与经济评估 …… 284
一、项目的可行性研究 …… 284
二、项目的经济评价 …… 286
第四节 项目组织 …… 287
一、项目经理 …… 287
二、团队建设 …… 290
第五节 项目的目标、范围与工作结构分解 …… 291
一、项目的目标与目标管理 …… 291
二、项目的范围与范围管理 …… 292
三、关于工作分解结构 …… 292
第六节 项目进度管理 …… 293
一、网络图的绘制原理 …… 294
二、网络图的时间参数计算 …… 296
三、进度计划的编制及优化 …… 299
第七节 项目成本管理 …… 302
一、项目成本管理的内容 …… 302
二、项目的成本结构和成本的影响因素 …… 303
三、WBS与项目成本估算及项目预算控制 …… 304
思考题 …… 305

第十六章 设备管理 …… 306
第一节 设备管理综述 …… 306
一、设备及设备管理的概念 …… 306
二、设备管理的发展过程 …… 308
三、设备综合管理 …… 309
第二节 设备的前期管理 …… 311
一、设备的设计制造对使用的影响 …… 311
二、设备的选择与评价 …… 311

三、设备的安装与调试 …… 314
第三节　设备维护和修理的理论与技术 …… 314
一、设备磨损理论 …… 314
二、设备的故障及其发生规律 …… 317
三、设备状态监测与诊断技术 …… 319
第四节　设备的使用及维修管理工作 …… 320
一、设备的合理使用 …… 320
二、设备的维护和检查 …… 323
三、设备修理的类别和方法 …… 324
四、设备维修的组织与制度 …… 326
第五节　设备的更新与改造 …… 328
一、设备的寿命 …… 328
二、设备的更新 …… 329
三、设备的技术改造 …… 330
思考题 …… 331

参考文献 …… 332

第一篇

绪　论

第一章

现代生产管理概述

第一节　现代生产管理基本概念

一、关于生产管理和运作管理

生产是人类社会获得一切财富的源泉。不从事生产活动，人类就无法生存，社会也无法发展。随着时代的进化，人类社会生产活动的内容、方式不断发生变化，生产活动的领域也不断扩大。在前工业社会，人们主要从事农业和采掘业，从自然界获取所需的生活资料和生产资料。进入工业社会后，人们主要从事制造业。工业的发展为农业提供了先进的生产工具和装备，促使农业劳动生产率大幅提高，为农业人口向工业转移创造了条件。随着工农业劳动生产率的提高，又促使大量剩余劳动力转入服务行业。从事服务工作的人口在全部就业人口中的比重不断上升，当从事服务工作的人口超过工业和农业人口时，经济学家称这样的社会进入了后工业社会，如美国在 20 世纪中叶已进入后工业社会。20 世纪初，美国全国从事服务工作的人口不到总就业人口的 40％，到 1950 年这个比例上升到了 55％，目前已超过 80％，而从事农业和采掘业工作的人数则下降到了 5％以下，此时国民收入的 70％是由服务业创造的。由于服务业的兴起，服务业在国民经济中具有举足轻重的地位，因此如何加强和改善服务业的管理成为人们关心的热点问题。

传统的生产管理学主要的研究领域是制造业的制造过程。西方学者认为现在应把“生产管理”的概念加以扩展，使生产管理的对象包含制造业与服务业。为了区别于传统的生产管理，西方的生产管理学教科书把书名由 *Production Management* 改为 *Operation Management* 或 *Production/Operation Management*。在英文里 Production 含有生产有形物质产品的意思，而 Operation 的含义较广泛，可以指既包含制造有形产品的制造活动，又包含提供无形产品的劳务活动。目前我国很多生产管理书籍按英文翻译，书名采用“运作管理”或“生产运作管理”，表示书中内容已兼顾制造业与服务业的管理。

本书的书名是“现代生产管理学”，应指出这并不表示本书的内容只考虑生产制造，不考虑服务。为此作以下两点说明。

1. 服务业的范围很广，如经营零售、批发的商贸服务业；提供文化教育、交通运输、邮电通信、城市公用事业等的公共服务业；餐饮旅馆、医疗保健等的社会服务业；此外，还有银行、金融、法律、咨询等提供各种专门业务的服务业。各行各业的服务业，专业性很强，如果想在一本书里照顾到各种服务业的管理内容，必然会使书的篇幅很庞大，而具体的读者往往只对其中一两种服务行业感兴趣，则书的大部分内容对其成为多余。如果没有针对性地随便对某几个服务业的管理问题说上几句，显然不能满足读者真想学习某一服务业管理问题的需求。因此，书的内容与书名用“运作管理”是不相符的。在此明确本书的服务对象主要是广大制造业的读者。考虑到制造业本身有多种生产类型，管理问题比较复杂，许多制造业的生产管理问题具有一定的普遍性，对其他行业有参考意义，通过学习制造业的生产管理，就可以掌握生产管理的主要内容。至于各种服务业的专业性管理，本书作者认为应由专业的管理书籍去解决，如旅游专业、金融专业、邮电专业管理等。

2. 现代制造业的经营目标是帮助顾客解决问题，帮助顾客实现他的目标。所以制造业的任务不仅要制造符合顾客需求的价廉物美的产品，还必须为顾客提供售前售后服务，帮助顾客解决问题，从而使顾客满意。因此，现代制造业的生产活动不仅是加工制造，还包含服务，服务是制造业生产活动的重要组成部分。本书以制造业为主要对象，但不是传统意义上的制造业，而是既包含有形产品的加工，又包含服务的现代制造业。

本书的书名是“现代生产管理学”。“生产”一词在中文里的含义不是单纯的加工有形产品的“加工制造”的概念，一切创造财富的活动都是生产，都属生产的范畴。因此，中文里“生产”的含义已经包含各种增值的服务活动。本书中的“生产”和“生产管理”的含义，就是按上述概念定义的。本书没有采用“运作管理”作书名，并不表示本书的内容不考虑服务工作，因为“现代生产管理”已经涵盖制造与服务了。

二、生产管理的研究对象

美国在管理理论领域有很多分支，例如，管理科学/运筹学(Management Science & Operations Research，MS/OR)、系统工程、行为科学、组织理论、企业经营学等。这些理论都有各自的特点，但都侧重理论研究，其应用领域比较狭窄，在大学里可以成为独立的专业。而自 MBA(Master of Business Administration)兴起以后，在 MBA 的课程设置上需要以产品制造过程和服务过程为对象，为设计、运营、评价和改进一个企业的生产系统提供一整套科学的理论。这些理论应具有较强的实践性和可操作性，应该比管理科学、系统工程等专业的管理理论更适合企业中、高层管理人员通过课程学习来掌握。

现代生产管理的研究对象包括产品的制造过程和服务过程。研究企业的生产系统、生产战略、研究与开发(R&D)、厂区合理布置、生产计划、作业排序、库存控制、项目管理、供应链管理、设备管理等一切与制造有形产品相关的战略、战术决策，还要研究与制造业服务过程相关的一切管理与决策活动。

现代生产管理是以定量分析和定性分析为武器，以有形产品和无形产品的制造过程和服务过程为对象，为设计、运行、评价和改进制造过程与服务过程提供科学理论与方法的学科。

我们可以把一个生产系统分为与有形产品相关的制造系统和与无形产品相关的服务系统。一个完整的生产系统应该是制造系统与服务系统的有机结合。生产管理是指对一个生产系统(包含制造与服务)的设计、运作、评价和改进所作的管理，它包含从有形产品和无形产品的研究开发到加工制造、销售、服务、回收、废弃处理的全寿命过程中的系统管理。

第二节　制造企业最基本的生产经营活动

制造企业是制造业的基本组成单位。企业将围绕产品的制造和服务开展一系列的生产经营活动。以下是一个企业要进行的最基本的生产经营活动。

一、制定经营方针和目标

通过调查研究市场需求、容量、竞争态势，分析企业的经营环境和自身的条件，确定计划期企业应生产什么产品(产品的品种、规格和档次等)、生产多少、什么时候投放市场、以什么价格销售、成本须控制在什么水平等。核心是要确定计划期企业必须实现的利润目标。经营方针和经营目标规定了企业全部生产经营活动的方向和要求。

二、技术活动

为了适应不断发展的社会需求和保持强大的竞争能力，企业需要不断研制开发新产品，实现产品的更新换代，研究采用新技术、新工艺和对企业进行技术改造等一系列有关的技术活动。

三、供应活动

供应活动包含员工的招聘和培训、原材料采购、能源供应、设备和工具的采购等，以保证所需的各种生产资源的正常供应。

四、加工制造活动

把获得的生产资源通过加工制造过程转化为社会所需的各种工业产品，并符合计划规定的质量、数量、成本、交货期(quality，cost，due date，QCD)和环保安全的要求。

五、销售活动

通过广告和各种销售渠道，把生产出来的产品在市场上进行销售，并为用户提供售前售后服务。

六、财务活动

为供应活动、技术活动、生产活动、销售活动筹集所需的资金，对取得的销售收入和利润进行合理的分配，以支持企业的扩大再生产和保证企业各部分成员的合法利益。

企业的上述各项活动是相互依存、相互制约、环环相扣的，缺了其中的任何一环，经营目标就无法实现。例如，决定企业经营方向的战略决策显然十分重要，经营方向正确与否将直接决定企业兴衰存亡的命运。但是有了正确的经营方向，如果不能及时把新产品开发出来，不能把生产技术准备工作做好，不能按质、按量、按规定的成本和交货期把产品生产出来，或者不能及时供应生产所需的原材料、设备、工具、能源和资金，或者不能及时把产品销售出去，及时把资金收回来，或不是很好地为顾客服务，不能使顾客感到满意，经营目标就无法实现。因此,要树立整体观念,应该认识到上述每一项活动都是企业整个生产经营活动的重要组成部分,要在它们的相互联系和相互支撑、相互制约之中去认识它们在企业中的地位和作用。

第三节 生产过程组织

有形产品生产过程的管理是生产管理的重要组成部分。下面介绍生产系统各项活动中的主线——生产过程。

一、生产过程的概念

生产过程是指围绕完成产品生产的一系列有组织的生产活动的运行过程。生产管理对生产系统来说,就是对生产过程进行计划、组织、指挥、协调、控制和考核等一系列管理活动的总称。

生产过程有狭义和广义的理解。狭义的生产过程是指产品生产过程,是对原材料进行加工,使之转化为成品的一系列生产活动的运行过程。广义生产过程是指企业生产过程或社会生产过程。企业生产过程包含基本生产、辅助生产、生产技术准备和生产服务等企业范围内的各项生产活动协调配合的运行过程。

二、生产过程的构成

产品生产过程是由一系列生产环节组成的,一般包含加工制造过程、检验过程、运输过程和停歇过程等。有一些产品的生产过程中还包含自然过程。所谓自然过程,是指借助自然力的作用,使劳动对象完成所需的某种物理、化学变化的过程,如酿酒生产中的发酵过程,以及自然冷却、自然干燥、自然时效等自然处理过程。

从工艺角度分析,产品生产过程是由基本工艺过程、辅助工艺过程和非工艺过程等几部分组成的。基本工艺过程是改变劳动对象的几何形状、尺寸精度、物理化学性能和组合关系的加工制造过程。辅助工艺过程是为了保证基本工艺过程顺利实现而进行的一系列辅助性工作,如工件装卡、设备调整试车、理化检验、计量工作等。非工艺过程是指生产过程中的运输过程、库存保管过程和停歇过程等。停歇过程是指由于各种原因造成产品生产过程的中断。

机械产品的生产过程通常可以分为三个工艺阶段:毛坯制造(如铸造、锻造、切割下料等)、工艺加工(如机械加工、冲压、铆焊、热处理、电镀等)和装配(包括部件装配和总装配)。每一工艺阶段内又可划分为许多工序。工序是工艺过程最基本的组成单位。在生产管理上工序又是制定定额、计算劳动量、配备工人、核算生产能力、安排生产作业计划、进行质量检验和班组经济核算的基本单位。正确划分工序是合理组织生产过程的重要条件。

产品生产过程对于企业的专业方向而言,还有基本生产和辅助生产的区别。基本生产是生产基本产品的生产活动。基本产品是企业在市场上销售,提供给社会的产品,如汽车厂生产的汽车、机床厂生产的机床。辅助生产是生产辅助产品的生产活动。辅助产品不向市场销售，是企业为实现基本生产过程所生产的产品，如汽车厂生产供自用的工模具、修理用备件、蒸气、压缩空气等。

生产技术准备是指为进行产品生产所做的技术方面的准备工作，如产品设计、工艺设计、工艺装备设计、新产品试制和鉴定等。

生产服务是为了保证企业生产活动正常进行所做的服务性工作，如物料的保管和供应、物料运输、理化试验、计量管理等。

以上基本生产过程、辅助生产过程、生产技术准备过程和生产服务过程是企业生产过程的基本组成部分。有的企业除了进行上述活动以外，还从事副业生产活动，生产某些副产品。副产品是指利用基本生产的边角余料、废渣废液生产的产品。副产品向社会销售，但不是企业的专业产品方向，如钢铁企业利用高炉炉渣生产的建筑材料，飞机制造厂利用边角余料生产的铝锅、饭盒等。副业生产过程也是企业生产过程的组成部分。

三、生产过程的组织形式

现代工业生产是建立在生产专业化和协作基础上的社会化大生产。任何产品的生产过程都是由一系列生产单位通过严密的分工与协作来完成的。企业的生产组织系统根据企业规模的大小，一般可以分为若干层次。

- 大型企业：工厂—分厂—车间—工部—班组—工作地
- 中小型企业：工厂—车间—工段(班组)—工作地

企业的生产组织系统中最基层的生产单位是工作地。工作地由工人、加工设备、工位器具与一定的生产面积和某些专用设施组成。每一个生产工作地都具有特定的加工能力，在生产过程中按照专业分工的原则承担一定的加工任务。以什么方式把这些工作地组织起来，使产品生产过程能有效地运行，是研究生产过程组织的主要问题。

为了研究生产过程的组织形式，首先讨论生产单位应按何种原则进行专业化分工。通常有两种专业化分工的原则，即生产工艺专业化和产品对象专业化。

(一)生产工艺专业化(job shop)

按照不同的生产工艺特征分别建立不同的生产单位，这种分工原则称为生产工艺专业化原则。在按生产工艺专业化原则建立的生产单位里，集中了相同类型的机床设备和相同工种的工人，可以对不同种类的工件，从事相同工艺方法的加工。以机械制造类企业为例，按生产工艺专业化原则建立的生产单位，常见的具体形式有下面几种。

- 工厂：铸造厂、锻造厂、热处理厂、电镀厂等。
- 车间(分厂)：铸造车间、锻压车间、冷冲车间、机械加工车间、焊接车间、热处理车间、装配车间等。
- 工段(工部)：如铸造车间内的造型工部、造芯工部、熔化工部、清理工部等，机械加工车间内的车工工段、铣刨工段、磨工工段等，车工工段内的普通车小组、六角车小组、自动车小组等。

(二) 产品对象专业化(flow shop)

按不同的加工对象(产品、零件)分别建立不同的生产单位,这种分工原则称为产品对象专业化原则。在按产品对象专业化原则建立的生产单位里配备了为加工某种产品(零件)所需的全套设备、工艺装备和各有关工种的工人,使该产品(零件)的全部(或大部分)工艺过程能在该生产单位内完成。按产品对象专业化原则建立的生产单位,常见的具体形式有下面几种。

• 工厂:汽车制造厂、电机制造厂、机床制造厂等。
• 车间(分厂):发动机分厂、底盘分厂、直流电机车间、交流电机车间等。
• 工段(工部):曲轴工段、连杆工段、齿轮工段、箱体工段、定子工段、转子工段等。

第四节 生产系统的功能与结构

生产系统是企业大系统中的一个子系统。工业企业生产系统的主要功能是制造产品。要制造什么样的产品,决定了需要什么样的生产系统。研究企业生产系统应该具有什么样的功能和结构,可以从分析市场、用户对产品的要求入手。

一、用户对产品的要求

用户对产品有各种各样的要求,归纳起来可以分为七个方面:①品种款式;②质量;③数量;④价格;⑤服务;⑥交货期;⑦环保与安全。实际上用户对产品的要求是多样的。虽然上述七个方面较全面地概括了用户对产品的基本要求,但是不同的用户对同一种产品的要求往往有很大的差异。例如,有的用户追求款式新颖;有的希望产品经久耐用,并有良好的服务;有的注重价格是否便宜;有的则不惜高价只要求迅速交货。

二、企业经营战略对构造生产系统的影响

在现实的经济生活中,尤其是在竞争激烈的市场条件下,企业为了争夺市场,常常根据不同用户的不同需求,采用市场细分化的经营战略,此时企业要求自己的产品不仅能满足用户对上述七个方面的基本要求,而且要求它具有一定的特色,能满足目标市场中用户提出的特殊需求。例如,高速开发某种款式的新产品;按用户提出的期限快速供货;与其他企业的同类产品相比,要求达到更低的成本水平。这就要求企业的生产系统在创新、交货期和产品成本方面都具有更强的竞争能力。因此,一个有效的生产系统的功能目标是:它制造的产品不仅能满足用户对产品七项要求的基准水平,而且要适应企业经营战略的要求,使企业能够在价格竞争、质量竞争、时间竞争以及其他方面的竞争中取得和保持竞争优势。

用户的需求和企业的竞争战略对产品的要求,都是依靠生产系统制造出相应的产品来实现的。产品把用户的要求和企业竞争战略的要求转化为对生产系统的要求。产品是这种转换的媒体。用户对产品的要求和产品对生产系统的要求,两者之间有很强的对应关系。对应于用户对产品提出的七个方面的要求,产品对生产系统提出了创新、质量、弹

性(市场应变能力)、成本、继承性、按期交货以及环保与安全七项要求。用户对产品的要求,在转化为对生产系统的要求的过程中受到企业竞争战略的影响,使上述七项要求中的某些要求得到强化,并产生了优先顺序。

三、生产系统各项功能相互之间的影响

从系统的目标来分析,生产系统的七项功能可分为两组。第一组功能是指创新、弹性(市场应变能力)、继承性以及环保与安全,是由外部环境提出的,是使系统适应环境要求的功能。第二组功能是指质量、成本和按期交货,是按照生产过程的运行规律,合理组织生产过程所体现的与生产效率相关的功能。这里第一组功能是决定生产系统的服务方向的。如果系统生产的产品不符合社会的需要,那么第二组功能就会失去意义,甚至生产得越多,产品积压得越多,其后果也越严重。同样,如果系统拥有良好的第一组功能,但是得不到第二组功能的支持和保证,那么产品仍然不会有市场竞争力,不能为企业带来竞争优势。例如,企业能够适应市场需求的变化,及时开发款式新颖的产品,但是产品的质量不过关,或者成本过高,那么产品仍然不会有好的销路。所以一个设计合理而有效的生产系统,这两组功能应该相辅相成,共同为实现企业的经营战略服务。上述两组功能分别与马歇尔·费舍(Marshal Fisher)的市场导向类(market mediation)和效率导向类(physical efficiency)的概念相对应。

在实际生活中生产系统的这七项功能相互之间常常是相悖的。通常当系统的七项功能达到一定水平之后,某些功能水平的提高会导致另一些功能水平的下降,或某些功能的改善需以其他功能的劣化为代价。例如,要迅速提高系统的创新功能,则会对保持产品的继承性提出挑战,还会因产品的标准化、通用化、系列化水平下降和生产达不到规模经济等原因引起成本指标的劣化。又如,强化系统的弹性功能后,会由于降低了生产过程的稳定性而带来产品质量和成本方面的问题。生产系统各项功能之间的矛盾关系是由生产系统的结构特性决定的,所以如何正确设计生产系统的功能与结构是企业经营战略和生产战略中的重要问题。

四、生产系统的构成要素

生产系统的功能取决于生产系统的结构形式。生产系统的结构是系统的构成要素及其组合关系的表现。生产系统的构成要素有很多,为了研究方便起见,常把它们分为两类——结构化要素和非结构化要素。

(一) 生产系统的结构化要素

生产系统的结构化要素是指构成生产系统主体框架的要素,主要包含生产技术、生产设施、生产能力和生产系统的集成度等。上述结构化要素的内涵说明如下。

- 生产技术(technology):生产工艺特征、生产设备构成、生产技术水平等。
- 生产设施(facility):生产设施的规模、设施的布局、工作地的装备和布置等。
- 生产能力(capacity):生产能力的特性、生产能力的大小、生产能力的弹性等。
- 生产系统的集成度(integration):系统的集成范围、系统集成的方向、系统与外部

的协作关系等。

结构化要素是指生产系统中的硬件及其组合关系。这里是指采用何种工艺和设备,要求达到什么样的技术水平,生产线和设备如何布局,生产能力达到多大的规模,生产过程集成的范围等。结构化要素是形成生产系统框架结构的物质基础。正确选择系统的结构化要素对形成系统的功能起决定性作用。建立这些要素需要的投资多,一旦建立起来并形成一定的组合关系,要想改变或进行调整是比较困难的。但是,在产品更新换代十分频繁的现代社会里,生产系统的不断改建和重建是必然的和不可避免的。因此,如何正确选择系统的结构化要素,并进行合理组合,十分重要。而且由于它涉及的投资量大,所以决策时应该慎重。

(二) 生产系统的非结构化要素

生产系统的非结构化要素是指在生产系统中支持和控制系统运行的软件性要素,主要包含人员组织、生产计划、库存管理和质量管理等。非结构化要素的内涵如下。

- 人员组织:人员的素质特点、组织形式和对人员的管理政策等。
- 生产计划:计划体系、计划编制方法及其相关技术。
- 库存管理:库存类型、出入库管理制度、库存控制方式等。
- 质量管理:质量检验制度、质量控制方法、质量保证体系等。

建立非结构化要素一般不需花很大的投资,建成以后对它的改变和调整较为容易,因此采用何种非结构化要素,决策的风险性不像结构化要素那样大。但是在实施过程中非结构化要素容易受其他因素的影响,这类要素的实施在掌握和控制上比较复杂。

五、生产系统的功能、结构与两类要素的关系

生产系统中的结构化与非结构化要素都有自己的作用。结构化要素的内容及其组合形式决定生产系统的结构形式。非结构化要素的内容及其组合形式决定生产系统的运行机制。具有某种结构形式的生产系统要求一定的运行机制与之相匹配,系统才能顺利运转,充分发挥其功能。生产系统的结构形式对系统的功能起决定性作用。因此,设计生产系统时首先应根据所需的功能选择结构化要素及其组合形式,形成一定的系统结构,进而根据系统对运行机制的要求选择非结构化要素及其组合形式。

生产系统投入运行后随着外部环境的变化,会对系统提出改变原有功能或增加新功能的要求。此时需改变系统的有关构成要素及其组合关系,以改变系统的结构及其运行机制。改变系统的构成要素及其组合关系是调整系统功能的重要杠杆。

第五节 生产类型

科学的生产管理要按生产过程运行的客观规律办事。工业部门的各行各业,如采矿、冶金、化工、发电、纺织、机械制造、电子设备制造等,其生产过程有很大差异。即使是同一工业部门的企业,如机械制造业的造船厂、机床厂、汽车厂、农机具厂等,由于其产品结构和生产工艺的复杂程度不同,产品品种多少和生产规模等方面的差异,每个企业的生产过

程也各具特色。只有很好地了解企业生产过程的特征，并掌握其运行的规律性，才能为该企业设计一个合理的生产管理系统，获得良好的经济效益。面对形形色色的企业和千差万别的生产过程，要想识别它们各自的特征及其运行的规律性，最好的办法是应用成组技术原理，根据一定的分类标志，把不同的生产过程按相似性进行分类。在分类的基础上，针对每一类生产过程的特征及其运行规律来设计与之相适应的生产管理系统。这就是研究生产类型的目的和意义。

一、生产类型的分类标志

工业部门各行各业的生产过程千差万别，采用什么标志对生产过程进行分类，是研究生产类型的重要问题。根据划分生产类型的目的，分类标志应该采用能反映生产过程主要特征的因素，如产品的结构特征、使用功能、生产工艺和生产规模等。下面就以这些分类标志来讨论生产过程的类型。

（一）按产品的使用性能分类

以产品的使用性能作为分类标志，任何一个生产过程所生产的产品都可以分为通用产品和专用产品两大类。专用产品是根据用户的特殊需求专门设计和生产的产品。它的特点是产品的适用范围狭小，社会需求量很小，一般是一次性生产一台或一小批，不再重复生产，如大型水轮机都是根据河流水文情况，专门为某个水电站设计制造的。生产厂根据用户的订货合同来设计和组织专用产品的生产，通常称为订货生产类型。

通用产品是按标准设计生产的产品，一般适用面广，社会需求量大。生产厂是通过市场需求预测，根据自己的生产能力和销售能力来制订生产计划，并且通过保持一定的库存来应付市场需求的波动，所以通常称为备货生产类型。

（二）按产品的结构特征分类

按产品的结构特征分析，不同产品的结构复杂程度差异很大。例如，一架大型喷气客机或一艘万吨级海轮，它们拥有的零部件种数常在10万种以上，应用的材料和配件名目繁多，涉及许多工业部门。许多零部件的生产工艺复杂，对质量的要求十分严格，还需应用许多高新尖端技术。生产这样的产品相对于水泵、电缆、农机具等结构简单的产品，无论是包括生产部门的设置(门类、规模)、分工与协作等在内的生产过程的组织，还是包括原材料供应、在制品管理和控制零部件的成套等在内的生产过程运行的计划、协调和控制，其管理上的复杂程度都是无法比拟的。所以生产的是大型复杂产品还是简单产品，其生产过程显然属于不同的类型，需要采用不同的生产管理模式。

（三）按生产工艺特征分类

以产品的生产工艺为划分类型的标志，可以把各种生产过程分为两种显著不同的类型，即工艺过程连续的流程生产型和工艺过程离散的加工装配型。

流程生产型的特点是：工艺过程是连续进行的，不能中断；工艺过程的加工顺序是固定不变的，生产设施按照工艺流程布置；劳动对象按照固定的工艺流程连续不断地通过一系列设备和装置,被加工、处理成为成品。化工、炼油、造纸、制糖、水泥等是流程生产型的典型例子。

加工装配型的特点是:它的产品是由许多零部件构成的,各零件的加工过程彼此是独立的,所以整个产品的生产工艺是离散的,制成的零件通过部件装配和总装配最后成为成品。机械制造、电子设备制造行业的生产过程均属于这一类型。

(四)按生产的稳定性和重复性程度分类

按生产的稳定性和重复性程度分类,可以把各类生产过程分为大量生产、成批生产和单件小批生产三种基本生产类型。

大量生产类型的特点是生产的品种少,每个品种的产量大(或单位产品劳动量和年产量的乘积很大),生产过程稳定地不断重复进行。一般这类产品在一定时期内具有相对稳定的很大的社会需求量,如电冰箱、电视机等家用电器以及灯泡、电池、轴承等标准零部件。

单件小批生产类型的特点是产品对象基本上是一次性需求的专用产品,一般不重复生产。因此生产中品种繁多,生产对象不断在变化,必须采用通用性的生产设备和工艺装备,工作地的专业化程度很低。生产过程属于单件小批生产类型的企业,以重型机器制造、大型发电设备制造、远洋船舶制造等企业为典型代表。

有些一次性的单件生产,要求在规定的时间和预算费用内完成一项大型工程或者创新性强、风险性高的研制项目,如新建一座工厂、一座水坝或研制一项新产品等,为此需要组织由多种专业人员组成的专门队伍,这类生产项目的管理有其特殊性,属于另一种类型,通常称为项目管理类型,本书将单独设章进行专题讨论。

成批生产类型生产的对象是通用产品,生产具有重复性。它的特点是生产的品种较多,每种品种的产量不大,每一种产品都不能维持常年连续生产,所以在生产中形成多种产品轮番生产的局面。这一生产类型的典型企业是机床制造厂、机车制造厂等。

实际上每一个企业都可以同时用上述分类标志从不同角度进行分类,例如,某生产通用产品加工装配型成批生产的机床制造厂、某生产专用产品加工装配型单件小批生产的船舶制造厂等。如果综合应用上述分类标志,则可以把常见的企业分为以下几种典型的类型:存货生产类型(make to stock, MTS);按订单设计制造类(engineering to order, ETO);按订单制造类(make to order, MTO);按订单装配类(assemble to order, ATO)。

二、不同生产类型生产管理工作的特征

生产专用产品的工厂由于产品不断变换,不重复,生产过程运行的稳定性差,因此生产计划工作和生产过程的监控都比较复杂。它要求所采用的生产设备和生产组织形式具有较高的柔性。

生产通用产品,如果产品的生产规模很大,生产过程相对稳定,不断重复运行,则适宜采用对象专业化的生产组织形式和高效的专用生产设备,在计划工作上有条件采用经过优化的标准计划。这与组织专用产品的生产过程在管理的方式和方法上有显著的不同。

对于流程生产型生产,管理的重点是要保证连续供料和确保每一生产环节在工作期

间都正常运行。因为任何一个生产环节出现故障，都会引起整个生产过程的瘫痪。由于产品和生产工艺相对稳定，通常采用各种自动化装置，实现对生产过程的实时监控。

对于加工装配型生产，除了要保证及时供料和稳定的加工质量外，管理的重点是控制零部件的生产进度，保证生产的成套性。因为如果生产的品种、数量不成套，只要缺少一种零件就无法装配出成品来。另外，如果在生产进度上不能按时成套，那么由于少数零件的生产进度拖期，必然会延长整个产品的生产周期，以至延误产品的交货期，还要蒙受大量在制品积压和生产资金积压的损失。因此，对于加工装配型生产过程，在生产零部件众多的大型复杂产品时，生产管理工作将是十分繁重和复杂的。

在分析产品结构的复杂程度时，必须考虑一个重要因素，那就是产品的三化程度，即产品的系列化、通用化和标准化水平。三化程度不同的产品在组织生产时有很大的差别。标准化、通用化程度高的产品中有大量的标准件、通用件，它们一般可以通过外购或外协获得，所以整个产品的自制零件减少了，制造厂的生产过程得到简化。如果一项产品已经很好地实现了系列化，而且在结构设计上实现了模块化，那么就可以应用有限的通用零部件，通过不同的组合，得到各种型号规格的产品来满足用户的个性化需求。例如，我国的某汽轮机厂就是如此。它生产的工业汽轮机由于用途不同，每一台都需根据用户的使用要求专门进行设计，属于专用产品性质。但是它的零部件大部分是通用件和标准件，可以根据一定的批量按通用产品的生产方式组织生产。因而它生产的产品既能适应用户的不同需求，又能获得通用产品生产方式的经济效益。现代汽车制造业大多属于这种生产类型。日本丰田汽车制造公司的丰田生产方式——准时制(JIT)就是基于这种生产类型创立的一种先进的生产管理方式。

大量生产类型由于生产的品种少，生产是不断重复和稳定的，所以有条件采用高效的专用设备和专用工艺装备，工作地的专业化程度高，并且可以按对象专业化原则，采用生产线和流水线的生产组织形式。在生产计划和控制方面也由于生产不断重复运行的规律性强，有条件应用经过仔细安排及优化的标准计划以及应用自动化装置对生产过程进行实时监控。

成批生产类型介于大量生产和单件小批生产类型之间，在生产管理上根据轮番重复生产这一特征，可以按对象专业化原则组织生产。然而由于生产的品种多、生产的稳定性差，所以要建立正规的生产线和流水线的难度较大，但可以组织工艺过程相似的多品种的对象生产单元(成组生产单元)，使工件的生产过程可以基本上在生产单元内封闭地完成。同时，由于生产的品种多、生产的稳定性差，所以无法采用高生产率的专用生产设备和工艺装备，使工作地的专业化程度不高，生产率较低。在计划管理和监控方面，要根据轮番生产的特点，合理安排每一种产品的轮番间隔期和生产批量，既要减小批量，保证生产的成套性和压缩在制品，又要避免变换过于频繁，影响工作效率和人力、设备的合理利用。

单件小批生产在生产对象复杂多变的情况下，一般宜按工艺专业化原则，采用机群式布置的生产组织形式。生产作业计划的编制不宜集中，一般采取多级编制、自上而下逐级细化的方法，在生产的指挥和监控上，要使基层能够根据生产的实际运行情况有较大的灵活处置权，以提高生产管理系统的快速应变能力。

单件小批生产类型企业在按订单合同组织生产时，企业要根据自己的设计能力、生产能力和成本的历史情况,及时向用户报价和作出产品的进度安排。合同签订后在编制零件进度计划时,由于产品不断变化,缺乏准确的期量标准,面对数量庞大的零件,计划工作变得十分复杂。较好的办法是抓住各产品的主要件、关键件(简称主关件)和分析清楚计划期企业生产能力上的瓶颈环节,首先做好主关件在瓶颈资源上的进度安排,保证主关件的生产进度和瓶颈资源的充分合理利用,从而给全部零件的进度计划建立一个良好的骨架。其他一般零件可以根据它所在的部件以及由主关件决定的最早、最晚开工和完工日期,在规定的时间框框内灵活安排。由于计划的工作量大,而且动态性强,计划应分级编制。厂级编制主关件进度计划和瓶颈资源利用计划。车间或生产单元编制短期的(一周的或两天、三天的)全部零件的进度计划。计划要滚动编制,并根据实际执行情况逐周或逐日进行调整。

第六节　现代生产管理的特征

生产管理的任务与内容是随着时代的发展而变化的。传统生产管理的着眼点主要在生产系统内部,即着眼于在一个开发、设计好的生产系统内,对开发、设计好的产品的生产过程进行计划、组织、指挥、协调与控制等。但是,近二三十年来,随着世界经济以及技术的发展,制造业企业所处的环境发生了显著的变化,由此引起生产管理的任务和内容也发生了深刻的变化。

一、生产管理面临的挑战

当今企业所处的市场环境可以用两句话来概括:技术进步突飞猛进,市场需求多样而且变化迅速。进入20世纪70年代以后,以石油危机为转折点,一方面,由于能源价格飞涨,原来的市场格局发生了深刻变化;另一方面,随着社会经济的发展,卖方市场逐渐转变为买方市场,消费者的行为变得更具有选择性。因此,市场需求开始朝着多样化方向发展。与此同时,近二十多年来,自动化技术、微电子技术、计算机技术等新技术的发展日新月异,产品的生命周期日益缩短,生产工艺和技术装备的更新速度大大加快,新的时代环境使当代企业面临严峻挑战和一系列新的课题。

(1) 由于是买方市场,顾客对产品质量、性能的要求变得更高、更苛刻。不仅要求产品价廉物美,还要求满足顾客的个性化需求。除此之外,由于技术进步快,市场需求变化大,产品的生命周期越来越短,要求企业对产品不断地进行更新换代。这种趋势使得企业必须投入更大的力量和更多的注意力不断地进行新产品的研究与开发。

(2) 市场需求的多样性使得以往单一品种大批量生产,靠扩大产量降低成本的生产方式已经无法适应今天的要求,因此要求企业转向多品种、中小批量生产。而生产方式的这种转变要求企业的生产管理体制和管理方法必须面向多品种、中小批量生产进行相应的变革。

(3) 技术的飞跃发展为管理工具和手段的不断改进,为生产系统增强其功能和提高运作效率提供了可能。在激烈的市场竞争中,随着产品的不断更新换代和管理工具、手段的不断发展,企业的生产系统也面临不断的重新选择、重新设计与改造。

(4) 以供应链管理(supply chain management,SCM)为代表的新理念(供应链内企业之间加强协调与合作),以及电子商务B to B、B to C的出现,加速了网络经济时代的到来,使生产管理的领域不能再局限于一个企业的范围之内,而需向企业外部的供应系统和分销系统伸展。

二、现代生产管理的主要特征

环境的巨大变化以及企业面对的激烈竞争,给现代企业的生产管理注入了新的内容,提出了一系列新的要求,促使企业生产管理的理论和实践发生了许多新的变化和发展。这些新变化和新发展归纳起来主要表现在以下几个方面。

1. 生产经营管理一体化

现代生产管理的范围与传统生产管理相比变得更宽了。如上所述,当代企业所面临的诸多新课题,如果从企业经营决策的角度来看,为了使生产系统有效运行的前提(生产工艺的可行性、生产系统构造的合理性)得到保障。生产管理的决策范围必然要求深入产品的研制开发与生产系统的选择、设计与改造领域。所以生产管理不再是仅仅对现有生产系统进行计划、组织、协调与控制的运行管理,而且要参与新产品研制开发和生产系统的选择、设计和改造的决策。

另外,由于生产管理的成果(产品的质量、成本、交货期等)直接影响产品的市场竞争力,在市场竞争日趋激烈的今天,人们将越来越多地从其产品的市场竞争力去考察生产管理的成果和贡献,并力图通过市场信息的反馈不断改进生产管理工作。为了使生产系统的运行更有效,适时适量地生产能够最大限度地满足市场需求的产品,避免盲目生产,减少库存积压,在管理上要求把供、产、销更紧密地衔接起来。生产的安排需要更多、更及时地获得市场和顾客需求变化的信息。因此,可以说生产管理的范围从以往的生产系统的内部运行管理向"外"延伸了。

计算机技术和网络技术的发展,CAD、CAPP、CAM、ERP、OA、SCM、CRM及CIMS等在企业中的推广应用,为企业内部、供应链内部的信息集成和供、产、销、财务、人事等功能的集成提供了有力的支持,使生产管理与企业经营管理紧密地融合和相互渗透成为可能。

综上所述,企业的经营活动与生产活动,经营管理与生产管理的界限会越来越模糊,企业的生产与经营也包括营销、财务等活动,相互之间的内在联系将更加紧密,并互相渗透,朝着一体化的方向发展,形成一个完整的生产与经营的有机整体。这样的生产经营系统能够更有效地配置和调度资源,灵活地适应环境的变化,这是现代生产管理重要的发展趋势之一。

2. 多品种生产、快速响应与灵活应变

多品种、中小批量生产将成为社会生产的主流方式,从而带来生产管理方面的一系列变化。20世纪初,以福特制为代表的大量生产方式揭开了现代化社会大生产的序幕,该生产方式所创立的生产标准化原理(standardization)、作业单纯化原理(simplification)以及分工专业化原理(specialization)等奠定了现代化社会大生产的基础。但是发展到今天,一方面,在市场需求多样化面前,这种生产方式显露出缺乏柔性、不能灵活适应市场需求变化的弱点;另一方面,飞速发展的电子技术、自动化技术和计算机技术等,从生产工艺技术和生产管理方法两方面,都对大量生产方式向多品种、中小批量生产方式的转换提供了有力的支持。因此,多品种、中小批量生产方式已成为现代社会生产方式的主流。生产方式的这种转变,使得生产管理面临如何解决多品种、中小批量生产与降低成本之间的矛盾,从而要求生产管理从管理组织结构、管理制度到管理方法都要采取新的措施。日本丰田汽车公司在这方面做了有益的尝试,提出的丰田生产方式给大家提供了有益的经验。

由于市场复杂多变,快速响应和灵活应变的能力已成为当代企业生存和发展的关键。密切与市场、顾客的联系,改革臃肿的管理机构,管理机构扁平化,以提高对市场变化的反应速度和决策速度,提高生产系统的柔性和可重构性,在发展壮大自己核心能力的同时,广泛开展社会协作和组织动态联盟以提高企业的应变能力,这是现代生产管理面临的必然抉择。

3. 人本管理与不断创新

随着知识经济时代的到来,信息和知识将成为最重要的财富和资源。在知识经济社会,创新是经济增长的主要动力。一个企业的竞争力的强弱,取决于该企业创新能力的强弱。对于生产系统也是一样,一个生产系统能否有效地运行,能否根据需求的变化、环境的变化而呈现灵活的应变能力,关键在于不断地创新,而创新能力主要取决于人的智力。因此,要想使企业的生产系统保持充沛的活力,企业要想取得和保持竞争优势,必须重视智力资源的充分开发和有效利用。现代企业应强调人才的作用,重视对员工的教育和培训,通过物质鼓励和精神激励调动广大员工的积极性和创造性,并在组织中创造一种团结合作、拼搏进取、和谐愉快的工作氛围,形成一种良好的企业文化。

总而言之,在技术进步日新月异、市场需求瞬息万变的今天,企业环境已发生了巨大的变化,相应地给企业生产管理提出了很多新的课题,它要求我们从观念、组织、方法、手段以及人员管理等多方面来探讨和研究这些新问题。

思考题

1. 你认为本书的书名采用“现代生产管理学”,而不用“生产运作管理”或“生产与运作管理”的解释有道理吗? 你有什么看法?

2. “生产”与“制造”的含义在中文里有什么区别? “国内生产总值”里是否包含了服务行业的产值?

3. 在企业众多生产经营活动中,如制定企业发展战略、生产活动、营销活动、技术活动、供应活动、财务活动等,你认为哪种活动对企业的生存和发展最具决定作用?

4. 试述狭义生产过程和广义生产过程的构成。

5. 生产工艺专业化(job shop)和产品对象专业化(flow shop)这两种专业化分工形式各适用于什么情况?

6. 构成生产系统的结构化要素和非结构化要素各有什么特点? 应根据哪些因素来配置生产系统的非结构化要素?

7. 通常采用哪些分类标志来划分生产类型?

8. 试述大量生产类型企业的管理特点。
9. 试述成批生产类型企业的管理特点。
10. 试述单件小批生产类型企业的管理特点。
11. 为什么要实施生产经营管理一体化？怎样才能实现生产经营管理一体化？
12. 你认为进入知识经济时代，对企业管理提出了哪些新的要求？

第二章 生产管理的发展历史

生产管理的历史可以追溯到古代埃及金字塔和中国万里长城的建设。然而，近代生产管理的历史始于英国蒸汽机的发明，其发展的原动力是产业革命。大量生产开始后需要对工厂进行系统的管理，需要进行与财务、人事等有关的生产经营活动。1835 年蒸汽机车和 1839 年汽油发动机汽车问世，以及 1889 年法国成立第一家汽车制造厂，标志着生产管理的发展进入了一个新的阶段。汽车的生产首先带动了钢铁制造业的发展，所以继汽车业之后，钢铁企业也较早地进入了生产管理的新时代。

理论来自实践。最初的生产管理理论多半也来自汽车产业和钢铁制造业。譬如，近代生产管理的鼻祖泰勒的"科学管理法"，其基本框架的形成就是基于其本人在美国米德比尔钢铁制造厂的管理实践和研究中积累的经验和知识。"福特的大量生产方式"是美国福特汽车公司的生产管理方式，而 JIT(just in time)则是由日本丰田汽车公司的生产管理负责人大野耐一开创的丰田生产方式(Toyota production system，TPS)的核心内容。下面让我们通过泰勒的"科学管理法"、福特汽车公司的大量生产方式、大众汽车公司的多品种生产方式、丰田汽车公司的 JIT 生产方式以及现代汽车公司的精益生产方式等，了解生产管理的发展历史。

第一节　泰勒的科学管理法

一、泰勒科学管理法产生的背景

产业革命之后，机器的制造和利用得到了迅速的发展。然而，机器的应用没有完全排除人的体力劳动，如搬运等许多简单工作仍然以体力劳动为主。当时，工人和资本家非常对立，工人消极怠工，工作效率低下，如何提高工作效率和合理地计算工资成了当时生产管理的两大课题。为了激励工人提高工作效率，很多公司都采用了日薪制或计件工资制。

所谓日薪制，是把工人分为几个等级，同一个等级内的工人享受同额的日薪。这种方法比月薪制有一些积极效果，但其主要缺点是容易造成同一等级的工人在一起工作的时候，每一个工人尽可能地付出最少的，但又不至于丢掉饭碗的劳动量。这样就导致生产效率低下。此外，为了提高日薪，同一等级内的所有工人很容易团结起来，与业主发生劳资纠纷。

计件工资制是把产品生产过程分解为零部件加工、组装等许多细小的具体的工作，并计算出每一项具体工作单位产量的工资，然后按照每个工人生产的数量来支付工资。这样可以激励工人努力生产，多劳多得。然而，当工人工作熟练后，提高了单位时间的产量时，资本家就会单方面降低单价，以获取更多的利润。这样就严重地伤害了工人的生产积极性，导致工人不愿再提高生产率，在测定生产单位产品所需的生产时间时，故意放慢速度。由于劳资双方各为自己的利益进行斗争，互不信任，所以计件工资制仍然没有解决不断提高生产效率和劳资纠纷的问题。

后来有人提出了所得分配法。这一方法是以日薪制为基础，事先规定超额部分(因提高劳动效率而带来的“所得”)的分配比例。例如，工人超额完成一天定额的 30%时，资本家和工人就按三七开或四六开的比例，分享这 30%的超额部分。这一方法部分地解决了提高生产效率的问题。但是，在制定一天需要完成的工作量定额时，其基础工资仍然采用日薪制，所以在制定基础工资的问题上，并没有从根本上解决怠工和劳资对立的问题。用泰勒的话来说，“既没有吸引一流工人的魅力，又没有启发落后工人的动力”。

二、泰勒的管理思想和《工厂管理法》的内容

在观察和分析了这些现存制度的问题之后，泰勒指出利用科学的方法确定计件单价是提高生产效率和解决劳资纠纷的先决条件。在确定单价的时候，应该把工作细化，分为一个个的要素动作。最后，累加各个要素动作的时间来计算一项工作所需的时间，在这一基础上制定计件单价。泰勒进一步根据对产品质量的要求，设定了两种不同的计件单价。如果能保证按规定的质量完成定额，则对超额部分给予较高的单价；如果不能保证质量，则对超额的部分给予较低的单价；如果完不成定额，则要降低基本工资。泰勒把这个制度称为“多比率日薪制”(1895)。后来泰勒对多比率日薪制的应用，还加进了工厂管理的其他各种功能，并于 1903 年出版了《工厂管理法》一书。

泰勒在《工厂管理法》中详细论述了工资制度、组织结构、时间研究和劳资关系。

(一) 工资制度

在谈到工资制度时，泰勒指出了两种不同的怠工：一种是人的向往舒服的本能所带来的“自然怠工”；另一种是与别人比较利害得失后的“计划怠工”。泰勒分析了它们产生的条件：在日薪制条件下会产生“自然怠工”，而且在旧式的工厂管理(军队式一元化管理)的条件下不可能解决“自然怠工”问题。另外，在传统的“计件工资制”的条件下会产生“计划怠工”。为了解决这个问题，首先要科学地确定一天应该完成的工作量(task)，并在此基础上实行使劳资双方都能受益的计件工资制。泰勒强调了“管理”和其他产品技术一样能够给企业创造效益，并首次提出“管理也是技术”的观点。

(二) 组织结构

关于工厂的组织结构，泰勒分析了军队式一元化管理的弊病，提出了功能管理模式。一元化管理的问题在于，组织的效率取决于管理者的素质。如果有一个智力、能力、体力等各方面全面发展的天才领导，这个组织可能比功能管理式组织具有更高的效率。然而，这种天才领导是极少的。即使能找到的话，在旧式一元化管理的条件下，工厂所有的决策和管理的负担都压在他一个人身上，难免顾此失彼，造成管理质量下降，从而导致生产效

率的下降。泰勒指出,科学的管理体制应该建立在计划、设计等不同的管理功能上。车间主任和班组长应集中精力指挥工人,以实现设计和计划所确定的目标。泰勒把这种管理模式称为"功能型管理"。泰勒把计划进一步分为资材管理、劳务管理、人事管理、厂内教育、财务会计等功能,分别设置专门的负责人进行管理。在功能型管理的条件下,对管理人员本身的工作也可以进行管理和评价,以监督他们不断提高管理质量,从而提高系统的效率。泰勒不仅提出了新的管理模式,而且对如何实施新制度提出了要求。他反复强调新旧制度应平稳过渡,不能性急,重要的是要制订一套完整的新旧制度的衔接交替计划,不然就会失败。

(三) 时间研究

时间研究(time study)的目的是消除怠工,办法是通过正确测定一项工作单位产量所需花费的时间,来制定合理的计件单价。为了进行时间研究,要把工作进行分类,制定测量方法和分析方法,要做细致周密的研究工作计划。同时,为进行时间研究的测试工作,泰勒还设计了一套记录格式,记录顺序、次数、测试条件等。泰勒在"工厂管理法"中对此作了详细的论述。在计件单价确定之后,泰勒注意到不同的工人学习能力上有差异,因此对不同的工人设定了不同长度的学习与适应的时间。

(四) 劳资关系

劳资矛盾是当时管理上的一大难题。泰勒认为,这种矛盾并不需要用阶级斗争的方式解决。通过时间研究和工作方法的改善,建立一套新的制度,可以提高生产效率。生产效率提高了,蛋糕做得大了,劳资双方均能从中得益,可以避免冲突。泰勒认为,实施新制度可以保障劳资双方的利益,从而可以解决劳资纠纷。泰勒还强调现场管理人员应该和工人打成一片,以便在管理工作中得到工人的支持。实施新制度时要耐心地向工人说明制度的内容、实施的必要性,要让工人很好理解,而不能采取强制方式。

《工厂管理法》的问世给现代企业管理打开了新纪元。人们把它称为"泰勒系统"(Taylor System)。泰勒后来吸收许多管理者和研究者的时间研究(也称动作研究,motion study)的成果,编撰了《科学管理法》(1911)。泰勒反对有些人称"科学管理法"为"泰勒系统"。泰勒在《科学管理法》一书中指出,影响生产效率的首要问题是怠工。怠工的第一个原因是工人对提高生产效率的误解,认为提高效率就会产生失业。怠工的第二个原因是管理者不知道一项任务真正需要的工作时间。怠工的第三个原因是管理人员不知道作业的最佳操作方法,允许工人自由选择操作方法。为了消除怠工、提高效率,泰勒认为应该通过标准化使最佳操作方法成为必须遵守的操作规程,让大家都学会最佳操作方法,使工人在付出同等的体力劳动的条件下,成倍地提高生产效率。为了实现这一目标,"科学管理法"给管理人员提出了如下四项工作要求。

(1) 对工人的每一项操作,要进行客观的科学的动作分析,帮助工人总结提高,得出最佳的操作方法。

(2) 从前工人自己选择工种,并靠自己通过经验的积累来提高效率。但是,按科学管理的要求,应该用科学的方法来发现每一个人的特长,并有计划地对工人进行培训和教育，以便使每个人都能发挥所长，从而最大限度地提高工作效率。

(3) 管理人员不应把所有的工作都交给工人去做，自己只管发号施令。管理人员要和工人科学地分工，适合管理人员做的工作应由管理人员自己做，而适合工人做的工作，应分给各工人完成。

(4) 管理人员要真正得到工人的信任，让工人理解他们是根据科学原理在指挥生产。

泰勒还通过一些具体的生产作业工作，如生铁块搬运作业研究、铁锹装货作业研究、砌墙作业研究、自行车轴承球检查作业研究，以及金属切削加工作业研究等，说明了“科学管理法”不是一种仅适用于某些特定作业的管理方法。泰勒指出：科学管理法不仅适用于简单的作业，而且适用于复杂的作业，是一种普遍适用的管理方法；简单的督促与奖励的方法相比，应用科学管理法可以取得无法比拟的高效率。

泰勒指出，如果不研究科学的操作方法，只是通过奖励的手段来促使工人在实际工作中主动地做好工作，那么每个工人都需要经过很长的学习过程，才能逐渐摸索出自己的高效工作方法。这样不仅需要经历很长的时间，而且每个工人都会把自己摸索出来的高效工作方法作为自己的个人技能加以保密，不肯轻易教给他人。由于每个工人的文化背景与工作经验不同，每个人得出的高效方法不会相同，而且不一定是最佳的方法。这就使得全体工人劳动的质与量会有很大的差异，从而使工厂整体的生产效率和质量不能提高到应有的水平。狭义的科学管理方法就是通过对作业的“时间研究”，找出一种最佳的工作方法，然后把这种最佳方案加工成为标准化的操作规程，并根据这一标准化了的操作规程培训工人，使所有新工人在最短的时间内掌握最佳操作方法，从而使得工厂的生产效率达到最大。

三、泰勒的管理实践

下面通过泰勒的一系列时间研究的例子来说明科学管理方法的思想。

1. 生铁块搬运作业研究

在泰勒进行生铁块搬运作业研究之前，贝斯乐赫姆钢铁公司的工人每天平均搬运12.5吨生铁，每天可获得1.15美元(相当于0.092美元搬运1吨)。泰勒注意到手拿沉重的生铁块即使不走也要耗费体力，重体力劳动生理上需要恢复体力，便提出了“把铁块搬运到列车上的时候尽可能快走，而空手回来时要慢走，以便恢复体力”的设想。若每次的搬运量太重的话，会使肌体迅速疲劳，人若过度疲劳了，恢复体力需要很长时间，不利于连续工作。但每次的搬运量太轻的话，一天的工作任务就完不成。这里存在一个最佳的一次搬运重量。而且，空手回来时速度太快的话，肌体得不到必要的恢复，也不利于继续工作。但是如果速度太慢，也完不成一天的工作任务。通过实验，泰勒找出了最佳的一次搬运重量和回来时的行走时间，以及休息的次数。按泰勒的最佳方案工作，净搬运时间只占整个工作时间的42%，而空手回来的时间占总时间的58%。而且在搬运10～20块生铁之后要休息一会儿。一次搬运量要因人而异，量力而行。按泰勒的最佳方案搬运，贝斯乐赫姆钢铁公司的搬运工人在不增加人体疲劳的条件下，每天可搬运42.5吨生铁，工人每天赚得1.85美元，增加收入60%。而公司为多搬运的30吨生铁仅支付了0.7美元，相当于搬运1吨生铁仅花0.023美元。工人不仅没有过度疲劳，反而得到了锻炼越来越强壮,成了职业搬运工。

2. 铁锹装货作业研究

泰勒在进行铁锹装货作业研究时,通过在各种条件下进行实验,发现当每一铁锹的装卸重量为 21 磅时,人体的疲劳程度最小。于是,泰勒给每个工人配备了大小不同的铁锹,当装卸铁矿石的时候使用小的铁锹,当装卸煤粉的时候使用大的铁锹,总之使每一次铁锹上装的重量接近 21 磅(适用于美国人的重量)。后来,泰勒针对不同的装卸对象,设计了大小不一的各种铁锹,使得工作效率大大提高。一个工人装卸煤粉的量从一天 16 吨提高到 59 吨,工人的平均工资也增加到 1.88 美元,公司装卸煤粉的工资也从 0.072 美元 1 吨下降为 0.033 美元 1 吨。

3. 砌墙作业研究

泰勒在进行砌墙作业研究时,发现砌墙的位置、放灰浆箱子的位置、砖头堆放的位置以及砌墙工人站立的位置,对工作效率有很大的影响。泰勒在各种条件下进行实验。首先,在离砌墙工人不远的地方设置了高度能调节的台子,助手事先把砖头码在台子上,以便砌墙工人不用弯腰就可以拿到砖头。这是对工位器具的研究。其次,通过调节灰浆的水分,使灰浆自然流入砖缝,减少了砌墙工人多余的动作。这是对材料的改进。再次,设计砌墙作业的合理动作,让左手和右手同时并用。这是通过动作研究对操作方法的改进。砌墙作业的研究最后是由年轻时曾经做过砌墙工人的吉尔布雷斯完成的。他通过仔细的分析和研究,把砌墙作业由原来的 18 个动作简化(取消和合并)为 5 个动作,工作效率从 1 小时砌 120 块砖提高到 1 小时砌 350 块砖。

4. 自行车轴承球检查作业研究

进行自行车用的轴承球检查作业研究时,泰勒使检验工的劳动时间从 10.5 小时缩短到 8.5 小时。泰勒把工作改进分为确保质量阶段和增加产量阶段。在确保质量阶段,他让车间主任在合格品箱子中混入一定比率的不合格品,并告诉检验工人混入一箱不合格品来测试检验正确率。检验工并不知道哪一个箱子是不合格品,每时每刻都要很认真地检查每一个箱子。实行了一段时间,当工人们已习惯这样的工作之后,进入增加产量的阶段。检查工作是非常费神的工作,工人们在工作了 1.5 小时之后,开始出现注意力分散,工作效率降低,出错率升高。有鉴于此,泰勒决定增加检验工的休息次数,每小时休息 10 分钟,让工人们按时休息,使精神疲劳得到恢复。结果,检验工人的工作时间缩短了 2 小时,工资却提高了 1 倍,并且在提高检查质量的同时,使检查效率提高了 3.4 倍。

5. 金属切削加工作业研究

在进行金属切削加工作业研究时,泰勒选择了 12 个环境变量: ①加工对象(金属)的硬度; ②刀具材料的化学成分和热处理方法; ③切削的厚度; ④刀刃的形状; ⑤冷却液体的种类(油,水); ⑥切削深度; ⑦加工的持续时间; ⑧切削工具的切入角度和退出角度; ⑨加工对象的振动和刀具的弹性; ⑩工件(铸件或锻件)的直径; ⑪切削时刀具端点所受的压力; ⑫机器的牵引力和速度。泰勒用了 25 年时间,花了 20 万美元,进行了大量的实验,得出了 12 个环境变量和两个操作变量,即①机床的转动速度和②加工时的进刀量之间的关系。泰勒还设计了一种计算尺,能够根据上述关系,方便地计算出所需的进刀量和机器的转速。利用这种计算尺,一个普通的新工人能够达到有经验的老工人的生产效率。

第二节　福特的大量生产方式

在大量生产方式诞生之前，汽车的生产都是以单件生产方式进行的。19 世纪 90 年代，巴黎的 P&L 公司是一家著名的生产汽车的公司。它每年生产几百辆汽车，都是以单件小批生产方式生产的。单件生产方式的特点是：生产工人必须具有娴熟的技艺，他们能把来自各个零件供应商送来的不规范的零件，经过逐一修配、精心加工，使它们配合良好，直到把整台汽车制造出来。使用这种方式生产的汽年，即使所依据的是同一份设计、同一张蓝图，也不可能制造出两辆完全相同的汽车。这种生产方式的好处是可以根据买主的愿望生产每一辆有特殊要求的车。但是它的制造成本高得让普通老百姓无法接受。由于它采用的是手工作业方式，加工设备用的是简单的通用设备，所以生产 1 辆汽车和生产 100 辆汽车的生产效率和单位产品成本几乎是相同的。在这里规模经济效应是无法体现的。

在汽车制造业，这种手工作业的单件生产方式最终被福特的大量生产方式所取代。亨利·福特于 1903 年创立了福特汽车公司，他认为阻碍汽车业生产率提高的最主要原因是汽车结构本身的复杂性、不同的汽车之间缺乏通用零部件以及技术工人之间在技艺上存在差异。针对以上问题，他对汽车制造业提出了所谓的“3S”化，即标准化(standardization)、简单化(simplification)、专门化(specialization) 的革新建议。

福特首先提出的目标是对汽车的零部件进行标准化，使不同汽车使用的通用零部件具有完全的互换性。到 1908 年这一目标实现了，省去了制造过程中大量的修配工作，由此福特公司的生产效率得到了显著的提高(见表 2-1)。

对产品实行“简单化”的改革是从产品的设计阶段开始的，要求把零部件的结构和形状尽可能地设计得简单明了。这样可使零部件的装配过程变得简单，即便不是熟练的技工，也能够很快就熟练地掌握汽车零部件的装配工作。

“专业化”就是把汽车生产的整个工作过程进行精细分工，然后把经过细分的工作内容逐项分配到每个工人身上，使得每个工人只负责整个工作过程中的一道或两道工序。同时，为了减少重复搬运，还特别设置了搬运部，专门负责搬运工作。结果，每个工人在装配一辆车上花费的时间由原来的 514 分钟缩短到 2.3 分钟。通过这样的变革，不仅大大提高了生产的运行速度，而且消除了工作中许多不必要的浪费，从而使汽车的生产效率发生了史无前例的变化。

“3S”革新的另一个重大成果就是把传送带装配线应用于 1913 年新建的底特律的山地工厂。建立传送带装配线的初期投资，由于零部件库存的减少，以及与手工作业相比成倍地提高了生产效率，使该项投资当年就收回了。到了 1920 年，T 型福特车的产品成本降低到了 1908 年刚开始生产时的 1/3。老福特主动把一辆车的售价由 2 800 美元降为 850 美元，为汽车的大量生产创造了良好的市场环境。1922 年的汽车生产量达到了 200 万辆，随着车价的大幅降低，汽车一下由富豪们的奢侈品变成了普通工薪族也能买得起的生活必需品。

表 2-1 装配车间手工生产方式与大量生产方式的比较

装配项目	手工作业生产方式 1913 年秋/分钟	大量生产方式 1914 年春/分钟	降低率/%
电磁发电机	20	5	75
车轴	150	26.5	83
成品装配	750	93	88

高度专业化的大量生产方式最不能适应的是产品品种的变化。但是,随着经济的发展,社会的需求呈现多样化。而福特公司产品品种单一,只能生产黑色的 T 型车,不能满足日益增长的社会需求。它原有的市场份额逐渐被通用汽车公司所侵占。另外,传送带上装配工作分工过细,工人整天重复地做着简单的机械式的动作,成了机器的附属品。工人厌倦了这种重复性的简单操作,他们的积极性、创造性受到严重束缚。

福特公司失败的另一个原因是它经营的领域太广。为了实施纵向一体化的经营方针,它不仅投资钢铁企业,生产汽车用钢材,而且经营矿山,甚至开办牧场(以供应汽车用皮革与呢绒织物的原料),生产飞机,生产榨油机器。由于产业过于分散,管理又跟不上,这就把福特汽车公司推上了绝境。福特公司在 1923 年创造了年产 210 万辆汽车的辉煌后,随后在与通用等其他汽车厂家的竞争中,逐渐衰退。到了 1930 年,福特汽车公司甚至濒临破产。

第三节 通用汽车公司的生产管理方式

美国通用汽车公司(GM)创立于 1908 年 9 月 16 日。开创初期 GM 收购了以别克为代表的 25 家汽车公司和零部件制造公司。由于收购了大量企业,GM 的规模迅速壮大。收购的企业中有许多技术力量雄厚的零部件公司,包括后来担任多年总裁的斯隆的父亲的零件加工厂,所以 GM 在创建初期就能生产多种汽车。而且大部分汽车零部件和配件都由 GM 自己生产,使得汽车装配和零部件供应容易协调与配合,使公司的物流在整体上实现合理和高效。

此后 GM 之所以成为世界上最大的汽车公司,正如 1924—1946 年担任 GM 总裁的斯隆所说,GM 在生产管理、市场管理和组织机构三方面进行了一系列的创新。

生产要想适销对路,首先得了解市场的需求。要想利用人们追求价廉物美的心理创造需求,就要提高产品的质量,并降低生产成本。福特通过标准化和通用化实现了规模经济,做到了物美价廉。但是,随着社会的逐渐富裕,人们的需求变得多样化和追求个性化,高薪族优先考虑的是品种和质量,低薪族则更关注价格。市场需求的变化,导致大量生产的福特 T 型车开始出现过剩。GM 在公司成立的初期就注意到了社会经济的发展和市场的变化,从而一直致力于品种多样化和产品系列化的工作。

多品种生产会降低规模经济效益。要解决这个问题,一方面,要追求产品的款式新颖和高质量,以满足收入富裕的顾客群;另一方面,要在不同车种之间尽量扩大通用零部件的应用,以便在通用零部件这一层面上保持规模经济效益。20 世纪 20 年代 GM 公司生产 10 种汽车,别克和凯迪拉克便是其高档车的代表。当时即便其他车种全部赔钱,别克和凯迪拉克仍然盈利。GM还十分重视提高通用零部件和相似件的生产技术，把这些技术作为公司发展的重要基石。

GM于1921年4月6日成立了特别顾问委员会，提出了新的产品政策。

(1) 从低档车到高档车按其价位，建立完整的产品系列，同时使高档车仍能保持一定的批量进行生产。超高档车可不考虑批量生产，因而不涉足这个产品系列领域。

(2) 从最低价到最高价，各段价位要形成一个系列，不能出现大的断层。同时，各段价位相差不宜太小，否则太分散，就不能保持批量生产了。

(3) 按各个价格段设计相应的汽车品种，在整个系列内不允许出现品种上的重复。

上述产品策略对GM的发展具有深远的意义。根据这个策略，GM生产的10个车种不再在市场细分(segmentation)时发生自我冲突、自相残杀了，并且成功地争取到了广泛的顾客群。当时福特以低价的T型汽车和高级轿车林肯(共230万辆)占领了市场一半以上的份额，GM以40万辆居第2位。后来，GM进行了生产改组，从低价车开始，把10种车型压缩为雪佛兰、4缸别克、6缸别克、沃尔斯、凯迪拉克5个系列，并把最低价从750美元降到450美元，最高价定为3 500美元。其间，产品的价格分为6个档次。凭GM的雪佛兰占有的4%的市场份额，想战胜占有50%以上市场份额的福特T型车恐怕是白日做梦。由于社会发展，人们逐渐富裕起来，追求高品位和个性化的顾客越来越多，GM的战略，即适中的价位、高品位和多样化的车型战略正好符合市场的需求。另外，与中小汽车制造商相比，相同品位的车，GM又以规模经济效益降低了生产成本，具有价格优势。总之，这项产品政策正好与市场需求的变化相符，因而，GM成为市场竞争的赢家。直到现在，这种产品系列化策略(lineup)仍然是行之有效的，并为各行各业广泛采用。

GM在经营管理上的另一个贡献，是创建了以产品为中心的事业部制度和各种专业委员会制度。这在当时是创新性的组织改革。特别是财务委员会控制了企业的采购权，库存委员会负责解决资金周转和库存积压问题，以及确立根据预测制订生产计划的方法。由于管理水平的提高，企业的竞争力又上了一个新台阶，为GM的长期稳定发展奠定了重要的基础。

第四节 丰田生产方式

丰田生产方式是1945年第二次世界大战结束后，日本的汽车制造业在既缺乏资金又没有先进设备的条件下，在追赶欧美发达国家汽车业的过程中，创建的一种全新的生产方式。当时日本的汽车制造业虽然有政府的保护，但是仍面临许多困难：国内的市场很小，但是需求的品种却很广(如工业用的大型载货卡车、农用汽车、普通居民用的经济型小轿车和经理人员、政府官员用的高档轿车等)，如果采用传统的大量生产方式，国内市场没有这样大的需求量，当时又没有能力去开拓国际市场；战后日本经济还十分困难，没有足够的资金和外汇去大量购买欧美的先进技术和设备。

1950年丰田公司新一代领导人丰田英二等在考察了美国的福特、通用等最先进的汽车公司之后得出了一个结论，即大量生产方式不适合日本当时的国情，丰田必须自己开创一条发展日本汽车产业的新路。以后在大野耐一等领导人的组织和领导下，经过20年的努力,终于创立了对汽车工业具有划时代意义的丰田生产方式。丰田生产方式成功的重要标志是它制造的汽车质量高、成本低,在世界市场上具有很强的竞争力。日本的汽车工业是在战后的一片废墟上重建的,20 世纪 50 年代初刚刚起步,1959 年年产量还不足 20 万辆,但到了 1980 年全年产量达到了 1 100 万辆。丰田车打入了美国市场和欧洲市场,畅销世界各地,使日本的汽车工业步入了世界汽车大国的前列。

丰田生产方式的主要特点是:以"调动员工的积极性、创造性"为前提,以"消除一切浪费"为目标,采用拉动式生产的准时生产制,用多批次小批量生产的混流生产线取代单品种大量生产的流水线,最大限度地降低在制品储备和缩短生产周期。丰田首创在汽车工业中发展多品种生产线,大大提高了企业对市场变化的应变能力。

基于上述指导思想,丰田人在不断摸索的实践当中,创立了一系列新的管理理念和管理方法,如准时化生产、看板管理、生产平准化、快速换模、作业标准化、设备合理布局、改进活动、现场管理等,大大丰富了现代生产管理的内容。

准时化生产的核心思想就是准时化。它要求在需要的时候,只生产所需要的品种和数量,宁肯中断生产,也不允许超前和超量生产。它采用拉动式生产(pull system)来实现准时化,即每一道工序的生产都是由其下道工序的需求拉动的。生产什么,生产多少,什么时候生产都是以正好满足下道工序的需求为前提。信息的传递利用了看板,看板是实施拉式生产的重要手段。因此,人们又把拉式生产称作看板管理。准时生产制很好地解决了大量生产中普遍存在的过量生产和在制品大量积压的难题。

生产平准化是一种不需增加库存,能迅速适应需求变动的有效手段。由于生产平准化,生产线上不再大批量地生产同一种产品,而是要同时生产市场需求的多种多样的产品。生产平准化通常分两步进行:首先根据计划规定的月产量,计算该车型的平均日产量;再根据该车型细分后各规格的需求比例来组织平准化生产。

例如,皇冠轿车下个月计划生产 3 万辆。皇冠装配生产线按一个月工作 25 天,每天工作 2 班计,则日产量应为 1 200 辆。例如,皇冠车按发动机、变速器、加速装置和车身颜色等的不同,有 A、B、C、D 四种车型,其需求的比例为 4∶3∶2∶1。按平准化生产的要求,可计算出皇冠车各车型每日应生产的数量(见表 2-2)。

表 2-2　皇冠车各车型每日的平准化生产数量

车型	全月需求量/(辆/月)	平均日产量/(辆/日)	生产节拍/(分/辆)	每 8 分钟的生产数量/辆
A	12 000	480	$\frac{480\times 2}{1\ 200}$ =0.8 分/辆	4
B	9 000	360		3
C	6 000	240		2
D	3 000	120		1
合计	30 000	1 200		10

快速换模和快速调整生产线对组织多品种生产具有决定性的意义。组织多品种生产遇到的最大障碍是更换品种时,调整生产线和更换工艺装备的工作量太大,直接减少了设备的有效工作时间,损失了设备的生产能力。丰田公司组织工人和技术人员进行了大量的研究和实践,提出了一套行之有效的方法。例如,从停机换模作业中挑选大量的可以不

停机的换模准备作业，缩短了换模的停机时间；采用标准化的模具底座和标准化的辅具，采用辅助安装板以及快速夹紧机构和可调的定位装置等，大大节省了模具的安装和调整时间；采用工作台可升降的运模车，以平移作业取代吊装作业。以大型机械压力机和大型冲床的换模为例，原来一般需要花 8 个小时的模具更换和调整工作，丰田公司在采取上述措施之后，可以在 3～10 分钟内完成，从而为汽车行业的多品种生产开辟了新的途径。

合理布置设备和生产线是丰田为了改善物流运输和节约人力所做的改进。丰田在生产线的安排上提出采用 U 形布置的建议，因为 U 形布置可以适应多品种生产，避免具有不同工艺顺序的工件在生产线上往复运输，也有利于组织工人进行多机床看管，避免工人在机床间行走很长的距离（见图 2-1）。

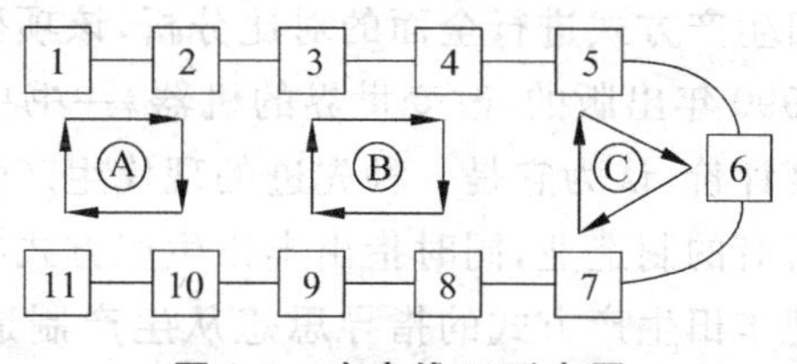

图 2-1　生产线 U 形布置

标准作业是指把生产过程中的各种要素（人、机、料、法、环）进行最佳组合后形成的一套工作方法。按标准作业的要求进行操作，就能保证低成本，高质量地制造优质产品。制定标准作业时，既要考虑各工序之间的协调配合，又要注意作业人员工作负荷的平衡与协调，要消除瓶颈环节，保证整体的效率。标准作业制定出来后，要组织对有关的作业人员进行培训，让大家能很好地理解和掌握。在实施过程中还要经常检查，发现问题，不断进行修订和完善，因为生产环境是在不断发展变化的。

丰田公司对全部装配作业，由小组推进技术改进，创造最优作业方法，并通过标准化建立标准作业。经过多年的努力，生产过程中出现的各种缺陷被一一消除，因此丰田公司能够做到汽车在下总装线后产品的返修率基本为零。这一点和泰勒的作业标准化很相似，不同的是泰勒的动作研究由专业管理人员指挥，而丰田的动作研究是让工人自己掌握，从根本上消除了管理人员和作业人员的对立，提高了工人的自我价值。下面的改进活动的核心意义也在于此。

改进活动是丰田生产方式中调动员工的积极性、创造性，动员广大员工参与提高生产效率，降低制造成本和参与企业管理的重要方法。改进活动通常通过开展合理化建议运动，发动广大员工参加。员工提出的合理化建议可申请立项，经审批后将得到企业的支持和资助。项目实施后取得成效的，公司将根据员工贡献的大小给予相应的奖励。另一种形式是员工可就现行生产经营中存在的问题，自愿结合，组成攻关小组（又称 QC 小组），主要是利用业余时间开展调查研究，通过多方协作，寻找问题的解决办法。公司每年要举行交流 QC 小组成果的总结表彰大会，检阅成绩，对有功的小组和个人进行表扬和奖励。丰田公司每年通过这些活动，常常可以获得上千项合理化建议和改进措施。这些活动不仅给公司带来了巨大的经济效益，而且为丰田的企业文化创造了良好的氛围。

第五节　精益生产方式

美国的汽车市场在受到日本汽车工业的冲击之后，最初的反应是认为日本汽车业的成功是由于日本的工资水平低，政府的保护政策及在生产中广泛应用机器人，受益于高技术。但随后发现上述解释尚不能说明问题的全部,特别是丰田公司在美国投资建立的合资工厂 NUMMI(New United Motor Manufacturing Inc.)受美国法律的管制,雇的是美国的工人,工资是按美国的工资标准支付的。但是那里生产同样质量的汽车,而成本却比美国汽车厂生产的低。1980 年美国福特公司最先去日本进行了考察,发现日本汽车工业成功的主要原因,是它们采用了新的生产管理方式——丰田生产方式。

为了真正揭开日本汽车工业成功之谜,美国麻省理工学院于 1985 年制订了一项"国际汽车研究计划"(The International Motor Vehicle Program,IMVP),筹资 500 万美元,组织了 50 多名专家、学者,在丹尼尔·鲁斯教授的领导下,用了 5 年时间,访问调查了 14 个国家的 90 多家汽车总装厂和零部件制造厂。通过对欧美的大量生产方式和日本的丰田生产方式进行全面的对比分析,该项研究计划最后得出了研究报告。其主要的成果在 1990 年出版的《改变世界的机器》一书中有详细的论述。该书对丰田生产方式给予了高度评价,认为它是一种先进的现代生产管理方式,不仅适用于汽车制造行业,而且适用于所有的制造业,同时指出丰田生产方式的内涵属于生产制造领域。IMVP 的研究与总结,把丰田生产方式的指导思想从生产制造领域扩展到了产品研制开发、采购供应、协作配套、销售服务、财务管理等领域,贯穿企业生产经营活动的全过程,使其内涵更加全面、丰富,从而已不是原来意义上的丰田生产方式了。因而有必要赋予它一个新的名称——精益生产方式(lean production system)。以上就是精益生产方式产生的历史背景。

"lean"的原意是"瘦肉",这里是借喻"精干""精练",要消除一切形式的浪费的意思。我国把它译成"精益生产",又强调了它的另一个侧面,即要求精益求精,要不断改进、不断完善。

关于精益生产方式的许多具体内容,例如在产品研制开发领域、生产制造领域、采购供应和协作配套领域、销售服务领域和成本管理领域,根据精益生产的要求,有许多新的管理思想和管理方法,这些内容将在本书后面的有关章节中详细介绍。

第六节 结 束 语

自 18 世纪产业革命以来,随着工业化社会的发展及生产力水平飞速的提高,工业化创造了巨大的物质财富,为人类社会的发展做出了巨大的贡献。与历史上任何时期相比,今天人类的物质、文化生活水平都是无与伦比的。但是,工业化也造成了严重的后果。工业化生产消耗和浪费了大量的自然资源,而自然资源是有限的,有些稀有资源已经濒临消耗殆尽的境地。此外,工业化生产使自然环境遭受污染,遭到破坏,直接危害和威胁人类的生存。鉴于以上情况,可持续发展方针就成为 21 世纪人类社会发展必须遵循的基本方针。

制造业和服务业如何贯彻可持续发展的方针,将是生产运作管理面临的全新课题。目前已经提出绿色制造、绿色服务的概念,即要求尽量节约资源消耗,尽量使用可再生资源和无污染的能源,产品废弃时其残骸不仅要不污染环境,而且能够再生,能再被利用,要尽量利用知识来提高产品的附加价值等。21 世纪将进入知识经济时代,可以预期在 21 世纪里生产管理将会以全新的面貌出现,必将有更大、更全面的发展。

思 考 题

1. 泰勒的动作研究的目的是什么?

2. 泰勒提出的“多比率日薪制”的核心内容是什么？为什么能够缓解劳资对立的问题?

3. 科学管理法的主要内容有哪几个方面?

4. 福特提出的“3S”是指什么？在历史上曾起到什么作用？在现实中有什么意义?

5. T型福特车的零件实现了高度通用化、修理方便(user friendly)。福特公司曾经在修理方便的口号下,把不合格品也投放市场,极大地伤害了顾客的利益。这种行为造成的结果对市场需求的变化有何影响?

6. 福特曾经投资兴建了“矿石原料入厂,T型福特出厂”的纵向一体化工厂,但是最终以失败而告终。根据市场需求的变化,分析其原因。

7. 事业部制度有什么优缺点?

8. 委员会制度有什么优缺点?

9. 丰田生产方式的主要内容是什么?

10. 改进活动的精髓是什么?

11. 制造业在什么情况下需要采用生产平准化?

12. 简述缩短换模时间与规模经济的关系。

第二篇

战 略 决 策

第三章

现代企业发展战略

企业发展战略应体现企业的理念。正确的战略源于正确的理念,但是只有正确的理念没有相应的战略,再好的理念也只是空中楼阁。企业发展战略关系企业的前途命运,是现代企业管理的核心内容。

中共中央在《关于国有企业改革和发展若干重大问题的决定》中明确提出要“加强企业发展战略研究。企业要适应市场,制定和实施明确的发展战略、技术创新战略和市场营销战略,并根据市场变化适时调整”。

进入21世纪以来,世界形势发生了重大变化,以信息技术为核心的新技术革命飞速发展,技术创新速度大大加快,知识成为企业最重要的资产,速度成为竞争胜负的决定因素;网络化和数字化快速推动着经济全球化的进程,国际化的市场竞争更趋剧烈;日益恶化的生态环境和日趋枯竭的自然资源,促使人们在保护生态环境和节约资源的重要性上取得了普遍的共识。可持续发展、知识经济和经济全球化已成为当今世界人类社会发展的三大主题。

第一节 现代企业发展战略的新内涵

在当今世界的时代背景下,正确制定发展战略不仅对企业的生存和发展显得更为重要,而且发展战略的内容也有了新的含义。

一、“保护环境、节能降耗”已成为每一个企业必须承担的社会责任

不仅国家对企业的生产经营活动和产品质量有严格的要求,并通过法律法规加强了制约,而且广大用户的环保意识也提高了,对绿色产品的需求日益迫切。企业只有顺应这种要求才能求得自己的生存和可持续发展。

二、在管理理念上有了许多新的进展

例如,21世纪将是以消费者为中心的世纪。企业必须把“顾客满意”作为一切经营活动的主要目标,必须千方百计满足顾客的需求,不断改进服务的质量,以提高顾客满意度。企业只有赢得客户,才能在市场中站稳脚跟,只有取得广大客户的信赖,树立良好的品牌信誉,才能保持稳健的持续发展。

三、当今社会已进入知识经济时代,知识将成为创造财富的最重要的资源

知识特别是知识创新的速度和方向,将成为决定企业生产经营成败的关键因素。知

识是要靠人创造开发、靠人运用的,所以企业员工的素质是决定知识创新和有效应用的关键因素。由此,以人为本的人本管理和知识管理将成为企业战略管理中的重要内容。

四、经济全球化促使企业实施国际化经营

因为只有充分利用和合理配置国内、国外两方面的资源,积极开拓国内、国外两个市场,企业才有能力面对激烈的全球市场竞争。企业的发展战略必须有广阔的国际化视野。

第二节 企业发展战略的作用

在社会环境迅速变化的今天,如果企业不随时分析研究外部环境的变化,判断变化带来的机遇和风险,不认真研究自身的优势和劣势,在明确企业长远发展方向和目标的同时,深谋远虑,制定企业发展战略,就很难不在瞬息万变的市场中迷失方向,以致在激烈的竞争中遭遇挫折,甚至被淘汰。

制定企业发展战略的作用主要体现在以下几个方面。

一、明确企业的长远发展方向和目标

制定企业发展战略首先要明确企业的宗旨,企业的长远发展方向和目标。明确的宗旨、目标和发展方向,有助于统一人们的思想,能够动员全体员工围绕同一个奋斗目标去努力。

二、抓住机遇、规避风险

认真分析研究外部环境中政治、经济、社会、文化、人口、生态环境、技术进步、行业境况、竞争对手动向等各种因素,识别、判断可能出现的机遇和存在的风险是制定企业发展战略的重要依据。因此,发展战略的作用就是要指导企业充分利用未来的市场机遇和规避可能产生的风险,把风险尽可能降到最低。外部环境的变化一般是企业无法控制的,但是企业可以通过调查研究,及早预见变化的动向,以便制定措施,使企业能够抓住机遇、利用机遇、避开风险、防范风险,从而顺利地发展。

三、确定工作重心、优化资源配置

在了解、预见外部环境变化的基础上,企业发展战略的作用就是要根据可能出现的机遇和风险,明确一定时期内企业业务工作的轻重和优先次序,并通过调整企业的资源配置,来加强企业的核心竞争力,保障和支持企业战略任务的实现。

第三节 企业发展战略的类型

一、按照战略目的分类

按照战略的目的,可以将企业发展战略划分为成长战略和竞争战略。

1. 成长战略

成长战略是指以成长为目标，研究企业新的发展领域或新的增长点，为保证企业获得成长机会所采取的战略。谋求成长发展的中小企业常采用这种战略。

2. 竞争战略

竞争战略是指在特定的产品与市场范围内，企业为保持和扩大市场占有率所采取的战略。处于优势地位的企业，通过这种战略来维护和扩大其优势；处于弱势地位的企业则要通过这一战略来改变和缩小与优势企业的差距。竞争战略的重点是提高市场占有率和销售增长率。大型企业常采用这种战略。

二、按照竞争态势分类

按照竞争态势，可将企业发展战略划分为进攻战略、防御战略和撤退战略。

1. 进攻战略

进攻战略是推进企业扩张的一种战略。这种战略的特点是不断开发新产品和开拓新市场，在竞争中，以攻为守，主动出击，先发制人，以不断提高市场占有率。进攻战略包括技术开发战略、产品发展战略、市场扩张战略、生产扩张战略等。进攻战略一般适用于处于有利发展的环境，在产品、技术、市场上已占有一定优势的企业，特别是拥有名牌产品或社会声誉较高的企业，常采用这种进攻战略。

2. 防御战略

防御战略又称维持型战略，是企业一定时期内在基本维持其原有产品的产销规模和原有经营领域的情况下，通过努力调整内部生产方式和组织结构，改进管理制度来提高企业的素质和实力，为日后的发展打下良好的基础。这是采取以守为攻，待机而动，以安全经营为宗旨，不冒较大风险的一种发展战略。这种战略的特点并不是消极防守，而是以守为攻，后发制人。其具体内容包括：在技术上实行拿来主义，以购买专利为主；在产品开发上实行紧跟战略，后发制人；在生产上不盲目追求生产规模的扩大，而是着眼于降低成本，提高效率。这种防御战略一般适用于市场状况不稳定时，或是外部环境和内部条件均无明显优势的企业，通过在一定时期内维持现状，保守经营，为今后发展创造有利条件。

3. 撤退战略

撤退战略又称紧缩战略，是企业在一定时期内缩小生产规模或从市场上撤出某些产品的一种战略。企业在经济不景气时期常采用这一战略，暂时的紧缩是为了长远的发展，是一种战略性撤退。它包括在环境突变时，采取战略转移、局部撤退、先退后进等策略。这种战略一般适用于在市场竞争中处于劣势地位的企业；或者是企业的产品已进入淘汰期；或者对某些不受顾客欢迎，而企业一时无力改进的产品，企业决定对这些产品进行逐步收缩或彻底退出市场，以便腾出有限的资源去寻找新的发展机遇。

以上三种类型的战略，对于一个企业来说，可以采取其中一种战略，也可以采用两种或三种战略的组合，做到有进有退、有发展有收缩、有扩张有稳定，从而制定适合企业具体情况的整体的企业发展战略。

美国迈克尔·波特在1980年出版的《竞争战略》一书中提出了关于业务层面的三种战略，即成本领先战略、差异化战略和集中化战略。这本书流传较广，管理界对这三种战略都很熟悉,本书在此不再赘述。

三、按照战略层次分类

按照战略的层次,可将企业发展战略划分为公司总战略、职能分战略和事业部战略。

1. 公司总战略

这是企业最高层次的战略。它是为实现企业总的战略发展目标,而对企业的宗旨、长远发展方向和战略发展目标所做的全面规划。公司战略主要是确定企业应进入哪些领域,从事何种经营业务并对企业的成长和发展做出规划。企业总战略是统率企业各项分战略的全局性的指导纲领。

节能降耗、保护环境是今天所有企业都必须承担的社会责任,也是所有企业为谋求发展必须遵循的原则,所以实施绿色制造应是制造企业发展总战略中的重要组成部分。

2. 职能分战略

这是在企业总战略指导下,企业各职能部门为贯彻执行总战略的要求,分别制定的本部门的发展规划。由于企业大小规模不同,职能部门的设置也不尽相同。但一般企业都会有以下的职能分战略,如市场营销战略、人力资源战略、产品与研发战略、财务战略等。职能分战略制定后要进行统筹协调、综合平衡,以保证各职能部门的工作相互配合、协调一致。

3. 事业部战略

规模较大的企业为实行多种经营,通常在企业总部下面设立若干个事业部。每个事业部都有其相对独立的产品种类和经营的区域范围,所以每个事业部也要制定事业部的发展战略。

第四节 企业发展战略管理

企业战略管理通常按以下步骤进行,首先是进行战略规划,即战略方案制定;其次是战略实施与战略控制;最后是针对存在的问题进行战略修正。

一、战略规划

制定企业发展战略规划包含以下工作内容:分析企业外部环境、分析企业自身素质和企业实力、确定企业的宗旨和性质、设定企业的发展方向和要达到的目标、制定实现企业发展目标的战略和相关措施。

(一) 分析企业外部环境

1. 指导外部环境分析的若干理论

迈克尔·波特在《竞争战略》一书中指出,竞争中最重要的环境因素是“产业”,产业结构分析的最佳工具是五种力量模型,即产业中现有竞争者、潜在竞争者、替代品提供者、顾客和供应商五种力量,它们决定了企业的潜在获利能力。但是波特的五种力量模型本质上是一种静态模型。在产业结构相对稳定的条件下,这种分析是有效的,但是进入 21 世纪以后,随着技术进步,出现了产业细分化和产业融合的趋势。另外,这五种力量之间不仅有激烈的竞争，也出现了既竞争又合作的情况。因此，按波特的五种力量来分析产业结构，在现实中往往说明不了问题。在波特之后又出现了"利益相关者理论"和"社会网络理论"。这些理论拓展了环境分析的视野。

利益相关者理论除了波特的五种力量之外，把股东、债权人、政府部门、社会公众、社会团体、经理人员和企业员工都包含进去，认为这些力量与企业的发展都存在利害关系，他们都有自己的要求，基于本身的利益都会对企业的经营决策施加各种影响。企业在制定发展战略时，必须考虑他们的要求，要在协调各方利益的情况下谋求自己的发展。社会网络理论则把一切与企业有社会联系的个人和群体（包括非利益相关者）都包含进去，都列为企业进行环境分析的对象，认为各种社会力量都在对企业施加这样或那样的影响，企业必须考虑他们的存在和影响。这些理论看起来考虑得更全面，但具体应用起来则有很大难度。

2. 外部环境分析的内容和要求

外部环境分析应包含以下内容：①外部环境现状分析；②外部环境变化趋势分析；③外部环境变化态势的原因分析；④外部环境现状及其发展变化趋势对企业经营活动产生的影响分析。

通过对外部环境的仔细分析，目的是要弄清楚：

① 外部环境中对企业有较大影响的主要力量是哪些；

② 这些外部力量对企业的影响将会发生哪些变化、变化的趋势是什么；

③ 使外部力量的影响发生变化的原因有哪些，这些原因之间的内在联系是什么；

④ 外部力量的影响及其变化，给企业的发展带来什么样的机遇，以及造成什么样的威胁，对此企业需要采取哪些应对措施。

3. 外部环境分析的方法

常用的环境分析的工具和方法有层次分析法、要素分析法和结构分析法等。

层次分析法通常把企业的外部环境分为宏观环境、产业环境和竞争环境三个层次进行分析。宏观环境是指政治、经济、社会等社会环境力量。例如，当前对环境保护、节能降耗的要求，就属于宏观环境的范畴。

要素分析法首先把环境影响因素中的重要因素和一般因素加以区分，而不是把所有的环境影响因素都罗列出来逐一进行分析。常用的要素分析法有 PEST 分析法、KSFS 分析法等。PEST 分析法是把宏观环境的构成要素分成政治因素、经济因素、社会文化因素和技术因素等，再进一步逐一分析上述因素的构成情况和具体内容。KSFS 分析法是着重分析产业成功的关键要素，例如，采矿业的成功关键要素是矿藏资源、资金和技术设备；软件业的成功关键要素是人才和信息技术；培训服务业的成功关键要素是师资、品牌和先进的培训设施。

结构分析法是通过分析环境中各个主体间力量的对比关系来认识环境的特征。波特对产业中五种力量的分析，判断该产业的潜在获利能力，即属于一种常用的结构分析法。

（二）企业自身实力分析

外部环境既为企业的生存与发展提供了许多机会，也制造了不少矛盾和障碍。企业能否顺利地按自己确定的目标发展，并不是仅仅由环境所左右的，还取决于企业是否有驾驭环境、克服各种矛盾和障碍的能力。企业的生存与发展最终是由外部环境和企业的实力共同决定的。

企业的实力可以用企业拥有的资源和企业运用资源解决问题的能力来表示。资源是能力的载体,两者有密切的联系,所以可以用资源和能力来表示企业的实力。

一个行业的发展机遇并不等于企业的机遇。因为在同样的机遇面前,同行业中有的企业发展得很好,另一些企业没有什么进展,还有一些企业甚至因为经营不善而破产了。只有企业的资源和能力能够承担的发展机遇,对企业才是有价值的机遇。所以正确制定企业发展战略,就是要在企业实力所及的范围内充分利用外部环境提供的机遇,促使企业顺利发展。

1. 指导企业实力分析的若干理论

(1) 价值链理论。价值链理论是由迈克尔·波特提出的。他认为企业的全部活动都是为顾客创造价值的活动,这些活动串联起来就形成了一条企业价值链。在分析企业的实力时,首先要分析企业的全部资源在价值链上是如何分布的,每个价值链环节在为顾客创造价值中发挥了怎样的作用,资源的配置是否合理,是否存在薄弱环节,是否需要通过调整资源配置来保证整条价值链的整体能力得到充分发挥。

(2) 资源基础理论。根据波特的竞争战略理论,应按不同产业的潜在获利能力选择产业。但实践表明,虽然不同产业的平均获利水平存在差异,但产业内部不同企业在获利水平上存在的差异更大。在一些高速增长的产业中,也存在微利和亏损企业。面对上述情况,人们开始重视从企业内部探索竞争优势的来源,并以此指导企业的战略分析工作。

1984 年沃纳菲尔特率先提出"企业资源基础理论"。其后又有一些学者提出企业核心能力等概念。所谓企业核心能力,是指企业内在的独特能力,它是企业在生产经营过程中不断创造和积累所形成的独特的内部知识和技能。企业核心能力一般有以下几个特性:①具有很强的知识性;②经过精心培育和积累;③是企业独有的能力,具有不易模仿性。20 世纪 80 年代中期以后企业资源基础理论和企业核心能力等概念已被学界和实业界普遍接受和认同。

根据这一理论,可以得出以下的认识:资源是能力的载体,能力是一项资源(或融合多项资源)中蕴涵的发挥其功能的力量;竞争力是企业与竞争对手较量的实力,是能力的外化。所以蕴藏在企业各种资源中能力的强弱,是企业能否获得竞争优势的根据;拥有强大的核心能力,是企业能够持续保持竞争优势的源泉。

2. 分析企业实力的内容和方法

在分析企业实力时,首先应该全面了解企业拥有的资源状况和企业生产经营系统各环节的能力水平。应该知道企业资源和能力的现状,通过企业的努力会有什么样的变化趋势;进而分析企业的资源与能力和竞争对手相比存在哪些差异,在哪些方面具有优势,哪些处于劣势;分析企业是否拥有核心能力,核心能力是什么,企业需要从哪些方面培育和加强企业的核心能力。

如果采用要素分析法,则要逐一分析企业拥有的各种资源的构成,这里不仅指在所有权上归属企业的资源,而且包含企业能够获得的可以用于支持其战略的各种资源。

企业的内部资源,通常分为有形资源和无形资源。有形资源包括人力资源、物质资源、财务资源和技术资源。无形资源包括组织资源、企业文化、企业品牌等。其中技术资源是指企业的研发人员、投入的研发资金、工艺技术人员、企业掌握的工艺技巧和专利技术等。组织资源是指企业的组织结构、产权制度、管理模式、管理制度和信息系统等。

如果采用层次分析法，则可以把企业的资源和能力划分为三个层次。这三个层次是资源、能力和核心能力，着重从①企业有什么，缺什么；②企业能干什么，擅长干什么；③企业的竞争优势是什么三个层次进行分析。

进行能力分析时，需要逐一具体分析企业的生产能力、供应能力、营销能力、财务能力、研究开发能力、后勤管理能力、管理制度的改革创新能力、文化对企业发展的推动能力等。文化是组织的黏结剂，是组织运行中无形的推动力量。文化能帮助企业员工树立敬业精神、团队精神，能推动企业树立统一的核心价值观，所以在能力分析中千万不要忽视企业文化的力量。

（三）确定企业的宗旨和战略目标

企业的宗旨，也称为企业的使命。确定企业的宗旨就是决定企业应进入哪一行业，从事何种经营业务，顾客是谁，企业要为顾客提供什么样的产品和服务。企业宗旨反映了一个企业的经营理念。过去常常把追求利润最大化列为企业的主要目标，现在的理念是顾客导向，认为只有能为顾客创造价值、为顾客和社会搞好服务，赢得了社会的信誉，企业才能求得自身的长远发展。

企业宗旨的表述应该把企业的性质、特点和企业希望实现的目标描述清楚。应设定恰当的企业宗旨，为企业发展战略的制定和实施提供明确的指导方针，使企业在面临多种发展机遇时不会无所适从，不会在复杂的环境中迷失方向。

遵循企业宗旨，正确制定企业的战略目标十分重要。企业战略目标应该反映企业要求实现的经营管理成果的水平，如盈利水平、市场份额、增长速度、投资收益、员工福利和生产技术水平等。同时，企业战略目标应该和企业在社会上的地位、形象、商誉相适应。

有了明确的战略目标，企业才能根据战略目标的要求，合理地分配和使用企业的资源，正确安排各项经营活动的优先顺序。

（四）制定和选择发展战略

企业根据外部环境中存在的机会和威胁，同时考虑自身的素质和实力，所在行业的发展情况和企业在竞争中所处的位置等各种因素的综合影响后，制定企业的发展战略。下面介绍三种常用的战略选择模型。

1. SWOT 模型

SWOT（strength、weakness、opportunities、threats）代表优势、劣势、机会、威胁四种因素。在使用这一模型进行战略选择时，通过将这四种因素两两组合，得到四种不同的战略选择区域。企业根据自身的情况，选择合适的战略，如图 3-1 所示。

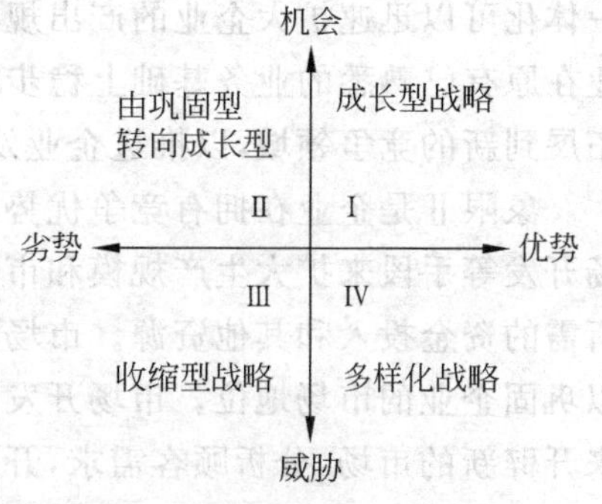

图 3-1 SWOT 战略选择矩阵

采用上述模型应按以下步骤进行:①依据企业的战略目标列出对实现这一目标有重大影响的外部环境因素和企业自身的实力因素;②根据一定的判别标准对上述因素进行分析比较和评分,判定企业在这些方面与竞争对手相比是处于优势还是劣势,外部环境是机会多于威胁还是威胁多于机会。

象限Ⅰ的情况是企业拥有优势的资源和能力,又面临较多的外部机会,处于一种有利的竞争位置。在这种情况下企业应采用成长型战略。

象限Ⅱ的情况是企业虽然面临较多的外部机会,但自身的实力不足,无法充分利用这些机会。企业应该先采用巩固型战略,不断培育和增强自己的实力,等到条件具备时再转而采用成长型战略。

象限Ⅲ的情况是企业处于一种最困难的情况,既面临外部环境中的风险和威胁,自身实力又不强,这样的企业应采取收缩型战略,先谋求渡过难关,再寻找合适的发展机会。

象限Ⅳ的情况是企业实力强,有较强的竞争优势,但外部环境没有提供良好的机会。此时企业可采用多样化经营战略以分散风险,或采用纵向一体化战略以排除环境因素中的障碍,等待机遇,谋求新的发展。

2. 基于资源配置的战略模型

这一模型的特点是在分析外部环境的基础上,通过筹集资源和调整资源配置的方式来选择战略方案。该模型如图 3-2 所示。

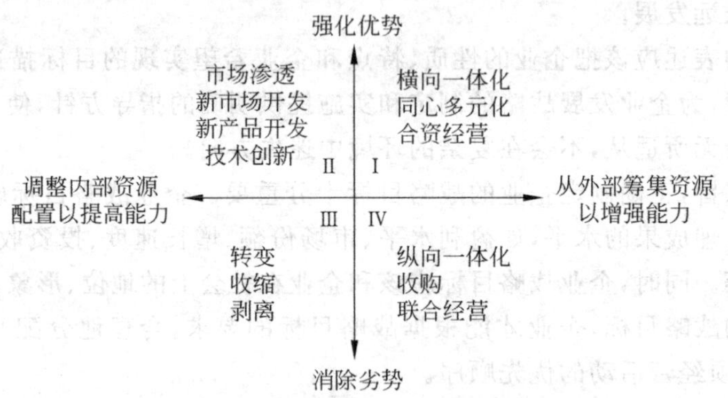

图 3-2 基于资源配置的战略选择矩阵

象限Ⅰ是企业采取一种依靠外部资源,向外扩张以增强优势促进发展的战略。横向一体化可以迅速扩大企业的产出规模,增强企业在行业中的地位。同心多元化可以使企业在原有已熟悉的业务基础上稳步扩展。合资经营是借助合作伙伴的力量,把企业优势拓展到新的竞争领域,以推进企业发展。

象限Ⅱ是企业在拥有竞争优势的基础上,采用市场渗透、新产品开发、技术创新和市场开发等手段来扩大生产规模和市场份额。企业主要依靠合理配置内部资源来满足发展所需的资金投入和其他资源。市场渗透是着力于企业现有的产品和市场,通过加大投入以巩固企业的市场地位。市场开发是发掘现有产品的新用途,找到潜在的消费群体,以此来开辟新的市场,分析顾客需求,开发有针对性的新产品,以扩大企业的顾客群和市场份额。开发新产品要求企业具有较强的产品研发队伍和技术创新能力。

象限Ⅲ是企业通过收缩或转移缺乏竞争力的业务，出让企业的不良资产，集中有限的资源加强有竞争优势的业务，以此来消除企业的劣势，保障企业的顺利发展。

象限Ⅳ是由于企业自身的资源和能力有限，借用外部资源来增强市场竞争能力，以保障生存和发展。企业通常可以通过收购、兼并来填补在资源上的薄弱环节。一般情况下，企业会采用纵向一体化战略来抵御市场供应和营销中的一些不确定因素。

还有其他一些战略方案选择模型，如SPACE模型、波士顿咨询集团矩阵（BCG）等，这里不一一介绍。

上述两种战略选择模型都是采用两维坐标，把决策空间分为四个象限，每一象限对应一套传统的战略方案，这样的决策方式显得过于模式化。在实际工作中，战略方案的选取过程需要考虑的因素要复杂得多，而且企业的优劣势、竞争地位的强弱、市场增长速度的快慢，并没有一个统一的标准，决策者的判断也带有很大的主观性，因此要把企业的经营状况、竞争的优劣势确定归属于哪一个象限，是非常困难的，不可能很精确。所以这些模型都只是为战略的制定和决策人员提供了一个简单的框架和一些思路。企业在做战略选择时，除了要对前述的外部环境因素、企业的资源和能力、企业在行业中所处的竞争位置等进行分析和判断外，还要对其他许多非理性的和不可计量的因素的影响进行分析和估量，如高层管理人员的价值观、企业文化因素的影响等。

二、战略实施

企业战略确定以后，下一步就是战略的具体实施。战略实施是动员企业员工和管理人员把已制定的战略付诸行动，它直接决定企业战略目标的实现，是战略管理过程的核心环节。

（一）为保证战略顺利实施，要求做好的几项工作

在战略实施中有许多重要的管理问题需要认真处理和妥善协调，如调整企业财务资源、物力资源的配置，改变企业的组织结构，改进企业的人力资源管理制度和政策，以及充分发挥企业文化的积极作用等。

1. 调整资源配置以求与战略要求相匹配

资源（包括企业的内部资源和外部资源）是执行企业发展战略的基础，只有企业的资源能满足战略的要求，战略才能顺利实施。企业资源与战略实施的匹配关系因受环境变化的影响，是一个动态过程，所以资源的优化配置需要动态地加以调整。

战略实施需要对企业的资源进行正确评估，并系统分析企业内部、外部环境对战略实施的影响。为了提高企业战略实施的效果，实现企业的战略目标，在对企业各种资源全面评估的基础上，需要对企业资源进行优化配置，保证有限的资源得到充分合理的利用，特别是在企业生产经营的关键环节都有所需的资源做保证。

2. 调整组织结构以求与战略要求相匹配

目前常见的组织结构形式有很多，如职能型组织结构、事业部型组织结构、矩阵型组织结构等。事业部型组织结构中又分产品事业部型组织结构、地区事业部型组织结构、顾客事业部型组织结构、工艺流程事业部型组织结构等。

每一种组织结构形式都有其特定的功能优势,同时又会表现出某些不足与缺陷。例如,职能型组织结构专业分工细致、工作效率高、岗位职责明确,便于集中领导,统一指挥,但由于高度集权,授权不充分,不利于发挥一线员工的积极性、主动性。当企业规模大时,管理层次多,信息的传递路程长,容易造成机构臃肿,反应迟钝,不利于应对市场的快速变化。

事业部型组织结构最大的优点是经营的责任明确、授权充分,有利于调动事业部经理和员工的积极性、主动性,也为管理人员提供了较多的职业发展机会。该组织结构有利于根据当地市场和顾客需求的变化,灵活调整经营策略和业务内容,对市场做出快速反应。它的缺点是运行费用高。首先,各事业部都需配备高素质的事业部经理和管理人员;其次,在设施和用人方面,公司和事业部会存在一些重叠;最后,公司还必须建立一套有效的控制驱动系统,来加强对各事业部的管理。

当企业在开发新产品、新技术、新市场方面有大量的任务时,为了加强对开发工作的管理,采用矩阵型组织结构是很有效的。目前该结构在建筑、医疗、高新技术产业中应用较为广泛。这种组织结构的缺点是管理比较复杂,因为它依赖纵向和横向两个维度的指挥链,违背了统一指挥原则,所以需要有通畅和有效的沟通系统,需要更多的管理职位,从而增加了运行费用,也增加了管理的难度。

不同规模的企业采用不同的发展战略时,必然要求采用相应的组织结构与之相匹配。所以当企业采用新的发展战略时,应审查现行的组织结构形式能否适应新的发展战略的要求。如果不相匹配,则应对组织结构进行调整。

3. 调整人力资源管理制度和有关政策,促进战略实施

人力资源是企业的关键资源,是企业实力的根源。人力资源管理的主要内容包括:①制定企业组织架构的职位体系;②设定招聘及任职资格体系;③制定企业的绩效管理体系;④制定企业的薪酬激励体系;⑤建立企业职工的培训体系;⑥制定企业员工的职业生涯规划体系等。

企业战略实施需要人力资源的支持,不同的企业发展战略对管理人才和员工素质有不同的要求。所以当企业要实施新战略时,人力资源部门在组织结构变动的基础上,需要调整现行的职位体系,有目标地去招聘所需专业人才和管理人才,制订和实施提高职工素质的培训计划。特别是为推动战略实施的顺利进行,需要构建能推进战略实施的激励机制,以调动员工参与战略实施的积极性,克服战略实施中的各种障碍。要建立正确评估和控制战略实施绩效的管理体系,并使激励措施与战略实施绩效挂钩。解决好员工的薪酬及奖惩激励,提高员工的积极性和满意度,就能推进战略实施顺利进行。

(二)战略控制与战略修正

战略控制活动贯穿战略实施的整个过程,通常分五步进行:①确定评价(实施状况)的内容;②建立评价标准;③衡量实施绩效;④将实际业绩与评价标准进行比较;⑤针对存在的差距,采取纠正措施。

评价标准是用来衡量战略实施效果的指标体系,包括定性指标和定量指标两大类。

定性指标方面,有以下几类标准:①战略与环境是否保持平衡;②战略与资源是否匹配;③战略实施中是否存在风险;④战略在执行上是否具有可行性和可操作性。

在定量指标方面,通常可采用产品质量、新产品开发数量、产量、产值、实现利润、销售利润率、资金利润率、市场占有率、劳动生产率、工时利用率、物料消耗和成本费用等指标。关于指标的具体数值,可以参照本行业的平均水平、竞争对手达到的水平、同行中先进企业已达到的水平,再根据企业的实际情况和战略目标的要求确定。

当战略执行所产生的实际结果与预定的目标有明显差距时,要分析差异产生的原因。如果战略方向没有错,主要是执行中的缺点和问题,则不需要修正战略,而应采取措施,改进工作,继续按战略要求严格执行。如果是以下几种原因,则应考虑进行战略修订。

(1) 外部环境发生了超出预期的变化,如继续执行原定的战略方案,会对企业造成损害。

(2) 企业战略制定时对环境的预测有误,使所制定的战略严重脱离实际,因此企业战略必须修订。

(3) 企业在战略实施过程中有严重的失误,以致原定的战略目标无法实现,或者相反,企业在战略实施过程中,捕获到意外的机遇,使原定的战略目标提前实现,因此需要确定新的目标,相应的也需要制定新的战略方案。

总之,不论是主观的还是客观的原因,原定的发展战略已失去了指导企业实现战略目标的作用,这时企业需要对战略方案进行修正,以保证企业继续朝着正确的方向实现自己的发展目标。

思考题

1. 进入21世纪后,为什么把人本战略提高到十分重要的地位?

2. 什么是成长战略?什么是竞争战略?什么时候采用成长战略?什么时候采用竞争战略?

3. 什么是进攻战略?什么是防御战略?什么是撤退战略?一个企业会同时采用这三种战略吗?可能吗?

4. 在进行企业外部环境分析时,需要分析哪些环境因素?什么是"利益相关者"理论?它的主要论点是什么?

5. 试述"企业核心能力"的特征。为什么说"企业拥有强大的核心能力,是企业能够持续保持竞争优势的源泉"?

6. 如图3-1 SWOT战略选择矩阵所示,当企业处于第Ⅳ象限时,为什么要采用"多样化战略"?

7. 试分析矩阵型组织结构的优点和缺点,什么情况下适宜采用矩阵型组织结构?

8. 试述人力资源管理与人事管理的区别。人力资源管理包含哪些内容?

9. 试举例说明采用何种与战略实施绩效挂钩的激励措施,可以促进战略实施的顺利进行。

第四章

生产战略与绿色制造战略

生产战略是在企业总体发展战略指导下，根据所选定的目标市场和产品特点构造其生产系统时所应遵循的指导思想，以及在这种指导思想下所作的一系列决策、规划及计划。生产战略作为一个职能战略，要在生产领域内取得某种竞争优势以支持企业的发展战略。绿色制造是当今世界一切制造企业都必须遵循的发展方向，也可以说是企业发展战略的重要组成部分，但就其具体内容来说，很多是属于生产制造领域的。

第一节　绿色制造战略

一、绿色制造战略产生的背景

绿色制造（green manufacturing，GM），又称环境意识制造（environmentally conscious manufacturing）、面向环境的制造（manufacturing for environment）等。

当今社会，环境、能源约束与经济社会发展之间的矛盾日益突出，环境和能源问题已成为全世界关注的焦点。1992 年联合国环境与发展大会第一次将环境与经济、社会的发展有机地联系在一起，提出走可持续发展道路，制定了 21 世纪议程，并将清洁生产作为 21 世纪议程优先发展的领域。

绿色制造的出现是人类工业生产迅速发展的历史必然，是人类逐渐认识到工业化大生产所造成的生态环境污染已危及人类自身生存发展的严重后果所作出的反应和行动。

在 20 世纪 60 年代和 70 年代初，发达国家经济快速发展，忽视了对工业污染的防治，致使环境污染问题日益严重，公害事件不断发生。例如，日本的“水俣病”事件对人体健康造成极大危害，生态环境受到严重破坏，社会反应十分强烈。环境问题逐渐引起各国政府的极大关注，并采取了相应的环保措施和对策，如增大环保投资、建设污染控制和处理的设施、制定污染物排放标准、实行环境立法等，以控制和改善环境污染问题。

但是经过十多年的实践，人们发现：这种仅着眼于控制排污口（末端），使排放的污染物通过治理达到排放标准的办法，虽在一定时期内或在局部地区起到一定的作用，但并未从根本上解决工业污染问题。其原因如下。

第一，由于治污技术的作用有限，治理污染实质上很难达到彻底消除污染的目的。因为一般末端治理污染的办法是先通过必要的预处理，再进行生化处理后排放。而有些污染物是不能生物降解的污染物，只是稀释排放，不仅污染环境，甚至有的治理不当还会造成二次污染；有的治理只是将污染物转移，废气变废水，废水变废渣，废渣堆放填埋，污染土壤和地下水,形成恶性循环,破坏生态环境。

第二,随着生产的发展和产品品种的不断增加,以及人们环境意识的提高,对工业生产所排污染物的种类检测越来越多,规定控制的污染物(特别是有毒有害污染物)的排放标准也越来越严格,从而对污染治理与控制的要求也越来越高。为达到排放的要求,企业要花费大量的资金,大大提高了治理费用,即使如此,有些要求仍难以达到。

第三,只着眼于末端处理的办法,不仅需要投资,而且使一些可以回收的资源(包含未反应的原料)得不到有效的回收利用,致使企业原材料消耗大,产品成本高,经济效益差,从而影响企业治理污染的积极性和主动性。

第四,实践证明:预防优于治理。根据日本环境厅1991年的报告,从经济上计算,在污染前采取防治对策比在污染后采取措施治理更为经济。以日本的水俣病为例,据日本环境厅的推算,末端治理的费用为预防处理费用的100倍。两者之差极其悬殊。

据美国EPA统计,美国用于空气、水和土壤等环境介质污染控制的总费用(包括投资和运行费),1972年为260亿美元(占GNP的1%),1987年猛增至850亿美元,20世纪80年代末达到1 200亿美元(占GNP的2.8%)。即使如此之高的经济代价仍未能达到预期的污染控制目标,末端处理在经济上已使大家不堪重负。

发达国家治理污染的实践使我们认识到防治工业污染不能只依靠末端治理,即治理和控制排污口的排放。要从根本上解决工业污染问题,必须"预防为主",将污染物消除在生产过程之中,实行工业生产全过程控制。

由于对生态环境日益恶化产生的危机感,由于越来越严厉的法律法规的制约,由于消费者对绿色产品的强烈要求,未来的制造业必须是环保型的,其产品应该是绿色产品,所以发展绿色制造是制造业的唯一出路。

目前,我国的制造业总体上一直未能摆脱高损耗和低效率的困境,制约着我国制造业竞争力的提高。我国的传统制造业在创造巨大财富的同时,已成为能源消耗的大户。我国的能源利用率是33%,比发达国家低约10个百分点。

近年来,我国的环境污染问题也十分严重。我国废弃物排放水平大大高于发达国家,据统计每增加单位GDP的废水排放量比发达国家高4倍,单位工业产值产业的固体废弃物比发达国家高10倍多。2008年,我国二氧化碳排量占世界总量的21.8%,美国占比为20.2%,我国已成为世界上排放二氧化碳最多的国家。综合世界银行、中科院和国家环保总局的测算,我国每年因环境污染造成的损失约占GDP的10%。目前,我国所有造成环境污染的排放物中,70%来源于制造业。有鉴于此,在我国实施绿色制造已是刻不容缓了。

二、绿色制造战略的内涵

绿色制造是一个综合考虑环境影响和资源效益的现代化制造模式,其目标是使产品从设计、制造、包装、运输、使用到报废处理的整个产品生命周期中,对环境的负面影响最小,资源利用率最高,并尽可能地使废弃物资源化和无害化,从而促进企业经济效益和社会效益共同提高。绿色制造这种现代化制造模式,是可持续发展战略在现代制造业中的体现。

传统的制造模式是一种依赖大量消耗资源和以破坏环境为代价的工业发展模式,是一个开环系统,即原料—工业生产—产品使用—报废处理。这种传统模式是靠末端处理来保护环境的。

绿色制造战略采用闭环物流运行模式,绿色制造的"制造"涉及产品整个生命周期,是一个"大制造"的概念,其内涵是产品生命周期的全过程均具有绿色性。其产出是绿色产品,绿色产品是指能满足用户使用要求,并在其全寿命周期(原材料制备、产品规划、设计、制造、包装及发运、安装及维护、使用、报废回收处理及再使用过程中)能完好地实现节约资源和能源、消除或使环境污染极小化,保护生产者和使用者身心健康,并且是便于回收再利用的产品。生产上只有真正采取闭环物流的绿色制造,才能从根本上解决资源短缺和环境污染问题。

绿色制造的理论依据是社会生态学。社会生态学的研究对象是人与自然所组成的社会生态系统,它的研究目的是实现人类社会的可持续发展。社会生态学认为经济系统不能脱离其环境而存在。人类社会所处的环境包括两个方面:其一是物理环境;其二是生态环境。自然界的生物种群在其长期的发展和进化过程中,利用和参与了自然界的物流运动,并逐渐形成完全的循环系统,所以能够长期稳定地发展。但工业的发展破坏了这种循环。人类社会要想保持长期稳定地发展,其使用资源的理想方式应是借鉴生物生态系统的循环模式,使整个物流系统成为一个较完全的循环系统。

三、绿色制造的内容

企业在贯彻实施绿色制造时,要站在产品生命周期的角度上进行绿色设计,采用绿色工艺和绿色包装材料与技术。下面从产品设计、生产工艺、产品包装三个方面介绍绿色制造的具体内容。

(一) 绿色设计

研究表明,产品性能的70%~80%是由设计阶段决定的,而设计本身的成本仅为产品总成本的10%,因此,在设计阶段要充分考虑产品对生态和环境的影响,使设计结果在整个生命周期内最充分利用资源,能量消耗和环境污染最小。绿色设计(green design,GD)是20世纪60年代兴起的,以节约资源、有效利用能源和保护环境为主题的设计思想。绿色设计把满足环境要求作为产品设计的重要目标,所以被认为是实现可持续发展的重要设计思想。

1. 绿色设计的主要特点

(1) 拓展了产品生命周期,把产品的生命周期延伸到了产品使用结束后的废弃物处置和回收重用。

(2) 绿色设计应在闭环并行设计的环境下实施,因为它要求对产品生命周期的各个阶段必须并行考虑,并及时反馈发现的问题。绿色设计要采用协同设计团队的组织形式。由于绿色设计涉及问题的复杂性,需要由多学科、多专业的人员组成综合性设计团队来协同解决,团队成员可以在异地通过网络系统并行交叉地参与设计工作。

有关产品生命周期全过程中的各类信息应集中在一起统一进行管理。产品开发过程中涉及的多学科知识及有关的技术和设计方法也应集中，组成集成的知识库和工具方法库，这样才有利于开展并行设计。

(3) 绿色设计的最主要的特点是着眼于维护生态平衡，并通过设计从源头上解决产品的环境保护问题。

2. 绿色设计的内容

绿色设计主要从零部件设计的标准化、模块化、可拆卸和可回收等方面进行研究。

(1) 标准化设计。使零部件的结构形式相对固定，能减少加工难度和能量的消耗，减少工艺装备以及减少拆卸的种类和复杂性。

(2) 模块化设计。可实现快速开发绿色产品的要求，按模块化设计开发的产品结构便于装配，易于拆卸、维护，有利于回收及重用。采用模块化设计技术，并使用标准化的产品接口，只需更换部分功能模块，就可以方便地对产品进行升级，而不必整机报废。这样可以延长产品的寿命，提高产品的使用时间，同样可减少资源消耗，还便于产品今后的绿色升级。

(3) 可回收设计是指在进行产品设计时，充分考虑产品零部件及材料回收的可能性、回收价值、回收处理方法、回收处理结构工艺性等与回收有关的一系列问题，使回收产品的零部件达到最大的重复利用率、尽可能大的材料回收量并减少最终处理量，从而实现零部件及材料资源、能源的充分有效利用。

(4) 可拆卸设计。拆卸是实现绿色回收的重要手段。拆卸时要保证不对目标零部件造成损害。可拆卸设计就是要求产品结构设计布局合理，易于毫无损伤地拆下目标零件和回收再利用。目前，全球每年有 2 400 万辆汽车报废。美国每年约有 1 000 万辆汽车被淘汰，其中的 95%被拆卸，车重的 75%被回收，每年由汽车回收产生再生钢材 120 万吨，再生非金属材料约 80 万吨。

（二）绿色工艺

绿色工艺是绿色制造的重要组成部分，它是指在实现工艺要求的同时，消除对环境产生的不良影响，即既要保证高的生产效率和必须的加工精度，又要降低原材料和能源的消耗，要控制和消除生产过程中产生的有害废弃物，还要改善劳动条件，建立安全、清洁的工作环境。

实践证明，同样的加工对象和制造资源条件，采用不同的工艺方案，在材料能源消耗和对环境的影响方面会有较大的差异，所以要精心设计和选择最佳的工艺方案。实施绿色工艺不仅要采用先进的生产技术，而且要重视运用科学的管理制度和管理方法。

绿色工艺的实现，主要可通过以下三个途径：①改变原材料投入，增加对副产品的利用、回收产品的再利用以及对原材料的就地再利用，特别是工艺过程中的循环利用。②改变生产工艺或制造技术，例如，采用精铸、冷挤压等少切削、无切削的成型工艺技术，采用不使用冷却润滑油加工的干式切削工艺，这样既可以消除使用切削液带来的大量的污染问题，获得洁净无污染的切屑，节省大量的切削液，同时也省去了处理切削液污染的大量治污费用。③改造原有设备，加强对工艺过程的控制，将原材料消耗量、废物产生量、能源消耗、健康与安全风险以及生态的破坏减少到最低限度。

(三) 绿色包装

传统意义上的包装,是要保证使商品在流通中品质完好和数量完整,在运输过程中便于储运。绿色包装是指除了完成上述包装功能外,在生产和使用过程中对人体和环境无危害,而且能够循环再生利用或是能自然降解的材料。业界把绿色包装描述为“4R1D”的包装,即Reduce(减量化)、Reuse(能重复使用)、Recycle(能回收再用)、Refill(能再填充使用)、Degradable(能降解腐化)的包装。

进行绿色包装设计时,可以从以下三个方面入手。

(1) 采用先进的绿色包装技术。即从环境保护的角度,优化产品包装方案,使资源消耗和废弃物产生最少。

(2) 选择绿色包装材料。产品包装应尽量选择无毒、无公害、可回收或易于降解的材料。目前各种包装材料占据了废弃物的很大部分,据报道,城市固体废物的1/3为产品包装,这些包装材料的使用和废弃后的处置,给环境造成了极大的负担。尤其是一些塑料和复合化工产品,很多是难以回收和再利用的,只能焚烧或掩埋处理,有的降解周期可达上百年,给环境造成了极大的危害。因此,要尽量简化包装,这样既可减少资源的浪费,又可减少环境污染和废弃物的处置费用。

(3) 改进产品结构和包装。通过改进产品结构,减轻产品重量,可以改善包装、降低包装成本并减少对环境的不利影响。有研究表明,增加产品的内部结构强度,可以减少54%的包装材料需求,并可降低62%的包装费用。

第二节 生产战略

一、企业生产战略的传统内容

20世纪70年代中期以前,在供不应求的卖方市场条件下,企业生产战略的重点是提高生产效率,扩大生产规模,以提高企业的生产能力和降低成本。企业生产战略的内容,通常包含产品战略、研发战略(R&D战略)和生产系统的战略构造等。

(一) 产品战略

选择生产什么样的产品是企业生产战略,也是企业发展战略的核心内容。由于产品的市场寿命有很大差异,有些产品的寿命相对较长,如汽车、机车、机床、矿山机器等耐用的机械产品,而另一些产品如时装、鞋帽等,其面料、款式经常变化,寿命很短。

费雪(Fisher)把产品分为两类:一是革新类;二是功能类。革新类产品的生命周期很短,需求变化很快,需求预测的难度很大。市场扩大时,成长速度很快,利润率很高,而产品一旦过时,市场就会萎缩,价格下降也极快,容易造成积压,甚至报废。对于这类产品竞争的重点是比上市速度和应变能力,时装是这类产品的典型例子。功能类产品的生命周期较长,市场需求相对比较稳定,需求预测误差较小,但利润率很低,竞争的重点是质量和成本。

费雪进一步把生产系统也分成两大类：一类是市场导向类(market-mediation)；另一类是效率导向类(physical-function)。市场导向类重视市场的变化，在市场发育阶段大胆投入资金，扩大生产，抢时间，争高额利润，在市场萎缩阶段则急流勇退，迅速停止生产，减少产品积压和报废。效率导向类重视生产运作的效率，尽量减少一切不产生附加价值的活动，为了实现提高质量和降低成本的目的，应努力提高劳动生产率和降低库存。

两种类型的产品对两种类型的生产系统，可以得到产品和生产系统的 4 种组合(见图 4-1)。

(1) 革新产品—市场导向系统；

(2) 革新产品—效率导向系统；

(3) 功能产品—市场导向系统；

(4) 功能产品—效率导向系统。

	市场导向系统	效率导向系统
革新产品	革新产品—市场导向系统 (1)	革新产品—效率导向系统 (2)
功能产品	功能产品—市场导向系统 (3)	功能产品—效率导向系统 (4)

图 4-1 产品类型与生产系统的 4 种组合

其中(1)和(4)是最佳组合，而(3)的组合其错误显而易见，在实际生活中也很少见。最容易犯的错误是(2)，即对革新类产品使用效率导向系统。提高系统效率往往用成本判断，因而生产革新类产品的企业如果为了提高生产运作的效率而节约资金、降低库存，将使系统对外部变化的应变能力下降。在产品销量增长阶段，会产生大量的缺货及机会损失，在产品销量衰退阶段，会产生大量的库存积压和报废损失，结果永远都是步人后尘，处于竞争劣势，最后只能以失败告终。

(二) 生产系统的抉择

构造什么样的生产系统是企业生产战略的重要内容。生产系统具有何种功能是由系统结构决定的。不同类型的产品和不同的经营目标要求生产系统具有不同的功能。以机械制造业为例，按产品类型和生产规模的不同，通常有四种典型的生产类型：① 项目型生产类型；② 单件小批生产类型；③ 成批生产类型；④ 大量流水生产类型。

针对以上四种生产类型，通常根据产品—工艺矩阵(product-process matrix，PPM)理论来选择与生产类型相匹配的生产系统。产品—工艺矩阵揭示了四种典型生产类型的特征(品种·产量)与生产系统功能(工艺连续性)之间的关系，见图 4-2。

由图 4-2 所展示的生产系统四种典型结构与其功能特性之间存在以下关系：①每一种系统结构都具有典型的功能特点和竞争优势，例如，单件项目型生产系统在产品成本、质量、继承性等方面没有优势，但是在应变能力和创新能力方面则比大量流水型生产系统的功能有明显的优势。这说明一种生产系统只能满足有限的功能需求。②每一种系统结构在其功能指标方面，都表现出一种相悖的关系。这种相悖的特性，除了在生产效率与应变能力这两大方面有明显的互斥趋势外，在其他各项具体的功能指标上也存在相悖的情况。这一特性意味着，要求生产系统实现什么样的功能目标，我们便应选用具有相应功能特长的系统结构与之相“匹配”。例如，当要求生产系统在效率和成本方面具有竞争优势时，就应选用大量流水型系统结构。③位于 PPM 对角线两端的系统表现出了更强的功能相悖特性，因此在对应的功能特性上也具有更鲜明的竞争优势与劣势。而位于对角线

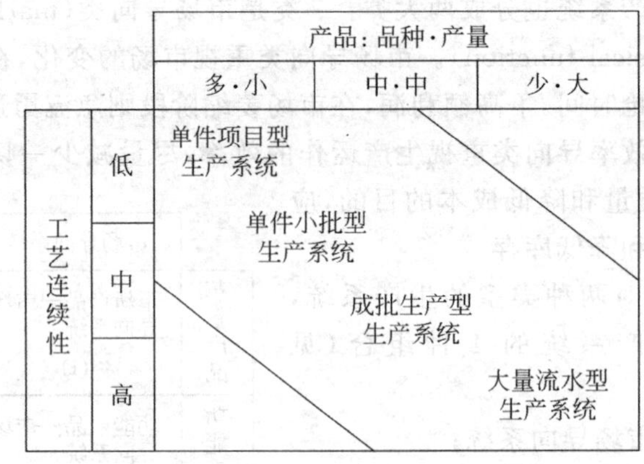

图 4-2　产品—工艺矩阵

中部的成批生产型系统结构，则在生产效率和应变能力两方面都不具有突出的竞争优势，但可以获得比单件小批生产型高的生产效率和具有一定程度的多品种生产的应变能力，具有比较中庸的特性。

二、现代企业 21 世纪的生产战略

随着科学技术的飞速发展，产品更新换代的速度越来越快，产品的生命周期日益缩短，特别是 20 世纪 90 年代以来，随着经济全球化进程的加快，企业间的竞争更趋激烈。激烈的市场竞争对企业生产系统的要求越来越高，也越来越苛刻，往往要求生产系统在两类相悖的功能指标上同时达到很高水平，此时应用产品—工艺矩阵这种匹配关系来抉择生产系统的结构，往往是无法实现的。

20 世纪 90 年代随着先进制造技术和信息技术的发展，出现了柔性制造系统(FMS)和集成制造系统(CIMS)。采用这样的制造系统，在一定程度上既能提高生产系统的应变能力，又能保持较高的生产率水平，使矛盾有所缓解。但是相对固定的生产系统，即使提高了它的柔性，也难以适应当今社会市场需求的快速变化。为了提高企业对市场的快速响应能力，企业必须加大对研发的投入，努力提高产品的研发创新能力。在生产结构上要避免大而全、小而全，应在加强自己核心能力的基础上，采取动态联盟的组织形式，尽量通过社会协作来补足自己的不足。在内部管理上要依靠信息化手段的支撑，实行生产经营一体化的管理体系，以便在应对市场变化时，各个管理部门能够快速采取对策并协调一致。

现代企业的生产战略，归纳起来有以下几个要点。

(一) 在产品战略上要提高企业研发新产品的能力

21 世纪在买方市场的背景下，顾客主导市场，企业必须根据顾客的需求制定自己的产品战略。现代企业必须投入很大精力去研究市场，通过客户关系管理(CRM)，积累大量的客户资料，分析研究顾客需求的特点和变化动向，从而指导企业确定产品研发的方向。由于顾客需求的多样化和个性化，再加上科学技术的飞速发展，产品的生命周期越来

越短，企业如果没有很强的研发能力，很难跟得上顾客需求的发展变化。如果你自己不搞产品研发，而采用跟踪策略，只是跟在别人后面搞制造，那么往往你的制造能力还没有配置好，市场需求又变了。相反，企业如果了解顾客的需求，能主动为顾客及时提供所需的产品或服务，就能赢得顾客、赢得市场，取得竞争的胜利。为此，现代企业需要加大对研发的投入，很多成功的现代企业在研发方面的投入已达到销售额的5%以上。

一切先进的技术、先进的工艺和设备，只要有资金都可以买得来。今天你拥有某项专长、某项绝技，明天就会被很多人通过模仿与学习所掌握，甚至超过。所以要想在一项产品、一项技术上长期保持领先地位是很难的。要使企业长期保持竞争优势，唯一的办法就是不断进取、不断创新。企业只有在产品和服务上不断创新，才能引领市场，才能在市场竞争中保持竞争优势。

要创新，无论是产品创新、技术创新，还是管理创新，都要依靠人的智慧和进取精神。事实证明，任何一家成功的企业都有一支高素质的员工队伍。所以无论实施何种战略，都要把人的因素放在首位。重视人才，努力建设和发展人才队伍，处处尊重人、关心人，充分调动人的积极性，建成一支富有主动性、创造性和进取精神的员工队伍，这是企业取得成功和保持竞争优势的基石。

因此，产品战略和企业的人才战略是密不可分的。实施产品战略，必须得到企业人才战略的支持。

（二）在生产系统的构造上要突出培育企业的核心能力，其他方面尽量通过社会协作来解决

由于市场需求的多样化和需求的迅速变化，要求企业具有快速响应市场变化的应变能力，由此对企业的生产系统提出了柔性化的要求。传统企业的生产系统很难具备这样的能力，因此，新的市场环境对企业的生存提出了挑战。

20世纪70年代出现的柔性生产单元(flexible production cell，FPC)和柔性制造系统(flexible manufacturing system，FMS)，是以数控机床和加工中心等柔性加工设备为基础，辅以计算机管理系统构建的生产系统。相对于通用机床和万能工装的柔性，数控机床和加工中心不仅对加工对象的变化有较大的适应范围，而且具有较高的生产率和加工精度，往往不需依靠工艺装备就能保证所需的精度。因此采用柔性制造系统，不仅提高了多品种生产的能力，而且可以缩短制造周期。特别是进行新产品试制时，如果能够省去工艺装备的设计和制造，对于缩短试制周期、加快新产品投放市场具有十分重要的意义。

但是柔性制造系统对生产对象变换的适应能力仍是有限的，例如，原来生产电子产品的企业，现在要生产有光学器械和液压部件的新产品，如果不进行新的投资与扩建，是难以实现的。另外，建立一个柔性制造系统的投资非常大，并非一般企业能承担得起的。所以提高企业生产系统的柔性不能只依靠FMS这一条道路。

20世纪80年代美国在第三产业迅速发展的同时，忽视了对制造业的投资和发展，引起制造业萎缩和整个国民经济的衰退。1988年美国国会提出要制定一份制造业的长远发展规划，以便重整美国的制造业。这件事委托里海大学的亚科卡研究所牵头，动员了一百多家大、小公司、学校和研究所参加研究。1991年上述联合研究组提出了名为“21世纪

美国制造企业的发展战略”的研究报告。在该报告提出的敏捷制造(agile manufacturing)模式中强调了组织虚拟企业(virtual enterprise)或动态联盟的发展方向。

所谓动态联盟,是指当企业发现有市场机遇时,不要企图靠自己一个企业的力量,去开发新产品以赢得这样的机遇,而应通过社会协作,尽量利用社会上各方面的存量资产,进行有效配置,组成虚拟企业,利用合作的力量以快速响应市场的需求。因为一个企业的资源和力量总是有限的,特别是当开发这种新产品需要很大的投入时,例如,要引进专业人才,建立试验研究基地,新建生产线等,要花很长的时间和很多的资金,这在市场变化非常快,竞争十分激烈的今天,具有极大的风险。一旦有新的替代性的技术出现,或者竞争对手做得比你更快,企业的全部投入可能会损失殆尽。

组织动态联盟有以下几个方面的好处。

(1) 可以快速对市场的机遇作出响应。因为尽量利用社会上已有的存量资产,不必一一从头新建,可以大大缩短新产品的研发周期,而速度是当前市场竞争的焦点。

(2) 强强联合、优势互补,可以组成高水平的“全明星队”。组织动态联盟,当然要找各方面的行家里手进行合作,以便发挥各自的优势,实现优势互补,这样的联队必然具有高水平,因而容易取得竞争优势。

(3) 较小的风险、很强的应变能力。动态联盟这种组织形式,对于市场的变化有很强的应变能力。企业发现有新的市场机遇时,即可针对要开发的产品,及时组织有关的各方面的社会力量建立动态联盟。当目标实现,任务完成,或发现市场已变化,目标无法实现时,可以随时解散联盟,各回自己的企业仍从事原来的工作。由于利用的是各方的存量资产,只是通过合作进行了合理的配置,形成所需的研制能力和生产能力,一旦联盟解体,这些资源仍可为原单位利用,不会完全报废。即使有一些损失,损失由大家分担,每一家的损失不会很大。采用动态联盟,分散了风险,所以风险就变小了。

通过组织动态联盟,企业对市场变化的应变能力和响应速度不再受本企业资源的约束,从而使企业获得了比 FMS 更高层次和更大范围的柔性。采用动态联盟战略是 21 世纪制造企业发展的重要方向。

实施动态联盟对企业的发展提出了一些新的要求。在动态联盟中存在两类企业:盟主企业和盟员企业。

盟主企业应该具备以下条件。

(1) 具有强大的市场调研分析能力,善于发现潜在需求,捕捉市场机遇。

(2) 具有强大的新产品研发能力。只有当企业能拿出满足潜需求的新产品方案时,它才知道需要组织哪些力量进行协作,从而成为联盟的组织者,成为当然的盟主。

(3) 具有强大的市场开拓能力。新产品研制成功后,还要迅速将其推向市场,这个责任显然也要落到盟主企业的肩上。因为各个盟员企业都只参与研发过程中的部分工作,最后产品的营销必然由盟主企业自己去完成。至于产品投放市场后长期的营销工作,盟主企业可以在流通领域选择自己的合作伙伴,让专业的经销商、代理商负责产品的销售。但是这种合作伙伴已不属于产品研发阶段动态联盟的盟员。因为产品研发成功,投放市场以后,产品研发阶段的动态联盟就可以解散了。

要做好一个盟员企业,也要满足一定的要求。一个企业必须在某方面有自己特有的专长，人家才会用你之所长，邀你入盟。所以每个企业都要注意发展自己的核心能力。企业的发展，最忌讳的是大而全、小而全，而无所专长。一个企业只有精通某种技能，掌握了别人所不掌握的专长，才能立足市场，在竞争中立于不败之地。

三、在企业内部管理上要采用生产经营一体化的管理体系

市场瞬息万变，竞争十分激烈，新的机遇和各种风险不时出现，企业能否抓住机遇，避开风险，顺应形势发展，进行正确决策，将直接决定企业的兴衰存亡。正确的决策需要以及时、可靠的信息为依据，不正确的信息必然导致错误的决策，滞后的信息将使决策者坐失良机。

许多企业的现行管理系统，各职能部门都是按专业分工的。按传统的观念，分工越细，专业化程度越高，工作效率就越高。但是分工越细，对部门之间协调配合的要求也越高，管理的工作量增大，难度也提高。在环境变化不大，业务流程比较稳定的情况下，部门间的协调与配合可以通过一定的规章制度来解决。但是当环境变动十分迅速时，工作流程就需要随时调整，各种资源常需重新分配，以适应市场的变化。固定的工作程序和现成的规章制度是无法适应这种快速变化的要求的。当现行的规章制度无法驾驭新情况下的工作安排时，部门间就会出现扯皮、推诿等现象。特别是当各职能部门都强调职能上的专业分工时，形成条条块块，各自为政，部门之间的横向沟通和协调将困难重重，不利于企业领导及时获得进行正确的经营决策所需的完整而全面的信息。这就使企业难以具有快速、灵活的应变能力。而对市场变化的快速反应和灵活的应变能力，对于现代企业的生存和发展是具有决定意义的。

1990 年美国哈默(Michael Harmer)博士首次提出业务流程重组的概念。1993 年哈默与钱皮(James Champy)合著了《企业再造——企业革命的宣言书》一书。他们的论点正是针对上述情况而言的。业务流程重组的核心思想是要打破“分工论”的传统观念，把由于专业化分工被部门分割的业务流程重新进行集成。他们认为通过业务流程重组和企业重构可以大大提高企业管理系统的运行效率，从而可以取得显著的经济效益。

根据业务流程重组理论，提高企业管理系统的集成度，实现生产经营一体化管理，必然会提高管理的有效性，大大提高系统的运行效率。而这在“速度”已逐渐成为竞争焦点的今天，有重大的战略意义。

所谓生产经营一体化管理，就是通过组织机构的改造和借助现代信息技术的支撑，把产品设计开发、采购供应、加工制造、销售服务、资金筹划、成本核算等原来相对独立的管理职能，集成为相互渗透、紧密联系、彼此协调一致的生产经营统一体。实现生产经营一体化后，指挥更加统一，决策更加迅速，整个企业系统运行的有效性和运行效率将大为提高。当市场发生变化，企业需要调整自己的资源配置和生产经营活动的方向时，各部门将围绕企业新制定的经营目标，迅速协同一致地作出调整，大大缩短应变的时间。

生产战略原本是企业总体发展战略下属于一个职能部门的战略。由于外部环境变化迅速、竞争激烈，对企业职能部门的协同要求越来越高，生产管理上的计划、组织与控制离不开销售、采购、财务、人力资源等其他管理部门的协调配合，所以生产战略的制定也必须与其他管理部门的战略相互渗透、相互融合，形成一个符合生产经营一体化要求的部门

战略。

近年在企业管理上提出的几种新的管理模式都反映了这一发展动向。如 20 世纪 80 年代由物料需求计划(MRP)发展为制造资源计划(MRPⅡ),把生产与库存、物料采购、销售、财务、成本等环节集成起来形成闭环系统,通过计划与控制加强了彼此之间的协调与平衡。20 世纪 90 年代又出现了企业资源计划(ERP),不仅加强了企业内部业务流程的集成和管理,而且向流通领域延伸,开始实施供应链管理。通过与销售系统联网,加强了与零售商和用户的联系,实行订单驱动,贯彻 JIT 方式使生产系统与市场更紧密地连接起来;同时,与供应商结成紧密的合作伙伴,通过计划上的沟通与协调,组织 JIT 供应,使双方的库存都得到降低。

在制造企业里实施 CIMS 工程,把产品的设计开发、工艺制定、加工制造、质量检验等整个产品设计制造过程集成起来,并与管理信息系统紧密联系在一起,使产品的研发周期大为缩短。

通过 ERP、CIMS 和供应链管理等一系列新的管理模式的实施,使企业生产经营业务流程的集成度大为提高,各种专业职能在运作中相互支持、紧密联系,体现良好的协调性,从而使整个企业的运行效率和运行的有效性得到提高,决策的正确性和及时性得到提高,最终使企业的应变能力得到提高。所以生产经营一体化管理是现代企业发展的一种客观要求和必然趋势。企业的生产战略必须符合这一要求。

思考题

1. 绿色制造的核心思想是什么?绿色制造的目标是什么?为什么说绿色制造战略采用的是闭环物流运行模式?
2. 试述绿色设计的主导思想和主要特点。
3. 试述绿色工艺的主要内容。
4. 什么是功能类产品?什么是革新类产品?各有什么特点?请列举两三种功能类产品和两三种革新类产品,分别分析它们的特点。
5. 对于革新类产品采用效率导向型生产系统,为什么不匹配?问题出在哪里?
6. 产品—工艺矩阵说明了什么问题。
7. 提高企业生产系统的柔性可以采取哪些措施?
8. 你认为组织“动态联盟”最大的难题是什么?你准备用什么办法解决这一难题?
9. 生产经营一体化战略是在什么背景下提出的?
10. 试述生产经营一体化、管理组织扁平化与信息化的关系。

第三篇

生产系统的规划与设计

第五章 生产能力规划与计算

第一节 生产能力的概念

一、生产能力的定义

企业的生产能力是指企业在一定时期内，在合理的、正常的技术组织条件下，所能生产的一定种类产品的最大数量。它是反映企业生产的可能性的一种指标。对上述定义需要做如下说明。

1. 企业的生产能力是指在一定时间范围内的能力

对于企业的设计能力、查定能力通常按年计算，计划能力则按计划期的长度，如月计划、周计划等。

2. 企业的生产能力通常是指企业中各生产环节直接参与产品生产过程的固定资产所具有的加工产品的能力

在生产要素中，劳动者和劳动工具是决定生产能力的主要因素，人在生产中的作用虽然十分重要，但是人的生产能力受技术水平、组织状况和思想情绪等各种因素的影响，由于这些因素很活跃、变化快、不稳定，不易准确测定，而机器设备等生产性固定资产的数量、性能、生产率、工作时间等比较明确，容易测定，所以确定企业的生产能力，通常是按企业拥有的生产性固定资产所具有的生产能力计算。对于其他因素则要求其保持处于合理的正常的生产条件。

3. 企业的生产能力应是在合理的、正常的生产条件下的生产能力

所谓合理的、正常的生产条件，是指机器设备的工作状态稳定，运转正常；劳动组织合理，劳动者的技术水平、操作熟练程度符合要求，工作态度端正、思想情绪稳定；原材料的性能正常、规格合理等。处于不正常的情况下，测出的企业生产能力不能反映企业真实的生产能力状况。

4. 企业的生产能力一般以生产一定种类的产品的数量来表示

同样的生产设备在生产不同的产品时其生产能力是不同的。

5. 一个企业各生产环节的生产能力不可能完全相等

企业最终的生产能力是指各环节的生产能力经过综合平衡以后的能力。

二、生产能力的种类

企业的生产能力根据其应用上的不同要求，有以下几种名称：①设计能力；②查定能力;③计划能力。

1. 设计能力

设计能力是指企业新建、扩建或进行重大技术改造后,在设计任务书或有关技术文件中规定的生产能力。企业在新建、扩建后的一段时间里,实际的生产能力一般都达不到设计能力,需要经过一段时间熟悉和掌握生产技术后才能达到规定的设计能力。

2. 查定能力

当企业有了新的发展,如产品方案、生产工艺和技术组织条件等发生了重大变化时,原定的设计能力已不符合企业的实际情况,此时需要重新调查核定企业的生产能力,重新核定的生产能力称为查定能力。

3. 计划能力

计划能力是企业在编制生产计划时所使用的能力,一般是根据企业当时的实际生产条件和考虑将要采取的各种技术组织措施的效果,预期在计划期内,可能实现的生产能力。

国外把生产能力分为固定能力(fixed capacity)和可调能力(adjustable capacity)两种。固定能力是指主要由生产性固定资产决定的能力,它是生产能力的上限;可调能力是指在考虑安排劳动力的数量、每天的工作时间和班次等因素后可灵活调整的生产能力。

第二节 生产能力的计算

一、生产能力的计量单位

企业的生产能力是以企业生产的产品的数量来表示的。由于企业的生产类型不同,生产能力采用的计量单位也不同。对于大批量生产企业,由于生产的品种比较单纯而且稳定,一般用具体产品或代表产品来表示一个企业的生产能力,如某汽车制造厂的年生产能力是20万辆红旗小轿车,某化肥厂的年生产能力是30万吨合成氨等。对于多品种、中小批量生产企业,由于生产的品种多,只能用代表产品或假设产品来表示企业的生产能力。

所谓代表产品,是指在企业生产的多种产品中具有典型性的、最能代表企业的专业方向的产品。代表产品必须在产品结构、生产工艺和劳动量构成上与其他产品相似且具有典型性。一般生产系列化产品的企业,常用代表产品来反映企业的生产能力,如电视机厂、电动机制造厂等。例如,以B为代表产品,其换算方法如表5-1所示。

当企业生产的产品品种较多,且产品结构和工艺过程各异时,应采用假定产品来表示企业的生产能力。假定产品是由企业生产的各种产品按其产量比重所构成的一种假想产品。假如企业生产A、B、C、D四种产品,各种产品的产量如表5-2所示,假定产品的劳动量可按表5-2中所列的方法计算。

按以上例子,相当于一台假设产品中含0.264 2台A产品、0.339 6台B产品、0.226 4台C产品和0.169 8台D产品。这时假设产品某工种的单台定额,就是各产品的单台定额分别乘以各产品的产量比重的加权值,如表5-2中所示的6.696 4。

表 5-1　代表产品与其他具体产品的能力换算

产品名称	计划产量	单位产品台时定额	折合系数	换算为代表产品	各产品所占比重/%	按代表产品的生产能力	换算为各产品的生产能力(假设总能力为 1 000)
①	②	③	④	⑤	⑥=⑤/$\sum$⑤	⑦	⑧=⑦×⑥/④
A	300	50	0.5	150	150/920=16.30	假设企业的生产能力为 1 000 台代表产品	1 000×0.163/0.5=326
B	500	100	1.0	500	500/920=54.35		1 000×0.5435/1.0=543.5
C	150	120	1.2	180	180/920=19.57		1 000×0.1957/1.2=163.08
D	50	180	1.8	90	90/920=9.78		1 000×0.0978/1.8=54.33
合计				$\sum$⑤=920	100		

表 5-2　假定产品换算表

产品名称	各产品的计划产量	各产品产量占总产量的比重/%	各产品某工种的单位产品台时定额	假定产品某工种的单位产品台时定额
①	②	③=②/$\sum$②	④	⑤=④×③
A	56	26.42	9.6	2.536 3
B	72	33.96	7.8	2.648 9
C	48	22.64	1.8	0.407 5
D	36	16.98	6.5	1.103 7
合计	$\sum$②=212	$\sum$③=100.0		$\sum$⑤=6.696 4

二、生产能力的计算

一个企业的生产能力取决于其主要车间或多数车间的生产能力经综合平衡后的结果。一个车间的生产能力取决于其主要生产工段(生产单元)或大多数生产工段(生产单元)的生产能力经综合平衡后的结果。一个生产工段(生产单元)的生产能力,则取决于该工段内主要设备或大多数设备的生产能力经综合平衡后的结果。所以计算企业的生产能力,应从企业基层生产环节的生产能力算起,即从生产车间内各设备组的生产能力算起。

设备组生产能力的计算公式为

$$M = F_e \times S / t_p$$

式中,M——计划期内某设备组的生产能力,台(产品)/ 年;

S——该设备组内设备的数量,台(设备);

F_e——该类设备计划期内的单台有效工作时间,小时/年、台;

t_p——单位产品该工种的台时定额,小时/台(产品)。

一条生产线的生产能力计算公式为

$$M = F_e \times P$$

式中,M——计划期内该生产线的生产能力,台(产品)/ 年 ;

F_e——计划期内该生产线的有效工作班数，班/年；

P——该生产线的班产定额，台(产品)/班。

例 5.1 某机械制造厂生产小型电动机 H、G、R、S 等型号系列，今选 R 为其代表产品，如已知机械加工车间的主轴生产单元有数控车床 7 台，每台车床的制度工作班数为 42 班/月，其中有一台车床在计划期内适逢中修，要占用 3 个工作班。R 型代表产品的单台车工工时定额为 6 个台时。该主轴生产单元数控车床组的生产能力可计算如下：

$$M = F_e \times S/t_p = (42 \times 7 - 3) \times 8/6 = 388(\text{台}/\text{月})$$

由上可知，计划月内主轴生产单元数控车床组的生产能力为 388 台代表产品(R)。

例 5.2 某厂机械加工车间铣工工段有 5 台万能铣床，制度工作时间为每台机床每月 42 个工作班，每班 8 小时。若有效工作时间是制度工作时间的 95%，车间生产 A、B、C、D 四种产品结构和工艺过程均不相同的产品。A、B、C、D 四种产品的产量和工时定额如采用表 5-2 中的数据，则假定产品铣工工序的单台定额为 6.696 小时。由此可以算出计划月内铣工工段的生产能力为

$$M = F_e \times S/t_p = 42 \times 8 \times 0.95 \times 5/6.696 = 238.35(\text{台}/\text{月})$$

根据上式计算，该铣工工段的生产能力为 238.35 台假定产品。若把以假定产品表示的生产能力转换为各具体产品的生产能力，则可计算如下：

生产 A 产品的能力：238.35×26.42%=62.97(台)；

生产 B 产品的能力：238.35×33.96%=80.94(台)；

生产 C 产品的能力：238.35×22.64%=53.96(台)；

生产 D 产品的能力：238.35×16.98%=40.47(台)。

对于多品种小批量生产的企业，由于生产的品种变化大，在计算计划期的生产能力时，用代表产品和假定产品作计量单位都不方便或不合适。通常直接采用“台时”计算，即计算该设备组在计划期内可以提供的工作时间。在进行生产能力平衡时，将计算所得的台时数与计划期安排在该设备组上加工的各产品的加工工作量进行对比，以检验该设备组的生产能力能否满足计划期生产任务的要求。

一个单元各设备组的实际生产能力是不会完全相等的，如图 5-1 所示。

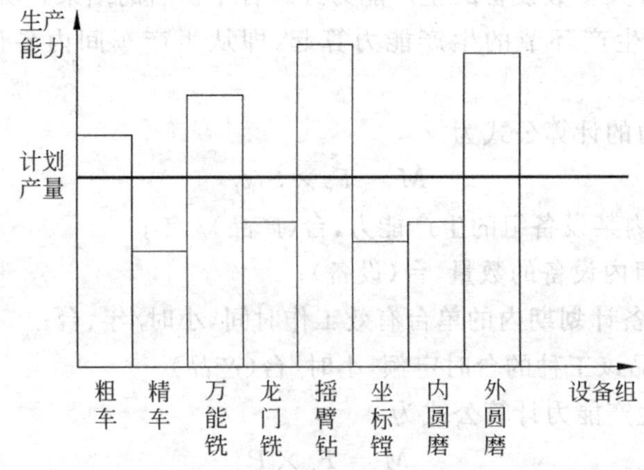

图 5-1 各设备组的生产能力

各设备组的生产能力有的高、有的低，与计划要求的能力有一定出入。若不采取措施则该单位的生产能力水平将取决于诸设备组中生产能力最低的环节。此时应进行生产能力的综合平衡，就是要采取措施设法提高薄弱环节的生产能力，使之接近大多数设备组的生产能力，使该单元的实际生产能力达到合理的水平。

三、提高生产能力的途径

由以上生产能力的计算公式可知，决定生产能力的主要因素是 S、F_e、t_p、P 等几项，因此提高生产能力的措施应从这些因素着手。关于如何提高可用设备的数量 S 的问题，是指在计划期内应减少闲置设备的数量，发挥替代设备的作用，充分发掘企业的设备潜力，以增加投入生产的设备数量。

关于提高设备或生产线在计划期内的有效工作时间 F_e 的问题，是指在计划期内规定合理的工作班制度，如把一班制改为两班制，尽量减少设备在工作班内的停修时间，必要时对某些设备可安排加班或加点。

关于压低单件工时定额 t_p，或提高班产定额 P 的问题，t_p 和 P 是影响生产能力的最活跃的因素。这里可以采取多方面的措施，包括：

(1) 技术性措施，如改进生产工艺、增加工艺装备、改进产品结构等。

(2) 组织性措施，如改善工作地布置、完善物流过程、改进生产组织形式等。

(3) 发挥人的能动作用，如加强对员工的培训，提高其技术水平，采取正确的激励措施，提高员工的工作积极性，加强企业文化建设，提高员工的思想素质，使其形成奋发向上的精神面貌等。

上面所谈的提高企业生产能力的措施是指提高企业所拥有的生产性设备的生产能力。此外，为了完成计划规定的生产任务，当企业自己的生产能力不足时，也可利用企业外部的生产能力，即把一部分生产任务转包出去，这也相当于扩大了企业的生产能力。

第三节 规模经济理论与生产能力规划

一、规模经济理论

规模经济是指当一个企业的生产规模扩大时，其产品成本水平一般会随之下降。因为随着科技进步，生产工艺不断改进，设备向高效化发展，当企业采用这些新设备和新工艺扩大生产规模时，单位产品的原材料消耗、能耗和工时消耗一般都会下降(例如，大型炼铁炉每吨铁水的燃料消耗比小型炼铁炉低很多，大型发电机组自身的能耗率比小型发电机组低等)。另外，随着生产规模的扩大，摊入单位产品的固定费用(如企业管理费等)也将随之下降。因此，企业扩大生产规模时其单位产品成本呈下降趋势。但是当生产规模超过一定水平时，管理的复杂性急剧增加，使内部管理成本也相应增加，从而使总成本又升高了。此外，生产规模的扩大使生产过分集中，又受到其他一些因素的影响，例如，生产集中后使企业远离其目标市场，造成运输费用大幅增长，远离市场后信息不能及时掌握等。此时，不如靠近市场分散设厂。因此，设计企业生产规模的大小，不仅应与其管理方式和组织水平协调一致,还要与其目标市场的分布状况相适应。基于以上因素,每个企业应保持一个适度的规模,并非规模越大越好。

二、生产能力规划决策

在市场容量允许时,受规模经济原理的驱动,扩大生产规模是企业发展的必然趋势。为扩大生产规模,企业应对其生产能力的发展进行规划。如何有计划地扩大企业的生产能力,可以采用不同的策略,通常有所谓激进型策略(积极的)和保守型策略(消极的)。

激进型策略是指针对增长的需求,企业扩大生产能力的时间略超前于需求到来的时间,每次生产能力扩大的幅度较大。生产规模大有利于应用先进制造技术。这样相对于预测的市场需求,企业有较多的富裕能力,可以不依靠库存来应付实际需求的波动,还可以减少因能力不足引起的机会损失。但是当实际需求增长缓慢、增长幅度较小时,企业的生产能力部分闲置,利用率低,使产品成本升高。保守型策略采取稳扎稳打的方针,在需求增长以后再扩大企业的生产能力,每次扩大的幅度不大。这样做在预测不准、实际需求增幅不大、增长缓慢时,可以避免生产能力闲置,避免浪费企业的投资。但是在生产能力不能满足需求时,常常要加班加点,雇用临时工人,或者把部分任务转包出去,在需求波动时主要靠安全库存来应付,这些都会增加产品成本,这是它的主要缺点。图 5-2 是两种策略下企业生产能力增长方式的示意图。

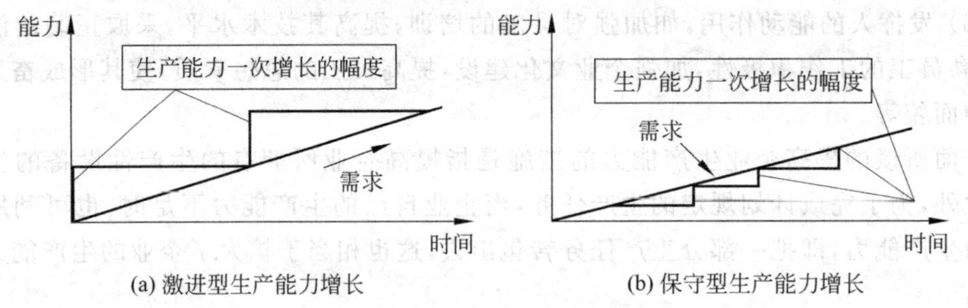

(a) 激进型生产能力增长　　(b) 保守型生产能力增长

图 5-2　企业生产能力增长方式

企业采用何种策略,与决策者对市场的分析判断、企业的实力和决策者的性格有关。当企业的实力雄厚,对需求增长趋势的估计十分乐观时,一般采取激进型策略。反之,对市场发展趋势的分析感到没有把握和企业的经济实力不强时,一般采取稳妥的保守型策略,因为根据预测在需求增长之前就先期大规模投资,风险太大。但采用保守型策略,一旦需求迅速增长,企业会丢失许多市场份额。这两种策略各有利弊,到底采用何种策略,需根据具体情况仔细研究分析。

下面介绍一种利用决策树对生产能力规划方案进行评选的方法。企业进行生产能力规划时,需要很好地预测未来的市场需求。未来的市场需求往往具有随机性,对于这类生产能力规划问题,决策树是一种很好的辅助决策工具。

决策树模型通常用图来表示,是一种图解式模型。它由一系列决策节点、方案节点和节点间的分支连线组成,通常用方框表示决策节点,用圆圈表示方案节点,用决策节点引出的分支线表示可供选择的方案,用方案节点引出的分支线表示方案的内容和该事件可能出现的概率，如图 5-3 所示。

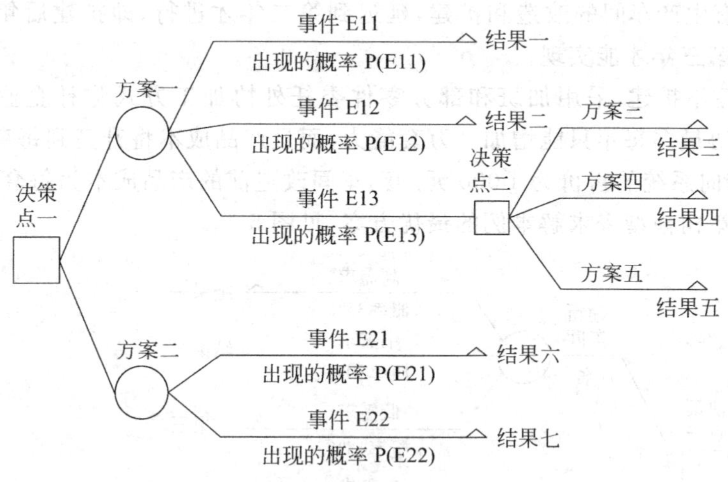

图 5-3 决策树模型

利用决策树进行决策时，应从树的右方树梢部分做起，比较各方案的优劣，去劣存优，遇到一个方案有几种可能出现的概率时，应计算其期望值。按此方法一步步向左推进，直至树根即第一个决策点为止，至此就找到了问题的最佳解决方案。

下面通过一个例子来介绍决策树的应用。

例 5.3 某汽车转向系统制造企业根据我国汽车工业的发展形势，正在做今后五年的生产经营规划。规划提出了四个方案：方案一是增建一个新车间；方案二是改造和扩建现有的生产线；方案三是暂缓新建和扩建，过一年后再进行现有车间的改造与扩建；方案四是不扩建，通过加班和外协，局部解决能力的不足。

本例的假设条件如下：

1. 根据市场预测和企业的销售能力，企业制订了一个五年的销售计划，如表 5-3 所示。

表 5-3 某企业的五年销售计划

出现的概率	第一年销售量/万套	第二年销售量/万套	第三年销售量/万套	第四年销售量/万套	第五年销售量/万套
高需求 35%	10	12	15	18	20
中需求 50%	10	11	12	13	15
低需求 15%	10	10	11	12.5	14

2. 根据销售计划，企业为适应增长的市场需求，提出了扩大生产能力的几种方案。

(1) 增建一个新车间。企业现有的生产能力为年产 10 万套。新车间建成后企业的生产能力可达到 20 万套/年，新车间定于第一年年末建成，第二年年初可投入使用。新车间由于采用了新工艺，使产品成本(指企业的平均成本)降低为每套 850 元。

(2) 改造和扩建现有的生产车间。改造和扩建后企业的生产能力可达 15 万套/年。改造和扩建也需花一年时间，即第二年才能达到 15 万套的能力，并假设改造和扩建期间企业的生产能力保持10万套不变。车间改造和扩建后产品成本将降为每套900元。

(3) 对现有生产车间的改造和扩建,延迟到第二年才进行,即扩建后年产15万套的生产能力要到第三年才能实现。

(4) 不新建不扩建,采用加班和部分零件委托外协加工方式弥补企业能力的不足。但是加班和外协最多每年只能增加2万套能力,而且产品成本将升高到每套950元。

3. 汽车转向系统的售价为1 000元/套,车间改造前的产品成本为每套920元。

下面用决策树模型来求解本例的最优方案,见图5-4。

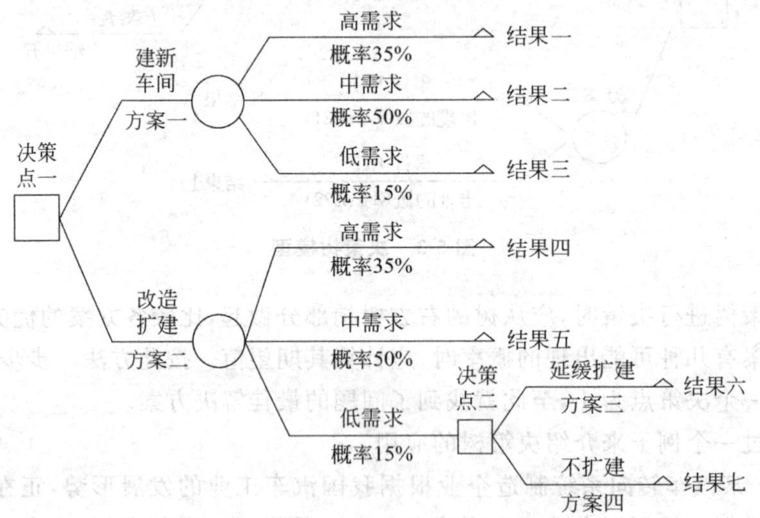

图5-4 某企业新建扩建方案的决策树

各方案经济效益的计算如下。

方案一:增建新车间,每年新增固定资产折旧费1 000万元。

① 高需求

销售收入:(10+12+15+18+20)×1 000=75 000(万元)

成本:10×920+(12+15+18+20)×850=64 450(万元)

新增折旧:1 000×4=4 000(万元)

净收益(结果一):75 000−64 450−4 000=6 550(万元)

② 中需求

销售收入:(10+11+12+13+15)×1 000=61 000(万元)

成本:10×920+(11+12+13+15)×850=52 550(万元)

新增折旧:1 000×4=4 000(万元)

净收益(结果二):61 000−52 550−4 000=4 550(万元)

③ 低需求

销售收入:(10+10+11+12.5+14)×1 000=57 500(万元)

成本:10×920+(10+11+12.5+14)×850=49 575(万元)

折旧:1 000×4=4 000(万元)

净收益(结果三)：57 500－49 575－4 000＝3 925(万元)

方案一净收益的期望值：6 550×35％＋4 550×50％＋3 925×15％＝5 106.25(万元)。

方案二：改造和扩建现有车间。

① 高需求

销售收入：(10＋12＋15＋17＋17)×1 000＝71×1 000＝71 000(万元)

成本：10×920＋(12＋15＋15＋15)×900＋4×950＝64 300(万元)

折旧：600×4＝2 400(万元)

净收益 (结果四)：71 000－64 300－2 400＝4 300(万元)

② 中需求

销售收入：(10＋11＋12＋13＋15)×1 000＝61×1 000＝61 000(万元)

成本：10×920＋(11＋12｜13＋15)×900＝55 100(万元)

新增折旧：600×4＝2 400(万元)

净收益 (结果五)：61 000－55 100－2 400＝3 500(万元)

③ 低需求

净收益 (取方案四的净收益，即结果七)：4 250 万元

方案三：延缓一年扩建，扩建后新增固定资产折旧为每年 600 万元。

销售收入：(10＋10＋11＋12.5＋14)×1 000＝57 500(万元)

成本：20×920＋(11＋12.5＋14)×900＝52 150(万元)

折旧：600×3＝1 800(万元)

净收益(结果六)：57 500－52 150－1 800＝3 550(万元)

方案四：不改造不扩建。

销售收入：(10＋10＋11＋12＋12)×1 000＝55 000(万元)

成本：50×920＋5×950＝50 750(万元)

净收益(结果七)：55 000－50 750＝4 250(万元)

比较方案三与方案四，决定淘汰方案二，将方案四纳入方案二。

方案二的净收益的期望值为：4 300×35％＋3 500×50％＋4 250×15％＝3 892.5(万元)。最后方案一与方案二进行比较，比较的结果决定采用方案一淘汰方案二。

当一个人重复地从事某一项工作时，由于熟练程度不断提高和通过学习不断积累经验，从而使继续从事该项工作所需的时间，随着重复次数的增加而逐渐减少，在降低到一定水平后才趋于稳定，这就是所谓的学习效应。不仅个人在从事重复性工作时存在学习效应问题，一个组织(如一个部门、一个企业)在从事重复性的工作时，通过经验积累，不断改进管理方法也存在学习效应问题。学习曲线①是描述“累计完成的产品数量和完成单位产品所需的劳动量之间的关系”，是学习效应的规律性的反映。

但是不同的行业在不同的情况下生产不同的产品，其学习曲线的下降率往往是不相同的。一般产品结构和工艺过程复杂的产品其学习率比简单产品显著。因为复杂产品有

---

① 学习曲线与产品工时定额相关，而产品工时定额是计算企业生产能力的基础。

更多的机会去改进产品结构、工艺流程、工具和加工方法,特别是没有相似产品缺乏生产经验的新产品其学习效果会更明显。影响学习率的另一个重要因素是生产的机械化、自动化程度。机械化自动化程度越高,生产的速率将主要取决于设备能力。人通过学习取得的经验对它的影响较小。因此在一个以人工为主的生产系统中,其学习率比一个自动化生产系统效果要明显。由此可见,不分析具体生产条件盲目套用其他企业和其他产品的学习曲线是不正确的。

考虑到现代企业生产的机械化、自动化程度不断提高,以及需求的多样化、个性化和产品寿命的日益缩短,产品的生产批量也趋于减小,因此学习曲线的应用范围将日益缩小。

思 考 题

1. 试述生产能力的定义。
2. 生产能力的种类都有哪些?
3. 简述代表产品能力的计算方法。
4. 简述假定产品能力的计算方法。
5. 什么是规模经济?
6. 本章例 5.3 中的方案二。

① 高需求

销售收入:(10+12+15+17+17)×1 000=71×1 000=71 000(万元)

成本:10×920+(12+15+15+15)×900+4×950=64 300(万元)

销售收入中两个 17 是怎么来的?

成本计算中 4×950 指的是哪一部分的成本?

第六章

生产系统的合理布局

企业的生产系统通常包含硬件系统和软件系统两部分。硬件系统主要包括厂房、设备以及各种生产设施的构成和空间布局。软件系统则包括生产管理的规章制度、生产组织方式、计划与控制系统等内容。生产系统硬件部分的组成和布局,对企业的生产经营活动有着重要和长远的影响。因为厂房和各种生产设施一经建成,设备一旦购入并安装好,要想改建和迁移是比较困难的事情。生产系统的硬件一旦定了型,它就将对企业的生产经营活动产生长远的影响。所以搞好生产系统硬件部分的科学配置和合理布局是关系企业全局的重要问题。

生产系统的空间布局(这里是指"生产系统硬件部分的配置和布置")不仅是一个新建企业首先必须解决的课题,而且是老厂在改建和扩建时不可回避的重要问题。制造企业生产系统布局一般包括厂址选择、厂区布置和车间布置、生产线布置等内容,下面分别进行讨论。

第一节 厂址选择

一、影响选址的因素

(一) 影响厂址选择的因素

厂址选择对于一个企业来说,无疑是十分重要的,对企业的生存和发展具有决定性的影响。特别是餐饮业和旅店业,同样档次的餐馆,店址位置的选择将直接影响它们的营业额,甚至对店铺的生存和发展也将起到关键的作用。例如,一家店铺位于车站、码头或旅游风景区内,另一家坐落在一个冷僻的街区,即使它把价位定得很低,也未必能够赶上处于闹市区的那家店铺的营业额。美国白堡(White Castle)集团成功的重要因素是因为它的快餐店都设在客流量很大的蓝领工人聚居区,并远离竞争对手麦当劳(McDonald's)快餐店。从上述例子我们可以看出正确选择厂址的重要意义,所以在进行选址时必须对影响工厂选址的各种因素进行全面分析,以求得一个合理、满意的厂址方案。

厂址选择应包含两个层次的选择:第一是选择把企业设置在哪一个区域,放在沿海还是内地,放在南方还是北方,甚至考虑放在国内还是国外等;第二是在选定的区域内,为工厂选择一个具体的地理位置,如在市内还是郊区,在郊区的哪一片土地上等。

影响厂址选择的因素很多,需考虑的主要因素有以下几个方面。

1. 劳动力资源的供应条件

不同地区劳动力的工资水平和受教育程度是不同的,是否容易获得企业所需的合格劳动力,是选址时要考虑的重要问题。在某些地区由于受地区传统技术的影响,能够比较容易地找到具有本地区技术特色的、符合某些特定要求的熟练工人。当前发展全球化生产的动力之一,就是企业试图在全球范围内找到劳动力成本更低的地区来设厂。

2. 原材料、燃料、动力的供应条件

出于供应方便和采购成本方面的考虑,对原材料、燃料消耗量大,依赖性强的企业必须认真考虑此项。例如,火电站宜靠近煤炭基地,如建立坑口电站;大型钢铁厂宜靠近铁矿山;电解铝厂用电量大,宜建在电力供应充足、电费便宜的水电站附近等。

3. 产品销售条件

工厂应尽可能接近产品的目标市场,以便产品就近迅速投放市场和节省运输费用,还便于随时掌握市场动态,从而更好地适应顾客的需求。前些年报载新疆联合收割机厂把成品总装厂由新疆迁到山东、江苏等地以后,避免了庞大的联合收割机从新疆到华东、华中的长途运输过程,节约了大量的人力和运费,其中仅轮胎和发动机往返运输的运费一项就使每台收割机可节约 8 000 元。

4. 自然资源条件

自然资源条件包括土地资源的价格、水资源的供应潜力及水质情况、当地的气候条件等。某些用水量大的企业(如造纸、制糖、化工等)必须优先考虑该地区的水资源供应的可能性。水质的好坏对于酿酒的质量有重大影响,所以酿酒厂必须关心工厂所在地的水质情况。温度、湿度、气压、风向等气候因素与产品的制造、库存和工人的工作条件直接相关。许多产品不适合在非常潮湿或寒冷的气候中生产,所以气候条件也是选址时必须考虑的重要因素之一。

5. 交通运输条件

运输量大的企业,应根据原材料和产成品体积、重量、形态等特点,选择运输方式,确定应靠近铁路、河流,还是安排在主干公路线旁。

6. 当地社会的生产协作条件

在工业比较发达的地区建厂,企业容易获得良好的生产协作条件。加工装配型的机械制造企业和电子产品制造企业,需要由其他企业提供大量的零配件和元器件,因此对工厂所在地的社会生产协作条件有很高的要求。

7. 法律、法规和政策条件

不同的国家和地区有不同的法律、法规和政策,这是当今跨国公司在全球范围内选址时考虑的重要因素。特别是一些国家为吸引外资,对国外企业来本国设厂给予许多优惠待遇,如在我国的经济特区、工业园区和高科技园区内设厂就有很多优惠。

8. 科技依托条件

一些技术密集型企业,尤其是高新技术企业,应选择建在科技文化发达的地区,如有较多的大专院校和科研院所的地区,以便与这些雄厚的科技力量合作研发新产品。

9. 如果企业实施循环经济，则要考虑与循环经济产业链上的上下游企业之间的物流运输与信息流联系的方便性

这些企业应尽量安排在同一区域内。现在有不少循环经济产业链上的相关企业，通过生产上的统一规划与设计，都安排在同一个工业园区内，在地理位置上紧密地衔接，保证了上下游企业生产流程运行的顺畅。

（二）具体厂址选择的影响因素

当工厂设置在哪个区域选定以后，在确定工厂的具体地理位置时，还应考虑以下因素。

(1) 厂区的地形、地貌和地质、水文条件。这些将直接影响建厂施工的土方工作量和地基的工作量及费用。

(2) 周围环境。所选的厂区的位置，能否方便地利用城市原有的各种公用设施，为职工提供良好的生活环境也十分重要，如住房条件、生活必需品供应、子女上学、娱乐设施、交通条件、医院等。否则一个企业要独力承担建设企业的职工生活区，不仅投资大，而且建设周期长，必然事倍功半。一些高科技企业还希望选择在靠近科技力量雄厚的大学、科研机构集中的地区建厂，以便获得良好的科技依托。

(3) 厂区的可扩展性。在市场需求多变、科学技术迅猛发展的今天，企业未来的发展存在许多不确定性。因此在建厂时，不考虑企业今后的发展，不在厂区空间内适当留有余地是不明智的。另外，有些企业由于受资金的限制，不能一次建成到位，需要分期建设，因此在选定厂区时，也要做好总体规划，以便有计划地分步实施。

如上所述，在进行"选区"和"定址"工作时，要考虑的因素有很多，而且这些影响因素有时是相互矛盾的，往往会顾此失彼。因此必须综合考虑建厂的具体要求和地区的实际情况，在上述诸多影响因素中分清主次，根据建厂中的主要矛盾，选其中最重要的几项因素，对候选方案进行评价，然后决策。一项在全球范围内对许多制造业企业的调查表明，一般认为以下五组因素是进行工厂选址时必须认真考虑的：①与目标市场的接近程度；②劳动力资源供应条件，③厂区周围的社会环境，职工的生活环境；④与供应商和主要生产资源的接近程度；⑤与本企业有关的其他部门和相关设施协作联系的方便性。

除此之外，在我国，能源供应与信息通信等基础设施的完备情况也是必须考虑的重要因素。

下面结合不同的企业类型，讨论厂址选择因素的具体应用。

(1) 产品型工厂。这种类型的工厂通常是大批量地集中生产一种或一个系列的产品。它可以是单厂企业，也可以是总厂(公司)或集团企业的一个分厂，所要面对的是整个市场对这种产品的需求。在这种企业中，由于工艺、设备和组织的水平均较高，所以生产效率也很高，规模效益可得到很好的发挥。这类工厂在选址时首先关注的就是要接近原材料产地或供应商。此外，应尽可能地争取使产品的外运成本达到较低水平。可以用运筹学、经济学的方法确定这种类型的工厂的最佳位置。

(2) 市场地区型工厂。这种类型的工厂一般生产所属公司出产的所有产品，但其产品只供应某一特定的地区市场。它往往是某个大公司下设的一个分厂，当公司的业务规模较大,且运输成本所占比重较高时,为了减少运输成本,总公司往往需要设立这种分工厂,以适应某一地区市场发展的需要。它的选址首先考虑的是靠近目标市场及其提供服务的用户。

(3) 生产过程型工厂。这类工厂是流程型企业,在汽车厂、石化厂等企业中最为常见。公司(或总厂)下属的几个分厂往往分别负责制造流程中的某几个阶段,再把各自的成品供应给一个或几个厂进行总组装。对制造产品的工厂来说,每一阶段都可能有不同的工艺、不同的材料来源、不同的经营管理制度,但这些工厂在生产过程或工艺流程上有着十分紧密的联系。因此在选址时,应把公司下属的这几个分厂之间的联系作为重要的因素予以考虑。

(4) 通用型工厂。这种类型的工厂灵活性较大,并不固定生产某种产品,也不固定供应某一市场,经常根据市场情况调整自己的生产,因此它的生产条件和工艺技术柔性很强。这种类型的工厂在大企业中是不多见的,往往都是小企业。对它的选址要综合考虑多方面的因素,对于劳动力的素质尤其应给予特别关注。

上面对若干类型企业的选址因素进行了讨论。由于在实际生活中情况十分复杂,这些因素往往是相互冲突的,因此选址时需要根据具体情况进行多方案的对比分析。

二、厂址选择的程序和方法

(一) 厂址选择的工作程序

如前所述,厂址的选择通常分两个层次进行。

首先是选区,即选定若干个区域(地区),对这些区域进行分析评价。候选区域清单有时称为长单(long list)。当大区选定以后,接下来进行的是定址,就是在已定大区内具体选定工厂的地理位置。候选地理位置清单有时称为短单(short list)。厂址选择是一个比较复杂的系统工程,需要有关部门和各种专业人员协同进行。具体来说,厂址选择的工作程序一般可分为三个阶段。

1. 准备阶段

本阶段的任务是:确定选址总体目标,并制定建厂规划;根据企业的产品方案及生产规模,以及企业的职工人数、生产部门和车间构成等因素,确定厂区的建筑面积和总面积;根据生产工艺和对外协作方案,计算进货和出货运输量,以此为根据设计厂区的运输线路;提出对厂区地质和水文条件的具体要求;分析"三废"的性质,确定排放标准,并制订处理的方案等。

2. 现场勘查阶段

由设计单位和企业单位组成选址勘查小组,对所选厂址进行现场勘查和调查,收集所需的各种资料,并将勘查调查结果整理成初步方案,报当地城建和环保部门审查,听取它们的意见。最后将所有勘查的厂址方案整理成厂址方案汇总比较表以便进行评选。

3. 评选和确定方案阶段

对候选的厂址方案,从企业经济效益和社会效益,近期效益和长远利益出发,进行全面的综合评价,从中选出一个最佳方案。

（二）厂址选择的评价方法

影响厂址选择的因素有很多，其中有些因素可以定量计算，如物流系统的运输量和运输成本等，有些因素则只能做定性分析。因此，厂址选择的评价方法需采用定性与定量相结合的方法。通常对于定性分析的因素，可以采用主观打分的方法把它量化后，转为采用定量分析方法进行处理。下面介绍一种常用的方案评价方法分级加权法。

采用分级加权法评价的步骤如下：

(1) 把有关的影响因素列出一个清单，并确定各因素的权重；

(2) 对每一因素规定一个评价标尺（许多情况下用分数作为标尺），然后给每个候选厂址按规定的评价标尺打分；

(3) 把打分与权重相乘，并求出每个候选厂址各项因素得分的乘积总和；

(4) 选择分数最高的候选厂址为中选方案。

由于具体的操作方法不同，分级加权法又可细分为下述四种方法。

方法一：对所有因素赋予同样的权重，然后按各因素的评价标尺给每个候选厂址打分。例如，假定有 20 个因素，有 5 个候选厂址，规定评价标尺用 0～10 分表示，我们可以对每个厂址的每一影响因素打分。每个候选厂址的总分将为各因素的分数之和。然后，比较这 5 个厂址各自所得的总分，选总分最高者。

方法二：对每一因素规定不同的权重，然后对每一候选厂址按评价标尺打分，计算并比较各候选方案得分与权重的乘积数，选取得分最高的候选方案。

方法三：对每一因素规定不同的权重，各个因素都用共同的评价标尺进行每一候选方案的定级，将每一因素评定的等级乘以规定的权重，即得各候选厂址的每一因素的得分，将所有因素的得分加起来就是该厂址方案的总分数。

方法四：建立一个所有因素共用的主观评价标尺，例如，可建立一个很差、尚可、中、良、优的 5 分制标尺，按此标尺对每一因素规定一个分数，然后对各因素打分。每一候选厂址各因素的得分总和就表示该厂址的优劣等级。

对于一些非定量的因素，分级加权评分法是一种很有效的方法，对于一些可量化因素，也可以采用本法，但最好结合定量分析方法进行评选。

下面用实例来说明分级加权评分法的运用。

例 6.1　采用方法三来分级加权和打分。

如表 6-1 所示，假定某厂有 4 个候选厂址（A、B、C、D），影响因素有 10 个。

(1) 规定权重。我们可选择一个影响最小的因素定其权重为 1（本例为“扩展的余地”），其他因素的权重可通过与此因素进行比较而确定。权重的确定可以由有经验的专业人员共同研究后决定。

(2) 规定评价标尺，并为各因素定级。权衡各种因素对候选厂址的影响，按其影响程度划分几个等级（本例分为 4 级），并相应地规定各等级的系数为 4、3、2、1。例如，对“劳动力条件”这一因素，C 厂址最佳，其系数为 4；次之为 B，其系数为 3；再次之为 A，其系数为 2；最差为 D，系数为 1。

表 6-1 分级加权评分法(方法三)的例题

影响因素	权重	候选厂址							
		A		B		C		D	
劳动力条件	7	14	2	21	3	28	4	7	1
地理条件	5	20	4	10	2	10	2	5	1
气候条件	6	18	3	24	4	18	3	12	2
资源供应条件	4	16	4	16	4	8	2	16	4
基础设施条件	3	3	1	3	1	9	3	12	4
产品销售条件	2	8	4	4	2	6	3	8	4
生活条件	6	6	1	6	1	12	2	24	4
环境保护条件	5	10	2	15	3	20	4	5	1
政治文化条件	3	9	3	9	3	9	3	9	3
扩展的余地	1	4	4	4	4	2	2	1	1
总 计		108		112		122		99	

(3) 计算得分。确定了权重和等级系数后,将两者相乘就可以计算出某一因素下各候选厂址的得分(本例的计算列于表 6-1 内,如在“劳动力条件”因素下,厂址 C 的得分为:$7\times4=28$,其余类推)。

(4) 汇总得分,确定厂址。将每一个厂址在各因素下的所有得分加起来,其中总分最高者就是所要选择的最佳厂址(本例厂址 C 得分为 122,最高,故选定厂址 C)。

例 6.2 用方法四评选各候选方案。

首先针对候选的厂址方案,确定需要考虑哪些因素,再对每个因素规定评价的等级,然后由专家组对每个候选方案进行打分,最后按每个方案汇总所有因素的得分,以总得分分值的大小决定方案的优劣。

评价厂址方案需考虑的因素和各等级的分值如表 6-2 所示。

表 6-2 厂址方案等级与分值

考虑的因素	等级与分值			
	1 级(优秀)	2 级(良好)	3 级(中等)	4 级(较差)
投资费用	40	30	20	10
交通运输	40	30	20	10
能源供应	40	30	20	10
劳动力供应	30	22	15	8
水资源供应	30	22	15	8

续表

考虑的因素	等级与分值			
	1级(优秀)	2级(良好)	3级(中等)	4级(较差)
生产协作	20	15	10	5
可扩展性	20	15	10	5
“三废”处理	20	15	10	5
汇总分值	240	179	120	61

今有甲、乙、丙三个候选方案,经专家组打分后各方案的得分情况如表 6-3 所示。

从表 6-3 各方案的得分情况看,甲方案得分最高,可以确定为中选方案。

除了用上述方法对候选的厂址方案进行评选外,还可采用线性规划法、层次分析法、费用/效益分析法等方法进行评选。由于这些方法在运筹学、技术经济学和工程经济学等书中均有介绍,此处不再赘述。

表 6-3　候选厂址方案得分

考虑因素	甲方案		乙方案		丙方案	
	等级	得分	等级	得分	等级	得分
投资费用	1	40	2	30	3	20
交通运输	3	20	1	40	2	30
能源供应	1	40	3	20	2	30
劳动力供应	2	22	4	8	3	15
水资源供应	2	22	3	15	1	30
生产协作	3	10	2	15	1	20
可扩展性	1	20	3	10	4	8
“三废”处理	2	15	3	10	1	20
得分合计		189		148		173

第二节　厂区合理布局

厂区布局就是在已选定的厂区内,对工厂的生产厂房和各种建筑物,如基本生产车间、辅助生产车间、行政办公大楼、科技大楼、公用设施、仓库、车库、油库等进行规划和布置,使之构成一个符合企业生产经营要求的有机整体。厂区布局是在厂址选定、生产单位确定之后进行的一项重要的生产过程的空间组织工作。它是根据已选定的厂址地貌,对组成企业的各个部分确定其平面或空间的位置,并相应地根据物料流程,确定运输方式和运输路线。

厂区布局是一个复杂而庞大的系统工程。厂区布局是否合理对企业的生产经营活动有着十分重要的影响。它影响企业的生产经营成本、职工的工作环境、物资运输流程以及企业的应变能力等。有关统计资料表明,在制造业中,总经营费用的 20%～50%是物资的搬运费用,而优良的厂区平面布置可使这一费用至少减少 10%～30%。因此,有的专家认为,厂区布局是生产管理领域最重要的工作之一,也是影响生产率的决定性因素之一。

一、厂区布局的原则

1. 以基本生产单位为中心,保持厂区内各要素之间的协调配合

厂区的平面布局方案应以生产流程为中心,使厂房、建筑物和各种设施的配置满足企业生产过程的要求。例如,为基本生产车间服务的辅助生产车间和服务部门应围绕其服务对象进行布置;一个车间的出口应与工序上与其具有密切联系的另一车间的入口为邻等。

2. 合理划分厂区

厂房、建筑物的布置必须符合安全、防火和环境保护的要求。为此应把功能相近或对防火等条件要求相同或相近的单位集中布置在同一区域内,这样既便于管理,也便于对不同的区域采取不同的安全防火措施。因此,一个企业的厂区内往往分为多个不同的功能区,如生产加工区(又分为冷加工区和热加工区)、动力区、行政办公区、生活区等。

3. 在全厂范围内规划合理的物流路线

围绕生产过程合理组织各种物资的厂内运输。尽量缩短运输距离,避免交叉运输和相向往复运输。出于安全的考虑,应避免物流运输的主干道与员工上下班的出入通道交叉。

4. 厂区的平面布局应尽量紧凑

在符合安全、卫生、防火要求的条件下,尽量把厂房建筑物和各种设施布置得紧凑一些。这样不仅可以节约用地,而且可以缩短厂区内各种管道和线路的长度,既节省了投资费用,也节省了日后的运行费用。

5. 厂区的绿化和美化

厂区的布局要符合环保的要求,并要搞好绿化和美化,为职工创造良好的工作环境和生活环境。职工有良好的心情和旺盛的士气是企业具有活力和取得成功的基础。这里可能需要艺术造型、园林设计等专业知识。

6. 厂区布局要考虑企业的长远发展

在厂区布局时要根据企业的长远发展规划,在现有的厂区面积上为企业今后可能有的发展预先留出必要的空间。

7. 充分利用外部环境提供的便利条件

在进行厂区布局时应充分考虑环境因素给予的各种便利条件,并尽可能加以利用,特别是厂外的公用设施、公路、河道以及城市的居民区、商业区等。生产过程的流向和运输系统的配置应与厂外提供的运输条件协调、衔接,以保证物资输入和产品输出的顺畅与方便。

8. 厂区布置要与周围环境相协调

企业应牢固树立自己是社会的一员,并应积极造福于社会的思想。在进行厂区布置时,应使厂区的环境、建筑群的式样和布置与周围的社区环境相协调,尤其是在历史名城或风景区附近。

二、厂区布局的影响因素

制约和影响厂区布局的因素有很多,主要有:

(1) 企业的生产类型和生产规模;

(2) 企业生产的产品种类、产品结构特征和质量要求;

(3) 厂区地形、地貌和地质条件以及厂区的施工条件;

(4) 企业生产单位的数量及其构成;

(5) 企业的外部环境条件,如当地的基础设施条件以及是否靠近公路、铁路、码头等;

(6) 安全及环境保护要求,如尽量减少企业“三废”的排放和烟尘、噪声等对周围环境的影响;

(7) 企业的长远发展;

(8) 企业进行扩建和技术改造时,厂区布局还需考虑与原有布局相配套。

三、厂区平面布置的程序及方法

(一) 厂区平面布置的工作程序

1. 明确目标

通过合理的厂区布局,使厂区的各个组成部分井然有序、整齐美观,以便为企业员工创造一个良好的工作环境,同时给来访者留下深刻的印象。此外,应有效利用厂区面积,节约投资,合理组织物流,既提高工作效率,又降低生产运营费用。

2. 收集资料

为进行厂区的总平面布置收集所需的各种资料。收集的资料涉及以下几种。

(1) 基础资料。包括厂区的地形地貌、水文地质、厂区面积、自然条件、交通运输条件、当地的政策法规、经济情况以及有关建厂的各种协议文件等。

(2) 工厂生产单位的组成及其专业化形式。

(3) 生产系统图。所谓生产系统图,就是企业生产系统各组成部分之间的生产联系和物资流向的简图。该图简要地说明了企业的产品生产过程和各生产部门之间的联系,反映了从原材料、半成品到成品的物流过程。

3. 计算并确定各生产单位和业务部门所需的面积

各生产车间和仓库的面积是根据生产流程和生产规模,由各专业车间设计决定的。技术部门和行政管理部门的科技大楼和行政办公大楼是根据科室的设置和人员编制的情况,先确定大致需求的面积,再由专业人员设计。餐厅、医疗室等服务部门所需的面积,通常根据职工的就餐人数和就医人数按规定的指标计算。

4. 设计初步方案

设计和布置各生产单位和工作部门在厂区内的位置,制订几个平面布置的初步方案(设计方法详见下节)。

5. 方案评价

方案评价通常可从定性和定量两方面进行。定性评价可组织有关专家对各方案满足厂区布局目标的程度和遵循布局原则的程度进行评价和打分。定量评价则通过对有关的技术经济指标的计算来评定。

6. 方案实施

方案选定之后就进入实施阶段。通常要建立专门的项目组来贯彻设计的意图,对方案的实施进行全过程管理。

(二) 厂区总平面布置的方法

工厂的总平面布置可以采用多种方法进行,下面介绍一种常用的方法——生产活动相关图法。生产活动相关图法是用图表的方法先判明各单位在生产经营过程中的相互关系,根据彼此关系的密切程度进行布置,寻求最佳的布局方案。此方法通常用六个等级来区分各组成单位相关关系的密切程度,并用一组数字来表示关系密切的原因,如表 6-4 和表 6-5 所示。

表 6-4 关系密切程度分类

代 号	关系密切程度	评定分值
A	非常密切	6
E	很密切	5
I	密切	4
O	一般	3
U	不密切	2
X	无关紧要,不必考虑	1

表 6-5 关系密切程度的原因分类

代号	关系密切程度的原因	代号	关系密切程度的原因
1	便于物资的运输	4	便于管理
2	便于沟通和信息传递	5	有利于环境
3	便于工作联系	6	便于人员流动

下面通过一个例子来说明这种方法的应用。

例 6.3 一个小型企业由八个部门组成,各部门在生产经营活动中的相关关系如图 6-1 所示。

该图左边列出了该厂的八个组成部门,图的右边有许多菱形小方块,每一个小方块都表示两个部门之间的联系。虚线上面的英文字母按表 6-4 给出的含义,表示两个部门联系的紧密程度。虚线下面的数字按表 6-5 给出的含义,表示联系紧密程度的原因。

根据图 6-1 编制关系密切程度及积分统计表(见表 6-6)。

由表 6-6 可知,机械加工车间的得分最高,布局时应首先确定它的位置。毛坯车间、装配车间、中间零件库与机械加工车间都是 A 级关系,所以应围绕机械加工车间进行布置,并尽量靠近。成品库和中间零件库与装配车间是 A 级和 E 级关系,应把它们布置在一起。原材料库与毛坯车间是 A 级关系,两者应相邻。办公室和餐厅可稍远离车间,不放

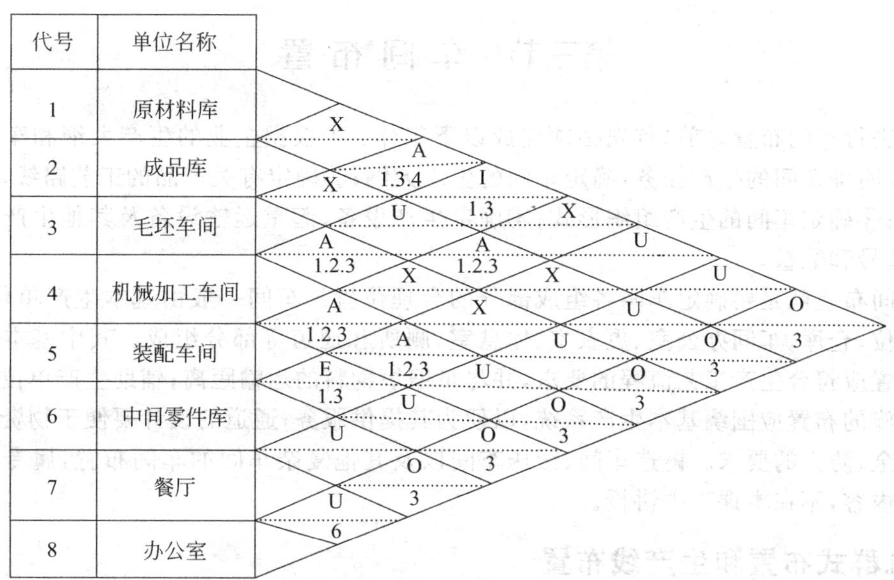

图 6-1　某小型企业各单位生产活动相关图

表 6-6　关系密切程度及积分统计表

1. 原材料库		2. 成品库		3. 毛坯车间		4. 机械加工车间		5. 装配车间		6. 中间零件库		7. 餐厅		8. 办公室	
关系	积分	关系	积分	关系	积分	关系	积分	关系	积分	关系	积分	关系	积分	关系	积分
A-3	6	A-5	6	A-1.4	12	A-3.5.6	18	A-2.4	12	A-4	6	U-1.2.3.4.5.6.8	14	O-1.2.3.4.5.6	18
I-4	4	O-8	3	O-8	3	I-1	4	E-6	5	E-5	5				
O-8	3	U-4.7	4	U-7	2	O-8	3	O-8	3	O-8	3				
U-6.7	4	X-1.3.6	3	X-2.5.6	3	U-2.7	4	U-7	2	U-1.7	4			U-7	2
X-2,5	2							X-1.3	2	X-2.3	2				
合计	19	合计	16	合计	20	合计	29	合计	24	合计	20	合计	14	合计	20

在生产区。根据以上要求可大体确定各单位的相对位置，如图 6-2 所示。

根据图 6-2 各单位的相对位置，再按各单位的面积和厂区出入口对运输路线的要求，按一定的比例，可画出工厂的平面布置草图，如图 6-3 所示。

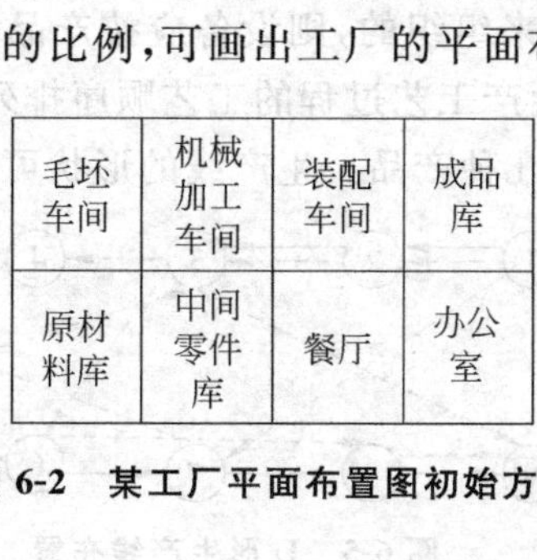

毛坯车间	机械加工车间	装配车间	成品库
原材料库	中间零件库	餐厅	办公室

图 6-2　某工厂平面布置图初始方案

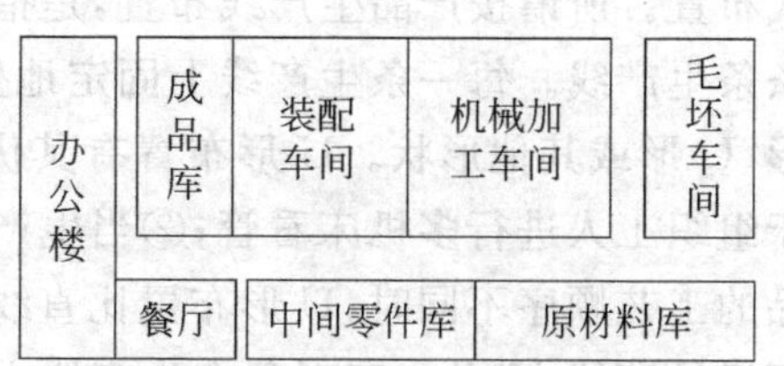

图 6-3　某工厂平面布置草图

第三节 车间布置

在进行车间布置之前,首先必须完成以下工作:①根据企业的生产大纲和车间分工明细表,明确车间的生产任务,确定车间的生产大纲;②确定有关产品的工艺路线,编制工艺规程;③确定车间的生产组织形式;④确定生产设备、起重运输设备及其他生产设施的种类、型号和数量。

车间布置就是要确定车间各组成部分的合理位置。车间一般由基本生产单位、辅助生产单位、仓库、车间办公室、更衣室、休息室、厕所和通道等部分组成。其中基本生产单位的布置应符合生产工艺流程的要求,并尽量缩短物料的运输距离;辅助生产单位和生产服务设施的布置应围绕基本生产系统,以便为其提供服务;通道的设计要便于物资运输并考虑安全、防火的要求。铸造车间、锻压车间以及其他复杂车间的车间布置,属专业的车间设计内容,不在本课程中讲授。

一、机群式布置和生产线布置

车间各基本生产单位的设备,通常根据该生产单位的组织形式,采用不同的布置方法。例如,如图 6-4 所示的车间的基本生产单位是按生产工艺专业化组织的,设备通常按机群式布置,即把同种工艺类型的设备集中在一起,一类一类设备分区布置。机群式布置的缺点是物流路线复杂,运输距离长,运输成本高,管理上也不方便。但是在产品品种非常多、生产批量较小的情况下,每种产品不可能有自己稳定的生产线,此时设备无法按产品生产线布置。

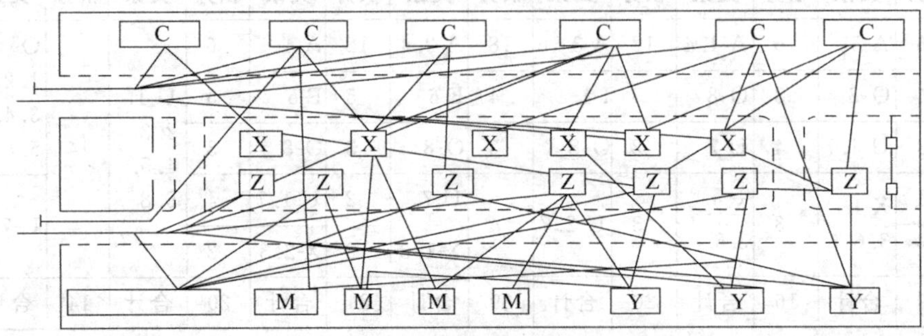

图 6-4 机群式车间布置

C代表车床;X代表铣床;Z代表钻床;M代表磨床;Y代表齿形加工机床

车间的基本生产部门如果是按照产品对象专业化来组织的,则设备应按产品生产线方式布置。所谓按产品生产线布置,是指设备按产品生产工艺过程的工艺顺序排列,形成一条条生产线。每一条生产线上固定地生产某一种或几种产品。生产线的形状可采用直线形、U 形或其他形状。U 形布置有其优点:①有利于组织工人进行多机床看管;②当生产线上几种产品的工艺顺序不同时,U 形布置比直线布置能够缩短运输路线,避免加工对象在生产线上相向运输和往返运输(见图 6-5)。

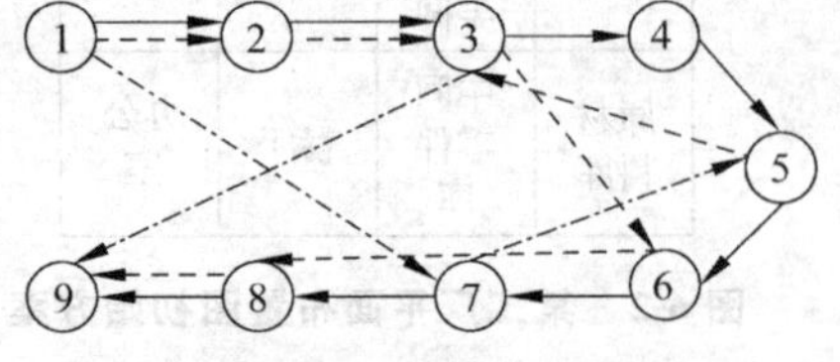

图 6-5 U 形生产线布置

当被加工对象在生产工艺上具有相似性时，可应用成组技术，按成组生产单元布置。成组生产单元可以适应多品种中小批量生产的生产类型。成组生产单元的单元布置见图 6-6。

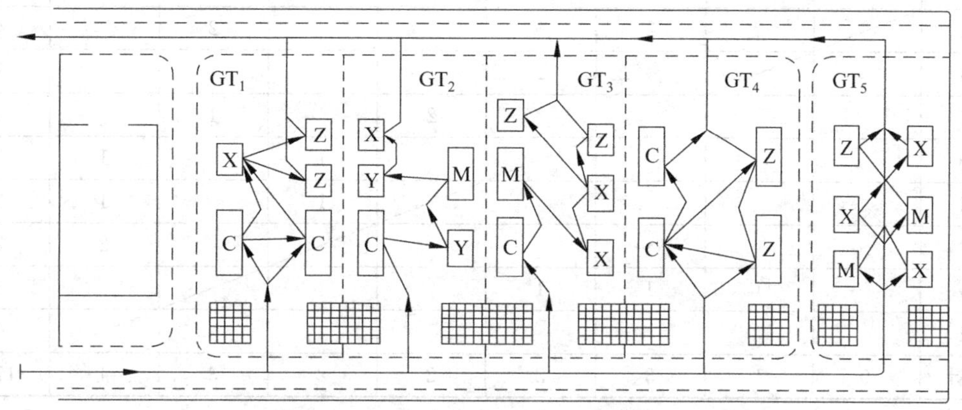

图 6-6 采用成组生产单元的车间布置

C 代表车床，X 代表铣床，Z 代表钻床，Y 代表齿形加工机床，M 代表磨床。

图 6-6 中有 5 个成组生产单元，每一成组生产单元配备了一定种类的机床设备，负责加工某一类具有相似工艺的零件。

二、生产线布置的几种方法

（一）从至表法

从至表法是设备单行布置的常用方法。通过从至表法可算出不同布置方案的物流运输量，再根据运输量的大小来选择较优的布置方案。应用从至表法并不能一次求得最佳的布置方案，需要通过多次试验比较，才能找到较优的方案。下面通过一个例子来介绍应用从至表法的生产线布置方法。

例 6.4 某生产线加工 4 种零件。零件的生产工艺流程路线图如图 6-7 所示。

	毛坯库A	铣床B	车床C	钻床D	镗床E	磨床F	压床G	检验台H
01	①		②	④			③	⑤
02	①		③		④	⑤	②	⑥
03	①		②		③			④
04	①	③		④		⑤	②	⑥

图 6-7 生产线加工零件的工艺路线图

根据零件的工艺路线图,可以绘制初始方案的从至表,如表 6-7 所示。

表 6-7 初始方案从至表

	A	B	C	D	E	F	G	H	合计
A			2				2		4
B				1					1
C					2		1		3
D						1		1	2
E						1		1	2
F								2	2
G		1	1	1					3
H									0
合计	0	1	3	2	2	2	3	4	17

所谓从至表,是指零件从一个设备到另一个设备的搬运次数的统计表。表上"列"中的设备为零件出发的工作地,"行"中的设备为零件到达的工作地。现假设生产线上相邻两工作地之间的距离相等,均为一个长度单位,表内每一格中的数字表示从一个设备到另一个设备之间的运输次数。格子离对角线的距离越近,表示搬运的距离越近;反之,离对角线越远,表示两设备的距离也越远。在对角线上方的格子中的运输次数,表示其运输的方向与生产线的物流方向相同。在对角线下面的,则表示其运输方向与生产线的物流方向相反。因而调换设备的位置,使运输次数大的格子靠近对角线,并使对角线下面有数字的格子置换到对角线上面去,可以降低生产线上的运输量和减少逆向运输。本例中表 6-7 的初始方案经过多次调整,得到如表 6-8 所示的方案。

表 6-8 最终方案从至表

	A	C	E	F	H	G	D	B	合计
A		2				2			4
C			2			1			3
E				1	1				2
F					2				2
H									0
G		1					1	1	3
D				1	1				2
B							1		1
合计	0	3	2	2	4	3	2	1	17

设备位置调整后形成如表 6-8 所示的方案,与初始方案相比,在加工对象和生产工艺不变的条件下,零件的运输距离减少了 16 个长度单位。计算方法见表 6-9。

表 6-9　零件运输距离计算表

方案	零件顺向运输距离 （对角线上部的运输距离）	零件逆向运输距离 （对角线下部的运输距离）
初始方案	1×1＝1	3×1＝3
	2×（2＋1＋2＋1＋2）＝16	4×1＝4
	3×1＝3	5×1＝5
	4×（1＋1）＝8	
	6×2＝12	
	小计　40	小计　12
	零件运输的总距离 40＋12＝52	
改进后方案	1×（2＋2＋1＋2＋1）＝8	1×1＝1
	2×（1＋1）＝4	2×1＝2
	4×1＝4	3×1＝3
	5×2＝10	4×1＝4
	小计　26	小计　10
	零件运输的总距离 26＋10＝36	
改进后方案比初始方案减少运输距离 52－36＝16		

通过从至表可以在表上操作，调整设备在生产线中的位置，以求减少零件的运输距离。每次设备调整，运输距离是否得到改进，需画出新的从至表进行计算后才能得知。由于每次调整都是探索性的，不能保证每次调整都一定能得到改进，因此制表和计算的工作量很大。

（二）十字形象限法

下面介绍的方法可帮助大家判断和计算每次调整可取得何种结果。该方法称为十字形象限法。相邻两台设备交换位置的十字形象限法的计算步骤如下。

(1) 取两台准备互换位置的相邻设备，如表 6-8 中的 G 和 H。

(2) 在表 6-8 中取出 G 和 H 的行与列中的数据，建立十字形四象限图（见图 6-8）。

(3) 根据十字形四象限图的计算规则

① 将第一象限内所有格子中的数字相加，再乘以负 1。

$$(1+1+1)\times(-1)=-3$$

表示 G 和 H 交换位置后，可以减少 3 个单位运输量。

② 将第二象限内所有格子中的数字相加，再乘以正 1。

$$(2+1+1)\times1=4$$

表示 G 和 H 交换位置后将要增加的运输量。

③ 将第三象限内所有格子中的数字相加，再乘以负 1，表示 G 和 H 交换位置后可以

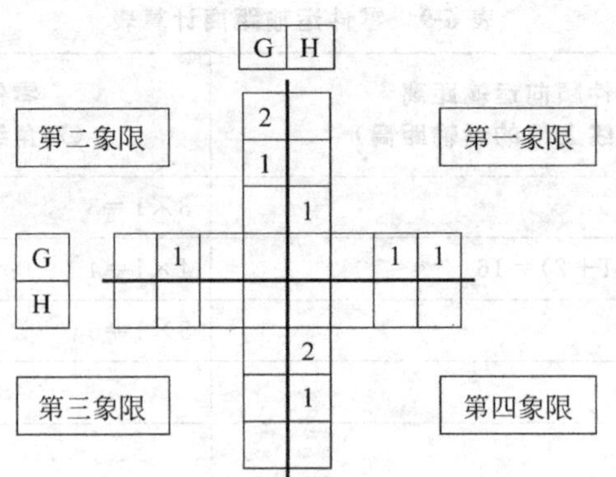

图 6-8 十字形四象限图

减少的运输量,在本例中为 0。

$$0\times(-1)=0$$

④ 将第四象限内所有格子中的数字相加,再乘以正 1,表示 G 和 H 交换位置后将要增加的运输量。

$$(1+2)\times1=3$$

⑤ 将上述四组数据相加,得到总的将增加或减少的运输量。

$$-3+4-0+3=4$$

表示 G 和 H 交换位置后将增加 4 个单位的运输量,因此说明 G 和 H 交换位置的调整方案,效果不好应不予采纳。

⑥ 这里须补充说明一点,在四个象限内提取数据时,十字中心的四个方格中的数字不必提取,因为 G 和 H 交换后,它们正好使第一象限与第三象限的数字及第二象限与第四象限的数字交换,对运输量的增减没有影响(在本例中这四个数字均为 0)。

(三) 十字形分析法

十字形四象限图法是一种适用于相邻设备互换位置的布置方法,应用上有一定的局限性。下面再介绍一种将生产线上某一设备调到任意位置的布置方法——十字形分析法。现仍以表 6-7 的例子为对象,试图通过调整某个设备的位置,减少生产线上的运输工作量。假设将生产线的设备排列顺序由表 6-7 的 A-C-E-F-H-G-D-B 改为A-C-E-G-F-H-D-B,即把 G 设备调到 E 和 F 之间。

本法的计算步骤如下。

取原方案的从至表,针对拟调整位置的设备 G 在表上作一个十字形,见图 6-9(a)。G 由生产线的第六号位置(按生产线顺流方向计)调到第四号位置,把原从至表分为四个区域,即①G 所在的行与列,形成一个十字形;②G 所在位置(调动前)后面的设备,在本例中是 D 与 B,形成 D. B 方块;③G 调动后所在位置前面的设备,在本例中是 A. C. E 区,形成 A. C. E 方块;④G 调动前后它所跨越的设备区,在本例中指 F 与 H 的行与列,形成另一个宽带十字形,见图 6-9(a)。

调整 G 设备的位置,引起运输量变化的有以下几种情况。

	A	C	E	F	H	G	D	B	合计
A		2				2			4
C			2			1			3
E				1	1				2
F					2				2
H									0
G		1					1	1	3
D				1	1				2
B							1		1
合计	0	3	2	2	4	3	2	1	17

(a) G设备的十字形图

	A	C	E	G	F	H	D	B
A		2	0	2	0	0	0	0
C	0		2	1	0	0	0	0
E	0	0		0	1	1	0	0
G	0	1	0		0	0	1	1
F	0	0	0	0		2	0	0
H	0	0	0	0	0		0	0
D	0	0	0	0	1	1		0
B	0	0	0	0	0	0	1	

(b) G设备调整后的从至表图

图　6-9

(1) G 十字形区。由于将 G 的位置调整到 E 与 F 之间，G 与生产线上其他设备之间的距离都发生了改变，因此 G 十字形框中的数据所反映的运输量均须重新计算。①G 至 A.C.E 和 A.C.E 至 G 之间的距离均缩短了 2 个单位；②G 至 F 和 F 至 G 之间的距离均缩短了 1 个单位；③G 至 H 和 H 至 G 之间的距离均增加了一个单位；④G 至 D.B 和 D.B 至 G 之间的距离均增加了 2 个单位。因此可计算如下：

A→G 为 2，C→G 为 1，E→G 为 0　　(2＋1＋0)×(－2)＝－6

G→A 为 0，G→C 为 1，G→E 为 0　　(0＋1＋0)×(－2)＝－2

G→F 为 0，F→G 为 0　　(0＋0)×(－1)＝0

G→H 为 0，H→G 为 0　　(0＋0)×1＝0

G→B 为 1，G→D 为 1　　(1＋1)×2＝4

D→G 为 0，B→G 为 0　　(0＋0)×2＝0

合计可减少运输量|4－6－2|＝4 个单位

(2) A.C.E 方块和 D.B 方块区。对照 G 改变位置后的从至表，见图 6.9(b)，可以看到 A. C. E 方块内部的运输距离没有改变;D. B 方块内部的运输距离没有改变。A. C. E 方块和 B. D 方块之间的运输距离也没有改变,所以 A. C. E 方块和 B. D 方块设备之间的运输量,不必重新计算。

(3) F. H 十字形区。A. C. E 到 F. H 之间的距离增加了 1 个单位;D. B 到 F. H 之间的距离减少了 1 个单位。因此其间的运输量需重新计算如下:

A→F 为 0;A→H 为 0;C→F 为 0;C→H 为 0;E→F 为 1;E→H 为 1

$$(0+0+0+0+1+1)\times 1=2$$

F 到 A. C. E; H 到 A. C. E 之间的运输量均为 0。

F 到 D. B; H 到 D. B 的运输量均为 0。

F→D 为 0;F→B 为 0;H→D 为 0;H→B 为 0　　$(0+0+0+0)\times(-1)=0$

D→F 为 1; D→H 为 1;B→F 为 0; B→H 为 0　　$(1+1+0+0)\times(-1)=-2$

所以 F. H 十字形区与其他区运输量的增减,总的合计:$2+(-2)=0$

因此 G 的位置调换到 E 与 F 之间后,总的运输量将减少 $4+0+0=4$ 个单位。

根据图 6.9(b)G 设备调整后的从至表进行运输量计算,得到总运输量为 32。与调整前 A→C→E→F→H→G→D→B 设备排列方案的运输量 36 相比,正好减少了 4 个单位,由此验证了十字形分析法的计算是正确的。

通过十字形分析法的计算,说明把 G 的位置调整到 E 和 F 之间的方案是可取的。同时也说明已经改进的 A→C→E→F→H→G→D→B 的设备排列方案,尚可进一步改进。通过一次次调整试探,一步步改进,可以得到一个较优的方案,如本例中得到的 A→C→E→G→F→H→D→B 方案。但该方案是不是最优方案,如不作全排列,是无法证明的。而要作全排列,如本例有 8 台设备,将有 8! =40 320 个方案,因此靠手工计算求最优解是困难的。采用从至表法,再应用十字形象限法或十字形分析法是生产线设备布置获得近优解的有效方法。

思考题

1. 厂区选择时需要考虑的主要因素有哪些?
2. 选择具体厂址时需要考虑哪些因素?
3. 简述厂址选择的工作程序。
4. 简述厂址方案选择评价方法中的分级加权法。
5. 厂区布局的影响因素有哪些?
6. 厂区布局的 8 个基本原则是什么?
7. 简述厂区平面布置的工作程序。
8. 什么是从至表? 其用途是什么?
9. 简述十字形四象限图法。它比从至表法有什么改进?

第七章

工作设计

企业的生产系统除了需要完备的硬件系统之外，还需要配以合适的软件系统，如合理的作业流程、完善的组织形式、科学的工作方法和必要的规章制度等。本章将介绍工作设计的有关概念、基本原理和设计方法，讨论如何才能通过提高工作内容的多样化、丰富化、趣味化等方面的措施，来保持和提高员工对工作的激情，以适应员工的心理需要，从而达到不断提高工作效率和劳动生产率的目的。本章从工作环境对工作人员的身心以及对劳动生产率两方面的影响出发，简要介绍人一机工程的基本知识，讨论在工作环境设计中应注意哪些问题。最后，本章还将讨论作业流程分析、时间研究、动作研究和劳动定额制定等内容，并介绍与之相关的理论和方法。

第一节　工作设计的基本原理与方法

工作设计(job design)是探讨如何才能有效地安排生产劳动过程的一种课题。工作设计的内容主要包括：①明确工作任务的作业流程；②通过合理分工，确定各岗位的工作内容；③明确每个工作人员的工作职责(如作业规范、完成的质量标准等)；④通过采取一定的组织形式，规定分工后彼此的协同合作关系，以保证工作任务的顺利完成。如何才能使工作任务得以顺利完成，在工作设计上存在一个采取何种策略的问题。精细的专业化分工和泰勒的科学管理方法，想要贯彻的都是高效率的策略，曾成功地推动了生产率的高速发展，并引发了工业化时代的迅速到来。

随着社会经济的发展，人们的需求层次普遍发生了变化。现在越来越多的工作设计已由高效率策略调整为“高情感”“高参与”策略，即试图通过调动员工的工作积极性、主动性来达到提高效率的目的，以便更好地完成工作任务。新策略不一定能适合所有的情况，但是从人类文明发展的趋势上看，显然新策略更符合人类社会进步的方向，今后人们将成为真正的人，而不是像机器的附属物那样去工作和生活。工作将成为生活的重要组成部分，而不再仅仅是一种谋生的手段。

一、泰勒的管理思想及其方法

(一) 泰勒科学管理的基本思想

工作设计的概念和方法早在100多年前就由美国的泰勒提出。泰勒科学管理方法的基本理念是：①工作方法不能仅凭工作经验加以决定，而应当通过研究，制定科学的工作程序,并规定应达到的标准工作量;②每项工作都可以通过下述步骤得到改进,即把工作内容分解为基本单元,观察和研究这些单元的工作内容和工作方法,测定所需的时间,并找出更合理有效的方法;③对于经过培训、使用标准化的工作方法,并能达到标准工作量的人员,给予奖励。泰勒的思想和他所创立的工作方法对企业提高生产率,曾起到了非常重要的作用,在世界生产管理史上具有划时代的意义。

(二)泰勒管理思想的局限性

至今泰勒的许多方法仍然在被采用。但是从现代管理理论来看,泰勒的工作设计思想和他的一些方法,主要是针对技术层面进行工作设计,所以具有一定的局限性。这里所说的局限性,主要反映在:①科学管理要求首先把工作细分化、单纯化,然后制定科学合理的工作方法,再把这种工作方法加以标准化,并使每个工作人员都能遵循标准化的方法去做,以期使所有工作人员都能顺利完成标准工作量。这里只考虑了工作设计的技术性问题的改进,而忽略了人们在社会性和精神方面的需求,这对于发挥人的积极性和创造性是很不利的。②只注重个人工作效率,重视个人工作方法的改进和优化,而忽略了集体协作精神、忽略了团队工作的作用,致使各部门、各工序之间协同合作不顺,对企业整体效率的提高不利。③不是寻求动态优化,而是追求一种静态的最优,实际上并不存在静态的最优方法,任何方法都需要改进,因为外界环境在不断地变化,因此工作方法也需相应地随着周围环境因素的不断变化而加以改变和优化。

提高生产率是发展经济的基础。生产管理学始终把提高生产率作为自己的重要目标。为实现提高生产率的目的,需要采用先进的技术装备,同时必须考虑参与使用和管理这些设备的人的状态。因为任何设备的使用和维护都离不开人的作用,除了操作者的操作方法等技术因素以外,操作者的心理活动、情绪等也会直接影响生产率水平的高低。随着社会经济的发展,人们在解决了最基本的物质生活需求之后,越来越关注自己心理、精神方面的需求。一个人如果长期重复从事同一种简单劳动,就会产生厌烦,会逐渐丧失对工作的热情。为了使工作者始终对工作拥有热情,应该尽可能地使工作内容朝着丰富化、趣味化和扩大化方向发展,可以有计划地组织工作轮换。所有这些措施,都是为了满足工作人员的心理需求,提高其工作热情。因此在进行工作设计时,应同时考虑技术和社会两方面的因素。

二、工作设计中的社会技术理论

工作设计中的社会技术理论(Socio-technical Theory)是由英国的特瑞斯特(Eric Trist)及其研究小组首先提出的。这种理论认为,在工作设计中应该把技术因素与人的行为、心理因素结合起来考虑。任何一个生产系统都包含两个子系统,即技术子系统和社会子系统。如果只考虑其中的一个系统而忽略另一个,就可能使系统的运行出现障碍,导致效率低下。因此应该把生产系统看作是一个社会技术系统,其中包括人、设备、工具、物资等。既然人是生产系统的重要构成要素,这种系统就必然具有社会性。人与系统中其他物质要素结合得好坏,不仅决定系统运行的效果和经济效益,还会直接影响人的工作积极性。人作为生产系统运行的主导力量,如何调动人的积极性和创造性,是进行工作设计时必须认真考虑的重要问题。从系统的社会性这一角度出发，在进行工作设计时，着眼点不应仅仅放在个人工作任务的完成方式上，而应着眼于整个系统的运作方式。也就是说，小组工作方式和各部分人员的协同合作方式比个人工作方式更重要。这和早期工业工程中过分强调技术因素对生产效率的决定性影响有很大的不同，早期的工业工程实质上是把人当成机器体系的一个构成部分来看待，而社会技术理论在工作设计中，除了考虑技术要素的影响外，还充分重视人的行为因素对整体的影响。

如果把生产系统中生产单位的组织形式、新技术的选择应用与工作设计联系起来考虑，应该看到，随着制造技术和信息技术的发展，以柔性自动化为主的生产模式正在成为制造业的主流。但是采用这种模式，如果不在工作设计的指导思想和方法上进行深刻的变革，是不可能取得成功的。因为即使是一个自动化生产系统，仍然需要由人来进行操纵和管理，它仍然是一个社会技术系统。

三、工作设计中的行为理论

行为理论的主要内容之一是研究人的工作动机，这一理论对于工作设计具有重要的指导意义。人的工作动机可以是多种多样的，总的来说都是为了满足某种需求。人的需求可以分为五个层次（从生存到自我实现），为满足不同层次的需求，将产生不同的工作动力。不同的工作动机对人如何进行工作以及会产生什么样的结果有很大的影响。因此，在工作设计中必须考虑如何满足人的这些物质和精神上的需求。以下是工作设计中常用的三种方法。

（一）工作扩大化

工作扩大化(job enlargement)是指工作任务的横向扩大，即给工作者增加工作任务，使每一个工作者能参与完成一项任务的全过程或整项任务的大部分过程。这样他们能够看到自己的工作成果，如果顾客对他们生产的产品或提供的服务表示满意和赞许，就会使该工作者感受到成功的喜悦，对工作产生满足感。工作扩大化通常要求工作人员掌握多方面的知识与技能，这会带动工作人员提高学习的积极性和主动性，他们在学习上取得了进步的同时，也会在精神上获得满足。

（二）工作职务调换

工作职务调换(job rotation)是指让员工定期调换其所从事的工作（这里的定期可以是小时、天、几天或数月）。工作职务调换可以给员工提供更丰富、更多样化的工作内容。不同的工作任务具有不同的单调性和乏味性，采用工作职务调换对减轻单调性、乏味性是很有效的。此外，工作职务调换还可以达到其他多项较佳的效果：①工作职务调换要求员工掌握多种专业知识和技能，这将推动员工主动学习，以增强自身的才干，最终促使他们成为一名多面手；②增加了工作任务安排的灵活性，例如，顶替缺勤工人、给瓶颈环节增添人员等；③通过互换工作岗位，使员工体验其他工作岗位工作上的难处和责任，有利于不同岗位之间的沟通和互相理解，有利于增强员工之间的团结和工作上的协调配合；④调换工作岗位有助于扩大员工的视野，有助于他们站到全局的高度去考虑问题，有利于发挥员工参与管理的积极性。

(三) 工作内容丰富化

美国学者赫茨伯格(Frederick Hertzberg)的一项研究成果指出,满足感和不满足感属于两个范畴,消除不满足感并不能增加满足感。内在工作因素(如成就感、责任感、对工作内容发生兴趣等)是潜在的满意因素,而外在工作因素(如工资、工作条件、监督等)是潜在的不满足因素。根据这一理论,改善外在工作因素,如增加工资等,可以降低不满足感,但不会产生满足感。唯一能使员工感到满足的是工作本身的内在因素。赫茨伯格把对工作的满足感和激励联系起来,提出强化内在因素使工作丰富化的观点,这不仅有助于提高生产率,而且可以提高员工的满意程度。

工作内容丰富化(job enlargement)是指对工作内容的纵向扩大化,即授予职工更多的权力和责任,更多的参与管理和决策的机会。例如,一个生产第一线的工人除了上机床操作外,还让他负责产品检验、设备保养等工作。当工人需要自己安排在几台设备上的工作程序,自己制订设备的保养计划和对产品质量进行自检互检时,他的责任心会大大加强。当他的工作成果被肯定时,就会产生成就感和满足感。

以上三种方法的实施可以通过团队来进行,因为这样可使员工更好地沟通和协作,从而取得更好的效益。

四、团队工作方式

团队是劳动部门(生产组织)的一种组织形式。一般是围绕某一项任务,采用对象专业化原则,把有关的专业人员和所需的设备、工具等集中在一起,组成一个工作小组,组内实行民主管理,每个小组成员都对该项任务的完成承担责任,同时被授予完成任务所需的必要的自主决策权。这样的工作小组称为团队。团队工作方式(team work)与传统的泰勒式工作方式的主要区别见表 7-1。

团队工作方式的基本思想是授权于基层,提高基层对市场变化的应变能力;让团队成员能够直接参与团队的管理和工作决策,以提高每个成员的责任心,从而使每个成员发挥其对工作的积极性和创造性。

表 7-1 泰勒式工作方式与团队工作方式的比较

泰勒式工作方式	团队工作方式
精细的专业化分工,尽量使工作简单化	面向任务,配备所需的各种专业人才,要求工作人员具有较宽广的知识面和掌握多种工作技能
与组外有很多的工作联系和协同配合关系	主要的工作联系和协同配合关系在团队内部
接受上级领导的直接指挥和监督,工作的性质主要属执行性	在任务明确以后,关于如何完成该项任务,采取何种步骤与方法,由小组自主决策,领导不插手执行任务的过程管理
管理层次多,从属关系复杂	管理层次少,基层自主性强

根据不同的情况,团队可以采取不同的形式,常见的有以下几种。

1. 解决问题式团队(problem-solving team)

这种团队是一种非正式组织,通常由若干名来自不同部门、不同班组的成员组成。他们是自愿结合在一起的,每周集会一次或多次,集体研究和解决工作中遇到的一些问题,如产品质量问题、生产率提高问题、操作方法问题、设备或工具的小改小革问题等。当研究有了一定的结果时,就提出具体的建议,提交管理决策部门。这种团队的特点是只提出建议和方案,但无权决定是否实施方案。这种团队工作方式对于提高产品质量、改善生产系统的运作、提高生产率等均能起到积极作用。同时,还可以在提高工作人员的积极性、改善职工之间的沟通与协作方面发挥积极的作用。但是这种组织形式和工作方式也有局限性,因为它只能提出建议,无权决策,又是一种非正式组织,如果其建议既不能引起领导的足够重视,建议被采纳的比率又很低,那么这种团队就不容易坚持下去。

这种团队最早在20世纪70年代日本的企业中被广泛采用,日本企业中的QC小组就是这种团队的典型例子。后来通过日本在美国的合资企业先在美国得到推广应用,以后又传到其他国家,现在已被管理理论界列为需要认真加以总结和研究的对象之一。

2. 特定目标式团队(special-purpose team)

这种团队是为解决某项特定的任务,实现一个具体的目标而组建的。例如,要开发一项新产品、引进和评价一项新技术、处理生产经营管理中的某个特殊问题等。在这种团队中根据任务的需要,既配备有普通的职工,又配备了与任务相关的专家和经营管理人员。团队中的经营管理人员受最高管理层的委派,拥有决策权。因此,团队不但要对所承担的任务提出解决的方案与措施,而且在方案通过论证后,将负责(或参与)方案的实施。这种团队不是一种常设组织,它不是为了完成日常的工作,而是为了解决某项一次性的特殊任务而建立的。在任务完成(或问题解决)之后,这种团队将被解散,团队成员各回自己原来的单位或另作安排。这种团队类似项目管理中的项目组。这种组织形式和工作方式具有很大的灵活性,可以有效地提高企业的应变能力。

3. 自我管理式团队(self-managing team)

这种团队最能体现团队工作方式的特点。因为解决问题式团队是基于职工意愿自主结合建立的一种非正式组织,它是通过调动群众的积极性来改进工作的。特定目标式团队是为了完成一次性的特定任务而组建的临时性组织。以上两种团队都不是正式的永久性组织,而自我管理式团队是现代企业中一种正式的永久性组织,它是一种新的组织形式,代表企业内部组织的发展方向。它为实现企业管理机构的扁平化、提高企业对市场变化的适应能力,奠定了重要的基础。

自我管理式团队的主要特征如下。

(1) 充分授权。在给团队明确任务的同时,授予团队必要的自主经营决策权。把决策权和责任层层下放,直至团队的每一个成员。例如,在保证完成规定的目标任务和费用预算的前提下,团队有权自己制订资源分配方案、用人计划和工作进度计划等,以充分发挥团队的主动性,调动团队每一个成员的积极性。为此在团队内部需要建立一套完善的民主管理制度,同时对团队成员的素质则提出了更高的要求。

(2) 自我管理式团队都是围绕一定的任务组建的。每一个团队要完成一项相对完整的任务,即需要参与完成一项任务的全过程。由于任务所涉及的各种专业技术和各项管理职能均集中在一个组织之内,这样就有利于工作人员之间的沟通和协调配合,有利于实施并行工程,从而可以大大缩短完成任务所需的时间。

(3) 采用团队这种组织形式,加强了基层组织在生产经营中的作用,这样不仅可以大大压缩过去只是从事下达命令和汇总情况的中间管理层,实现企业管理机构的扁平化,而且可以使高层领导摆脱许多日常的事务性工作,从而有利于领导去规划企业的明天,更好地研究、制定和组织实施决定企业未来的发展战略。

第二节 工作环境设计

生产过程是人在一定的环境系统中运用工具和机器进行创造物质财富的过程。人—机工程学就是通过对人和机器、环境的相互作用及其合理结合进行研究,从而使设计的机器和环境系统更加适合人的生理、心理特点,达到提高生产效率、符合安全、健康和舒适的目的。人一机工程学在不同的国家有不同的叫法,西欧和英国称之为 Ergonomics,美国称之为 Human Engineering,或 Human factor,日本称之为“人间工学”,我国学界也有人称之为“工效学”。这门学科之所以有这么多的名称,一个原因是它经历了漫长而曲折的发展过程;另一个原因是这门学科是在几个基础性学科的交叉点上生长出来的,不同背景的人研究的侧重点不同,导致命名的差异。

人一机工程学围绕构成人一机系统的三大要素进行了深入的研究。在人的方面,对人的感官神经系统和人体构造等进行了研究;对人接受信息后进行判断,并做出反应这一过程的机制、素质和极限能力进行了研究;还对人体肌体特征、动作的生物力学特性等进行了研究。在机器方面,人一机工程学则结合人的特性对机器的显示、控制、人机界面和工作地空间布置等问题进行了系统的研究。人一机工程学的研究内容涉及生理学、心理学和医学等广泛的领域。它是一门内容丰富的独立学科,在教学计划中设有专门的课程,所以有关内容不在本课程中讲授。下面仅就人—机系统中进行工作设计时应考虑的环境因素问题作简要说明。

一、气候状况的分析与设计

工作地和工作室内的气候状况取决于:气温、气压、空气的流动速度和大气的污染程度等。

(一) 空气温度对劳动效率的影响

人有体温,本身就是一个热源。如果人体产生的热量等于向体外散发的热量,人就处于热平衡状态,此时的体温在36.5℃左右,人会感到比较舒适。当产生的热量大于散发的热量时,人便会感到发热,反之则感到寒冷。根据研究,一名正常男子在休息或静止状态时平均每小时要产生293焦耳的热量,而在劳动或剧烈运动时,产生的热量可达到正常值的20倍。所以适宜的气候条件是保持良好工作能力的重要前提。室内的气温过高会引起瞌睡、疲劳,从而使工作能力降低,并引发差错。室内温度过低,由于寒冷同样会使工作效能降低。因此需要给工作环境规定一个适宜的温度。但是对于冷暖的主观感觉不仅依赖于气候条件，而且与工作人员的体质、年龄、性别、服装、工作强度和对气温的适应能力等因素有关。也就是说，对于适宜温度的评定是与人的主观因素相关的。因此，所谓的最佳温度不是某一个固定的数值，而是某一个温度区域。例如，美国资料中关于最佳温度范围的规定是：脑力劳动为 15.5℃～18.3℃，轻劳动为 12.7℃～18.3℃，体力劳动为 10℃～16.9℃。

我国一般企业非恒温室对温度的控制仅限于冬季供暖。冬季供暖的温度以距地面 1.5 米、离墙 1 米处的干泡温度为准。表 7-2 为各种用途建筑物内的最佳温度。

表 7-2　我国各种建筑物内的最佳温度范围标准

地　点	最佳温度范围	地　点	最佳温度范围
学校教室	18.3℃～21.1℃	食堂	18.3℃左右
医院病房	21.1℃～22.2℃	工厂车间	12.8℃～18.3℃
剧院电影院	18.3℃～20.0℃	住宅	18.3℃左右

（二）空气流通对劳动效率的影响

工作环境中的空气流通情况也会影响人的劳动效率。实验证明在温度相同的情况下，在保持空气流通的工作环境下产出的效率，要比在空气不流通的工作环境下的效率高 10%。一般认为在工作人员不多的房间中，空气流动的最佳速度约为 0.3 米/秒，在拥挤的房间中约为 0.4 米/秒，而当室内温度和湿度都很高时，空气流速最好能达到 1～2 米/秒。

（三）空气污染对劳动效率的影响

工作环境中的空气污染源有两个。第一个来源于工作人员本身。在人的呼吸过程中会排出二氧化碳，随着劳动强度的加大，二氧化碳的排放量也会随之增加。成年男子在不同劳动强度下的二氧化碳呼出量见表 7-3。此外，劳动者汗水的蒸发也会污染空气。

表 7-3　不同劳动强度下成年男子的二氧化碳呼出量

能量代谢率	劳动强度	二氧化碳呼出量/(m^3/h)	计算用量/(m^3/h)
0	睡眠状态	0.011	0.011
0～1	极轻劳动	0.012 9～0.023	0.022
1～2	轻劳动	0.023～0.033	0.028
2～4	中劳动	0.033～0.053 8	0.046
4～7	重劳动	0.053 8～0.084	0.069

第二个污染源来自生产过程（包括加工、运输、储存等）本身。在生产过程中产生的粉尘、烟雾、气体、纤维质、蒸汽等都会使人体器官受到刺激，造成损害。有的污染不仅影响效率，而且损害人体健康，甚至危及生命安全。因此必须保持室内空气清洁，至少应把污染限制在许可范围之内。

二、照明的影响与照明设计

视觉对于人从事的工作的重要性是不言而喻的。眼睛作为接受视觉显示信息的器官,其功能及效率的发挥依赖于照明条件和被观察物的颜色特征。

(一) 照明对工作人员的影响

人的视觉功能的发挥依赖于周围环境的照明水平和对比度。所谓对比度,是指被观察物体与其背景的亮度差。有关统计资料表明,照明条件与对比度情况越好,工作中的差错率、事故率就越低,同时还有助于提高工作效率。照明除了对工作人员的效率有一定影响外,实验还表明在照明不好时,人会更快地疲劳,工作效率变差。如果能创造舒适的光线条件,不仅在从事手工劳动时,而且在从事要求记忆和进行逻辑思维的脑力劳动时,也能达到提高工作效率的目的。此外,照明对人的自我感觉也有影响,它主要影响工作人员的情绪,而情绪的好坏对工作效率有很大影响。一般认为明亮的工作环境是令人愉快的,因此人们在选择工作地点时,都喜欢选择明亮的地方,在休息时才选择比较幽暗的地方。

(二) 工作场地和厂房的照明要求

工作场地必须有适宜的照明。一般在设计照明系统时,应考虑以下因素:①保证工作地点有适宜的亮度;②工作地点有固定照明;③工作物与背景之间应有适当的亮度差;④避免光源在作业区域发出眩光。

应按以上要求,并根据科学研究的成果和有关的经验来确定工作场所最适宜的照明条件,包括照明亮度、照明方式、照明方法和照明设备的安装等。选择照明条件的原则是,既要防止因照明不好而造成作业损失和工伤、设备事故的发生,又要避免照明上的浪费。因此,合理的照明应该使工作面照度适宜、均匀、稳定,并且无眩目感。良好的照明不仅要明亮,还需要消除黑角暗道,并避免闪光反射和产生过高的热量。因此在进行照明设计时,不仅要考虑光源种类的选择,还要考虑光源的数量和分布,同时操作者对光强的适应能力也不能忽视。表 7-4 提供的数据可供设计时参考。

表 7-4 不同工作条件的照明要求

工作分类	举 例	标准照度(Lx)	照度范围(Lx)
超精密工作	超精密机械加工、刺绣	1 000	700～1 500
精密工作	汽车和飞机组装、排字	500	300～700
普通工作	机械加工、铸造、焊接	200	150～300
粗工作	木工	100	70～150
非工作	车间非工作区	50	30～70
	附属生活区及厕所	20	15～30

三、色彩对工作人员的影响

色彩可以营造气氛,能够引起人的联想。许多国家的工业卫生、环境保护专家,劳动心理学家和医学专家指出，厂房、建筑物及工作地装备的色调，对工人的劳动情绪、生产效率和工作质量有着明显的影响。实践证明，色彩已不是可有可无的装饰，而是一种管理手段，可以为改善劳动环境和提高生产效率服务。

（一）关于颜色的表示方法

为分辨不同的颜色，人们以色调（H）、明度（V）和彩度（C）三个要素对各种各样的颜色加以排列和区分。

色调分为五种基本色调：红（R）、黄（Y）、绿（G）、蓝（B）、紫（P），加上五种中间色调：黄红（YR）、绿黄（GY）、蓝绿（BG）、紫蓝（PB）、红紫（RP），合起来称为十色环。每一种色调又分为 10 个等级。

明度是指在一定背景下的明亮感觉，在白与黑中间分成 0～10 个等距离的等级。

彩度是指颜色的浓淡饱和程度。无彩色如黑、白、灰的彩度为 0。彩度分为 12～14 个等级，当某种颜色达到饱和时，便是纯色。

色彩的标定方法：色调、明度/彩度＝HV/C

例如，7.5YR 8/4 的颜色就是指色调是 7.5 橙色、明度 8、彩度 4。这种颜色对保护眼睛是有利的。

（二）颜色对人的影响

色彩对人的影响表现在两个方面：一方面是对人的机体的影响；另一方面是对人心理上的影响。医学专家从医学上证实，颜色对人体的机能和生理过程发生作用，影响内分泌系统、血液循环系统的正常运作以及血压和含水量的平衡。红色的色调会使人各种器官的机能兴奋和不稳定，而蓝色和绿色的色调则会使人体各种器官的机能稳定。之所以颜色会对人体机能产生影响，是因为色彩能引起某种情绪或改变某种情绪，例如，“明快”的颜色可产生愉快的感觉，“阴郁”的色调容易引起压抑的心情。一般情况下，红、橙、黄色给人以温暖的感觉，所以被称为“暖色”；青、绿、紫色给人以寒冷的感觉，常称这些颜色为“冷色”。通常朝北的房间室内温度低，因此可用暖色，而高温车间则宜用冷色。

暖色在心理上可起到积极的兴奋作用。红色系列颜色对人在生理上起增加血压及脉搏的作用，在心理上起兴奋作用，并伴有不安感及使神经紧张的副作用，因此不宜广泛使用。橙色系列颜色可以增加食欲，故适用于食堂、餐厅。黄色系列颜色的生理反应，近于中性，所以可用于一般工作场所。在以女工作人员为主的场所，宜采用黄色。

冷色一般可起镇静情绪的作用。青色系列颜色对人在生理上可起降低血压和减缓脉搏跳动的作用，在心理上有镇静作用，产生清洁感。但大面积使用会使人产生凄凉的感觉，所以应该与其他颜色配合使用。绿色系列颜色对人的生理反应近于中性，给人以平静的感觉。

此外，由反射决定的色彩亮度也会影响人的情绪。如明色调会使人产生轻松、自在、舒畅的感觉，暗色调会使人产生压抑和不安的感觉。色彩的选择除了上述的一般情况外，还与人的年龄、性别、生活经历有关。例如，儿童一般喜欢鲜艳的色调，如红色、黄色，成年人则往往喜欢蓝色、绿色和红色。

(三) 工作环境与设备的色彩调节

生产用房一般不主张把房间涂成单一的颜色,或者以一种颜色成为主调。因为单一颜色会使人视觉疲劳,采用对比色调效果较好。具体选用什么颜色要根据房间的用途而定。例如,普通生产用房应采用明快的色调;温度很高的房间最好选用冷色调;俱乐部和休息室应选用使人感到舒适的暖色调;而会客室可选用暗色调。通常天花板要求具有较大的反射值,而墙与地板的反射值应较小。表 7-5 提供了可供参考的工作环境色彩。

表 7-5 工作环境用色的建议值

场所	天花板	墙壁上部	墙壁下部
车间	7.5GY 9/2	7.5GY 8/2	10GY 5.5/2
办公室	7.5GY 9/2	7.5GY 8.5/2	7.5GY 7.5/2
食堂	7.5GY 9/2	6YR 8/3	7.5YR 8/2
候诊室	N(白) 9/0	6.5YR 8/2	5YR 6/3
走廊	7.5GY 9/2	7.5GY 9/2	7.5GY 7.5/3

设备不论其体积大小,大体上均由主机、辅机、动力源以及控制板和工作台等构成。对这些部件进行色彩装饰时,要考虑厂房、工作室的环境色调和工作内容才能确定设备本体的色调。一般来说,设备的颜色宜采用中性的绿色系列和没有刺激的灰色系列,因为这种色彩可使工作人员的眼睛不感到疲劳。此外,对卫生管理有严格要求的食品加工厂、饮料生产工厂的设备,则采用白色或近于白色的为最佳。对于搬运设备如堆垛机、手推车等尽量避免深色,以采用较明快的色调为宜。

四、噪声的影响与控制

人—机工程学对噪声的理解是:凡是对工作人员形成干扰,使其感到不快、不安或者引起伤害的一切声音信号,都归类为噪声,包括城市交通噪声、工厂噪声、建筑施工噪声以及商业、体育和娱乐场所的人群喧闹声等。

(一) 噪声对工作人员的影响

噪声可以危害人们的健康,这种危害有长期的遗留性。它可以引起慢性疾病、器质性病变和对神经系统的损害。噪声的声音强度不大时(30～40 分贝)就能对人的心理产生消极影响,如妨碍注意力集中,使人心情烦躁,容易疲劳;当噪声刺激非常强烈时(65 分贝以上),就会引起人体内各种系统工作失调;若较长时间噪音超过 90 分贝,则会使人的肌体遭到严重的,往往是不可挽回的损伤,包括失去听觉。除此之外,噪声还会引起新陈代谢功能障碍,会促使血液成分发生改变,对中枢神经系统和交感神经系统造成损害,引起血压与心率的变化等。

(二) 噪声控制

形成噪声干扰的过程是:噪声源—传播途径—接收者。因此噪声控制需从这三个方面研究解决。

1. 声源控制

减小机器设备本身的振动和由此产生的噪声。如研制和选用低噪声设备，提高设备的精度和安装技术，改进生产工艺等，使发声源降低声音强度；对产生噪声的机件如齿轮、轴承等加强维护；用软性物质将声源部分与其支撑物隔离等。

2. 限制噪声传播

在传播途径上阻断和屏蔽声波的传播。主要的措施是：①工厂总体设计布局要合理，将高噪声车间、场所与一般车间、生活区分区布置，让噪声源远离这些车间和生活区；②利用天然地形如山冈、树丛和已有建筑物，来阻断和屏蔽大部分噪声向接受者传播，也可以建立人工的屏障来阻挡噪声的传播；③在声源周围采用消声、隔音、吸音、阻尼等局部措施来降低噪声。

3. 接收者的防护

当上述措施达不到预期的效果时，使用防护用具进行个人防护是一种经济有效的方法。防护用具常见的有橡胶或塑料制的耳塞、耳罩、防噪声帽等。采用这些防护用具一般可以降低噪声20～30分贝。在噪声大的车间里也可以建立小的隔音室，工人可以在里边休息。

第三节 工作研究

工作研究是方法研究和动作研究的总称。它运用系统分析方法，对现行生产过程和业务流程进行分析和改进，排除流程中不合理、不协调和不经济的作业因素，以期更合理地利用各种资源和提高系统的生产率。工作研究的特点是贯彻以内涵方式提高生产率的原则，在现有资源条件下，即在不增加设备投资和工作人员劳动强度的前提下，通过重新组合生产要素，优化作业流程，改进操作方法，整顿生产现场等方法，来消除各种浪费，从而节约时间和资源，以达到提高系统的产出率和经济效益的目标。同时，通过对作业内容的规范化和标准化等措施，还可以控制产品质量的稳定性，并提高工作人员的业务技能水平和操作水平。工作研究是改进现行生产过程的有效方法，因此在企业中得到了广泛应用。

一、工作研究的程序和内容

工作研究的内容和方法体系可以用图7-1表示。

工作研究
- 方法研究
  - 过程分析
  - 动作研究
- 时间研究
  - 标准时间制定
  - 工作抽样

图7-1 工作研究的方法体系图

由图7-1可知，工作研究包含方法研究和时间研究两部分，而方法研究是时间研究的前提，其中作业过程分析又是动作研究的前提。这是因为只有先从总体上做过程分析，找出作业过程中的薄弱环节，才能有针对性地对薄弱环节做进一步的作业内容的分析与改进。时间研究是方法研究和过程分析的基础，因为作业标准和工时定额指标是分析和改进现行作业的参照依据。因此，方法研究和时间研究是进行工作研究的一套有机的方法体系。

工作研究的程序通常可按以下七个步骤进行。

(1) 发掘问题,选择研究项目。在企业中有待研究解决的问题有很多,限于资源条件和主观力量,不可能同时研究解决,这就需要区分轻重缓急,很好地选择当前要研究的项目。在选择工作研究项目时,应考虑以下三个方面的因素:①对全局有重大影响的项目,如制约全局的薄弱环节和关键环节;②问题解决后能取得较大经济效益的项目;③项目的可行性,指有必要的人力、财力和技术力量作保证,有能力去开展研究,并有望取得成效的项目。

(2) 选定具体的研究对象和制订工作计划。在项目选定之后,还要确定具体的研究对象和明确想要达到的目标,如具体目标是要减少作业时间,提高生产率,还是要节约物资消耗,降低成本;是要提高产品质量,还是要改善工作环境,减轻工人的劳动强度等。任务确定以后,要制订详细的工作计划。

(3) 分析现行的作业过程和作业方法。首先要很好地记录和描述现行的作业过程和作业方法。这里可以通过录像来记录生产现场的作业活动,并应用一套规范的专用图表工具,准确地记载要研究的事实。然后应分析现行作业过程和作业方法的合理性,找出存在的问题及其产生的原因。一般要从何因、何事、何地、何时、何人、何法六个方面提出问题,进行考察和分析。通常人们称之为"六何"分析法,或称"5W1H"分析法。其典型的提问方式见表 7-6。

表 7-6 "六何"分析法的典型提问方式

问题	第一轮提问	第二轮提问	第三轮提问	结论
	现状	为什么	能否改进	新方案
何因(why)	干的必要性	理由是否充分	有无其他原因	新的理由
何事(what)	干的内容	为什么干这个	有无更合适的对象	应该干什么
何地(where)	在何地干	为何在此地干	有无更合适的地点	应在哪里干
何时(when)	在何时干	为何在此时干	有无更合适的时间	应在何时干
何人(who)	由何人干	为何由此人干	有无更合适的人选	应由何人干
何法(how)	用何种方法干	为什么这样干	有无更合适的方法	应该如何干

(4) 制订新的工作方案。对上述六方面的问题经过认真考虑后,就要着手提出改进意见,制订更好的工作方案。在构思新的方案时,可以在现行方案的基础上,运用取消、合并、重排、简化四项技术,对现行方案进行改进。这四项技术人们称之为工作研究的四巧(四项技巧),下面介绍其具体内容。

(1) 取消(elimination)。对任何工作首先要问,为什么要干它?能否取消?

(2) 合并(结合)(combination)。如果该项工作不能取消,则考虑能否与其他工作进行合并。

(3) 重排(rearrangement)。试着改进工作的顺序,重新对工作内容进行排列组合,使之高效、合理。

(4) 简化(simplification)。对工作内容和工作步骤进行简化,也包括动作的简化和能量的节约。

(5) 对新的工作方案进行评价。对前一步提出的若干新方案,进行技术经济分析、可靠性分析、安全性分析,在全面分析比较后,从中选出最佳方案。

(6) 实施新方案。把选定的新方案标准化和规范化后,再组织员工接受培训,然后付诸实施。通过试行期,制定工作的时间标准,最后再组织推广。

(7) 跟踪检查与再评价。新工作方法付诸实施后,应组织跟踪检查,观察实行新方法后取得了哪些成效,根据实际运行情况进行再评价。了解制定的作业标准和工时定额在实际执行中存在什么问题,是否需要调整或修订。

二、过程分析

过程分析是工作研究的重要步骤之一,它要将现行作业流程进行系统的记录、描述,然后再进行分析与改进。过程分析方法若用于制造业则称为生产过程分析,用于服务行业则称为作业过程分析,而用于信息处理业务,则称为信息处理过程分析或数据流程分析。关于现行作业流程的记录,过程分析常采用专门的图表,绘制程序图来描述。下面介绍过程分析常用的图表技术。

1. 作业流程图

描述材料、表格单据(信息)或各种作业活动经过的全部程序,包括搬运和检验以及储存、等待等内容,还要记录所经历的时间和距离。

2. 平面流程图

描述产品或零件在工厂或车间内运行的路线,用箭头表示运输路线的方向,用数字注明行程距离。

3. 人—机联合程序图

描述操作者和机器的交互作用过程,把一个工作周期内操作者的作业活动和机器的作业活动在时间上的配合关系绘制在一张图表上,从而分析作业安排的合理性。该项技术常用于多机床看管的作业安排与分析。

4. 双手操作程序图

描述和分析工人操作时双手之间的相互关系。这是研究和改进工人操作方法的有效工具。

作业流程图常用的符号见表 7-7。

表 7-7　作业流程图所用的符号及其含义

符号	名　称	说　明
○	加工 (operations)	改变加工对象物理状态或化学性质的活动
◎	加工 (operations)	文字加工处理符号,表示生成一个记录、一份报告
(斜线填充圆)	加工 (operations)	文字加工处理符号,表示向一个记录上添加信息

续表

符号	名　称	说　明
	搬运 (transportation)	将物件从一个位置搬运到另一个位置的活动
	储存 (storage)	物料或文件处于储备状态
	检验 (inspection)	对材料或制品的质量、数量进行检查,查看仪表数据等
	延迟 (delay)	在加工、运输、检验之前发生的等待

三、动作研究

动作研究是美国的吉尔布雷斯(F. B. Gilbreth)提出的研究作业时间的方法。这种方法是把某项作业的动作分解为最小的动作单元(动素),来对作业进行分析,找出最合理的动作,从而使作业时间缩短,并使作业达到标准化。动作研究对于改进各种操作,特别是手工操作的作业非常有用。

作业流程分析侧重分析如何把人与物加以合理组合,而动作研究则侧重对操作者动作的合理性、科学性进行分析。现在可通过录像来分析作业的动作,把定性的动素转化为定量化的标准时间,从而提高生产效率,并实现整体作业的标准化。

动素是作业过程中作业活动的最小构成要素。现以某一组装配作业为例(见图 7-2)。

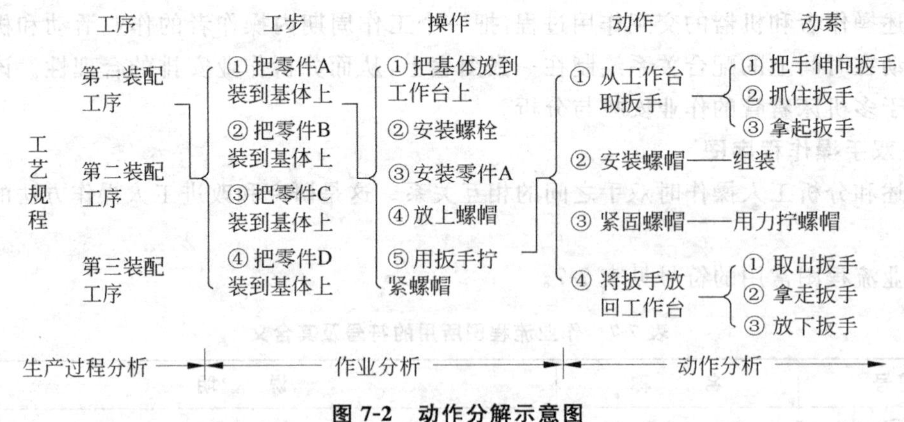

图 7-2　动作分解示意图

(一) 动素

吉尔布雷斯夫妇首先指出任何一个操作都可以由 17 种动素组成。后经美国机械工程师协会总结,将人体动作划分为 18 个动素,并用专门的象形符号来表示,如表 7-8 所示。

表 7-8　人体 18 种动素及符号

编号	名　称	字母符号	象形符号	编号	名　称	字母符号	象形符号
1	寻找 (search)	Sh		10	检查 (inspect)	I	
2	发现 (find out)	F		11	预对 (pre-position)	Pp	
3	选择 (select)	St		12	放下 (release load)	RL	
4	抓取 (grasp)	G		13	运空 (transport empty)	TE	
5	运送 (transport loaded)	TL		14	休息 (rest)	R	
6	定位 (position)	P		15	延迟 (unavoidable delay)	UD	
7	装配 (assemble)	A		16	故延 (avoidable delay)	AD	
8	使用 (use)	U	U	17	计划(思考) (plan)	Pn	
9	拆卸 (disassemble)	DA		18	持住 (hold)	H	

(二)动作经济原则

吉尔布雷斯提倡的作业动作原则,是要求既能够实现高效率又可减少疲劳程度。现在将其命名为动作经济原则。后经许多学者、实践家的补充和修改,该原则日臻完善,成为进行动作研究的重要指导原则。

动作经济原则涉及三个领域,即有关使用身体的原则,有关作业场地布置的原则,有关工具、机器设备设计的原则。

1. 有关使用身体的原则

①排除不必要的动作。②动作应以最短距离进行。③动作应靠最低位次的身体部位完成。人手的动作分为五个等级,最低为手指,依次上升是手腕、前臂、后臂、肩。在能满足工作要求的前提下,能用手指的尽量不用手腕等。④尽可能利用重力、惯性力替代人力。⑤保持作业姿势稳定,避免身体上下移动。⑥避免急转弯的动作,尽量使动作成为连续的曲线运动。⑦双手动作尽可能同时开始,同时结束。⑧手指与两腕动作应同时、相反方向、对称地进行。

2. 有关作业场地布置的原则

①工件和工具应放在操作者眼可见、手可及的各自的固定位置上,且应按使用的顺序摆放。②工具、材料和控制装置不要作直线布置,而应围绕作业位置成圆弧形布置。③应

使作业面与操作者有相适应的高度。要使操作者能采取正确的坐姿,必须保证椅子高度的适宜性。④作业面应布置适当的照明。

3. 有关工具、机器设备设计的原则

①工具和机器的手柄应尽量增大其和手的接触面积;②能够用脚操作代替手工操作时,就不用手操作;③尽量把两个以上的工具组合起来,尽量采用复合式工具;④材料、工件的搬运,尽量利用重力装置,如倾斜滑道等;⑤常用工具如手提钻等可设计成吊挂式,使其能保持在常用位置状态。

为使作业者的动作符合动作经济原则,可采用作业动作核对表(见表 7-9)来检查现行作业过程中作业动作的合理性,以便进行改进。

表 7-9 作业动作核对表

车间: 产品:

作业内容	检查的内容										
	工作姿势舒适	便于抓取	缩短动作距离	去除无用动作	双手同时动作	利用脚踏装置	利用复合工具	利用重力装置	利用吊挂装置	利用夹具	作业面的高度

判定符号:① 以动作经济原则衡量,非常符合要求的填★;
② 以动作经济原则衡量,基本符合要求的填●;
③ 以动作经济原则衡量,不符合要求的填◇;
④ 以动作经济原则衡量,应尽快改进的填○。

四、时间研究与工时定额

时间研究是各种时间测定技术的总称,也称为作业测定(work measurement),是科学管理的基础性工作之一。通过时间研究制定各种作业动作的标准时间,确定工时定额,并应用工作抽样等方法来评价现行工作的时间利用情况及工作效率。

(一) 工时消耗分类

生产过程中工作人员所消耗的一切时间,从管理的角度都可以分为定额时间与非定额时间两大部分。要想提高劳动生产率,就应减少工时消耗,其中首先应减少非定额时间的消耗,而定额时间则可通过工作研究、工艺改进和管理改善等方法逐步降低。但是在一定的技术组织条件下,定额时间是存在极限的,不能无限压缩,这是科学制定工时定额的客观依据。

工时消耗的分类见图 7-3。

图中的作业时间是指制造产品或完成作业所用的时间,其中基本时间是直接用于加工产品的作业时间;辅助时间是为完成基本工作所进行的辅助性工作所花费的时间,如装卸工件、开机停机、测量工件等。准备与结束时间是指在加工一批工件或进行一项作业之前的技术组织准备和完工时的结束工作所耗用的时间,如生产线、工模具的调整、熟悉图纸和工作要求等。布置工作地时间的组织性布置时间是指整理工具、设备，清扫工作地等所耗用的时间；技术性布置时间是指磨刀、去除设备上的小毛病等所用的时间。休息与生理需要时间是指工作人员在班内进行必要的休息，如喝水、抽烟、上厕所、做工间操等所用的时间。非生产工作时间是指工作人员在工作班内从事与其本职工作不相干的工作所花费的时间。工人造成的停工损失时间是指迟到、早退和由于工人的过失引起的设备事故、质量事故所造成的时间损失。非工人造成的停工损失时间是指并非由于工人的原因，而是由于停电、停气或管理不当等引起的停工等待和延误的时间。

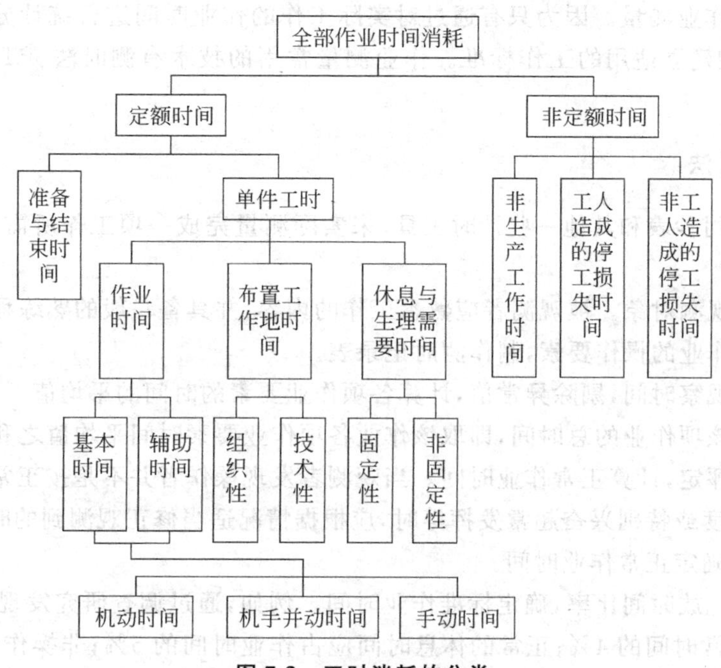

图 7-3　工时消耗的分类

（二）劳动定额的时间构成

工时消耗分类是从操作者的角度出发，研究工作时间是如何被消耗掉的。而劳动定额的时间构成是从工作任务的角度出发，研究定额时间是由哪几部分时间组成的。所谓劳动定额，是指在一定的生产技术条件下，充分利用设备、工具、技术和合理组织劳动生产的基础上，由经过培训的工人按照标准的工作方法，以正常水平完成某项工作（某项产品）所需的必要的时间消耗。因此，劳动定额既与工人的技能水平、工作熟练程度有关，又与所用的设备、工具和工艺技术有关，因此劳动定额制定以后，不应该是固定不变的。伴随着工作者操作熟练程度的提高，经验的积累（学习曲线效应）以及设备、工具、工艺技术的改进，工时定额应进行相应的调整和修订。同一件产品在不同的企业常有不同的定额水平。同一件产品在同一个企业的不同时期，其工时定额也是发展变化的。但是工时定额是计算劳动力需要量、计算生产能力、编制生产计划、制订产品成本计划、制定计件工资与奖金标准的基础资料和重要依据，因此不宜频繁修改，定额要保持适当的稳定。

劳动定额可以用单件工时(加工一件产品或一个零件所需的工时)表示,也可以用产量定额(每班或每小时的产量)表示。两者具有互为倒数的关系。例如,某产品的班产定额是 240 件/班,其单件工时则为

$$1/240(件/班)=8\times60 分/240 件=2 分/件$$

五、作业测量

作业测量是对完成一项工作所需时间的测定,是工作研究的重要内容。制定工作标准时需要应用作业测量。因为只有通过对实际工作的作业时间进行统计分析,找出其中的规律后,才能建立适用的工作标准。作业测量常用的技术有测时法、PTS 法和工作抽样法等。

(一) 测时法

测时法是用秒表和其他一些计时工具,来实际测量完成一项工作所需的时间。其工作步骤如下。

(1) 选择观测对象。被观测者应熟悉工作的内容,并具备一般的熟练程度。

(2) 划分作业的操作要素,制作测时记录表。

(3) 记录观察时间,剔除异常值,计算各项作业要素的时间的平均值。

(4) 计算该项作业的总时间,即取该作业各项作业要素时间平均值之和。

(5) 效率评定,计算正常作业时间。当观测者发现操作者并不是按正常速度在工作,如故意放慢速度或特别兴奋超常发挥等时,应根据情况适当修正观测到的时间值,通过效率评定系数来确定正常作业时间。

(6) 考虑宽放时间比率,确定标准作业时间。例如,通过调查研究发现:个人生理需要时间约占正常时间的 4%;正常的休息时间应占作业时间的 5%;非操作者个人过失所造成的无法避免的工时损失约占正常作业时间的 3%,则总的宽放时间系数为

$$4\%+5\%+3\%=12\%$$

$$标准作业时间=正常作业时间\times(1+宽放时间系数)$$

以上述数据为例,如果经测定和修正后的正常作业时间为 16.8 分,则标准作业时间为 16.8×(1+12%)=18.8 分。

(二) PTS 法(predetermined time standard)

PTS 法又称预定时间标准法,这种方法把人们所从事的各种作业都分解成基本动作单元。对每一种基本动作单元根据其特点,经过详细观测,制成基本动作单元的标准时间表。当要为实际工作确定其作业时间时,只要把该项工作内容分解为各种基本动作单元,再从基本动作单元的标准时间表内查出相应的时间值,累加起来就可以得到正常作业时间,最后把宽放时间加进去,即可得到标准作业时间。

PTS 法根据基本动作的分类与采用的时间单位的不同,可以分为好几种。使用最广泛的是 MTM 法(Methods of Time Measurement)。MTM 法中有若干种基本动作标准数据,其中 MTM-1 是最精确的一种。该方法将基本动作分为 8 种,如表 7-10 所示。

表 7-10　MTM-1 法对基本动作的分类

伸手 reach	移动 move
施压 apply pressure	抓取 grasp
定位 position（对准、放置）	解开 disengage
放手 release	转动 turn

这些基本动作的标准时间是用微动作研究法，对一个样本操作人员在各种工作中的动作进行详细观测，并考虑到不同工作的变化系数而确定的。表 7-11 给出了美国 MTM 标准研究协会制作的动作“移动”的标准时间。这里所用的时间测量单位是 TMU（time measurement unit）。1 个 TMU 等于 0.000 6 分，即 1 分钟等于 1 667TMU。表中的标准时间考虑了移动距离、移动重量和对移动的要求三种因素，不同的情况下，标准时间的数值是不相同的。

表 7-11　MTM 中动作“移动”的标准时间数据表

移动距离/英寸	时间(TMU)			重量允许值		
	A	B	C	重量/磅	动态因子（系数）	静态常数/MTU
<1	2.0	2.0	2.0			
1	2.5	2.9	3.4	2.5	1.00	0
2	3.6	4.6	5.2			
3	4.9	5.7	6.7	7.5	1.06	2.2
4	6.1	6.9	8.0			
5	7.3	8.0	9.2	12.5	1.11	3.9
6	8.1	8.9	10.3			
7	8.9	9.7	11.1	17.5	1.17	5.6
8	9.7	10.6	11.8			
9	10.5	11.5	12.7	22.5	1.22	7.4
10	11.3	12.2	13.5			
12	12.9	13.4	15.2	27.5	1.28	9.1
14	14.4	14.6	16.9			
16	16.0	15.8	18.7	32.5	1.33	10.8
18	17.5	17.0	20.4			
20	19.2	18.2	22.1	37.5	1.39	12.5
22	20.8	19.4	23.8			
24	22.4	20.6	25.5	42.5	1.44	14.3
26	24.0	21.8	27.3			
28	25.5	23.1	29.0	47.5	1.50	16.0
30	27.1	24.3	30.7			

说明：表中 A、B、C 表示对移动的不同要求：A 代表移动物体到另一只手；B 代表移动物体到一个大致位置；C 代表移动物体到一个精确位置。

通过查表对某一移动动作标准时间的计算方法如下。例如,将一个 20 磅重的物体移动 12 英寸距离到一个确切的位置上,其计算步骤为:①明确对移动的要求属于 C 类;②在移动距离为 12 英寸的一行与 C 列的交叉点上取数据 15.2 TMU;③在表的重量列中找到重量为 22.5 磅的那一格,在同一行中得到动态因子为 1.22 和静态常数为 7.4 TMU;④该项移动的标准时间可计算如下:15.2×1.22+7.4=25.94 TMU。

使用 PTS 法制定工作标准时间的步骤如下。

(1) 将工作或工作单元分解成基本动作;

(2) 决定影响因素,以便在数据表中选取合适的数值,影响因素指距离、重量、物体大小以及对移动的要求等;

(3) 汇总各个动作的标准时间,得到工作的正常时间。

在正常时间上再加上宽放时间,即可得到标准工作时间。

(三) 工作抽样法和工作日写实

工作抽样和工作日写实是时间研究的重要组成部分。它们不是用来制定工时定额或工作标准,而是用于调查工时的利用情况和工作负荷的分布情况的。

1. 工作抽样法

工作抽样法(work sampling method)又称瞬间观测法,其基本原理是间断性地、大量随机地观测工作人员在瞬间时刻的工作状态(正在工作或处于空闲),以获得一定数量的子样,根据数理统计理论,从大量事件中随机取样,当样本数足够多时,就可以通过子样来反映母体的特性。该方法并不测定具体动作所耗用的时间,而是为了了解某些行为在一项工作中所占的时间比例。

工作抽样法是根据数理统计原理,通过子样来估计母体的状况的。所得数据的准确性(即估计的精度)与观测的次数、获得子样的数量有关。子样数量越多,估计的精度越高,所得数据的准确程度就越高。但观测次数越多,所需的时间、费用也越多。因此在应用本法时,在观测之前,对观测数据的估计精度应确定一个合理的要求。下面是根据估计精度的要求来推算观测次数的计算公式。

设 p 为观测到的某事件的发生率,n 为观测总次数,m 为该事件出现的次数,则 p 的估计值为

$$\bar{p} = \frac{m}{n}$$

标准偏差为

$$\sigma_p = \sqrt{\frac{\bar{p}(1-\bar{p})}{n}}$$

根据抽样统计理论,当置信度取 95%时,工作抽样的数值范围在±2σ之间,今定义抽样的绝对精度为

$$\varepsilon = 2\sigma_p = 2\sqrt{\frac{\bar{p}(1-\bar{p})}{n}}$$

则抽样的相对精度为

$$\theta=\frac{\varepsilon}{\bar{p}}=2\sqrt{\frac{(1-\bar{p})}{n\bar{p}}}$$

确定了抽样精度后，根据上式就可以知道应该采用的观测次数了。

$$n=\frac{4(1-\bar{p})}{\theta^2\cdot\bar{p}}\quad 或\quad n=\frac{4\bar{p}(1-\bar{p})}{\varepsilon^2}$$

下面通过几个例子来说明工作抽样法的应用。

例 7.1　某生产线上在装配齿轮箱，经随机抽测了 500 次，观测到生产线正在工作的有 396 次。试计算生产线的开工率 p 的估计值及抽样的绝对精度是多少。

解：已知 $n=500$ 次，$m=396$ 次，则开工率 p 的估计值为

$$\bar{p}=\frac{m}{n}=\frac{396}{500}=79.2\%$$

当置信度取 95%时，其绝对精度为

$$\varepsilon=2\sigma_p=2\sqrt{\frac{\bar{p}(1-\bar{p})}{n}}=2\sqrt{\frac{0.792(1-0.792)}{500}}=0.036\,3$$

所以生产线的开工率在 79.2%±3.63%的范围内，即在 82.83% 与 75.57%之间。

例 7.2　某生产小组从事多品种生产，其准备终结时间(生产线上设备与工模具的调整时间)常占工作班工作时间的 15%左右，要求对实际占用百分比做出比较准确的估计，如确定估计的相对精度为 10%，则观测次数至少应达到多少次？

解：已知

$$\theta=(\varepsilon/\bar{p})=10\%$$

则观测次数应为 2 267 次，计算如下

$$n=\frac{4(1-\bar{p})}{\theta^2\cdot\bar{p}}\quad\frac{4\times(1-0.15)}{0.1^2\times 0.15}=2\,267$$

例 7.3　对某操作者在其工作的 150 小时内观测了 1 000 次，观测到其不在工作的时候有 120 次。其间的产量为 860 件，设对该操作者的效率评定系数为 0.912 5，定额工时的宽放率为 12%，试估算其单件工时定额。

解：① 计算测得工作时间

$$150\times\frac{1\,000-120}{1\,000}=132$$

② 计算实际作业时间

$$\begin{aligned}实际作业时间&=测得工作时间\times效率评定系数\\&=132\times 0.912\,5=120.45(小时)\end{aligned}$$

③ 计算其单件作业时间

$$单件作业时间=实际作业时间/产量$$

$$\frac{120.45}{860}=0.140\,0$$

0.140 0 小时/件，即 8.40 分/件

④ 计算单件产品的定额工时

$$
\begin{aligned}
\text{单件定额工时} &= \text{单件作业时间} \times (1 + \text{宽放系数}) \\
&= 8.40 \times (1 + 0.12) = 9.41(\text{分}/\text{件})
\end{aligned}
$$

2. 工作日写实

工作日写实是由专职人员利用时间记录工具,对工作人员整个工作日的利用情况,按其工作内容的顺序,连续地进行观察并记录其时间消耗情况的一种方法。它的作用是:①全面了解整个工作日内的工时利用情况以及工人和设备的负荷情况;②为制定准备终结时间、工作地布置时间、休息和生理需要时间提供依据;③通过对先进工作者的写实,可以总结和推广先进工作者的操作方法和工作经验。

思 考 题

1. 工作设计的内容主要包括哪些?
2. 泰勒科学管理的基本思想是什么?
3. 为什么说泰勒管理思想有局限性?
4. 英国的特瑞斯特提出的工作设计中的社会技术理论是什么?工作设计中常用的三种方法是什么?
5. 团队工作方式的基本思想与主要形式是什么?
6. 试比较团队工作方式与泰勒工作方式的优缺点。
7. 简述空气、温度等环境因素对工作效率的影响。
8. 色彩对工作人员的生理和心理会产生哪些影响?
9. 当噪声超过 60 分贝时,对人体会产生哪些损伤?
10. 普通生产厂房、生产主设备、搬运设备各应选用什么色调为宜?
11. 简述工作研究程序的七个步骤与工作研究的四项技巧。
12. 画出过程分析常用的图表技术。
13. 简述动作经济原则中有关使用身体的原则。
14. 简述动作经济原则中有关作业场地布置的原则。
15. 简述动作经济原则中有关工具、机器设备设计的原则。
16. 在工时消耗中定额时间是由哪几部分时间构成的?
17. 作业测量常用的技术有哪些?
18. 预定时间标准法(PTS 法)是通过哪些步骤来得到标准作业时间的?
19. 进行工作抽样和工作日写实的目的是什么?应用工作抽样法如何确定观测的次数?
20. 给出根据估计精度的要求来推算观测次数的计算公式。

第四篇

生产系统的运行管理

第八章

新产品研究与开发

第一节　企业的研发能力与自主创新

一、研发与自主创新在社会经济发展中的地位和作用

当今世界，科学技术的发展已成为各国社会经济发展的主要动力，科技发展水平则成为国家综合国力的重要标志。纵观世界各发达国家的经济发展史，科学技术在其中所起的作用是不容忽视的。尤其是二战以来，科学技术进步对整个经济的成长与发展产生了越来越大的影响。以美国为例，其劳动生产率的增长中，技术创新的贡献率超过 80%。

改革开放三十多年来我国经济飞速发展，取得的长足进步使世界惊叹，但也暴露了许多问题。主要是我国经济发展，并未从根本上摆脱粗放经营的增长方式，因此物耗高、能耗高、污染严重的“三高问题”很突出。在我国经济繁荣的背后隐藏着巨大的危机——主要反映为没有自主品牌、不掌握核心技术、自主创新能力很弱。比如汽车产业这些年发展很快，但核心技术基本上都是国外的，汽车产业创造的利润并不高。同样，电视机、计算机、电子通信设备等产品基本上也是这样的状况。这里的根本问题就是自主创新能力比较弱。我国经济如果依然采取目前这种靠消耗大量资源的方式来发展的话，未来经济要再翻一番，资源的消耗也要翻一番，这对于人均资源贫乏的我国来说是不现实的，因为我国有限的资源和环境承载能力难以继续支撑这种传统的粗放型经济增长方式。

党的十六大以来，党中央提出了增强自主创新能力、建设创新型国家的战略目标，并强调要加快转变经济发展方式。2009 年年底召开的中央经济工作会议进一步强调，“转变经济发展方式已刻不容缓”。所谓转变经济发展方式，就是使经济增长由主要依靠“增加资源投入”向主要依靠“提高资源利用效率”转变，由主要依靠资金和物质要素投入来拉动向主要依靠科技进步和人力资本拉动转变。

要实现上述转变，关键在于发展科学技术，提高自主创新能力。在集约型增长方式下，生产效率的不断提高可以缓解和克服经济增长与资源不足的矛盾。自主创新能力是一个国家的核心竞争力，也是企业生存和发展的关键。

二、从制造大国迈向研发创新大国

改革开放三十多年来我国的制造业发展迅速，以机械制造工业为例，到 2008 年机械主导产品的技术来源，国内所占比例已从 20 世纪 80 年代的 24.5%上升到 60%。我国机械产品国内市场自给率由改革开放之初不足 60%升至目前的 80%以上。

到20世纪末我国制造业产业规模已很大,但附加值相当低,附加价值高的大多掌握在外国企业手里。制造业是一个由设计、研发、加工、营销、服务等产业链组成的有机整体。我国制造业产业链“两端在外”,在整个产业链上,我国承接的大多只是从发达国家转移来的低附加值产业。我国进行的制造主要是加工组装环节,多数行业对核心技术并不掌握,关键部件高度依赖国外。比如,我国已成为个人计算机生产和消费大国,但CPU芯片和操作系统两大核心技术却掌握在英特尔和微软公司手中。由于企业缺乏核心竞争力,也不具有自主品牌,在全球价值链分工中我国工业处在低端位置。这一状况如果不改变,那么我们的制造业只是在出卖廉价劳动力,利润的大头都被国外赚去了,而物耗和能耗则都转移到了我国。

胡锦涛总书记在十七大报告中提出:提高自主创新能力,建设创新型国家。这是国家发展战略的核心,是提高综合国力的关键。要坚持走中国特色自主创新道路,把增强自主创新能力贯彻到现代化建设的各个方面。

“自主创新”是指以获取自主知识产权、掌握核心技术为宗旨,以我为主发展与整合创新资源,提高创新能力进行的创新活动。自主创新在内涵上既包括原始性创新和集成创新,也包括在引进消化基础上的再创新。一项核心技术并不一定都须源自本国的技术发明,也可以是引进技术的集成创新,或是在引进技术的基础上经消化吸收后的再创新。所以,自主创新包含三种创新,除原始创新外,后两者都是在别人创新基础上的再创新。

技术引进是发展中国家迅速提高技术水平的有效途径。相对于引进而言,自主开发技术需要较多的资金投入和较长的研究过程。资金短缺往往是任何一个发展中国家都面临的突出问题,我国也不例外。另外,就技术开发周期而言,自主开发技术比引进技术需要更长的时间。我国技术基础比较薄弱,面对高新技术日新月异、技术更新换代周期越来越短的发展趋势,如果我们仅仅依靠自主开发一条腿走路,恐怕难以在较短时期内缩小与发达国家的技术差距。总之,技术引进具有投资少、见效快、后发优势明显的特点,是迅速提升我国技术水平的有效途径。

在技术引进的各环节中,消化吸收与创新是实现技术引进良性发展的关键环节,也是实现对发达国家技术赶超的有效途径。引进国外先进技术,只是为缩小我国与发达国家技术差距提供了可能性,要将这种可能性变为现实性,必须高度重视引进技术的消化吸收与创新工作。单纯的技术引进和使用只能永远步人后尘。

从成功的经验看,日本、韩国等国引进国外先进技术,发挥“后发优势”,在较短的时间内迅速实现了工业化、现代化。尤其是二战后,远远落后于发达国家的日本,仅用66亿美元引进了外国用2 000亿美元开发的技术,用15年的时间走完了先进国家50年走过的路。到20世纪70年代中后期,日本已赶上欧美,并在许多领域达到世界领先水平。“引进+消化吸收+创新”的模式使日本迅速实现了对技术输出国的超越,成为实现技术引进良性发展的典范。但是不少发展中国家并没有从技术引进中获得真正的好处,而是陷入了“引进-落后-再引进-再落后”的泥潭不能自拔,以致债务缠身,更加剧了对发达国家的依赖。其中一个根本的原因就在于引进后消化吸收不力,而且忽视了在引进基础上的再创新。

我国原有工业基础十分薄弱,新中国成立以后,经过几次较大规模的技术引进,为工业化奠定了必要的基础。随着改革开放的深入发展，技术引进的规模不断扩大，对提高我国技术水平发挥了重要的作用。但前一时期我国在技术引进中存在的一个普遍性的问题是技术引进多，消化吸收少，创新更少。这使我们难以发挥后发优势，并实现赶超。凡是技术引进比较成功的国家，无一不在消化吸收上花大力气。日本从20世纪50年代到70年代全国技术引进费用增加了14倍，而用于消化吸收方面的科研费用却增加了73倍，日本引进技术消化费用往往是引进费用的2～3倍。以20世纪80年代我国的情况和日本作比较，便可明显感到投入分配上的差距(见表8-1)。

表8-1　中、日技术引进与消化吸收经费之比

项目	机械	化纤	冶金	电气	综合
中国(1986)	5.41：1	185.2：1	7.21：1	11.78：1	10.79：1
日本(1963)	1.4：3	1：8.1	1：11.0	1：10.0	1：4.9

* 表中，中国数据引自文献“中国技术创新情况初步分析”《科学研究》1989年第三期；日本的数据引自文献崔亨燮《发展中国家的技术开发》。

进入新世纪以来我国在技术引进工作上取得了较快的进展。2001—2007年，中国签订技术引进合同56 031项，合同总金额为1 203.1亿美元，占改革开放以来技术引进总金额的46.1%。这一时期技术引进和引进技术的消化吸收再创新对增强我国的国际竞争力发挥了重要作用，不仅带动了传统产业的技术改造，提高了重大技术装备的设计制造能力，而且加快了高新技术产业的建立，增强了国家的自主创新能力。

关键技术的引进可以提高企业自主创新的起点，对引进技术很好的消化吸收可以提升企业的自主创新能力。

三、企业应成为国家技术研发力量的主体

国家十一五规划明确指出，把增强自主创新能力作为科学技术发展的战略基点。要“建立以企业为主体、市场为导向、产学研相结合的技术创新体系，形成自主创新的基本体制架构”。

企业是技术研发和自主创新的主体，这是由企业本身的性质和它在社会经济中的地位所决定的。首先，企业最贴近市场，最了解市场的需求，并能前瞻性地了解市场进一步发展会产生什么样的潜在需求，因而能有针对性地开展有关的研发活动，所以企业的研发活动最能体现“以市场为导向”。其次，技术研发是企业自身生存发展的现实需要，随着市场竞争日趋激烈，企业只有把握了新技术的制高点，才能在激烈的市场竞争中立于不败之地。最后，企业对把研发成果转化为现实生产力有迫切的要求，因为它要尽快从中收回在创新中的所有支出。

企业进行研发和投资的目的，是追求新技术的商业价值，追求利润和产品在市场上的竞争力。所以进行技术研发和自主创新对企业而言，既是受市场竞争的驱动，又是企业自身的要求。企业具有的这些内在需求和属性决定了企业在研发创新中的主体地位。

从世界各国的经验来看，企业是创新的主体。西方国家的工业化历史进程表明，正是由于一大批企业通过不断的技术创新，把发明或其他科技成果转化为市场需要的商品，把知识、技术转变为物质财富，才形成了规模产业，推动了产业结构的优化升级。同时，企业

的不断发展,能形成新的研发投入,从而促进技术的更新和突破,实现经济与科技发展的良性循环。任何科技成果如果没有企业的运用,都难以转变成为现实生产力。

企业在技术创新中的主导作用集中体现为:它是研究开发投入的主体、技术创新活动的主体和创新成果应用的主体。企业要承担技术创新活动的风险,同时也是创新成果的最大受益者。

从总体上看,到目前为止我国企业尚未成为技术创新的主体,技术创新能力还比较薄弱,与发达国家企业的差距还比较大。

从国际上创新型国家发展的历程看,确立企业技术创新主体地位至关重要。纵观这些国家的发展,正是由于企业所蕴含的巨大创新需求和所呈现的创新活力,使得各种新发现、新发明不断涌现,各种新技术、新产品、新工艺不断涌现,各种新的社会生产、科研组织方式不断涌现。这些涌现出来的新要素,最终又通过企业被不断地、大规模地转化为现实生产力,实现了由"制造"向"创造"的转变,持续支撑着这些国家经济和社会的发展。

因此,应对全球化条件下的国际竞争,关键是使企业成为技术创新的主体,造就一批具有核心竞争力和持续创新能力的创新型企业。只有企业成为技术创新的主体,才能提高我国在国际产业分工中的地位;只有企业成为技术创新的主体,才能打破知识产权、专利和技术标准等新的贸易壁垒;只有企业成为技术创新的主体,才能形成内生的经济增长动力,从根本上转变我国的经济发展方式,实现国民经济又好又快的发展。

第二节 现代工业企业的研发

一、研发的分类和特征

关于研发的分类方法,在国际上并无定论。但一般来说,可以分为以下三类。

(1) 基础研究(basic research,fundamental research);

(2) 应用研究(applied research);

(3) 开发研究(development research)。

基础研究又可以分为纯基础研究(pure fundamental research)与特定目标基础研究(objective fundamental research)。纯基础研究以探索新的自然规律、创造学术性新知识为使命,与特定的应用、用途无关,主要在大学、国家的研究所中进行。特定目标基础研究是指为取得特定的应用、用途所需的新知识或新规律,而运用基础研究的方法所进行的研究。一般来说,企业中进行的基础研究大都属于此类范畴。

应用研究是指探讨如何将基础研究所得到的自然科学上的新知识、新规律应用于产业或工业上而进行的研究;亦即运用通过基础研究所获得的知识,为创造新产品、新技术、新材料、新工艺的技术基础所进行的研究。因此,也有人把应用研究称为工业化研究。

开发研究是指利用基础研究和应用研究的成果,为创造新产品、新技术、新材料、新工艺,或改变现有的产品、工艺、技术而进行的研究。这种研究是以生产为目标的。也就是说,在应用研究或工业化研究的阶段并没有具体的产品意识,只有到了开发研究阶段,才开始与具体的新产品、新技术联系起来。因此,也有人把开发研究称为企业化研究。

随着市场竞争的日益激烈，研发在企业逐渐得到升级。研发在企业中的发展，一般从开发研究阶段开始，经过应用研究和特定目标基础研究，达到纯基础研究。现代化国际企业在特定目标基础研究和纯基础研究上的投资越来越多。

二、企业的研发能力直接影响企业的生存和发展

企业的研发和社会上非企业的研发是不同的。企业作为一个经济实体，其研发是从属于经济活动的。企业研发要实现的最终目标，以及要达到这一目标的根本动机与非企业的研发相比是完全不同的。企业的研发，一方面，可以一般地理解为一种利用自然科学的知识、规律进行有特定目标的探索或创造行为；另一方面，从研发的经营职能的角度来说，也可以将其理解为一种旨在实现企业经营目标的经济性行为。

技术是企业经营的基本要素之一，而且现在已成为最重要的经营要素之一。技术具有将企业所拥有的资源转换为商品或服务的能力。企业的研发是通过扩大技术的经济价值的方式，来谋求企业的生存和发展的一种经营手段。但一项技术本身的能力会随着时间和环境的变化而减弱。在科学技术日新月异的今天，技术的生命周期与产品的生命周期一样日益缩短，而且这种缩短的趋势正在加速，给企业的发展构成了一种十分严峻的环境。企业需要不断地采用新技术来取代老化了的技术，企业要不断地进行科技探索，以便拥有更多具有活力的新技术，这样才能不断地向市场推出新的产品和服务，才能在当今竞争激烈的市场中保持竞争优势，所以研发是现代企业生存和发展的一个关键性的决定因素。

现代的研发以二战为转机，其主要特点从以偶然发现为主转变到了以有计划地进行为主。在研发的历史上，偶然发现和灵感曾经起了很大的作用，至今仍有偶然发现和源于灵感的发明。但是有计划、有组织地进行探索与开发已成为现代研发的主流。这一特点体现在企业内部，就是企业的有计划的技术革新和新产品开发。这已成为企业经营战略中不可缺少的一部分，也是企业生产经营活动的重要组成部分。近年来，市场导向的产品开发与新技术开发成了现代研发的主要方法。QFD 就是这一市场导向的研发的最重要的工具。

企业的研发除目标基础研究以及应用研究以外，还可以进一步分为产品开发和工艺开发两方面。面向产品的研发又可以分为新产品研发和改良、换代产品的研发。同样，面向工艺的研发也可以分为与新产品开发有关的新工艺开发和在现有工艺基础上进行改良的研发。工艺的研发成为企业生产技术的重要组成部分。

新产品的研发在企业经营中具有极为重要的意义。如前所述，企业研发是关系企业未来生存与发展的一种投资，因此新产品开发是企业竞争战略的核心组成部分。对于制造业企业来说，研发的主要目的是不断创造能够带来高额利润的新产品，使企业保持长久的竞争优势。也就是说，企业的产品战略应从“制造产品”向“创造产品”发展。随着市场的变化，产品生命周期的日益缩短，产品开发成为决定企业经营的基本特征，成为企业一切经营活动的出发点。

产品开发在企业研发中的重要地位同时也决定了工艺开发的重要性。因为新产品的竞争力的提高，除了依靠产品本身的功能、性能特点以外，还需要有优异的质量和低廉的

价格做保证,而后者与生产技术有着密切的关系。因此,对于企业来说,产品开发与工艺开发二者是相辅相成,缺一不可的。

企业的研发并不仅仅限于开发研究和应用研究,还涉及基础研究。因为新产品的创造是以科学理论为基础的,为了不断地创造能够满足市场需求、创造高额利润的产品,必须长期地、有计划地致力于企业经营目标所决定的特定科学领域的基础研究,不断积累成果,以期为下一代新产品的研发奠定基础。同时随着产业技术水平的提高,为了保持强大的竞争能力,不断进行新事业领域的开拓也会成为企业的需求。所以,从企业的长期生存与竞争战略出发,基础研究同样具有很重要的意义。

企业的研发活动和企业经营目标之间的关系可以用图 8-1 来表示。

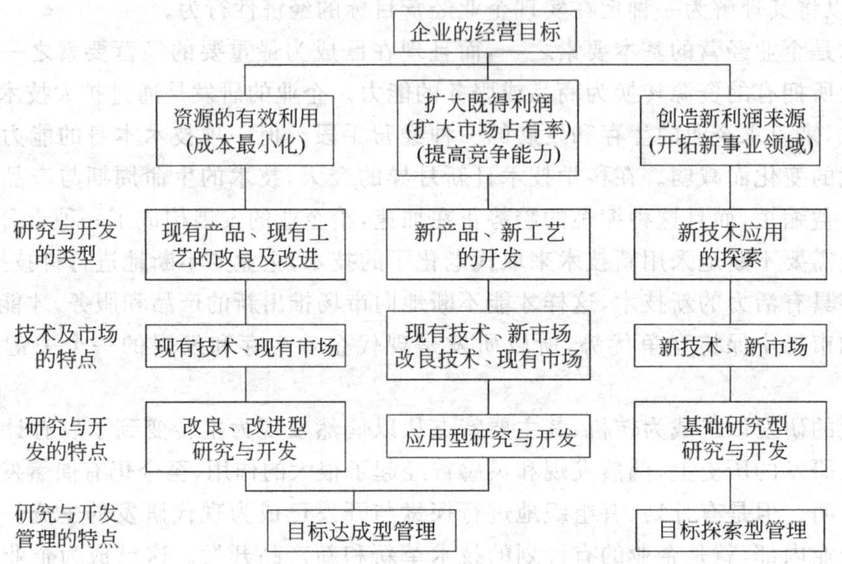

图 8-1 企业经营目标与企业的研发活动

第三节 企业研发管理

企业研发管理通常涉及企业的研发战略、企业研发管理流程、企业的研发组织及研发人员管理、企业研发经费管理、企业专利管理、研发手段的现代化等问题。

一、企业的研发战略

企业的研发战略,是指为实现企业的经营理念、经营目标,而制定的研发活动的指导思想和基本方针。

(一) 战略目标的设定

企业研发的战略方针由企业的经营目标所决定。在选择和决定企业研发的战略方针时,应把企业现有的技术与市场、对现有事业采取的策略,以及企业拥有的资源(特别是人力资源)作为重要的判断依据。例如,一个企业如果采取进攻型经营战略,也就是要抢先占领新市场以求获取创业利润的经营战略，与之相适应的研发战略就是必须拥有优秀的研发人员，重视市场调研，能很好地掌握市场的需求动向和潜在需求，并积极进行有目标的基础研究和应用研究，积累知识与技术，以便创造独特的新产品。如果企业采取追随型经营战略，则应以不断提高通用技术水平为研究重点，要把更多的资源投放到进行生产工艺研究、加工设备的研究，以及建立强大的销售网络上去，同时为适应任务的多变，还要使研发的组织形式富于弹性。

研发战略的基本内容是力图找出能够最好地发挥竞争优势，提高资本收益的事业领域。从企业的现有技术和现有市场向新事业领域的探索，可以有四种类型，如表 8-2 所示。

表 8-2　探索新事业领域的类型

	现有技术	新技术
现有市场	(1) 现有技术 现有市场	(2) 新技术 现有市场
新市场	(3) 现有技术 新市场	(4) 新技术 新市场

(1) 在现行事业领域，依靠现有的技术开发多种产品，以扩大现有市场；

(2) 向原有市场推出用新技术开发的新产品；

(3) 将利用原有技术的产品打入新市场；

(4) 用新技术开发新产品，并开辟新市场。

在这四种类型中，类型(1)通常只是现有产品的改进或同系列产品的开发，技术、市场的风险都很小。类型(2)的技术风险较大，对研发的依赖程度也较高。类型(3)的重点应是对原产品进行改进以适应新市场，因此市场风险较大，研发部门的研究侧重点也与类型(2)有明显不同。类型(4)一般是要开发一种全新的产品并把它投放到新市场中去，因此技术风险和市场风险都很高，研发起着关键性的作用。这四种类型有着不同的特点或性质，企业在进行选择新事业领域的决策时，首先必须分析不同市场条件下对产品的不同要求，以及应采取什么方式进入新事业领域。

(二) 研发方式的选择

一般来说，研发可采用以下几种方式。

1. 独立研发方式

这是当企业制定的目标完全依靠本企业的技术力量就能实现时所选择的方式。这种方式的有利方面是企业可以完全独立地对研发活动进行管理，避免了大量的协调工作，而且保密性强，可以获取自主研发的成果所带来的全部经济利益。不利方面是新产品的开发周期比较长，须独自承担全部的研发费用，还须独自承担研发投资的全部风险。

2. 共同研发方式

这是利用本企业和其他企业或公共研究机构各自不同的研究基础，共同或合作进行研发的方式。采取这种方式一般出于如下几个原因:一是为达到战略目标,仅依靠本企业的力量有困难,只有依靠合作者的技术专长才有可能实现;二是缩短产品开发时间,以尽快抢占市场;三是在取得开发成果的利益之外,还可获得其他经营利益,如合作营业、建立承包关系、销售网共享等。共同研发一般有四种形态:①按生产流程(如材料—加工—组装)分工的企业纵向合作;②共同承担风险的同行业企业的水平合作;③产、学、研的共同合作;④在政府指导下的多方共同合作。采取共同研发这种研发方式主要应考虑如何恰当地调整各个企业、部门投入的资源比例,以及应承担的责任,同时还应商定如何分配今后可能获得的利润。

3. 委托研发方式

即部分或全部借助外部的技术力量进行研发。很多中小企业自身没有足够的研发能力,但是对市场需求变化有着敏锐的洞察能力,并能对新产品做出基本的构想。这样的企业往往会借助外部的研发力量,实现自己的想法。也有一些企业利用其他企业的专长,只是将某些实验或部分子课题委托别人去做。这种技术开发方式有时是很有效的。委托方式既包括国内政府与企业、企业与企业、企业与大学和研究所等研究机构之间的委托,也包括外国企业(包括跨国公司)与本国企业之间的委托。委托研发方式对委托者和被委托者来说常常都是有利的:委托者仅提供研发费用,就可以借助外部的科研资源取得研发成果;而对被委托者来说,虽然研发成果归委托者,但可弥补自己研发资金的不足,并有助于提高自身的研发能力,提升企业形象,扩大技术情报来源等。随着企业研发活动规模的扩大和研发程度的加深,这种方式将会广泛地被采用。

二、企业的研发管理

前面已经谈到,当代研发的主流已从过去的偶然性的发明创造转变为有计划的研发活动。特别是在现代工业企业中,为了实现企业的经营战略目标,研发作为企业经营活动的基本环节,必须有计划、有组织地进行。因此,为了有效地进行研发,不仅需要提升技术上的创造力,对研发活动进行科学管理也已成为企业管理中必不可少的内容,其重要性已日益为大家所认识。但是,由于研发活动本身所具有的创造性和不确定性的特点,与企业的生产管理及其他管理相比,研发管理显得更为复杂和困难,而且更具独特性。因此近年来研发的管理学科已经发展成为一门新兴的学科。

下面将对研发的流程管理、研发费用管理、研发组织管理及研发中的专利管理等作简要的说明。关于研发的计划和进度管理,由于企业的研发通常是采取项目管理的方式,本书将有关内容放在“项目管理”一章中介绍,这里不再赘述。

(一) 研发的流程管理

战略定位决定企业“做正确的事”,而科学的研发流程则是帮助企业“正确地做事”。企业有了好的战略,但如果流程设计不合理或者流程实施质量不高,最终也难以开发出成功的新产品。流程是基于成功实践的总结,是企业做事的规范。设计和实施经实践验证行之有效的流程,能使企业缩短摸索的时间,避免走一些不必要的弯路。

研发能力是指快速开发满足用户需求及市场需要的新产品的能力,以及实现新产品产品化、商品化的能力。所以，一个企业能否在市场中持续地保持竞争优势，关键在于加强研发能力的建设。企业的研发能力需要有科学的研发管理体系做保障，即要有一支实力雄厚的研发队伍、一个先进的技术开发平台和一套卓越的研发管理流程。其中，卓越的产品研发管理流程能帮助企业理顺产品研发过程的工作流程，使信息畅通，各项活动协调有序地进行，从而高效地开发出具有竞争力的产品，并且以很快的速度将新产品投放市场。

如果没有系统规范的流程，往往在项目筛选、开发、测试和上市的各个阶段缺乏有效的检测和评估，导致来回返工，延误上市的时机，甚至使项目半途而废。

在产品研发过程中，应根据产品的生命周期进行流程化管理。总体的研发流程可分为：产品的需求分析，市场预测及评估；新产品开发可行性分析及决策，立项；制订总体计划，研发；测试，验收：客户服务等阶段。在每个阶段之间和各阶段之中，流程里设置了一系列的监控点和评审点，以便加强对产品开发的全过程的监控和管理。产品开发过程按流程进行，并由评审和决策推动，包括投资决策和资源分配决策。通过各阶段的决策评审点，保证将宝贵的资源用于最有前途的产品，及时砍掉前景不佳的项目，以保证“做正确的事”。同时通过研发过程的监测和评审，及时调整研发的内容和重点，合理配置资源，保证“正确地做事”。

开发过程每一阶段的工作内容，这里不拟一一细说，仅挑几项重要的予以说明。

1. 技术开发与产品开发分离

这里要区别一下技术开发与产品开发的概念，技术开发（可包括产品预研）是产品开发前的技术储备，是有目的的技术研究，是为产品开发服务的，但并不涉及具体产品。产品开发是把研究出的技术成果产品化，产品开发的目标是可以批量生产上市销售的产品。

为了避免在新产品开发过程中关键技术久攻不克，使开发工作旷日持久，新产品不能按时上市，错失市场机遇，企业应将技术开发与产品开发分离。产品开发不要过分追求技术上的创新，借鉴和复用的成熟技术越多越好。产品开发首要是关注市场，重在满足客户需求，目的是为公司创造利润，所以要严格按计划进行，尽快将产品推向市场。技术开发重在掌握核心技术，重在创新，目的是为产品开发奠定坚实的技术基础。技术开发通常要探索和解决一些新的问题，有一定的风险，因此计划允许拖延，也允许失败。参与技术开发的人员要掌握深厚的基础理论和有较高的技术水平。而参与产品开发的人员则要求有较强的工程技术背景。技术开发和产品开发内容不同，各有特点，在管理上也应各有侧重，所以把两者分离有利于各自的实施和管理。

2. 客户需求分析和挖掘工作

产品开发是针对市场需求和客户需求，根据客户需求细分市场的研究分析方法，是一种通用的市场分析、产品开发方法。在具体运用这种方法时，要结合企业市场战略、品牌、销售渠道、产品特性、企业自身的资源和信息积累等情况，有针对性地进行研究分析。市场容量巨大，各细分市场有着不同的特征和需求，只有正确选择、合理舍弃，锁定自己所定位的细分市场，才能更有针对性地为客户提供有一定特色的产品和服务。企业应该从品牌自身传递的信息、从企业渠道覆盖特征出发，明确企业实际的细分市场，概括、提炼企业的主流客户群，建立企业的主流客户特征模型，从而为客户需求分析与挖掘、产品定义与验证等工作奠定基础。

客户需求分析与挖掘有很多种方法。在客户需求挖掘工作中,一定要尽量采取观察、生活跟踪等客观手段,要真正站在客户角度考虑问题,要明白"客户要的是一个解决方案(solution),而不是产品本身(product)"。所以只有深入了解客户对于产品的使用场景、使用时存在的问题,才能真正开发出好用的产品。

3. 研发项目的可行性研究

项目的可行性研究应该包含两个部分:立项可行性研究和实施可行性研究。立项可行性研究是为了避免决策失误,是为了确保"做正确的事"。立项可行性研究需要回答以下问题:

① 项目要达到何种目的?为何要达到这种目的?回答这个问题必须清晰定义项目的目标,检验这些目标达成的标准和检验方法,以及它们与实现企业战略目标的关联关系。②通过何种途径可达到此目的?回答这个问题需要用项目研发的内容来说明。为了提高目标的实现概率,往往需要提出若干备选方案,供评审时比较、筛选。

实施可行性研究的重要任务之一是确定合适的项目承担者,它由项目申请者提出,由企业组织跨部门的项目研发团队担任。这里主要应审核承担者提出的项目实施可行性报告,包括项目的实施计划、主要技术路线、费用预算等,还包括项目实施过程的控制方式和设置的控制点。企业要为项目团队配备一名合适的项目经理,因为项目经理的素质和管理能力往往是决定项目成败的关键。

4. 关于研发的评价

评价研发的成果,需要从两方面考虑:一是评价的标准;二是评价的方法。

(1) 评价标准。企业要有效地进行研发,使有限的资源发挥最大的作用,对研发进行评价是十分必要的。对研发项目进行评价时,首先要确定评价标准。标准不同,结论自然不同。因此,在对研发项目进行评价之前,首先必须确定统一的评价标准。每一项研发项目都可以从性质不同的两个方面评价,一是显在的企业效益,一是潜在的技术储备作用,即经济性评价和技术性评价。技术储备能够促进企业的发展,但它的作用在将来才能显现出来,而在现阶段只能被视作企业的一种潜力。也就是说,只有到了一定的时候,技术储备才有可能用企业效益这个标准加以具体衡量。

对研发进行评价是一个很复杂的问题,首先要明确评价的标准,而评价的标准是随着企业的指导思想和经营方针的变化而变化的。企业在选择和确定研发项目后,应从经济性和技术性两个方面综合考虑,制定具体的评价标准。评价标准一般可以从以下几个方面考虑。

① 技术评价标准。首先考虑是否符合绿色产品的要求,同时考虑技术上成功的可能性、可靠性,结构的新颖性和可继承性,操作的方便性等。

② 生产评价标准。包括是否符合绿色制造的要求、材料资源的有效利用、对环境保护的利与害、能否大规模生产、标准化的可能性等。

③ 财务评价标准。包括研发费用和生产的成本、与研发相关而必须投入的资本、潜在的发展可能性、经济效益等。

④ 市场评价标准。包括产品的独创性和新颖性,是否满足市场对绿色产品的上市要

求，产品的价格、质量、功能，预期的市场规模与竞争，市场需求的稳定性等。

⑤ 管理评价标准。包括产品的预期寿命，对企业经营目标的贡献度，对企业声誉的贡献，与企业其他活动的关联，所需投入的人才、设备和其他资源，对企业研发整体计划的平衡等。

(2) 评价的实施方法。按照研发的实施过程，评价一般分四个阶段进行：研发开始前的评价、研发过程中的评价、研发结束时的评价以及跟踪评价。

① 研发开始前的评价。这种事前评价，即事先对研发结果可能为企业做出多大贡献及其成功率进行预测，以此为依据考察是否有投入的价值以及如何投入。事前评价一般是在方案提出后进行的，可以由提案者和项目承担者进行，也可以由企业的研发管理部门或有关机构进行。每个项目方案的内容和对它的评价都应记录在案，作为今后进行技术预测和市场预测的参考。

② 研发过程中的评价。这种中间评价是研发进行到某种程度时(定期的或到一定阶段时)所作的评价。中间评价的内容主要有两个：先评价实际成绩，然后对未来作出新的预测。中间评价要检验到目前为止的研发与最初的事前评价是否有差距，特别是在研发开始后外部环境发生了重大变化的情况下，要对研发计划是否需要变更、研究人员是否应该增减、研究时间是否可以延长或缩短、经费预算是否应该增减等事项作出判断。当一个研发项目存在几个替代方案时，在研发的初始阶段很难对这些替代方案分出优劣。因此，在并行开展到一定阶段时，可通过中间评价淘汰某些替补方案，这样可以集中研发资源，增强研发能力，提高项目的成功率。

③ 研发结束时的评价。在研发结束后随即进行的评价，这种评价主要是为了检验和预测研发的效果和效益。对研发人员来说，工作结束、研发成功就等于取得了研发成果；但是对于企业的经营者来说，研发成功只是取得了预期的“结果”，而不能说已取得了“成果”，只有研发结果为企业带来了效益，实现了对企业的实际贡献之后，才能称之为“成果”。研发结束时的评价，对于总结研发的全过程是具有重要意义的，大量积累这样的资料是企业宝贵的知识财富。研发结束时的评价内容应包括研发项目的完成情况、经费使用情况、目标实现的程度、研发报告书、专利、新技术等。评价一般由管理者和委托者共同进行。

④ 跟踪评价。跟踪评价是在研发结束后经历一定时间以后进行的评价，评价该研发项目对企业经营发展、经济效益及研发人员的成长等所起的作用。其目的是更有效地掌握在研发中资源配置的合理性，研发机构规模(研发人员数量、预算和设备等)的适度性，以及研发成果对企业产品和生产技术的影响程度等。跟踪评价要计算项目所耗费用和该项成果给企业带来的利润(包括使成本下降所增加的利润)，计算该项成果可以量化的经济效益。研发成果对提升企业形象所起的作用一般是很难评价的。如果该项研发产生了专利或有论文发表，可以根据专利转让和论文被引用的次数，来评价该项研发的新颖程度和重要性。

(二) 确定研发规模和投入的费用

研发规模是指企业投入研发活动中的资源的数量或占用资源的比率。研发资源主要是指研发费用和研发人员。研发人员被认为是“现代经济最重要的资源”,但研发人员作为一种资源,不仅要看人员的数量,而且根据企业所从事的事业内容,在质的方面会有很多不同的要求,往往不具有可比性。有鉴于此,通常所说的企业研发规模,主要是指企业投入研发的费用水平。企业进行研发活动,不可能无限制地投入资源,必须以企业的经营战略为出发点,着眼于企业经营活动的全局,然后分配资源。对企业来说,如何通过对资源的合理分配来提高研发的投资效率是一个极为重要的问题。目前有以下几种决定研发费用的方法。

1. 定率法

定率法是根据企业实际采用的指标(如销售总额、利润额、投资额等)中研发费用所占的比率来表示,一般以销售总额为准。据英国工商部在 www.innovation.gov.uk 网站上公布的全球企业研发报告及排行榜,入围的 1 000 家企业年销售额均在 5 亿英镑以上,其研发密度(研发经费与销售额的比例)均不低于 4.5%。而研发费用投入极高的美国制药业,1990 年研发费用投入总额占其销售收入的 15.9%,1995 年达到19.0%。比率的确定可以参照本行业的平均值,或通过与竞争对手进行对比分析,确定本企业应达到的比率,也可以由企业自己决定所需的特定的比率。这种定率法因容易与其他企业比较而被广泛采用,但采用定率法会发生由于基准值的下降而导致研发费用也随之下降的问题。实际上,在企业销售收入下降、经营不景气的时候,更需要加强研发,发展新产品,以开拓市场、摆脱困境。

2. 定额法

这是企业为了维持研发的稳定,以固定的金额使研发费用保持在一定的水平。但这种方法容易被一次决定的数额所束缚,使研发活动缺乏适应变化的灵活性。因此,即使采用定额法,研发费用的数额也应根据企业的发展而相应增长。此外,为了保证研发计划切实可行,在具体数额上还应把通货膨胀等因素考虑进去。

3. 比较法

这是一种靠调查竞争对手的研发投资额,来确定本企业能与之抗衡的研发费用水平的方法,因此又称为“竞争对抗法”。在这种方法中,企业一般会把同行业其他企业研发的平均值作为一种参照,也可能是把领先企业或有直接竞争关系的企业的实际费用数额或费用比率作为一种标准,然后确定本企业的 R&D 的投入值。如果要考虑参与国际竞争,则应与发达国家同行业的一流企业的投入值进行比较。比较法是在掌握竞争对手的研发状况的前提下,来决定本企业的研发规模。但是竞争对手可以采取各种方式使用其研发费用,有些费用在账面上可能不直接显示。因此,有必要根据竞争对手研究机构的规模、研究人员、公布的专利件数等资料进行分析,以期掌握切实的情况。该方法进行比较的不仅仅是研发的投资,还应包括研究人员(质和量)、研究设备、科技情报等其他资源。

4. 经济评价法

这种方法是对每一个研发项目进行经济性评价,并将其综合起来,预测研发规划实行后可能获得的全部收益,以此来决定投入研发的费用。即从资本投资收益率的角度评价研发的经济效益,使投入的研发费用与其效益相比达到预期的目标。

（三）企业的研发组织

企业研发组织机构的设置取决于企业的规模和管理体制。企业的研发组织机构大致有以下几种类型：①企业的研发都集中在一个研究机构，即所谓的中央研究所机构；②不设置中央研究所，各事业部或工厂设立各自的研究机构（研究部或研究室）；③同时设置中央研究所和各事业部或工厂的研究机构，彼此相互独立；④企业的各种研究机构从组织上是属于中央研究所的分支机构，但地理位置上都分散在各事业部或工厂，即“研究分散，组织集中”的机构；⑤与④相反，从地理位置上讲与中央研究所同设在一地，从组织上讲则属于各事业部或工厂，即“研究集中，组织分散”的机构。

上述几种企业研发组织的类型实际上可归结为两种基本形式：集中型和分散型。从不同行业的企业来看，冶金、食品、医药和化学工业等部门的企业大多采取集中型组织，而机械、电子等工业部门的企业大多采用以事业部或工厂研究机构为主的分散型组织。如果从企业的规模来看，中小型企业大多采用集中型组织，而大型企业一般以分散型组织为主。大企业特别是实行多样化经营的大企业，除了各事业部或工厂拥有研究机构外，还有进行新产品、新技术开发以及基础研究的中央研究所、基础研究所和综合研究所等。有些中小企业不设置常设的研究组织机构，而是以课题组的方式组织和开展研发活动，即所谓的课题责任制。课题组的成员来自各个职能部门，一旦课题任务完成，成员仍返回各自的职能部门。

在课题日趋复杂、课题组数目不断增多的情况下，可以设置管理指导全盘工作的产品负责人，由产品负责人统管各课题组组长，即所谓的产品责任制。课题责任制及产品责任制组织与企业原有的职能组织纵横交叉，就形成了通常所说的矩阵组织形式（见图 8-2）。用这种矩阵组织形式来组织研发是很有效的。

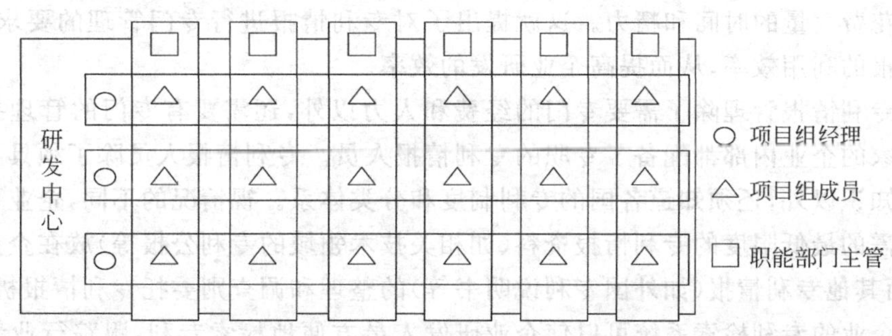

图 8-2 企业研发工作的矩阵组织

图 8-2 中矩阵的行表示产品线，每一行是一个项目组，每个项目组由一名项目经理领导。所有的项目组经理均归研发中心主任领导。矩阵的列表示资源线，每一列是一个职能部门，如设计、工艺、营销、生产、供应、质量等。项目组成员是由各职能处室派出的，在项目前期，项目组成员以设计人员为主，其他相关处室派代表提前介入；在项目进行到一定程度时，担任具体工作的相关处室人员按项目要求，承担本部门职责范围内的工作。这样既有利于各相关处室及时了解设计人员的创意和构思，以便本部门围绕设计要求提前进行相关工作准备，又有利于设计人员与相关处室沟通，充分听取各方面的意见，使设计

既能很好地满足用户的要求,又能符合生产、供应和使用维修上的各种要求,保证设计不脱离本企业的实际情况。

(四) 专利管理

知识产权已成为企业参与市场竞争的重要武器。据世界知识产权组织估算,有效利用专利信息,可使企业缩短技术研发周期60%,节约科研经费40%。全球专利文献总量近4 000万件,并以每年100多万件的速度增长。全世界每年发明创造成果的90%~95%能在专利文献中检索到,这些专利文献是人类智慧的宝库,是企业技术创新、科技进步的最佳信息源。

专利管理对企业的研发正日益发挥重要作用。专利管理的主要职能有两个:一是收集和管理专利情报,其目的是掌握技术发展动态,进行技术预测,避免重复研究和重复投资;二是使企业的研发成果专利化,目的是保护企业的知识产权,防止专利纠纷,同时也可垄断技术和产品市场,提高研究成果的经济价值。

1. 专利情报的收集和管理

所谓专利情报,是指与工业产权有关的各种情报,包括专利公报、实用新案公报、商标公报等,还包括有关的统计资料、法规制度、判决公报和专利侵权消息等。专利公报对新技术发明的技术水平和实施该技术的方法阐述得详尽而具体,因此是提供新技术情报的重要源泉。

专利情报的收集和管理对企业具有重要意义。系统收集专利情报还可用来进行技术预测,并在避免重复研究、防止专利纠纷等方面发挥重要的作用。现在世界上有100多个国家实行专利制度,每年的专利申请量呈快速增长趋势,不但数量迅速增长,专利情报的内容也变得日益复杂和深入。面对快速增长的专利数量,研究人员为了取得所需要的专利情报要花费大量的时间和精力。这就提出了对专利情报进行专门管理的要求,以提高对专利情报的利用效率,从而提高企业研发的效率。

进行专利情报管理除了需要专门的经费和人力以外,还需要有专门的管理技术。许多发达国家的企业内部都配备了专职的专利情报人员。专利情报人员除了须具备技术知识和法律知识以外,还须知道各国的专利制度和分类体系。视情况的不同,企业可以把本企业所必需的最低限度的专利情报资料(如相关技术领域的专利公报等)放在企业内部进行管理,而其他专利情报(如外国专利说明书等)的整理和调查则委托专利情报机构进行。

建立企业的专利检索系统可以使企业研发人员方便地检索专利,跟踪行业新技术动向,启迪研发思路,并可以方便地监视竞争对手的技术动向。对核心技术进行模仿创新,可创造更富有竞争力的新产品和新工艺。同时,充分利用失效专利,能节省大量的研发时间和经费。

2. 专利情报的研究分析

专利分析是按专利的技术内容对专利进行标引、分类、分析,以获得技术动向、权利状况等信息。将某技术领域各主要公司的专利按专利内容列表分析,可以看出各公司的技术特色及研发重点。将有关专利按技术内容的异同分成专利群,对某一公司拥有的不同专利群或对不同时期专利群变化进行分析,可以获得某项技术或产品发展过程中的关键技术、发展趋势、应用动向、与其他技术的关系等方面的情况，并可对其进一步发展进行预测。国外有许多专利分析软件，如世界上最早利用专利地图进行专利分析的日本富士通公司，其专利分析系统已经历了三代的发展，现在能运用深度语言加工技术(如智能分词、聚类等)对专利的全文进行分析，提高检索分析精确度，进行自动聚类分析、多维分析、专利引用流分析、引证分析等。

对专利中潜在的技术、经济、法律信息的挖掘分析，是企业战略规划和专利管理的核心活动，对于企业的研发、经营等具有重大意义。专利分析能为公司研发战略的制定提供决策支持，帮助把握市场动向、商品的变革趋势，帮助掌握竞争对手的技术水平，为发现和开发前沿技术、防止本公司侵犯其他公司的权利等提供重要的信息来源。

3. 研发成果的专利化

研发成果专利化的管理职能，主要包括以下内容。

(1) 进行专利调查。这是为了了解本企业的研究项目是否与现有专利重复。它包括技术调查和权利调查两个方面。

(2) 对新发明或实用新方案的专利性进行评价和提出申请。这个评价是指对研究成果的技术水平、新颖性和实用性进行评价，通常应由研发部门和专利管理部门共同进行。评价之后如有必要，由专利管理部门办理专利申请手续。

(3) 对已申请注册的专利进行保护与管理。这包括两个方面：一是受到不合理控告时采取维护性手段；二是本企业专利受到侵犯时提起诉讼。因为关于专利权的纠纷和侵权事件相当多，对已申请注册的专利进行保护与管理是企业专利管理部门的主要工作之一。

(4) 分析研究和确定专利的使用方式。研究成功的新技术、新发明有时由本企业垄断使用更有利，有时有偿转让给其他企业更有利。专利管理部门的职责是就如何选择专利的使用方式进行分析研究，提出建议供最高管理层进行决策，然后与有关企业进行签订协定的交涉、谈判和签约。

第四节　新产品设计开发

一、新产品的概念

新产品一般是指由于采用了新技术、新材料，产生出功能和式样全新的产品，或在某一市场范围内属首次露面的产品。一般来说，新产品应在产品性能、材料和技术性能等方面(或仅一个方面)具有独创性，与老产品相比具有先进性，优于老产品。

新产品可分为以下几种。

(1) 全新产品。是指在产品的工作原理、产品结构、所用材料和生产工艺等方面具有独创性，与老产品截然不同的产品。全新产品是科学技术的新发明在生产上的新应用。

(2) 换代新产品。主要是指在原有产品的基础上，部分地采用新技术、新材料、新元件以适应新用途、满足新需要的产品，如从黑白电视机到彩色电视机到高清晰大屏幕液晶电视机。

(3) 改进新产品。对现有产品改进性能,提高质量,或求得规格型号的扩展、款式花样的翻新而产生出的新品种。

在市场上,以上三种新产品中,以换代新产品和改进新产品居多,它们也是企业进行新产品开发的重点。

新产品发展的方向涉及以下几个方面。

(1) 绿色化。提高产品的绿色性能,即在产品的全生命周期内(包括研发、生产、销售、使用以及报废后的处理再生等阶段)尽量实现节能、降耗、减少环境污染和保护生产者、使用者、维修者的安全等。设计开发绿色产品是新产品发展的重要方向。

(2) 多能化。扩大同一产品的功能和使用范围。例如,收录唱组合音响、多功能计算器等。当前的手机是产品多能化的典型。在扩展产品功能的同时,还应注意提高产品的效率和精度。

(3) 复合化。把功能上相互有关联的不同单体产品发展为复合产品。例如,洗衣机和干燥机的一体化,集打字、计算、储存、印刷于一体的便携式文字处理机等。

(4) 小型化、轻便化。缩小产品的体积,减轻其重量使之便于操作、携带、运输和安装。这样还可以节省材料,降低成本。

(5) 简单化。改革产品的结构,减少产品零部件的数量,使产品的操作性能更好,同时也能降低产品的成本。使用新技术、新材料是使结构简化的重要方法,例如,用晶体管代替电子管,用集成电路代替晶体管等。将产品的零部件标准化、系列化、通用化也是简化产品的一个重要途径。

(6) 智能化。把一般人需要经过学习培训才能掌握的知识和技能转化为产品本身具有的功能,使产品的使用操作"傻瓜化"。这样可以使许多专业性产品发展成为大众化产品,从而大大扩大这些产品的用户群。"傻瓜相机"就是一个很好的例证,一个摄影生手本来需要花费几天到几周时间才能掌握的照相技术,现在拿起来就会用了。

(7) 艺术化、品位化。从产品的造型、色调、质感和包装等方面下功夫,使产品的款式新颖,风格独特,体现特殊的艺术品位。当今对产品艺术化、品位化的研究已经成了产品研发中的重要课题。不仅汽车、电视、家具等要求具有观赏功能的产品,就连洗衣机、热水瓶、垃圾桶等普通的日常用品,企业也在努力追求使之具有良好的外观形象以吸引顾客。

对于服务行业来说,开发新产品就是要开发新的服务项目。随着国民收入的不断提高、居民消费观念的更新以及可自由支配时间的增加,人们越来越要求社会提供更多、更新的服务项目,以满足其物质和精神方面的消费需求。以物质消费为主的消费结构向以精神和文化消费为主的消费结构转变的倾向,给服务业创造了大好的发展机遇,也提出了提供更多的新的精神食粮和文化产品的要求。我国的服务业目前正处于方兴未艾的时期,应充分利用这一发展机遇,努力扩大我国服务业的规模和提高服务水平。

二、新产品开发的动力模式

新产品开发有两种动力模式：技术驱动型和市场驱动型。所谓技术驱动型,是指从科学探索出发,按照新发现的科学原理开发新产品。例如,发现了产生激光的理论,后来就开发了伽马刀等一系列应用激光原理的产品。晶体管也是这样。市场驱动型是指从市场需求出发进行新产品开发。也就是说，首先通过市场调查了解需要具有何种功能和技术内容的新产品，然后按照商品的要求，对它的生产技术、价格、性能等方面的特性进行研究，进而通过对该新产品的销售预测决定如何开发。

技术驱动型的产品被称为生产导向(production oriented)产品，以技术—生产—市场的模式出现，即“将研究结果推向市场”。全新产品一般属于这一类，如个人计算机、数码照相机等。但是，即使是技术驱动型产品，在制定产品的技术指标、型号规格的时候，也必须认真分析该产品适合哪一部分顾客群，以便制订包括生产到销售的完整的事业计划(business plan)。市场驱动型的产品称为销售导向(sales oriented)产品，以市场—研发—生产—市场的模式出现，即“把市场需求导入研究”。更新换代产品一般属于这一类，如当今市场上更新换代十分迅速的手机、电视机、电冰箱等家用电器产品。

20 世纪 80 年代有一种观点认为，现代经济和产业的发展趋势使新产品开发的主流正在从技术驱动型转变为市场驱动型。但是在今天，一方面，市场需求日趋多样化、个性化，对新产品提出了广泛的需求；另一方面，技术的发展也日新月异，十分迅速，为满足新的需求和创造新产品提供了科学依据和技术上的可能性。这两股驱动力量都在推动新产品的迅猛发展，所以不能说新产品开发的主流已由技术驱动型转变为市场驱动型了。日本索尼公司从美国西屋电器公司购得晶体管技术后，开发了晶体管收音机和电视机，开创了世界范围的大市场。全新的技术驱动型产品往往能带来规模巨大的市场需求，从而推动生产和市场的繁荣和发展。

但是，潜在需求一旦形成了一定规模的市场，市场就开始分化，顾客在产品的款式、功能、质量和价格等方面会不断产生新的期望。不同的顾客、不同的期望形成不同的需求层次，造成市场的分化。许多企业利用这一点，在满足这些不同的、有差别的需求方面，后来居上，在市场的角逐中最后成为细分市场的占领者。美国齐尼思公司的例子能很好地说明这一问题。齐尼思公司是收音机、电视机、调频立体声广播系统等产品的开发者。20 世纪六七十年代它一直是这些产品的主要供应商，但到了 70 年代末却不得不退出整个家用广播电视行业。这是因为后来日本企业能够生产出比齐尼思公司品种更多、质量更好、价格更便宜的产品以适应各种家庭不同层次的需求。齐尼思公司被挤出家用广播电视市场是因为它虽有能力发明和开发全新型产品，却没能在开发适应细分化市场的改进型产品的竞争中战胜竞争对手。到 80 年代整个美国的家用广播电视产品市场几乎全部被日本人占领。

由上可知，新产品开发的两种动力模式并无优劣之分。但是对于一个企业来说，适宜采用何种开发策略，应根据企业的具体条件决定。多品种生产的大型企业，由于面对的市场范围广，各产品的市场竞争形势复杂，所以往往需要根据不同的情况采用不同的开发模式。而中小企业因为力量有限，通常适宜于把力量集中在一两个主要方向上。

三、新产品开发计划和开发策略

(一) 新产品开发计划

新产品开发计划应在企业的产品市场战略的基础上制订。企业的产品市场战略通常是以产品收益为出发点，通过对本企业现有产品进行收益性分析，确定如何向不同产品或不同事业领域分配企业拥有的有限资源。企业通常用产品分类管理的方法制定产品市场战略，据此明确企业中长期应采取的产品战略。新产品开发计划应与企业的产品市场战略相配合，在现有产品尚处于产品生命周期的成长期或成熟期时，就开始开发能够取而代之的下一代新产品。以经营产品生命周期比较短的产品为主的企业，产品开发计划应贯彻生产一代，储备一代，研制一代，构思一代的策略，使新产品能够不断地适时取代老产品而进入市场，以保持企业的经营活力和市场占有率。

由于新产品开发的成功率一般是很低的，为了尽量提高成功率，在制订新产品开发计划之前，首先需要对所要进行的新产品开发方案进行可行性分析和经济性分析。

可行性分析包括多方面内容：现有产品的用户能否成为新产品的用户；新产品的潜在市场；企业是否有开发新产品所必需的技术、设备；是否需要更新设备；企业是否有足够的资金、人力开发这种新产品等。

经济性分析是对经过可行性分析筛选后的新产品方案，进一步展开更为详细的经济评估。具体内容包括：对市场潜力的估计；产品销售量的预测；新产品开发费用的估算；生产新产品的成本；推销新产品的费用估算；新产品销售的价格水平；整个产品生命周期内的获利性等。

(二) 新产品开发策略

采取正确的新产品开发策略是使新产品开发获得成功的前提条件之一。在制定新产品开发策略时，应预测技术发展和市场需求的变化，还应做到"知己知彼"，即不仅要知道本企业的技术力量、生产能力、销售能力、资金能力以及本企业的经营目标和战略，还应了解竞争对手的相应情况。企业根据市场需求及企业的资源、技术条件和经营环境来确定企业的产品品种结构、新产品开发方向和产品的经营范围等，即制定企业的产品组合策略。

制定新产品开发策略时，可以从以下几个侧重点出发。

(1) 从消费者需求出发。满足消费者需求是对新产品的基本要求。消费者需求可分为两种：一种是眼前的现实的需求，即对市场上已有产品的需求；另一种是潜在的需求，即消费者对市场上还没有出现的产品的需求。制定新产品开发策略，既要重视市场的现实需求，又要洞察市场的潜在需求。如果只看到现实需求，竞相开发当前的热门产品，会使有些短线产品很快变成长线产品，形成生产能力过剩，引起过度竞争，造成人力、物力和财力的极大浪费，甚至危及企业的生存。例如，在晶体管诞生之前，人们根本不知道晶体管为何物，因此无从产生对晶体管收音机和电视机的现实需求。只能说这种需求是潜在的，是被新产品发掘出来的。所以，企业开发新产品，应该注重挖掘市场的潜在需求，以新产品引导消费，主动为自己创造新的市场。

(2) 从挖掘产品功能出发。所谓挖掘产品功能，就是赋予老产品以新的功能、新的用途。例如，手机的基本功能是移动通信，但是现在的手机能拍照，还能上网、看视频，这些新增加的功能大大扩展了手机的用途，使手机成为现代人日常生活中不可缺少的重要工具。

(3) 从提高新产品竞争力出发。产品在市场上的竞争力除了取决于产品的功能、质量、价格、使用寿命外，还可采取其他一些措施来提高新产品的竞争力。例如，赋予新产品不同于竞争对手的某些特色，使之能更好地满足细分市场中客户群的个性化需求等。

四、新产品开发程序

无论是全新产品的开发，还是改良产品、换代产品的开发，都需要按照一定的程序进行。一般来说，新产品的开发程序可以概括为"构思及方案的产生→方案选择→开发与设计→生产准备与生产"。

1. 产品构思阶段

在这一阶段首先根据市场的需求，提出吸引顾客的新产品的构思方案。这里包括对新产品的原理、构造、材料、工艺过程、性能指标、功能和用途等多方面的设想。然后对构思方案进行分析、评价、筛选，最后确定方案，制订开发计划。

2. 产品方案的选择与决策

对新产品方案进行选择与决策时，主要应考虑企业的整体经营战略、新产品开发策略和企业的能力。有关内容已在前面"新产品的开发计划与策略"一节中讨论过了，这里不再赘述。

3. 新产品的开发与设计

产品构思方案确定以后，就进入新产品开发设计阶段。在这一阶段，要对产品构思方案中的关键技术课题进行研究和试制，进一步确认和修改构思方案，然后开始进行产品的设计、试制或试验，确定新产品的基本结构、性能参数和技术经济指标等。完成这一阶段的工作后产品就基本上可以定型了。

4. 新产品的生产技术准备

首先要对前一阶段的结果进行评价，得到可以投产的结论后，就要开始进行工艺设计、工夹具设计和技术文件准备等生产准备工作，必要时还应该进行样品试制、批量试生产和市场试销。

5. 生产阶段

进入这一阶段实际上就意味着开发的结束。但还有一种观点是把新产品投放市场、对初期市场进行跟踪调查、将调查结果反馈到有关部门，也包括在新产品的开发程序之内。从新产品开发管理的角度来说，这是非常必要的。

五、绿色产品与绿色设计

(一) 绿色产品概念

绿色产品是指能满足用户使用要求，并在其全生命周期(包括原材料制备、产品规划、设计、制造、包装及发运、安装及使用、维护、报废回收处理及再使用各阶段)中能很好地实现节省资源和能源、减小或消除环境污染，并且能保障生产者和使用者安全的产品。

绿色产品的属性由产品的基本属性、环境属性、资源属性、能源属性、经济属性及社会属性组成。

(1) 基本属性。基本属性是指根据市场及用户需求所确定的产品最基本的性能参数,主要包括产品的功能指标和质量指标、使用寿命和产品成本等。

(2) 环境属性。环境属性是绿色产品不同于一般产品的主要特征之一。环境属性指标包括水环境指标、大气环境指标、土壤污染指标、噪声指标、固体废弃物指标等,不同产品有不同的环境属性指标。

(3) 资源属性。这里所说的资源是广义的资源,包括材料资源、设备资源、信息资源和人力资源。这些资源是生产绿色产品的最基本条件。材料资源指标是指产品使用的材料种类和材料利用率等;设备资源指标包括设备资源配置和设备资源利用率等,是衡量绿色产品生产组织合理性的重要方面;人力资源指标和信息资源指标反映了产品对人员素质和信息资源的要求。

(4) 能源属性。节约和充分利用能源是绿色产品的一大特性。能源使用量的减少,从另一个侧面也就节约了资源,减少了环境污染。绿色产品与能源有关的主要指标为:产品生产及使用中所用能源类型;产品生产中的能耗;产品运输、使用及回收处理中的能耗;产品生命周期中再生能源及绿色能源的使用比例等。

(5) 经济属性。绿色产品的经济性也是面向产品的整个生命周期,因而与传统的经济性评价有明显的不同。绿色产品的成本由生产成本、用户成本和社会成本组成。传统意义上的生产成本是指产品的材料成本、工具设备成本、人力成本、管理成本等;用户成本是指用户使用阶段所花费的成本,包括用户使用的能源成本、维修成本等;社会成本是指社会为此产品负担的成本,如产品报废处理的成本、环境治理成本等。

(6) 社会属性。社会属性是指绿色产品除满足以上指标要求外,还要考虑社会发展的需要。因为许多产品与文化、道德、人伦、社会安定及社会进步有关,因此社会属性也应是绿色产品评价中不可忽视的一类因素。

(二) 绿色产品设计

1. 绿色设计理念

产品能否达到绿色标准要求,其决定因素是该产品在设计时是否采用了绿色设计。绿色设计是指按绿色技术的要求所进行的产品设计。所谓绿色技术(green technology,GT)西方称之为“环境友善技术”(environmental sound technology,EST),是减轻环境污染和减少原材料、能源等自然资源耗用的技术的总称。绿色设计的目的是在产品的整个生命周期中解决好产品的节能、降耗和保护生态环境、防止污染等问题。要想从根本上防止污染,节约资源和能源,关键在于产品的设计与制造阶段,不能等产品产生了不良的后果再采取防治措施(末端治理即是如此),而要在产品组织生产以前,预先设法防止产品及制造工艺对环境产生负面作用,这就是绿色设计的基本思想。概括起来,绿色设计的目标是所设计的产品对社会贡献最大,而对制造商、用户和环境的成本最小,是一种在产品设计阶段就考虑产品全生命周期中各个阶段(包括需求识别、产品开发、产品制造、产品销售、产品使用、回收处理等阶段)的所有因素的设计方法,即在产品整个生命周期内,着重考虑产品的环境属性,并将其作为设计目标,在满足环境目标要求的同时,保证产品应有的基本功能、使用寿命、质量、成本等。所以绿色设计要求在设计产品时必须按环境指标的要求，选用合适的原材料、合理的结构和工艺，在制造和使用过程中尽量降低能耗，不对环境产生污染，产品要易于拆卸和回收，回收的材料可用于再生产。

目前绿色设计已成为现代设计技术的研究热点。绿色设计涉及机械制造学、材料科学、环境科学、管理学、社会学等诸多学科的内容，具有较强的多学科交叉特性。显而易见，单凭现有的某一种设计方法是难以适应绿色设计的要求的。绿色设计是一种集成设计，它是设计方法集成和设计过程集成。绿色设计是一种集产品的功能、质量、成本、寿命和环境为一体的设计系统。

2. 绿色设计的内容

绿色设计涉及的内容很广泛，主要包括绿色设计建模、绿色设计的材料选择与管理、面向资源优化利用的设计、节能设计、产品的可拆卸性设计、产品的可回收性设计、产品的绿色包装设计、绿色产品的成本分析、建立绿色设计数据库等。不同的行业、不同的产品，绿色设计的内容和重点是不同的。下面做一些简要的说明。

(1) 绿色材料选择。绿色材料是指在满足一般功能要求的前提下，具有良好的环境兼容性的材料。绿色材料在制备、使用及用后处置等生命周期的各阶段，能实现最佳的资源利用率和最小的环境影响。

原材料处于产品生命周期的源头，材料选择设计(DFMS)是实现绿色设计的前提和关键技术之一。材料的选择不仅影响产品的制造，而且影响产品的销售、使用、维修、回收等过程。传统产品设计中，设计者在进行材料选择时只关注材料的机械性能、物理性能和经济性能，往往选用高性能或多用途的材料，而忽视了材料与环境及资源之间的关系，如何改变现有设计中只注重技术性能和经济性能的材料选择思路，将环境因素融入设计开发中，是绿色设计的重要内容。

绿色材料选择的原则是：①优先选用可再生材料，尽量选用回收材料，提高资源利用率，实现可持续发展；②尽量选用低能耗、少污染的材料；③尽量选择环境兼容性好的材料及零部件，避免选用有毒、有害和有辐射特性的材料，所用材料应易于再利用、回收、再制造或易于降解；④尽量减少产品中的材料种类，以利于产品废弃后的回收工作；⑤除考虑减少材料的种类外，还应考虑材料之间的相容性，材料之间的相容性好，意味着这些材料可一起回收，能大大减少拆卸分类的工作量。

(2) 面向节省能源的设计(design for energy saving，DFES)。节能设计就是设计合理的产品结构、功能、工艺，使产品在使用过程中消耗能量最少、能量损失最少。产品使用阶段的节能设计应注意根据产品耗能特点，有针对性地进行。例如，录像机、电视机这类产品在设计时应特别注意减少待机能耗；计算机、复印机这类办公设备应设计成具有不工作时能自动转换到低功率状态，最好是休眠状态的功能。飞利浦公司研制的SMPS多芯片电源模块被称为“绿色芯片”，它可以使许多电源在转入闲置待机状态时功耗大大减少。

(3) 面向装配的设计(DFA)。DFA方法产生于20世纪70年代末，最初由Boothroyd和Dewhurst提出并于1982年开发了相应的DFMA分析软件，DFA才被设计者广泛采用，它是DFX方法中最成熟的设计方法。Boothroyd和Dewhurst提出的DFA方法可以在产品设计早期阶段用来计算装配时间和理论上的最少零件数量。在设计的早期阶段，设计者通过将一些零件合并或者去除一些不必要的紧固件，可以提高装配效率,降低产品的装配时间和成本。Boothroyd 和 Dewhurst 指出,如果利用 DFA 进行产品设计,产品的制造成本可以降低 20%~40%,而装配效率会提高 100%~200%。

(4) 面向制造的设计(design for manufacture,DFM)。DFM 的概念是由于 DFA 在制造实践中的成功应用而产生的。DFM 的实质是在产品设计的同时就考虑与制造有关的因素,根据企业现有的制造加工条件初步对产品设计进行可制造性检验,并将检验结果反馈给设计者,从而使他们能够不断地调整和修改设计,使其满足企业制造条件的要求,其目标是在保证功能和性能的前提下使制造成本最低。

DFM 的主要研究内容就是可制造性评价和分析。可制造性评价贯穿产品开发的整个设计阶段,即在概念设计、详细设计和加工制造过程中,都应根据相关信息对产品及其零件的可制造性进行评价,以帮助修改或改进设计的不合理结构、取消不可制造的特征、满足特定的制造资源环境约束,实现产品最大限度地满足用户需求、产品具有最低的开发和生产费用、产品具有最短的开发制造周期、产品具有最容易实现的制造方法这一目标。目前已有许多研究用在机械零件、压铸件、粉末零件的可制造性分析中,也出现了许多系统的分析方法。Gupta 和 Nau 提出了一种机加工零件的可制造性自动评价的系统方法,它首先根据设计的形状特征找到可能的加工方法,并生成多种工艺规划,再检查可否加工出期望的零件形状并达到应有的精度,最后计算可制造度。如果没有能加工出所设计的形状特征的工艺,则该设计是不可制造的。可制造度是最佳工艺规划的评价值。国内在可制造性的研究方面也做了大量的工作,如宋玉银等对基于特征的可制造性评价进行了研究,基于特征进行零件设计、工艺设计和可制造性评价,建立了特征可制造性评价体系,采用分层递阶的评价模型,对零件的可制造性进行评价与反馈,从而指导产品设计。

(5) 可拆卸性设计(design for disassembly,DFD)。可拆卸性设计是指在产品设计时充分考虑产品报废后零部件拆卸的方便性,以便回收与再利用。这将作为产品性能和结构设计的一项重要评价指标。设计时应努力做到以下几点。

① 在满足功能要求和使用要求的前提下,尽可能采用最简单的结构和外形,组成产品的零部件材料种类尽可能少,并在模具上模压出材料的代号标识,以便其后的分类回收;

② 采用易于拆卸或破坏的连接方法;

③ 拆卸部位的紧固件数量要尽可能少,同时紧固件类型应统一,这样可减少拆卸工具的种类,简化拆卸工作。

合肥工业大学的刘光复、刘志峰等提出了可拆卸性设计框架、评价指标、评价方法、设计原则,并开发了绿色设计评价系统(green assess)。他们对家电产品的回收设计进行了深入的研究。DFD 的研究通常与 DFA、DFMN、DFR 等融合在一起进行,但拆卸最主要的目的还是使产品在其寿命终结时可以很好地进行回收和处理。只有可拆卸才能实现大部分材料的回收和可能的零部件再利用。

(6) 可回收性设计(design for re-cycling,DFR)。资源回收和再利用是可回收设计的主要目标,其途径一般有两种,即原材料的再循环和零部件的再利用。现在提倡闭式循环的生产模式,就是在原来的生产模式中增加一个“回收”环节。产品设计人员在产品设计过程中要仔细考虑产品的回收性能,并将其体现在具体产品的结构中。上海交通大学王成焘、蔡建国等对汽车和旧家电的回收问题进行了研究，提出了产品可经济性回收的价值评估模型和基于产品装配模型的面向回收设计的理论体系。

(7) 模块化设计。在产品设计中采用模块化设计有以下好处。

① 在产品中使用现成的模块，可以减少设计和制造工作量，降低产品成本。

②可重构性设计，可用少量的零部件组成大量的最终产品，能适应不同的消费需求，扩大了产品的适用范围。

③ 产品结构易于变动，增强了适应消费需求变化的应变能力，这相当于延长了产品的寿命，减少了报废，增加了可用产品的数量，从而可为社会节约大量的资源和能源。

④ 有利于产品的维护、修理、拆卸和回收，降低维修成本和回收处理费用。

(8) 绿色包装设计。绿色包装技术就是从环境保护的角度，优化产品包装方案，使得资源消耗和废弃物最少。目前在这方面的研究大致可以分为包装材料、包装结构和包装废弃物回收处理三个方面。绿色包装应具有以下特点。

① 材料最省。绿色包装在满足保护产品、方便销售、提供信息的功能条件下，应是使用材料最少而又文明的适度包装。简化包装既可减少资源的浪费，又可减少废弃物的处置费用和对环境的污染。

② 尽量采用可回收或易于降解的绿色包装材料。由于塑料的回收比例最低，焚毁时还会释放破坏臭氧层的化学物质，污染最为严重，因此要大力发展纸包装。纸包装易于回收再利用，在大自然中也易自然分解，不会污染环境。纸包装的生产原料来自可再生的木材及植物茎秆，因而从总体上看，纸包装是一种对环境友好的包装。

③ 易于回收利用和再循环。采用可回收、可重复使用和再循环使用的包装，提高包装物的生命周期，从而减少包装废弃物。

④ 尽量减少包装材料的种类。

⑤ 包装材料对人体和环境应无毒无害。这主要是要求包装所用材料中不含有毒元素、卤素和重金属等，或将其含量控制在规定的标准以下。

(9) 面向成本的设计(design for cost，DFC)。面向成本的设计的概念最早出现于20世纪90年代初期，是指在满足用户需要的前提下，尽可能地降低产品成本。DFC是面向全生命周期的，即要全面考虑产品设计、加工、装配、检验、使用、维修、回收和报废等环节中的成本问题。因此，在设计阶段应对产品全生命周期的所有费用、资源消耗和环境代价进行整体分析规划，分析和研究产品全生命周期中的各个过程的成本组成情况，通过分析评价，对原设计中造成产品成本费用过高的部分进行修改，以最大限度地提高产品的整体经济性和市场竞争能力。

(10) 建立绿色制造数据库和信息系统。为支持绿色设计和绿色制造的实施，需要开发适合绿色设计和制造的数据库与信息系统，这里包括材料数据库、制造数据库及各种知识库。数据库的结构应是开放的，能从分布的数据库中收集、存储、检索所需的各种数据和信息。

3. 绿色产品设计方案评价

(1) 评价准则。绿色产品设计方案评价的目的是为绿色设计提供决策依据，寻求用户、企业、环境、社会都满意的绿色设计方案。方案的评价准则涉及资源最佳利用准则、能源消耗最少准则、环境零污染准则(应贯彻“预防为主,治理为辅”的环境保护策略)、生产者和使用者安全准则、经济效益社会效益最佳准则、用户满意准则等。

(2) 方案评价指标体系。方案评价指标体系由产品的基本属性、环境属性、资源属性、经济属性及社会属性等组成(见表 8-3)。

表 8-3 按产品属性分类的评价指标体系

产品属性	指标名称	
基本属性指标	功能指标	结构模块化指标
	质量指标	操作安全性指标
	结构继承性指标	维修简便性指标
经济属性指标	设计费用	制造成本
	售后服务成本	用户使用成本
	产品维护保养成本	排污成本
	污染治理成本	职业保健费用
	报废后回收处理成本	
资源属性指标	材料种类数	单位产品资源消耗量
	资源利用率	废弃资源回收率
	资源的可再生性	加工过程设备工具消耗
	涉及的人力资源需求	涉及的信息资源需求
环境属性指标	水体污染	噪声污染
	土壤污染	大气污染
社会属性指标	用户满意度	社会文明
	社会安全	

六、新产品生产工艺技术的开发

产品的生产工艺技术是指生产产品的方法,其中包括工艺路线、工艺方法、工艺参数和质量标准等。新产品一旦研制成功,应尽快正式投产,以缩短从新产品开发至进入市场的周期。只有开发的产品真正进入市场成为商品了,新产品的开发周期才算结束。

研制一旦完成,生产工艺技术就成为关键。因此,在进行新产品开发设计的同时,也应相应地同时展开对生产工艺技术的研究。另外,开发新产品的目的是实现企业的经营战略目标,保持和增强企业的竞争能力,因此除了良好的产品性能和适时投放市场以外,产品的竞争力还有赖于产品的质量高和成本低。而高质量、低成本在一定程度上要靠生产工艺技术来保证。所以,上述两方面都要求,在新产品开发过程中,研发人员应与生产技术人员密切配合,建立一种合作开发体制,在进行产品构思和设计时就考虑制造的可能性和经济性。在对新产品做出正式生产的决断时,已经有一批生产技术人员对该新产品的工艺方法和投产程序有了充分的思考和预先计划，以使生产能迅速地开始。采取这样的体制，不仅能够缩短新产品开发周期，还可以节约研发费用。实施并行工程和团队工作方式是贯彻这一体制的重要措施。这一阶段的工作对缩短新产品的商品化周期、迅速占领市场、提高企业在市场中的竞争力具有极为重要的意义。

第五节　产品设计的现代化方法和工具

科学技术的飞速发展，特别是计算机技术的发展和广泛应用，为产品设计工作提供了高效方便的设计手段和进行精密计算的工具与方法，使设计工作发生了质的变化。目前常用的现代设计方法和工具有计算机辅助设计（CAD）、并行设计、虚拟设计、优化设计、模块化设计、功能质量配置（QFD）、价值工程、神经网络分析设计等。

一、计算机辅助设计

计算机辅助设计是计算机技术、工程设计与现代数值方法相互结合的产物。它以计算机为工具，参与产品设计的全过程，包含资料检索、方案拟订、计算分析、工程绘图和编制技术文件等内容。

（一）计算机辅助设计的发展历程

早期的计算机辅助绘图、设计、制造、工程分析系统都是集中式主机型系统。这种系统由一台集中的大型机（或中、小型机）与若干图形终端连接而成，有一个集中的数据库统一管理所有数据。大型计算机非常昂贵，而且一旦主机出现故障将影响所有用户的工作。后来出现了智能终端型系统。这种系统的终端设备用微机控制。大容量的分析计算、数据库的控制和管理，由主机承担。通信控制、图形处理等由采用的其他处理器承担。

20世纪70年代，出现了将硬件与软件配套交付用户使用的“交钥匙系统”（Turn-Key System）。这种系统是在小型机和超级小型机的基础上增加图形处理功能，按分时处理的原则，一台主机可以带几个到几十个终端。这一时期计算机在机械行业得到了广泛的应用。中小企业开始采用计算机辅助绘图、设计、制造和工程分析。

20世纪80年代初期，随着计算机制造技术的进步，所有配套的软硬件都可以集成到一台工作站上。再加上计算机网络的迅速发展，工作站系统可以作为一个独立的单用户系统。80年代中后期工作站系统成为计算机辅助绘图、设计、制造、分析的主流系统。进入90年代以后，个人计算机飞速发展，其性能已赶上10年前高档工作站的性能。由于个人计算机的价格低、使用方便，应用以个人计算机为硬件平台的计算机辅助绘图、设计、制造、分析系统发展迅速。目前个人计算机已成为计算机辅助设计的主流机型。

到目前为止计算机应用已经渗透到了产品设计、生产的各个环节。利用计算机可以进行产品的计算机辅助设计（CAD）、计算机辅助制造（CAM）、计算机辅助绘图（Computer Aided Drawing）、计算机辅助工程分析（CAE）、计算机辅助工艺过程规划（CAPP）、产品数据管理（PDM）、企业资源计划（ERP）等。这些技术一开始是各自独立、平行地开发应用的，但由于它们在技术上和应用上都密切相关，后来在工程实践中这些技术逐渐融合在一起。CAD 系统准确地讲是指计算机辅助设计系统,其内容涵盖产品设计的各个方面。把计算机辅助设计和计算机辅助制造集成在一起,称为 CAD/CAM 系统。由于机械设计、制造和工程分析关系密切,很多 CAD 系统逐渐添加 CAM 和CAE 的功能,所以习惯上工程界把 CAD/CAM 系统或者 CAD/CAM/CAE 系统仍然称为 CAD 系统,从而扩大了 CAD 系统的内涵。

企业资源计划(ERP)在制订生产计划、销售计划和采购计划时,需要从 CAD 系统获得产品结构,从 CAPP 系统获得制造每个零件的工时和材料定额等基础数据,同时需要 PDM 系统作为集成的桥梁,因此出现了 CAD/CAM/CAPP/ERP/PDM 的集成。这些技术为企业产品研制开发和生产管理提供了强有力的技术支撑,能帮助企业提高产品的设计质量,缩短新产品研发周期,降低消耗,降低成本,提高企业管理水平,是企业信息化的核心内容。

计算机辅助设计最早应用于机械行业,后来随着 CAD 技术的发展,它的应用领域不断扩大,现已覆盖机械、电气、电子、轻工和纺织产品,以及工程建筑。除此之外,CAD 技术的应用还延伸到了艺术、电影、动画、广告和娱乐等。由于它给社会带来了良好的经济效益和社会效益,所以得到了广泛的应用和发展。

(二) CAD 的发展趋势

CAD 技术涉及的面广而复杂,新的理论、技术和方法的研究一直不断地在进行。CAD 技术的发展趋势从总体上讲,是参数化、智能化、集成化和标准化。

参数化设计一般是指设计对象的结构形状比较定型,可以用一组参数来约定尺寸关系,设计结果的修改受尺寸驱动。参数化设计经常用于生产中系列化的通用零部件和标准件。

现有的计算机辅助设计系统的智能化程度越来越高,原来烦琐的操作可以由计算机自动地进行处理。例如,图纸尺寸标注,原来每增加一个尺寸,都要做很多操作,现在只需指明要标注的对象,尺寸就能在图上自动标注出来,甚至对整个设计对象自动进行尺寸标注。这样一来,图形的修改方便多了,用户只需要很少的操作,就能对图形作合理的修改。人工智能是计算机的重要功能之一,把人工智能引入 CAD 系统,使其具有专家的经验和知识,具有学习、推理、联想和判断的能力,以及智能化的视觉、听觉、语言的处理能力,从而实现设计的自动化。总结国内外相关产品的设计制造经验和教训,把成功的设计制造经验做成智能设计、智能制造系统去指导新产品的设计制造,能大大提高企业的产品设计、制造水平。

产品的设计、制造过程实质上是信息采集、传递、加工处理的过程。集成化是指借助计算机,把企业中与设计、制造有关的各种技术系统地集成起来,使各项工作更好地衔接和协调一致,从而大大提高产品设计、制造的质量和效率。

集成化应包含信息集成、过程集成和企业集成。信息集成主要是指在企业内部业务活动的各种信息能实现快速的(实时的)交换和共享。过程集成是指把产品设计中的各个串行过程尽可能多地转变为并行进行,在设计时考虑后面工序的可制造性、可装配性等,从而减少返工,缩短开发时间。并行工程便是一种集成的产品设计、制造模式。企业集成是指在更大范围内把企业的各种资源进行集成，以便更好、更快地协调运行，快速地响应市场，提高企业竞争力。

随着CAD技术的不断发展和应用范围的不断扩大，CAD数据交换问题是CAD广泛应用后各行业所面临的重要问题。由于CAD数据涉及的面广且类型复杂，不同的CAD系统产生的数据文件常采用不同的数据格式，甚至各个CAD系统中数据元素的类型也不尽相同。这种状况明显地阻碍了CAD技术的广泛应用和进一步发展。如何使企业的CAD信息实现最大限度的共享并进行有效的管理就是标准化所要解决的课题。因此，CAD标准化工作越来越显示出它的重要性。

二、并行设计

1988年美国国家防御分析研究所(Institute of Defense Analysis)提出并行工程的概念，即"集成地、并行地设计产品及其相关过程(包括制造过程和支持过程)的系统方法"。这是一种新的产品生命周期设计管理方法，它以缩短产品上市时间为目标，这种设计管理过程就是并行工程。

(一) 并行设计理念

并行设计(concurrent design，CD)是并行工程的主要组成部分，要求产品设计及其相关过程并行进行。并行设计是一种系统的设计方法，它以集成的、并行的方式设计产品及相关过程，包括对制造过程、后勤支援过程的设计。最优化是并行设计的主要目的。并行的含义是指对整个过程的自动调节控制，因此，要实现并行设计，就要解决设计过程集成化、设计过程最优化和设计过程的自动化控制。

传统的产品设计过程是一个串行过程，它是将产品开发过程尽可能细地划分为一系列串联的工作步骤，由不同的工程技术人员承担，依次执行。串行设计的缺点是：①将产品开发过程划分为一系列串联步骤，忽视了各个步骤，特别是不相邻步骤之间的交流和协调；②每个工程技术人员只承担局部工作，影响其对产品开发整体过程的综合考虑；③在任一步骤中发现问题，都要向上追溯到某一相关步骤中重新循环，致使设计周期冗长；④与产品开发有关的部门相对独立，各项业务的专业性相去甚远，考虑问题的角度不同，难免发生矛盾与冲突，如不能及时予以协调，就会影响设计进程。

与传统的串行设计相比，并行设计更强调在产品开发的最初阶段就全面考虑产品生命周期内后续活动对产品综合性能的影响，以追求产品在生命周期全过程中综合性能最优。并行设计能够取得成功的根本原因在于它采用了协调全过程的技术，协调性决定并行设计的有效性。在并行设计过程中提高设计团队工作上的协调性，是并行设计发展的关键。要求团队使设计过程更加协调、产品性能更加完善，能更好地满足用户对产品全生命周期质量和性能的综合要求，并减少产品开发过程中的返工，从而大大缩短产品开发周期并降低产品的成本。

工程设计本质上是一个顺序性、交互性和迭代性都很强的过程，后续的工程分析和详细设计必须有概念设计所提供的完整信息，而概念设计活动也需要有下游环节提供的各种建议和修改设计的信息。并行设计的设计团队应由多方面专家组成，并要求设计人员之间实现信息共享，使设计者从一开始就能全面考虑产品生命周期中所涉及的各种因素，从而实现提高质量、缩短开发周期、降低成本和保护环境等综合优化的目的。因此，并行设计的关键就是使工程设计固有的顺序性与并行设计要求的并行性协调一致。

（二）并行工程技术的内容

（1）并行工程管理与过程控制技术：①建设跨部门、跨专业的产品开发团队及相应的平面化组织管理机制；②集成化产品开发过程的构造；③过程协调技术与支持环境。

（2）并行设计技术：①集成产品信息描述；②面向装配、制造、质量的设计；③并行工程的工艺设计；④并行工程的工装设计。

（3）快速制造技术：工装制造、样机(样件)制造、生产调度技术等。

（三）并行设计中的关键技术

并行设计是一种系统化、集成化的现代设计技术，它以计算机作为主要技术手段，除了通常意义的CAD、CAPP、CAM、产品数据管理系统(PDMS)等单元技术的应用外，还要着重解决以下一些关键技术问题。

（1）统一的产品信息模型

要实现产品的并行设计，首先要建立产品并行开发的信息模型。统一的产品信息模型是实施并行设计的基础。

（2）分布式软硬件环境

根据国外的调查资料，产品开发工程师的全部工作时间中有30%～40%用于信息交流。产品开发过程由串行转变为并行后，对信息交流的直接性、及时性、透明度提出了更高的要求。并行设计意味着在同一时间内多机、多程序对同一设计并行地进行协同求解，因此网络化、分布式的信息系统是其必要条件。并行设计面向对象的软件系统，分布式的知识库、数据库能够根据产品设计的要求，动态编制成相互独立的模块在多台终端上同时运行，并利用网络的机间通信功能，实现相互之间的同步协调。

通信和协调是并行设计计算机信息系统的两个主要功能。例如，分处两地的团队成员可以通过计算机通信会商有关问题，共同处理同一电子文件，或绘制同一张图样。又如，设计团队的某个成员根据强度校核计算的结果，修改了某个尺寸，却没有意识到这一修改将对另一成员的工作产生影响，约束条件网络发现了这一问题，会马上向双方发出警告信息，提醒双方进行协调。

（3）开放式的系统界面

并行设计系统是一个高度集成化的系统。一方面，应具有优良的可扩展性、可维护性，可以按照产品开发的需要将不同的功能模块组成完成产品开发任务的集成系统；另一方面，并行设计系统又是整个企业计算机信息系统的组成部分，在产品开发过程中必须与其他系统进行频繁的数据交换。因此，开放式的系统界面对并行设计系统是至关重要的。标准化的数据交换规范、交互式图形交换标准、产品建模数据的交换标准(standard for the exchange of product model data，STEP)等，以及大容量、高速度的数据交换通道，如局域网、综合业务数据网、宽带网(ISDN)等，是构造开放式界面的关键技术。

(4) 模拟仿真技术

传统的产品开发过程是“设计-样机制作-修改设计”的循环过程，不仅样机制作费时、费工，延长了产品开发周期，而且在样机制作后才能发现设计存在的问题，样机制作中引起的各种浪费已经无法挽回。

国外一份调查表明，为了纠正某一产品设计中的错误，需增加的花费情况如下。

在设计阶段纠正，仅需花费 35 美元；在零件加工之前纠正，需花费 177 美元；在成批生产之前纠正，需花费 368 美元；若等到产品投放市场后才纠正，则需花费 59 000 美元。因此，尽早发现设计中的错误和缺陷，并在设计初期纠正，提高产品开发的一次成功率，无论是对于提高产品设计质量，还是对于缩短设计周期、降低设计成本都是十分重要的。通过计算机模拟仿真实现这一目的，无疑具有重要意义。例如，采用虚拟制造、虚拟装配、结构有限元计算和产品静动态性能仿真等。

（四）并行设计的技术经济效益

并行设计的技术经济效益体现在以下几个主要方面。

(1) 提高企业对市场需求的响应速度。当前市场需求的特点是多样化、个性化，而且变化无常，企业若不能把握市场机遇，快速响应市场需求，则机遇一失，时不再来，所以对市场的响应速度已成为企业成败的关键。

(2) 提高产品开发的一次成功率。所谓产品开发的一次成功，是指最大限度地减少产品开发后期及产品投放市场后对产品修改和完善的工作量，一次性地开发出满足市场及用户需求、具备产品全生命周期优良性能的产品。

(3) 降低产品的开发成本。大量调查统计表明：产品设计阶段决定了产品制造成本的 75%～80%。传统的做法是在开发设计工作结束后才对产品的成本进行核算，只能回答“这种产品要花费多少成本”。如果发现核算出的成本超出了市场(用户)的承受能力，则必须修改设计。这样一来不仅会延误产品开发时间，而且增大了产品的开发费用。并行设计的实施提供了这样一种降低产品成本的途径，即在产品开发之前，首先考虑市场(用户)对该产品的价格承受能力，提出产品的所谓目标成本，然后将目标成本分解到每个零部件上，并作为约束条件加入约束条件网络，自始至终地制约整个设计过程，作为产品性能综合评价决策的重要内容，从而使产品开发成本得到有效的控制。

三、质量功能部署法

20 世纪 70 年代日本企业最早应用质量功能部署(quality function deployment，QFD)，取得了显著的效果。80 年代质量功能部署法被引入美国，后来逐渐推广到其他国家。QFD 是一种将用户需求和产品功能紧密联系起来的产品设计方法，在产品开发和实施过程中要求始终围绕用户的要求。QFD 的具体做法是把顾客对产品的要求首先转化为产品的功能特性，并把功能特性进一步展开成所需要的要素技术，通过明确所需要的要素技术及其重要程度，为产品设计和工艺设计指明方向。它用图表和数据形象地为产品开发各阶段的设计决策提供依据。

1. QFD的运作过程

QFD的运作过程包括四个阶段,每个阶段的工作都用一个矩阵来描述,由上一矩阵得出的需求信息驱动下一阶段的工作,如图8-3所示。这是一个非常结构化的需求驱动的过程,把顾客的需求转化为产品的功能特性,然后依次转化为产品结构,即零部件的功能特性,再进一步转化为对工艺的要求和生产作业要求。

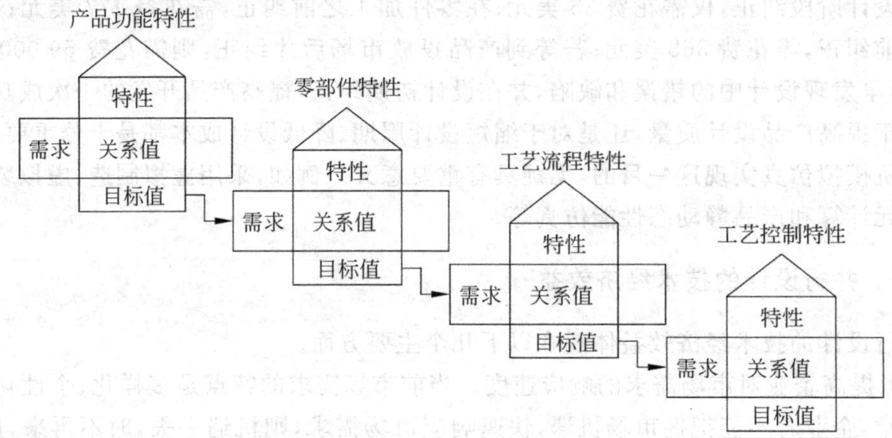

图8-3 质量功能部署过程

2. 质量屋

每一个阶段的矩阵,其形状像一间屋子,被称为质量屋(house of quality,HOQ)。每一间质量屋由8个部分组成,如图8-4所示。第一阶段的质量屋是驱动整个QFD过程的核心,是实施QFD进行产品开发的首要环节。

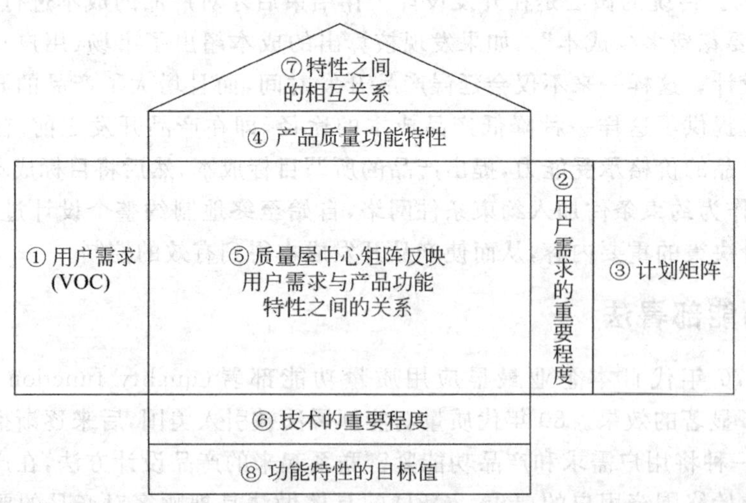

图8-4 确定产品功能特性的质量屋

(1)质量屋的第一部分是用户需求,又称VOC(voice of customer),通常通过市场调研、问卷调查或与用户面谈等方式获得。以上资料经过分析整理,归纳出若干项用户的主要要求,用树形结构图表示出来,如图8-5所示。

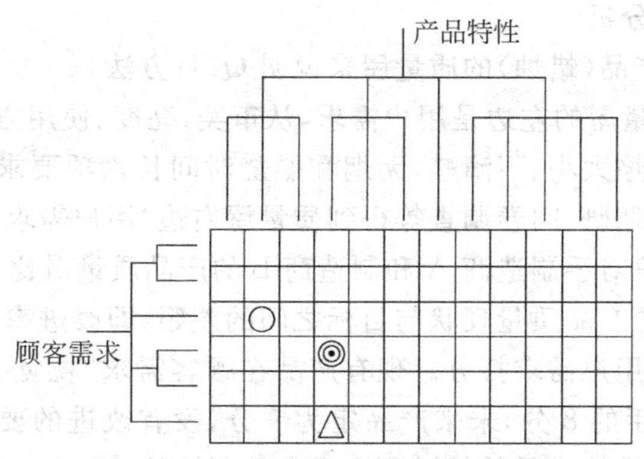

图 8-5 顾客需求和产品特性矩阵

(2) 质量屋的第二部分是用户需求的重要性,分别反映各项用户需求的重要程度,也是通过问卷调查及分析用户投诉等资料后得出的。例如,在 500 份问卷中有多少份把该项要求排在第一位,有多少份把它排在第二位……最后采用 1～10 的分值,做出定量的判断。

(3) 第三部分称为计划矩阵。计划矩阵包含对主要竞争对手的产品与自己产品的对比分析,提出企业的发展目标。

(4) 第四部分是产品质量功能特性。产品质量功能特性是满足顾客需求的手段,要求所确定的产品性能针对用户的使用要求。一般通过绘制树形图,把产品的性能细化、具体化为具有量纲的、可测量的各种技术性能指标。

(5) 质量屋的中心矩阵反映顾客需求和产品特性之间的关系,由顾客需求和产品特性两种树形图垂直交叉而成,如图 8-5 所示。两个树形图最底层项目的交叉的地方放置矩阵元素,元素表示行指标与列指标之间的关系,用一定的符号表示。例如,用◎代表强关系,分值为 9;○代表中等关系,分值为 3;△代表弱关系,分值为 1;空格代表无关系,分值为 0。

(6) 技术的重要程度矩阵中每一项功能特性的重要度是反映该项功能对满足用户需求的重要程度。它的计算式为:$⑥_j = \sum ⑤_i \times ③_i$。

式中,j——产品功能特性中的第 j 列特性,如有 n 项产品功能特性($j=1,2,\cdots,n$);

i——用户需求中的第 i 行需求,如用户需求有 m 项($i=1,2,\cdots,m$)。

(7) 在质量屋的上方有一个三角形的特性—特性影响矩阵,也称屋顶矩阵,用来表示产品各项特性之间的关系。一个特性的改变通常会引起其他特性的改善或劣化。一项特性与另一项特性的相互影响,存在四种关系,即强正相关、弱正相关、强负相关和弱负相关,在图中对应的常用●、○、▲和△四种符号来表示。当要提高或改变一项功能特性的时候,可利用特性关系矩阵了解其变化会对其他特性带来什么样的影响,以免顾此失彼,力求产品的功能配置在总体上获得一个满意的方案。

(8) 第八部分是功能特性的目标值,即根据前面的 7 步分析,对产品各项功能特性的具体技术指标提出的具体要求。

3. 质量屋的实例分析

下面用一个简单产品(蜡烛)的质量屋来说明 QFD 方法。

如图 8-6 所示,质量屋的左边是用户需求,从审美、亮度、使用方便性及工作效率等方面提出了外观形状、火焰大小、不滴蜡、无烟和燃烧时间长六项要求。这些需求对于用户的重要程度,通过市场调研、问卷调查等得到质量屋右边"用户需求重要度"矩阵中的各项得分。企业通过与竞争对手制造商 A 和制造商 B 的产品质量对比,提出企业的产品质量改进目标。根据企业的产品质量现状与目标之间的差距,即改进率的大小和竞争力度(竞争的激烈程度)给每项用户需求打分。现有产品在顾客需求"视觉上有吸引力"方面得到 9 分,强于两个竞争对手的 8 分,未来产品定为 9 分,没有改进的要求。企业现有产品在"不滴蜡"方面得 8 分,虽然满足并超过顾客需求重要性的 4.6 分,但是弱于竞争对手制造商 B 的 10 分,企业将未来产品设定为 9 分,并认为竞争对手 B 的产品功能远远超过了顾客需求,属于质量过剩。

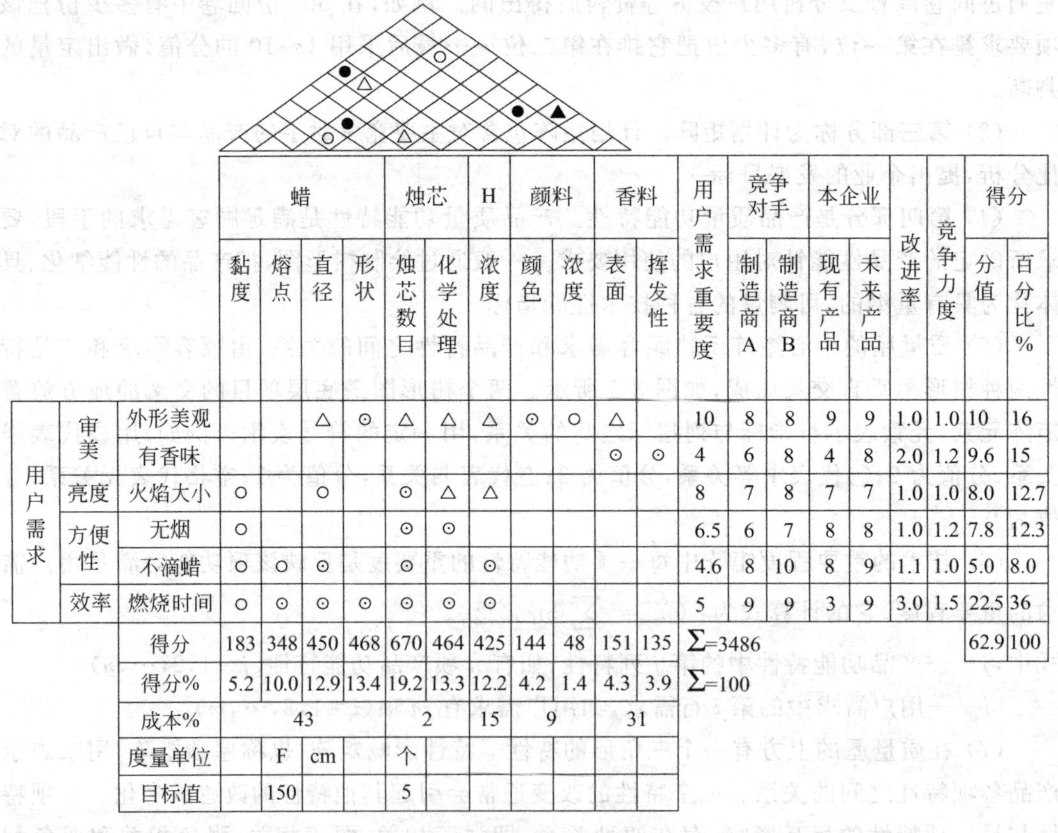

			蜡				烛芯		H	颜料		香料		用户需求重要度	竞争对手		本企业		改进率	竞争力度	得分	
			黏度	熔点	直径	形状	烛芯数目	化学处理	浓度	颜色	浓度	表面	挥发性		制造商A	制造商B	现有产品	未来产品			分值	百分比%
用户需求	审美	外形美观			△	⊙	△	△	△	⊙	○	△		10	8	8	9	9	1.0	1.0	10	16
		有香味										⊙	⊙	4	6	8	4	8	2.0	1.2	9.6	15
	亮度	火焰大小	○		○		⊙	△	△					8	7	8	7	7	1.0	1.0	8.0	12.7
	方便性	无烟	○				⊙	⊙						6.5	6	7	8	8	1.0	1.2	7.8	12.3
		不滴蜡	○	○	⊙		⊙		⊙					4.6	8	10	8	9	1.1	1.0	5.0	8.0
	效率	燃烧时间	○	⊙	⊙	⊙	⊙	⊙	⊙					5	9	9	3	9	3.0	1.5	22.5	36
		得分	183	348	450	468	670	464	425	144	48	151	135	Σ=3486							62.9	100
		得分%	5.2	10.0	12.9	13.4	19.2	13.3	12.2	4.2	1.4	4.3	3.9	Σ=100								
		成本%	43				2		15	9		31										
		度量单位		F	cm		个															
		目标值		150			5															

图 8-6 蜡烛产品功能特性质量屋

计划矩阵的第 5 列为"改进率",改进率=未来值/现在值。本例中,顾客需求"有香味"改进率为 4(8/2),顾客需求"燃烧时间长"的改进率为 3(9/3)。这些都是对现有产品需作重大改进的地方。计划矩阵中各项用户需求的最后得分,可计算如下。

例如,"火焰大小"用户需求的重要度为 4,改进率为 2.0,竞争力度为 1.2(竞争力度

1.0 为一般，1.2 为中等，1.5 为激烈），此项得分为 4×2.0×1.2＝9.6。总分值为 62.9。计算每项用户需求的得分占总分的百分比，得到每项需求重要度得分的相对值。火焰这一项的相对值为 9.6÷62.9＝15%，其他各项依此类推。

质量功能矩阵对于蜡烛产品列出了蜡的黏度、熔点，蜡烛的直径、形状，烛芯的数目、烛芯的处理，香料的挥发性等 11 项功能特性。每一项功能特性与每一项用户需求在质量屋中心矩阵中的交叉位置上，用符号⊙、○、△表示两者的相关程度。⊙表示强相关，打 9 分；○表示中等相关，打 3 分；△表示弱相关，打 1 分。交叉位置上空白无符号者表示不相关，打 0 分。

质量屋的顶部呈三角形的部分反映功能特性之间的相互影响。例如，烛芯数目与蜡烛直径之间呈强正相关，用●表示。烛芯数目越多，蜡烛的直径就越大。烛芯的数目与烛芯的处理之间呈弱负相关，用△表示。在保持亮度不变的条件下，烛芯处理越好，烛芯的数目可以相应减少。

通过第一阶段的质量屋，应使产品开发设计人员明确哪些功能特性的重要程度最高，哪些次之，以便区别对待，合理配置开发设计力量，保证重点。每一项功能特性的重要性按下面的方法计算。

例如，计算“烛芯数目”重要程度的得分。

烛芯数目与用户需求有五项相关（见图 8-6 的中心矩阵），除与外形美观呈弱相关外，与其他 4 项均呈强相关。按 $⑥_j = \sum ⑤_i \times ③_i$，$j$ 表示功能特性中烛芯数目这一列；i 表示用户需求中与烛芯数目有关的各行需求

烛芯数目的得分＝3×16＋9×12.7＋9×12.4＋9×8.0＋9×36＝669.9，取 670。得分的相对值为 670÷3 486＝19.2%，这一数值表示烛芯数目在蜡烛设计中的重要程度。

从这个例子来看，烛芯的数目、烛芯的处理、蜡烛的直径和形状，以及蜡的熔点等项的得分最多，在设计时应给予更多的关注。

在第一阶段的质量屋完成以后，可以得到产品各项功能的设计目标值。在进行第二阶段的质量屋（零部件功能质量屋）时，将第一阶段质量屋中的列变成第二阶段质量屋的行。第一阶段确定的产品各项功能的目标值，成为驱动零部件质量屋的“用户需求”。按此步骤运作第三和第四阶段的质量屋，直至完成全过程。

四、价值工程

价值工程（value engineering，VE），又称价值分析（value analysis，VA），是美国通用电气公司工程师麦尔斯在 1947 年首先提出的。麦尔斯从研究材料的代用问题中总结出了一套在保证获得同样功能的前提下降低成本的科学分析方法，当时称为价值分析。后来该方法被广泛应用于新产品开发、老产品改进、材料选用和工程建设等领域，取得了显著效果。1954 年美国海军舰船局制定了一套价值分析程序，并命名为价值工程。价值工程是一种以提高产品附加价值为目标的定量分析方法，是被广泛应用的现代管理技术。

(一) 价值工程的基本概念

1. 价值

价值工程中的"价值"不同于政治经济学和人文科学中有关价值的概念,它是指投入与产出或效用与费用的比值。在价值工程中,价值采用以下公式来表达它与功能、成本的相互关系:

$$V = \frac{F}{C}$$

式中,V——价值;F——功能;C——成本。

2. 功能

功能是指系统(产品)所具有的特定用途和使用价值,是构成系统本质的核心内容。人们购买产品是为了获得它的功能,而不是获得产品本身。例如,购买电视机是要获得收看电视节目的功能,而不是买它的机壳、线路和元器件。只要能实现收视节目的功能要求,电视机可以采用多种多样的技术结构。因此,不同的产品只要具有人们所需的功能,其式样、形状、结构、材料都是可以变化的。

一个产品可以具有多种功能。为了进行功能分析,可以从多种角度对功能进行分类。按用户需求分类,产品功能可分为必要功能、不足功能、过剩功能。按功能的重要程度分类,产品功能可分为基本功能和辅助功能。基本功能是决定产品存在的基础,是用户购买产品的直接目的。辅助功能是附加给产品的功能。例如,手表的基本功能是指示时间,防震、防水是辅助功能。按功能性质分类,产品功能可分为使用功能和外观功能。

3. 成本

价值工程中的成本是指产品的生命周期成本,即在产品的生命周期内发生的全部费用,既包括产品前期阶段研制、设计、制造、实验、销售的费用,又包括使用、保养、维修、能耗、保险、报废等使用阶段的费用。产品生命周期成本与产品功能有内在的联系,研制开发费用通常随产品功能的提高而增大,而使用费用则随功能的完善而下降。根据一般情况,前期阶段如果过于强调降低制造费用,造成质量下降,会引起使用阶段的费用上升,最终造成生命周期成本升高。因此,采用生命周期成本才能全面分析产品的成本水平。

(二) 价值工程的基本原理

价值工程是要求以最低的生命周期成本,可靠地实现必要的功能。它侧重对产品或作业进行有组织的功能分析活动。

价值工程的主要特点如下。

(1) 价值工程采取多种途径来提高价值,既不是单纯强调产品的功能,也不是片面地要求降低成本,而是致力于提高两者的比值。根据 VE 的基本公式,提高价值的途径有下面几种。

① 功能不变,成本降低。

$$V\uparrow = \frac{F}{C\downarrow}$$

② 功能提高，成本不变。

$$V\uparrow = \frac{F\uparrow}{C}$$

③ 功能提高，成本降低。

$$V\uparrow = \frac{F\uparrow}{C\downarrow}$$

④ 功能大幅提高，成本略有提高。

$$V\uparrow = \frac{F\uparrow\uparrow}{C\uparrow}$$

⑤ 功能略有下降，成本大幅下降。

$$V\uparrow = \frac{F\downarrow}{C\downarrow\downarrow}$$

(2) 价值工程以功能分析为核心。功能分析是 VE 活动中的一个重要手段，它针对产品及其零部件，系统地分析和比较它们的功能，去除不必要的功能和过剩功能，改善必要功能，从而达到以最少的成本可靠地实现必要功能的目的。

(3) 价值工程强调有组织地运用集体智慧。开展 VE 涉及研究、设计、制造、物资供应、财务、销售等部门，需要各种专业人员的经验和智慧，相互协作，博采众长，才能获得成功。

价值工程在新产品开发设计中应用的潜力很大，并可带来良好的经济效果。这是由于以下几个方面的原因。

(1) 在新产品设计中，往往容易只注重技术方面的开发和强调速度，而忽视成本因素。但如前所述，成本的高低主要取决于这一阶段。所以在这一阶段通过价值工程活动，引起对成本的重视，进而致力于成本的降低是很有意义的。

(2) 在分头进行设计的情况下，容易产生设计人员各自只考虑自己承担的那一部分的倾向，带有片面性，从而造成在某一局部看来很经济，但从总体看来并不合理、并不经济的现象。有的在材料选用和产品结构上实现了最经济的方案，但带来了使用、保养、维修等其他方面费用的增加等。通过价值工程活动可以克服这种片面性，避免不应有的浪费。

(3) 开发新产品所需要的专门知识分散在各种专业的人员中，设计人员或其他人员不可能对各方面都熟悉或精通。如果把各方面的人员组织起来开展价值工程活动，集思广益，就可以解决许多原来某一专业方面的人员难以单独解决的问题。

在新产品设计中应用价值工程的目的，是要设计出既能保证所需的特定功能，又能降低产品的生命周期成本的新产品。这就需要对设计对象的功能和成本进行认真的研究，以便从设计上既提高产品的功能、质量，又降低产品的成本。

(三) 价值工程的工作程序

价值工程的应用就是对分析对象进行研究，找出功能和成本上存在的问题，提出可行的解决方案。其一般程序如下。

1. 选择对象

从产品的设计、制造工艺、销售、成本等方面考虑，选择那些在企业经营上有迫切性，在改进功能、降低成本和提高经济效益上有较大潜力的产品或产品的一部分作为 VE 活动对象。在设计过程中的具体做法是：①选择对产品造价影响最大的部分；②选择结构较复杂的零部件或产品；③选择体积大、重量重、用料多的零部件或产品。为了便于抓住重点，可采用 ABC 分析法进行分析和选择。

2. 收集情报

价值工程所需要的情报资料是多方面的，包括产品的技术、经济、生产和销售等方面。通过情报的收集，发现和分析对象存在的问题，确定这些问题的性质和程度，以寻求改进的方法。

3. 功能分析

功能分析是 VE 活动的核心。通过功能分析，确定分析对象的功能和成本，进而计算其价值。功能分析包括功能定义、功能分类、功能整理和功能评价等内容。通过对产品的功能分析，明确每个产品或产品的每个零部件的基本功能是什么，辅助功能是什么，哪些功能是必要的，哪些功能是可有可无的，哪些功能是多余的，等等。这样可以使设计人员对结构的思考转变为对功能的思考，有助于设想、构思零部件的结构，并正确掌握这些产品或零部件的功能范围。在此基础上，重新审议所设计的产品或零部件，以确定其所要实现的必需的功能。

功能分析应该把功能分得很细，这样容易找出问题，找出降低成本的有效方案。要完成某一项功能，往往可以提出几种设计方案，每一种设计的零部件又可以提出用几种材料去制造，每一种材料又可以提出几种加工方法等。通过这样的分析，可以使思路扩大，找到各种可能的方案。

4. 提出改进方案

提出实现某种功能的各种设想，并将设想的各种方案具体化。

5. 方案评价

从技术和经济的角度，对上面提出的各种方案进行分析和评价，从中选出最佳方案。

6. 方案验证

为确保所选方案的可行性，通过试验来确定方案的结构和条件是否合理，最后根据试验结果决定是否采用该方案。

7. 实施和评价 VE 活动成果

VE 活动的整个过程是一个发现问题、分析问题和解决问题的过程。针对所研究的对象，按照一定的逻辑相继提出 7 个问题，回答这些问题构成了 VE 的基本工作程序。它是由分析、综合、评价这 3 个阶段和 12 个具体步骤组成的，如表 8-4 所示。

(四) 开展 VE 活动的主要方法

1. 功能分析法

功能分析是 VE 活动的核心，它是对已经选定的对象进行系统的功能分析，找出需要进行功能改善的主要问题。功能分析要明确功能要求，进行功能定义、功能整理和功能评价等步骤。

表 8-4　价值工程的工作程序

阶段	价值工程实施步骤		提出问题
	基本步骤	详细步骤	
分析	1. 功能定义	1. 选择对象	1. 这是什么？
		2. 收集情报	
		3. 功能定义	2. 它的功能是什么？
		4. 功能整理	
	2. 功能评价	5. 功能成本分析	3. 它的成本是多少？
		6. 功能评价	4. 它的价值是多少？
		7. 确定对象范围	
综合	3. 制订改进方案	8. 创造	5. 有无替代方案能实现同样的功能？
评价		9. 概略评价	6. 新方案能满足功能要求吗？ 7. 新方案的成本是多少？
		10. 具体化调查	
		11. 详细评价	
		12. 提案	

（1）明确功能要求。通过调查，从整体上明确选定的对象应具备什么功能及功能应达到的水平。这些要求的功能主要应来自用户的需求，同时还应考虑企业的设计、经营、生产等方面的条件和外部环境条件的制约。

（2）功能定义。功能定义是用简明准确的语言描述产品或零部件的功能，即给功能下定义。通常用一个动词和一个名词组成的动宾词组来描述，如：

（对象）	（动词）	（名词）
钟表的功能是	指示	时间
桌腿的功能是	支撑	重量
传动轴的功能是	传递	扭矩
润滑剂的功能是	减少	摩擦

对功能下定义的目的在于明确功能，便于下一步进行功能整理，找出实现功能的最佳方式。进行功能定义，应注意以下几点。

① 要简明贴切。在功能定义的过程中，很多对象需要花费很大的气力才能找到确切的定义，因为功能作为事物的本质往往隐藏在后面。要深入研究选定的对象，在熟悉产品的基础上开展集体讨论，准确回答“它的功能是什么”，力求贴切。

② 要适当抽象。功能定义的动词要尽量抽象，使用能扩大思路的词汇，以启发人们创造新方案。例如，某机床厂拟对钻床进行改进，钻床的功能可以定义为“钻孔”，这一定义使其实现手段被局限于使用钻头钻孔。如果采用“做孔”的定义，其实现手段除用钻头钻孔外，还可以有铸造、冲孔、电加工、激光打孔等，扩展了人们解决问题的思路。

③ 要尽可能地定量化。功能定义的名词要尽量使用可以换算成数量的词汇。例如，

煤气炉的功能可以定义为提供火源,也可以定义为提供热能,二者比较,提供热能更为确切,因为热能更便于使用现成的计量单位——卡,易于测定。

(3) 功能整理。功能整理的目的是搞清楚哪些是基本功能,哪些是辅助功能,哪些功能是必要的,哪些属于不必要的功能。还要搞清楚功能之间的相互关系,它们是从属关系,还是并列关系,等等。

一个产品可以有很多功能,根据功能之间的相互关系,依照"目的——手段"的逻辑进行排列,绘制树形的"功能系统图",如图 8-7 所示。

进行功能整理,一般分为以下三个步骤。

① 选出基本功能,排列在最左端,称之为上位功能。

② 逐个明确功能之间的相互关系,是上下位关系还是并列关系。在功能系统中,上位功能是目的,下位功能是手段。目的和手段又是相对的,一个功能对它的上位功能来说是手段,对它的下位功能就是目的。例如,以保温瓶的功能为例,其功能系统图如图 8-8 所示。

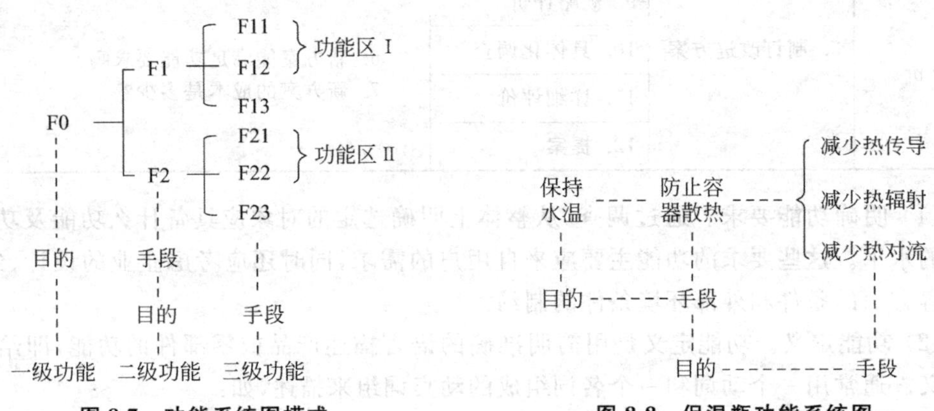

图 8-7 功能系统图模式 **图 8-8 保温瓶功能系统图**

并列关系是指有些功能处于同等关系,都是实现同一目的而必须具备的手段。在上位功能之后,往往存在几个并列的功能。这些并列功能又可能各自形成一个功能子系统,构成一个或几个功能区域,称为"功能区"。

③ 绘制功能系统图,按上位功能在左、下位功能在右的顺序排列,如图 8-8 所示。把功能系统图与相应的产品及零部件的功能进行比较,找出和排除不必要的功能,补充不足的功能。一般来说,有时零部件的某些功能在系统图上找不到相应的目的,也就是说这些功能常常是不必要的功能。有时也可能是定义表述不当,需要修改定义。

价值分析的一个重要的观点是"目的是主要的,手段是可以广泛选择的"。利用功能系统图,根据系统图中功能的顺序一个个地进行分析。从每个上位功能出发,抛开原有的手段,设想实现这一功能的各种途径,以便得到更好的方案。在功能系统中,越是上位功能,解决问题的范围就越广泛,容易提出较多方案,彻底改进的可能性也越大,往往能产生比较重大的创新发明。当然,改进上位功能的困难也较大,花费的时间和费用较多。下位功能比较具体,易受现行方案的限制,只能产生改良性的措施,但是难度和风险小,容易实现。

(4) 功能评价。功能评价就是定量地计算功能的价值。用 $V=F/C$ 这个公式分别计算各个功能的价值系数,找出价值低的功能(或功能区域),以便采取改进措施。功能评价的关键是确定功能值 F,把功能设定为可以与成本统一核算的单位。一般采用功能成本法和功能评价系数法进行评价。

① 功能成本法。功能成本法又称功能评价值法,是用功能的绝对值,即将功能转换为实现功能的最低成本(或目标成本)来表示,以此计算价值系数。价值系数的公式转化为

$$价值系数(V_i) = 功能的目标成本(C_a) / 功能的目前成本(C_o)$$

功能成本法的基本程序如下。

第一步,计算功能目前成本。将产品零部件的目前成本转换为功能目前成本。每个零部件都有几种功能,按每个功能的重要程度分摊零部件的目前成本,最后累计为功能的目前成本,如表 8-5 所示。

第二步,确定功能的最低成本(目标成本)。设定适当的目标成本是为了评价产品或零部件功能的价值,需要先确立一个实现某一功能的目标成本(最低费用),用目标成本与实际成本的比值作为评价各种方案的一个指标。确定功能目标成本的方法有下面几种。

表 8-5　功能目前成本表

序号	零件名称	零件目前成本/元	功能领域/元			
			F_1	F_2	F_3	F_4
1	A	100				100
2	B	350	250		100	
3	C	150		50	50	50
4	D	100				100
合　计		C_0 700	C_{01} 250	C_{02} 50	C_{03} 150	C_{04} 250

- 经验估计法,集中价值分析人员的经验和可能掌握的技术情报,设想出尽可能多的实现产品功能的方案,预测各方案的成本,从中选出最低者作为目标成本(功能评价值);
- 理论计算法,通过实现功能的各种技术和工程的计算公式,确定实现功能所必需的成本,作为功能评价值;
- 实际调查法,采用社会上已有的同类产品的最低成本作为目标成本。

设定产品的目标成本的具体做法是:考虑产品售价与成本的关系,确定能获得适当利润的成本额,然后定为一个大致的目标,由此得出降低成本的目标额;确定设计在降低成本目标额中所分担的比例;研究通过设计降低成本的可能性,调整并最后决定目标成本。

产品目标成本设定之后,应参考类似产品的成本构成,按零部件的功能评价系数将目标成本分配给各个零部件,使设计人员在设计过程中明确各零部件所要达到的具体成本目标。

第三步,计算功能价值系数,确定重点功能改进对象。根据公式计算每个功能的价值系数,其结果可能有三种情况:如果 $V=1$,表明实现该功能的目前成本与目标成本想适应,处于理想状态;如果 $V<1$,表明该功能的目前成本高于目标成本,应作为功能改进的对象,降低目前成本,使 V 趋近于 1,结合计算成本降低幅度,把成本降低幅度大的功能作为重点改进对象;如果 $V>1$,表明用较少的成本实现了规定的功能,可保持目前状况,或在成本允许的条件下,适当提高其功能。

② 功能评价系数法。功能评价系数法的特点是将功能计算出相对系数,与成本系数比较,其计算公式为

$$价值系数(V_i) = 功能系数(F_i) / 成本系数(C_i)$$

功能成本法的基本程序如下。

第一步,确定功能系数。确定功能系数有强制决定法、最合适区域法、基点分析法、平均先进分值法等,本节主要介绍强制决定法。这种方法也称 FD(forced decision)法或 0～1 评分法。首先将分析对象(部件、零件或功能单元)列在表上,如表 8-6 所示。表中第一列的 A、B、C、D、E、F 代表各个分析对象,然后按照功能的重要程度一对一比较,比之重要者打 1 分,不如者打 0 分,把每一行的分值相加,计算功能得分和得分总和,然后计算功能系数,见表 8-6。计算的公式为

$$功能系数(F_i) = 功能单元得分(f_i) / 得分总和\left(\sum f_i\right)$$

表 8-6 功能评价系数表

零件名称	A	B	C	D	E	F	功能得分	功能评价系数
A	×	1	0	1	1	1	4	0.27
B	0	×	0	1	1	1	3	0.20
C	1	1	×	1	1	1	5	0.33
D	0	0	0	×	1	1	2	0.13
E	0	0	0	0	×	0	0	0
F	0	0	0	0	1	×	1	0.07
合计							15	1.00

第二步,计算成本系数。查出各个零件的目前成本,相加后得到成本总和,然后用成本总和分别去除各零件的单项成本,得到该零件的成本系数。计算公式为

$$成本系数(C_i) = 功能单元成本得分(c_i) / 成本总和\left(\sum c_i\right)$$

第三步,计算价值系数,确定重点改进对象。功能的价值系数可能有三种情况:如果 $V=1$,表明实现该功能的目前成本与最低成本相适应,处于理想状态;如果 $V<1$,表明该功能的目前成本高于最低成本,应作为功能改进对象,要降低目前成本,使 V 趋近于 1,结合计算成本降低幅度,把成本降低幅度大的功能作为重点改进对象;如果 $V>1$,表明用较少的成本实现了规定的功能,可保持目前的状况,或在成本允许的条件下,适当提高其功能。某分析对象的价值系数计算如表 8-7 所示,预计成本 200 元是分析者通过市场调查预测确定的。分析结果,功能单元 B、D、E 作为功能改进对象,选择单元 B 为重点改进对象。

表 8-7　零部件成本系数和价值系数表

主要零件名称	功能评价系数	现实成本/元	成本系数	价值系数	按功能评价系数分配的目标成本/元	成本应降低的幅度/元
	①	②	$③=\frac{②}{200}$	$④=\frac{①}{③}$	⑤=200×①	⑥=②-⑤
A	0.27	54	0.27	1.0	54	—
B	0.20	80	0.4	0.5	40	40
C	0.33	20	0.1	3.3	66	—
D	0.13	32	0.16	0.8	26	6
E	0	4	0.02	0	0	4
F	0.07	10	0.05	1.4	14	—
合计	1.00	200	1.00	—	200	50

2. 创新方法

开发新产品、改进老产品需要发挥人们的主观能动性和创造力，采用科学的创造方法。创造工程学提出了许多有价值的创造方法，管理者采用这些方法组织创新活动，可以提高创新活动的成功率，缩短开发新产品的时间。用这些方法培训员工，可以开发员工的创新潜能，提高企业的整体创新水平。下面简单介绍其中的一些方法。

(1) 智力激励法。智力激励法也称头脑风暴法(Brain Storming Method，BS 法)，是 1941 年由美国创造工程学奠基人奥斯本(A. F. Osborn)首创的。它是以小组提案会形式，创造一种发挥创造性想象的气氛，让参与者自由思考，并在别人的启发下产生联想。会议规定：对各种想法和建议不作评论、批评和指责；提倡自由奔放的思考，鼓励大胆设想和探索；鼓励与会者补充、完善和发展别人的看法；平等对待每一个人；不允许旁征博引和私下交谈；记录每一个构想，并置于醒目的地方。会议由熟悉议题，并善于启发归纳的人主持，参加者以 5～10 人为宜，会议气氛要融洽，时间不宜过长，最好维持在 1 小时左右。实践证明，用这种方法所提方案能比同样人数单独所提方案的数量增加 70%。

德国学者鲁尔巴赫在 BS 法的基础上提出了 635 表格法。这也是一种小组提案形式，小组由 6 人组成，在 5 分钟内，每个人根据议题在已经印制好的表格上填写 3 个构想，然后传给右邻的到会者。在第二个 5 分钟内，每个人参阅别人的设想，再填写 3 个新设想，继续传给右邻的到会者。这样半个小时可以传 6 次，产生 108 个设想。这种默写式智力激励法的优点是，避免争相发言，或不善言辞而遗漏新设想。

(2) 希望列举法。让人们对某产品的希望和要求提出大胆的设想，从大量想入非非的设想中，寻求优秀的新产品方案。

(3) 缺点列举法。用调查产品缺点的方法，请各界人士主动对产品的各个方面寻找不足之处，以此提出改进产品或新型产品的方案。

(4) 联想发明法。根据联想思维的特点，让人们进行多方面的联想，引发一系列的概念(词汇)，然后进行组合，形成新产品。

(5) 逆向思维发明法。逆向思维是从事物相反的方向、相反的角度、相反的程序、相反的原理、相反的运动形式进行思考，从而启发人们解决问题的新思路、新设想。

(6) 模仿发明法。人们模仿鸟制造飞机，模仿鱼改进船，通过模仿其他事物的优秀部分来研制新产品。有人通过显微镜观察香蕉皮,发现它由几百个薄层构成,层与层之间产生滑动。因此,有人推断具有类似结构的物质可以作为优异的润滑剂。通过努力,人们发现了二氧化钼的结构类似香蕉皮,具有极薄的层结构,润滑性是香蕉皮的200万倍,又耐高温,从而发明了这种良好的耐热性润滑剂。

(7) 检核表法。通过对具体对象编制一系列严密的提问,把应考虑的问题尽可能详尽地列出来,在(VE)活动中针对这些问题一一进行检查,对所列问题的各个方面都进行认真考虑,并寻求满意的解答。通过上述活动发现问题,寻找改进对象的新方法。最有名、最常用的奥斯本检核表共设9项内容:①是否有其他用途;②是否能够应用其他设想;③是否可以修正改变;④是否可以扩大增加;⑤是否可以缩小减少;⑥是否可以代用;⑦是否可以重新排列;⑧是否可以颠倒;⑨是否可以组合。每项内容还需要进一步的追问,使之明确化、具体化。

(8) 专利发明法。通过对大量专利文献进行调查、统计分析,从中寻求启示,开发新产品。

思考题

1. 为什么如今在我国转变经济发展方式已是刻不容缓的了?转变经济发展方式主要应依靠什么?

2. 为什么要强调“提高自主创新能力,建设创新型国家”?怎样才能提高自主创新能力,使我国从制造大国转变为创新型大国?

3. 试述自主创新的内涵。创新有几种类型?技术引进与创新有什么关系?

4. 为什么要使企业成为技术研发和自主创新的主体?

5. 试述研发的分类及其特征。

6. 现代研发的主流已从以偶然发现为主,转变到了以有计划、有组织地进行为主,它的特点是什么?

7. 围绕企业的经营目标,如为了不断降低成本、为了扩大市场占有率、为了开拓新的事业领域,企业应开展哪些研发活动?

8. 企业的研发可采用哪几种方式?每种方式各有什么特点?

9. 企业的研发流程一般可分为哪几个阶段?为什么要在每个阶段之间和各阶段之中的流程里设置一系列的监控点和评审点?

10. 什么是技术开发?什么是产品开发?各有什么特点?为什么要把技术开发和产品开发分开进行?

11. 研发项目的可行性研究应该包含哪些内容?

12. 对研发成果的评价,一般分四个阶段进行,试述每一阶段评价的目的和内容。

13. 试述决定企业研发费用的方法有哪几种?请分析比较其优缺点。

14. 你认为搞好专利管理能对企业的研发发挥什么作用?

15. 什么是新产品?新产品的发展方向展现在哪些方面?

16. 试述新产品开发的两种动力模式,请分析其特点,并比较其优缺点。

17. 你认为企业制定新产品开发策略时，应着重考虑哪些方面？
18. 新产品的开发程序通常包含哪几个阶段？各阶段的工作重点是什么？
19. 什么是绿色产品？试述绿色产品的基本属性、环境属性和资源属性的内容。
20. 试述绿色设计的目标和主要要求。
21. 简述绿色设计包含的内容。
22. 绿色包装具有什么特点？
23. 现代扩大了的CAD系统常包含哪些内容？
24. CAD技术的集成化是指什么？
25. 与传统的串行设计相比，并行设计的主要特点和优点是什么？
26. 简述质量功能部署(QFD)的主要特点和内容。质量屋由哪八个部分组成？
27. 什么是价值工程？
28. 试述价值工程的基本原理。
29. 请说明价值工程的工作程序和实施步骤。
30. 试述价值工程中的功能成本法和功能评价系数法。

第九章

计划管理工作综述

计划管理是企业管理的首要职能。现代工业生产都是社会化大生产，企业内部的分工、协作十分精细和严密。任何一个单位离开了其他单位的协作配合，都无法单独完成企业的目标任务。企业需要通过统一的计划来组织、指挥和协调各部门、各单位的工作。计划就像乐队的乐谱，各种乐器只有在统一指挥下，按照乐谱的要求演奏，才能奏出一支和谐悦耳的乐曲。

本章将对企业的计划管理工作做总体说明，重点介绍企业年度综合计划和年度生产大纲的编制工作，以及不同生产类型生产作业计划的特点。

第一节　企业计划体系

一、企业计划体系的层次和内容

一个现代企业需要编制各种各样的计划来组织和指挥其生产经营活动。企业的各种计划一般可以分为战略层、战术层和作业层三个层次。这三个层次的计划构成一个完整的计划体系。

战略层计划是指企业的长远发展规划，一般涉及企业的产品发展方向、企业发展规模、技术发展水平、企业发展的组织形式、人才资源规划等。其规划的时间跨度常在3～5年及以上。古人云："人无远虑，必有近忧。"在技术进步日新月异、市场需求瞬息万变的今天，企业若不对未来的市场环境认真地进行预测分析，不对自己的明天进行很好的规划，目光短浅，一旦社会环境发生某些变化，在竞争十分激烈的情况下，必然会措手不及，难以适应，危及生存。因此，制定企业的长远发展规划是企业计划管理工作的重要组成部分。

战术层计划主要是企业的年度综合计划，包括企业的经营计划和各职能部门的工作计划，如生产计划、财务计划、物资供应计划、销售计划、劳动工资计划等。战术层计划与战略层计划的最大不同是：制订战术层计划的依据是，计划的实现主要依赖企业现有的生产资源条件；而战略层计划则不受现有资源条件的限制，制定长远发展规划的主要依据是企业发展的需要，是企业未来要实现的目标。若现有条件还有这样或那样的不足，战略规划的任务就是规划如何创造条件设法实现企业的目标。

作业层计划是对企业日常生产经营活动所作的安排。战术层计划是确定计划期企业经营目标的纲领性计划。作业层计划则是战术层计划的执行性计划。它是企业年度综合计划的延续，是各项职能计划的细化和具体化。作业层计划内部还分多个层次，从时间上分，在年度计划以下，可以有季度计划、月度计划、周计划，以至每天每班的作业计划。从计划涉及的范围，则包括从整个企业到各分厂、各职能部门、各车间、工段，直至基层的班组和生产者个人的各个层次的计划。

上述三个层次的计划，构成计划管理的企业计划体系。计划管理是一个确定目标、分配资源和组织计划实施的过程，通常包含四个环节：①明确目标，编制计划；②合理配置资源，组织实施计划；③检查计划完成情况，根据发展变化的情况，修改调整计划和拟订必要的措施；④评价与考核计划执行的结果。上述三个层次的计划，在计划管理上其管理过程是大体相同的。

基于课程的分工，本书着重介绍企业年度综合计划中的生产计划和生产作业计划。

二、企业年度综合计划

企业年度综合计划是确定计划年度企业生产经营活动各项指标的重要计划。它是由企业的年度经营目标和一系列职能计划经过综合平衡以后形成的整体计划。它承上启下，是把企业发展战略规划转化为具体的执行性计划——作业计划，它是两者的连接纽带。企业年度综合计划是所有企业进行计划管理不可缺少的一种计划形式。它的组成内容，虽因行业特点、生产类型、企业规模等的不同而略有出入，但是其主要的功能和形式大体相同。图 9-1 给出了一种较典型的企业年度综合计划。

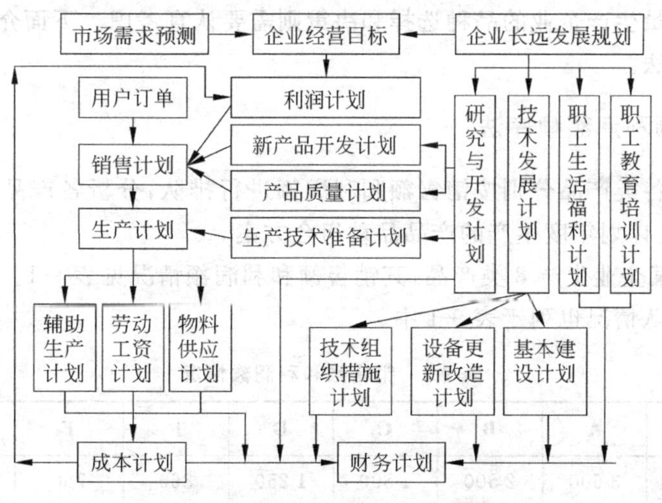

图 9-1　企业年度综合计划示意图

根据企业长远发展规划的要求和市场需求情况的预测，制定计划年度企业的经营目标。经营目标集中体现在企业的利润计划上，因为企业想要实现的一切目标都需要有资金支持。除此以外，保持员工队伍旺盛的士气和不断提高员工的素质，是企业克服各种困难、具有强大竞争力的最重要的基础。因此，提高员工工资福利待遇计划和教育培训计划应纳入企业的年度经营目标。不断推出符合顾客需要的新产品，不断进行技术改造，也是一个现代企业得以生存和发展的重要条件。因此，企业的技术发展计划和新产品研制开发计划在企业年度综合计划中应处于重要的位置。

由利润计划对企业计划期的销售额提出要求,以销定产,由销售计划决定生产计划。由生产计划决定物资供应计划、劳动工资计划和辅助生产计划。同时,物资供应和劳动力资源又制约企业的生产能力和计划期的生产量,生产又制约销售。生产决定成本,成本制约利润。以上各个计划既相互依存,又相互制约。所以年度综合计划的编制过程是各个计划反复协调和平衡的过程。只有各项计划指标之间达到了平衡,综合计划才算编制完成。

第二节　年度生产计划的编制

年度生产计划是年度综合计划的重要组成部分。它是决定企业生产经营活动的重要的纲领性计划,很多企业称之为生产大纲。它要确定企业在计划年度内生产哪些产品,各个品种生产的数量和要达到的质量水平,计划年度应完成的总产值和商品产值,并规定各类产品的交货期。编制生产计划的主要任务,就是对品种指标、产量指标、质量指标和产值指标等计划指标的水平做出正确的决策。

一、产品品种组合决策

大量大批生产类型的企业,品种比较单纯而且相对稳定,所以品种的选择和决策比较简单。多品种批量生产企业的品种选择和决策则需要认真考虑。下面介绍编制品种计划时的几种决策方法。

(一) 销售额利润额顺序法

本法通过对各类产品分别按销售额和利润额进行排队,分析各产品对企业贡献的大小,来决定企业在计划年度生产的产品品种组合方案。

例 9.1　设某企业生产 8 类产品,其销售额和利润额情况见表 9-1。按销售额大小和利润额大小的排队情况也列于表 9-1 中。

表 9-1　销售额和利润额情况

		A	B	C	D	E	F	G	H
销售收入	万元	3 600	2 500	1 800	1 250	860	760	700	540
	顺序	1	2	3	4	5	6	7	8
利润额	万元	350	168	360	74	86	28	170	32
	顺序	2	4	1	6	5	8	3	7
销售利润率	%	9.7	6.7	20	6.2	10	3.7	24.3	5.9
	排序	4	5	2	6	3	8	1	7

从图 9-2 可以直观地看到各产品对企业的贡献情况。销售额排前 4 位的 A、B、C、

D是企业销售收入的主要来源，是企业的主导产品。但是它们的利润排名与销售额的排名并不一致。C产品的销售额居第三，而利润额居第一，它是给企业创造利润最多的产品。由此应研究扩大C产品的销售额的可能性。应分析限制C产品扩大销售额的因素，是生产能力不足，还是促销的力度不够，以便对症下药，采取措施，进一步提高C产品的作用。

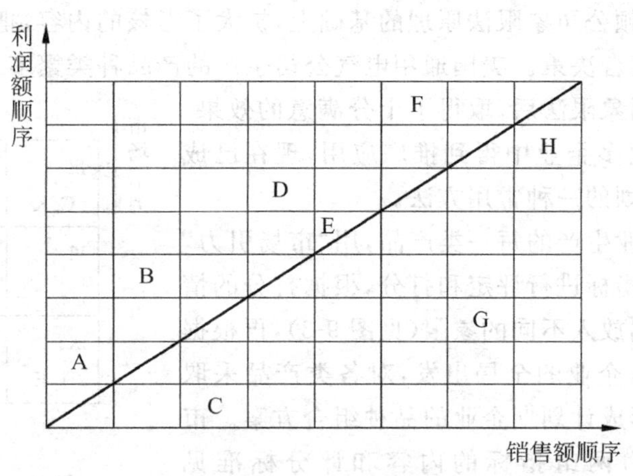

图 9-2 销售额、利润额顺序图

A、B、D产品位于图中对角线的上方，其销售额虽都不小，但利润额相对偏低，低于企业的平均水平。应通过分析找出利润偏低的原因。一种情况可能是成本偏高；另一种情况是由于市场已趋饱和，竞争过于激烈，售价提不上去，成本又难以压低。对于前一种情况，应采取措施通过降低成本来挖潜。对于后一种情况，如无出奇制胜、超过竞争对手的良策，则应考虑是否转移。例如，把生产D或B占用的一部分资源撤出，转投C，以扩大C的生产能力，提高C的产量，以及用于增加对C产品的市场开拓和促销工作的投入。

图9-2中处于对角线下方的产品，其利润额的排位都高于平均值，说明盈利性好，是企业应该积极发展的产品。如图中的G产品，销售额排第七，而利润额排第二，因此G产品应是计划期企业重点发展的品种。

还有图中的F和H产品，它们的销售额和利润额都不大，不是企业的主导产品。但是也要很好地分析它们的情况，对不同的情况要区别对待。例如，F产品是一种老产品，并且已进入产品生命周期的衰退期，所以市场份额无望扩大，盈利水平也很难提高，企业对它不仅不宜增加投入，而且应着手做撤退的准备。相反，H如果是一个刚开发、刚投入市场的新产品，目前它的销售量不大，利润率很低，甚至赔钱，但是它有良好的发展前景。这时企业应加强对它的扶植，将其他产品赚来的钱投在它身上，使它能更快地成长，以便早日成为企业的主导产品。这就是在编制品种计划时要考虑的品种组合方案。要从企业的全局、企业的发展着眼，而不是局限于眼前某一种产品的盈亏得失，进行品种组合方案的决策。

从销售利润率看，G居首位，C排第二，E排第三，而A和B要排到第四和第五。但是在G和E的生产量和销售量没有扩大以前，它们对企业的贡献是有限的。而A和B

当前对企业则具有现实的重要意义。所以在进行产品组合决策时,在资源的分配上必须分清主次,保证主导产品的产量和销售额。

(二) 象限法

象限法是美国波士顿咨询公司(Boston Consulting Group)首先提出的。美国通用电气公司在引用波士顿公司象限法原理的基础上,扩大了考核的内容,把四象限扩展为九象限,用于进行产品组合决策。美国通用电气公司生产的产品种类繁多,在产品组合决策上有相当的难度,采用象限法后,取得了十分满意的效果。因此,该法很快在很多企业中得到推广应用,现在已成为企业编制品种计划的一种常用方法。

象限法是对企业生产的每一类产品,用"市场引力"和"企业实力"两组指标进行评定和打分,根据打分的情况,把各个产品分别放入不同的象限(见图 9-3),再根据产品所在的象限,从企业的全局出发,对各类产品采取不同的对策,最后形成计划期企业的品种组合方案。市场引力和企业实力两组指标的内容和评分标准见表 9-2。

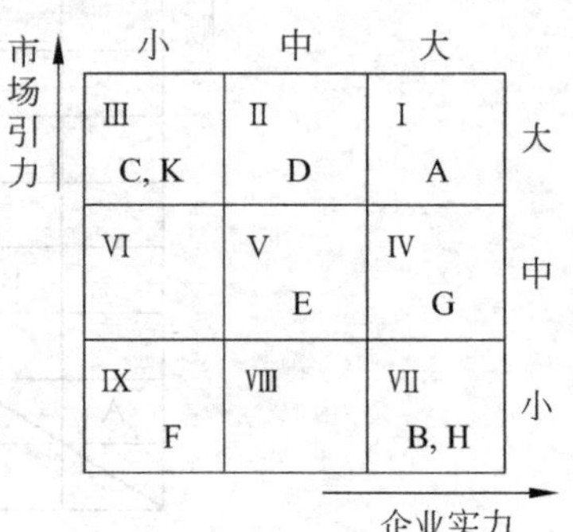

图 9-3 产品象限图

表 9-2 象限法的指标内容和评分标准

市场引力		企业实力	
指标内容	评分标准	指标内容	评分标准
1. 资金利润率		1. 生产能力	
30%以上	10	大	10
10%~30%	5	中	5
10%以下	1	小	1
2. 市场容量		2. 设计开发能力	
大	10	大	10
中	5	中	5
小	1	小	1
3. 对国计民生的影响程度		3. 销售能力	
大	10	大	10
中	5	中	5
小	1	小	1
4. 销售增长率		4. 市场占有率	
导入期	10	50%以上	10
成长期	7	30%~50%	7
成熟期	5	10%~30%	5
衰退期	1	10%以下	1

注:表中"资金利润率"和"市场占有率"两栏的评分标准应根据各行业的具体情况制定。例如,有的行业产品的资金利润率根本不可能超过 30%,同样,有些行业一种产品的市场占有率绝对不可能达到 30%~50%。因此指标的具体数值应根据实际情况制定。

象限法的操作步骤如下。

(1) 请一组专家对企业计划生产的每一类产品按表 9-2 中市场引力和企业实力的各项指标进行打分。

(2) 每一产品分别按市场引力和企业实力,汇总专家的打分。凡得分在 31 分以上的评为“大”,14～30 分为“中”,13 分以下的为“小”。因此每一产品都有两组得分。

(3) 根据产品的得分情况,将各产品分别放入相应的象限中。再根据产品所在的象限和其他外部条件,确定应采取的策略。对各象限中的产品所应采取的对策的一般性指导原则见表 9-3。

表 9-3　有关产品品种选择和投资对策

市场引力	企业实力		
	小	中	大
大	3. 分析风险,加强实力	2. 增加投入,增强实力	1. 努力保持优势
中	6. 有选择地适当投资	5. 维持现状	4. 保持现状,发挥优势
小	9. 有计划地撤出市场	8. 停止投资,准备撤退	7. 努力回收资金

(4) 根据企业的资源条件和竞争对手的情况,通盘考虑,确定计划期企业的产品组合方案。

例 9.2　某企业生产多种产品,经专家组打分评定,各产品的得分情况如表 9-4 所示。

表 9-4　各产品的得分情况

产品	市场引力					企业实力				
	资金利润率	销售增长率	市场容量	对国计民生的影响	总分	生产能力	销售能力	研发设计能力	市场占有率	总分
A	10	10	5	10	35	10	5	10	10	35
B	1	1	5	5	12	10	10	5	10	35
C	10	10	10	5	35	5	1	5	1	12
D	10	10	10	5	35	10	5	5	5	25
E	10	5	5	5	25	10	5	5	5	25
F	1	1	5	5	12	5	5	1	1	12
G	5	5	10	5	25	10	10	5	10	35
H	1	1	5	5	12	10	10	10	5	35
K	10	10	1	10	31	5	5	1	1	12

根据表 9-4 中各产品的得分情况,将各个产品分别放入相应的象限内,如 A 产品的市场引力得 35 分评为大,企业实力得 35 分也是大,放入第Ⅰ象限。B 产品的市场引力得 12 分评为小,企业实力得 35 分评为大,放入第Ⅶ象限(见图 9-3),依此类推。

在计划期内企业的人力、物力、资金总是有限的,因此在计划年度内企业在产品品种上如何发展,必须有所为、有所不为。根据图 9-3 中各产品在象限图内的分布,可以参考表 9-3 的一般原则,确定计划期企业的产品组合方案。例如,A 产品处于第Ⅰ象限,产品有良好的发展前景,企业又有较强的实力,显然应该保持这种优势。这里要说明的是市场引力大的产品,市场竞争必然激烈。企业今天虽然拥有某些优势,但是如果不继续增加投入,不断进行完善和提高,而是停滞不前,则在激烈的竞争中优势是很难保持的。

例如,在第Ⅸ象限的F产品,资金利润率、销售增长率都很低,发展的前景暗淡,而企业的实力又不强,如要维持这种产品的生产,不仅收益甚微,企业还需作相当的投入,因此这类产品应尽快撤出市场。

同是市场引力不佳,位于第Ⅶ象限的H产品,由于企业实力较强,则不一定采取撤退的策略。正是由于市场引力小,市场竞争的激烈程度也会小得多。企业如果能利用自己的优势作必要的投入,如改进产品设计,以延长产品的生命周期,可能会在相当长的一段时间内占有较大的市场份额,取得很好的经济效益。同在第Ⅶ象限的B产品,是否也采取和H产品相同的方针策略呢?则必须看看对于B产品,企业的优势在哪里。如果企业只有生产和销售上的优势,而技术力量不强,在产品的设计改进上不能有所作为,则不宜再增加投入,而应采取维持现行规模,加速资金回收的策略。由上可知,表9-3的一般指导原则可供参考,但不应成为死的教条,具体问题还须作具体分析。请结合本节的例子,对于同处第Ⅲ象限的C产品和K产品,分析对待它们的策略要不要有什么不同。

二、产量决策

在企业的生产方向——产品品种确定以后,应确定每一类产品的生产数量。由于受计划期企业生产能力的限制,在确定各产品的产量时,应分析计算计划期企业的生产能力与生产负荷,进行负荷与能力的平衡。这是生产计划编制的重要环节,直接影响企业生产能力的合理利用和经济效益的发挥。

(一) 盈亏平衡点法

盈亏平衡点法可以为我们提供一种产品保本产量的概念。应用盈亏平衡点法需要用到固定成本和变动成本的概念。所谓的固定成本,是指那些与生产量不直接相关的费用支出,如厂房、办公楼的折旧,厂部行政管理人员的工资,专用设备和专用工艺装备的摊销等。变动成本是指原材料、工艺用燃料与动力等的费用支出,其消耗量与产品产量直接相关。盈亏平衡点的计算公式如下:

$$N_{yq} = \frac{F}{C-V}$$

式中,N_{yq}——某产品的盈亏平衡点(台/年);

F——该产品应负担的固定费用(元/年);

C——该产品的单位产品成本(元/台);

V——该产品单位产品的变动费用(元/台)。

固定费用通常是对整个企业而言的。当企业生产多种产品时,企业的固定费用应该由这些产品来分担。上式中的F就是指由该产品负担的那部分固定费用。一般可以用产值(或其他的量,如成本等)作为固定费用的分摊标准。

$$分摊系数 = \frac{企业计划期固定费用的总金额}{同期企业的全部产值}$$

上述分摊系数表示企业每一元产值所应负担的固定费用。用分摊系数乘以该产品的产值，即可得到该产品应负担的固定费用。

盈亏平衡点法可以用一个图来反映产值、固定费用、变动费用、盈亏平衡点以及发生的盈亏额(见图 9-4)。

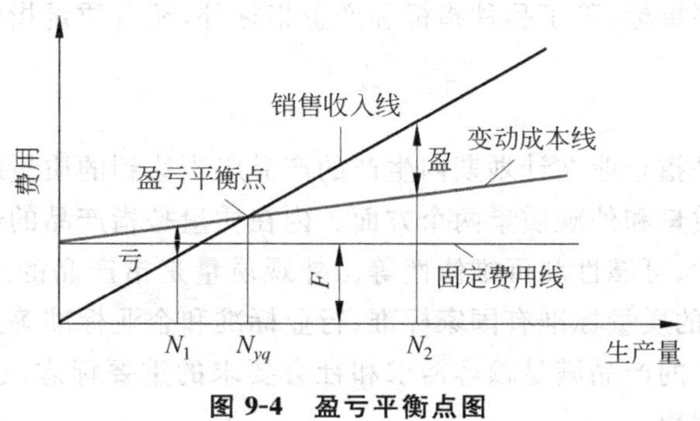

图 9-4　盈亏平衡点图

（二）线性规划法

线性规划是运筹学的一个重要分支，适用于资源的优化配置或在一定的资源约束条件下的目标优化。线性规划在理论上是成熟的，但是在发展的初期，由于计算工作量太大，并无实用价值。随着计算机的出现和应用的普及，现在有成百上千个变量、几千个约束条件规模的实际问题的求解和优化已变得十分容易。用线性规划编制企业的年度生产大纲已在广大企业中得到应用。

线性规划的数学模型可以描述如下：

$$\max S = \sum_{i=1}^{n} C_i X_i$$

约束条件：

$$\sum_{i=1}^{n} a_{ij} X_i \leqslant b_j \quad (j = 1,2,\cdots,m)$$

$$X_i \geqslant 0 \quad (i = 1,2,\cdots,n)$$

式中，X——决策变量；

S——目标函数；

C_i——i 产品单位产品利润；

a_{ij}——单位 i 产品 j 资源的消耗定额；

b_j——可用的 j 资源的总量。

限于篇幅，本书在此不详细介绍线性规划的求解过程。

在线性规划模型的应用上，应注意下列问题：

(1) 应用线性规划法对所建的数学模型，无论是目标函数或是约束条件与决策变量之间的关系必须符合线性关系。

(2) 决策变量的最优解常常不是整数，而实际问题又要求必须是整数，此时线性规划给出的解不再是最优解，要得到最优解，应采用整数规划法。

(3) 数学模型中所用的各种数据(如 C_i,a_{ij},b_j 等)的准确性,将决定求解结果的可信性。而所用的各种数据的准确性,与企业的基础管理工作水平密切相关。

三、关于质量指标和产值指标

生产计划的主要指标,除了品种指标和产量指标外,还有质量指标和产值指标。

(一) 质量指标

产品质量指标是指企业在计划期内生产的产品应当达到的质量水平。这里所指的产品质量应包括内在质量和外观质量两个方面。内在质量是指产品的性能、使用寿命、工作精度、安全性、节能性、可靠性和可维修性等。外观质量是指产品的式样、美观性、包装质量等。在我国,产品的质量标准有国家标准、行业标准和企业标准等几个档次。产品质量指标是反映一个企业的产品满足顾客需求和社会要求的重要标志,也是一个企业能否赢得竞争优势的关键因素。

生产大纲中的质量指标是指计划规定企业在计划期内哪些产品的质量标准要升级,如由行业标准提高为达到国家标准,或者规定哪些产品的优等品率要达到多少,哪些产品的一级品率要达到多少,废品率要降为多少等。

(二) 产值指标

产值指标是指用货币表示的企业的产量。产值指标通常有商品产值、总产值和净产值三种形式。

商品产值是指企业在计划期内生产的可供销售的产品和工业劳务的价值。商品产值具体包括:用自备原材料生产的可供销售的成品和半成品的价值;用订货者来料生产的产品的加工价值;对外完成的工业性劳务的价值。

总产值是指用货币计量的计划期内企业完成的产品和劳务总量。它反映企业计划期内生产的总规模和总水平。其具体内容包括:商品产值、订货者来料的价值和在制品、半成品、自制工具的期末期初差额价值。总产值是计算企业生产发展速度和劳动生产率的依据。

净产值是指企业在计划期内新创造的价值。净产值有两种计算方法:一是生产法,即从工业总产值中扣除所有物化劳动的价值后的余额;二是分配法,这种方法从国民收入初次分配的角度,把构成净产值的各项要素直接相加而得。这些要素包括工资、职工福利基金、税金、利润、利息以及差旅费、罚金等。

商品产值和净产值通常用现行价格计算,总产值用不变价格计算。

年度生产大纲确定以后,生产作业计划工作的任务是编制产品生产进度计划、零部件生产进度计划和班组作业计划(工序生产进度计划)等各个层次的生产作业计划,以便把大纲中规定的任务细化、具体化,按进度要求一一落实到各基层生产单位。

由于各单位的生产类型不同,生产作业计划的计划体制和计划编制方法也不相同。下面就大量大批生产类型、多品种成批生产类型和单件小批生产类型生产作业计划工作的特点和内容,分别加以说明。

第三节 不同生产类型生产作业计划的特点

一、大量大批生产作业计划的特点

大量生产类型的特征是：生产的品种、数量有限，而且相对稳定；每一品种的产量大，生产的重复性强；生产的专业化程度高，许多生产对象都有固定的专用生产线；生产线的生产能力是按规定的产量要求设计配置的，各条生产线之间已进行了能力平衡。所以只要生产的品种没有很大变化，生产作业计划工作就比较简单。可以事先编制一套标准计划指示图表，实际生产按标准计划执行即可。当市场需求发生波动时，可以在计划期内安排多开几个班或少开几个班来调整所需的生产能力，不像多品种中小批量生产，每一个计划期产品的品种和产量都有变化，如何使生产能力能满足需求完全要靠生产作业计划调配生产任务和各种生产资源，以协调平衡各部分的生产能力。所以大量生产类型生产作业计划工作的核心内容是：①根据市场预测，针对需求的波动，制定正确的计划策略；②编制各生产线的标准生产计划；③正确设置和控制在制品的数量。

二、成批生产类型生产作业计划的特点

成批生产类型包含大批、中批和小批三种。由于大批生产的特点与大量生产类型相近，所以一般把它放在大量生产类型中一起研究，通常称为大量大批生产。多品种中小批量生产是成批生产类型中最典型、最主要的部分。

多品种批量生产的主要特点是：生产的产品种类多，品种变换快，生产现场同时加工的零件种类繁多，生产线和生产设备因更换品种需要不断进行调整，生产过程的稳定性差。传统的中小批量生产由于品种多、批量小，一般采用万能设备、万能工艺装备和通用量刃具，比之大量生产采用专用高效设备、专用工艺装备和专用量具刃具，生产率要低得多。在品种繁多、生产对象经常变换的情况下，一般只能按工艺专业化原则组建生产单位，设备按机群式布置。与大量生产的流水线、自动线相比，产品的物流路线复杂，工件在工序间周转等待的时间长，因此生产周期大为延长，生产中的在制品大大增加，从而使产品成本也大幅提高。据美国早些时候的统计资料，传统的成批生产，批量小于50件的机械产品，其成本比大批量生产的同种产品高10～30倍。

多品种成批生产作业计划工作的要点是：①在编制产品进度计划时，应在计划期内做好品种搭配工作。品种搭配得好，使计划期内的负荷分布比较均衡，企业的生产能力能得到充分和合理利用，为企业实现均衡生产和均衡产出打下良好的基础。②正确制定各产品的期量标准，尤其是生产批量和生产间隔期。选用合理的批量和生产间隔期，可以缩短产品生产周期，提高企业响应市场的速度，并减少生产中的在制品量，减少生产资金的占用。此外，可以减少设备的换产调整时间，提高设备利用率。采用合理的期量标准，使生产过程有序地运行，可以简化生产作业计划工作，并取得良好的经济效益。

三、单件小批生产作业计划的特点

单件小批生产的主要特征是按订单组织生产，生产的是专用产品，生产是不重复的、

一次性的。这类企业的典型代表是造船厂、重型机器制造厂和大型水轮机制造厂等。

现将单件小批生产类型的主要特征及其对生产组织和计划管理的影响分述如下。

1. 订单的随机性

企业在计划期内可以接到多少份订单,订单会提出哪些需求,事前均无法确切知道。由于订单的内容和订单到达的时间具有随机性,企业无法在计划期开始之前对计划年度内的任务进行全面规划、合理安排,通过计划实现优化。企业只能每接到一张订单作一次安排。在安排时既要考虑与前面已接的任务很好协调,又要为未来的订单留出空间。这给企业的计划工作带来一定的困难,并赋予它不少独有的特色。

2. 产品的专用性

单件小批订货生产类型生产的是专用产品。产品的性能要求和结构特点是由用户根据自己的特殊需要提出的。企业接到的每一项任务都是过去没有做过的,都是一项新产品,需要按用户提出的要求单独进行设计。企业从接到订单、签订合同到向用户交货,要完成产品设计和加工制造的全过程。因此,它的交货期与备货生产相比要长得多。备货生产类型生产的是定型的通用产品,不需要单独进行产品设计。

随着科学技术的快速发展和市场需求的迅速变化,用户要求的交货期越来越短,缩短合同交货期已成为企业间竞争的热点。在生产专用产品的合同交货期中,产品设计和工艺准备工作的时间往往要占到一半左右。所以改进产品设计和工艺准备的组织管理工作,以缩短合同交货期,是组织单件小批订货生产的重要课题。

3. 生产的一次性

满足用户特殊需求的专用产品,其需求一般是不重复的,因此这些专用产品的生产是一次性的。单件小批一次性生产和成批大量的重复性生产,在生产技术准备工作和计划管理方面有很大的不同。

首先,在产品设计方面对于一次性生产的产品是不进行样品试制的。设计方案没有经过试制考验,有些问题会在生产时暴露出来,需要在生产过程中予以解决。在工艺准备工作方面,只制定工艺路线,不编制详细的工艺规程,许多生产工艺问题有待基层生产单位和生产工人解决。基于以上情况,对于单件小批订货生产类型不宜采用集中式的工艺技术管理体制,需要在基层(如车间、工段)安排必要的技术力量,使基层在生产工艺上有必要的技术力量和一定的灵活处置权力。同时还要求生产工人具有较高的技术水平,掌握较宽广的操作技能,能适应生产对象经常变化的环境。

其次,由于生产是不重复的,所以生产的对象不断变换,品种十分繁多。为了使企业适应频繁变换的多品种生产,通常采用万能设备和工艺专业化的组织形式。但是传统的通用设备机械化自动化程度低,手工操作的比重大,劳动生产率很低。另外,工艺专业化的组织形式和设备的机群式布置,使生产过程的连续性差,生产周期长,而且管理复杂。因此,为了提高生产率和缩短生产周期,迫切要求采用先进的工艺设备和生产组织形式。

最后,在计划管理方面,对于一次性生产的产品,其工时定额的制定主要是采用经验统计定额,由于定额的准确性低,所以编制的计划的精确性也较低。由于生产的品种繁多,生产中的变动因素多,而计划本身的精确性较差,所以计划的实现率相对较低,一般需要靠调度工作根据实际情况随时调整资源的配置,以控制计划的执行。传统的计划工作方法难以满足现代生产的要求，因此需要针对单件小批订货生产的特点，建立一套独特的生产计划体系和计划编制方法。

第四节 生产作业计划的期量标准

作业计划的期量标准是指编制生产作业计划时采用的时间和数量方面的标准数据。采用先进合理的期量标准，不仅可以简化计划编制工作，而且可以提高计划编制的质量。

一、大量流水生产作业计划的期量标准

大量流水生产作业计划常用的期量标准有节拍、标准计划指示图表和在制品占用量定额。

（一）节拍

节拍是流水生产最重要的工作参数。流水线的平均节拍可按下式计算：

$$r=\frac{T_e}{N}=\frac{T_0\times\beta}{N}$$

式中，r——流水线的平均节拍；

N——计划期在制品的产量；

T_e——计划期流水线的有效工作时间，$T_e = T_0\times\beta$；

T_0——计划期流水线的制度工作时间；

β——工作时间有效利用系数，该系数考虑工作班内设备的调整、检修以及工人的班内休息等因素，β 一般取 0.90～0.96。

例 9.4 某流水线计划年产 A 零件 36 000 件，该流水线每天工作两班，每班 8 小时，工作时间有效利用系数为 0.95。试计算流水线的平均节拍。因为毛坯在铸造工艺上尚存在某些质量问题，目前仍会出现一定的废品，在计划上如果把废品率定为 1.2%，则此时流水线实际的节拍（或称工作节拍）应是多少。

解：根据平均节拍的计算公式 $r=(T_0\times\beta)/N$

已知制度工作时间为 $T_0=(365-104-11)_{\text{天}}\times 2_{\text{班}}\times 8_{\text{小时}}\times 60_{\text{分钟}}$

$=240\,000$ 分钟

平均节拍 $r=(240\,000\times 0.95)/36\,000=6.333$（分 / 件）

如果考虑废品的影响，为保证全年能提供 36 000 件合格产品，应加大毛坯的投入量，因此流水线实际加工的工件数为

$N'=N/(1-\text{废品率})=36\,000/(1-0.012)=36\,437$（件 / 年）

此时流水线的工作节拍 $r'=240\,000\times 0.95/36\,437=6.257$（分/件）。

（二）标准生产计划作业指示图表

在大量流水生产条件下，车间内部的生产作业计划主要是编制各流水线的作业计划。由于流水线的生产对象是固定的，生产任务比较稳定，流水线基本上可按标准计划工作。车间只需根据当月产量要求，适当调整流水线的工作班次和工作时间，所以流水线生产作

业计划工作的核心问题是编好流水线的标准计划。

对于不同的流水线,其标准计划的内容和形式是不同的。

1. 连续流水线的标准计划作业指示图表

连续流水线的作业指示图表比较简单,除了规定的休息时间之外,在整个工作班时间内,流水线都在连续地进行重复性生产。连续流水线开始工作后,线上各个工作地都必须保持连续工作,不允许停顿和中断,因此有必要规定统一的休息时间,以避免个别工人的休息活动影响整条流水线的正常运行。班内休息的次数和每次休息的时间根据流水线工作的特点而定。图 9-5 是五种工作紧张程度不同的流水线标准计划作业指示图表。

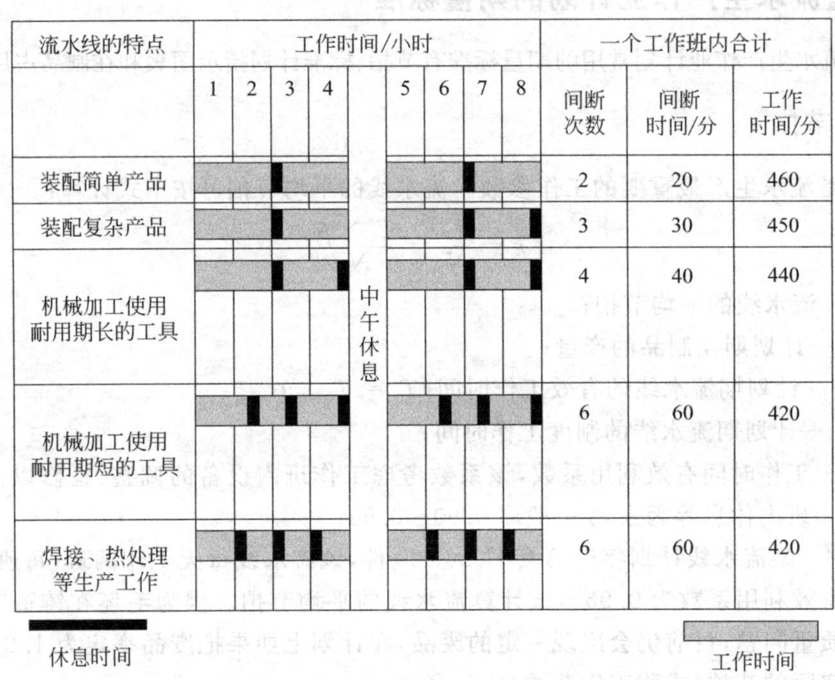

图 9-5 连续流水线工作指示图表

2. 间断流水线的标准计划

编制间断流水线标准计划的作业指示图表,需确定以下内容:①确定流水线的看管期;②确定看管期内各工作地的产量及工作地(设备)的负荷率;③确定看管期内各工作地的工作时间长度及工作的起止时间;④确定各工作地的工人人数及其劳动组织形式。

编制间断流水线标准计划的依据是:①计划产量(日产量或班产量);②流水线每日工作班数;③流水线的工作地数;④生产对象的加工劳动量,即各工序的工时定额;⑤工序间制品的运输批量;⑥流水线上可配备的生产工人人数等。

(1) 确定流水线的看管期长度。在间断流水线上,由于各工序的生产率不等,如果按连续流水线的方式组织生产,则线上除生产率最低的那道工序外,其他所有工序都不能连续工作,并且在每一个节拍中都将发生短暂的停工等待。这种短暂的停顿时间是无法利用的。所以设计间断流水线的目的是让生产率高的工序连续生产一定数量的产品后,集中停顿一段时间,这时设备虽停顿,工人却可以到其他工作地去工作,实现多机床看管。

看管期是指工人依次到其所看管的设备上工作，经历一个工作循环所需的时间长度。看管期越长，流水线生产的连续性、节奏性越差，线上积存的在制品越多，因而占用的生产面积和流动资金也越多。但是看管期太短，工人在工作班内频繁地奔走，把过多的精力消耗在走路上，对工人和生产都不利。所以看管期不宜很长，也不能太短，一般取 2～4 小时。

(2) 计算看管期内各工作地的产量和负荷率。在一个看管期内各工序的产量应是相等的。设间断流水线每日工作时间为 T_d，流水线的计划日产量为 N_d，则流水线的节拍 $r=T_d/N_d$，流水线一个看管期的产量为 $N_{kg}=T_{kg}/r$。对于单工作地的工序，它的看管期产量就等于上述的 N_{kg}。该工作地的负荷率为 η_j，$\eta_j=t_i/r$（t_i 为该工序的单件工时定额）。如果该工序有多个工作地，则应把 N_{kg} 在几个工作地之间进行分配。如果有 m 个工作地，则分配的原则是，让 $m-1$ 个工作地都满负荷工作，把剩余的工作量分给最后一个工作地。设流水线看管期的产量为 N_{kg}，最后一个工作地的产量为 N_m，其他工作地的产量为 N_j，即 $N_{kg}=N_j\times(m-1)+N_m$。

因为 $N_j=T_{kg}/t_i$，所以 $N_m=N_{kg}-[(m-1)\times(T_{kg}/t_i)]$

第 m 个工作地的负荷率为 $\eta_m=(N_m\times t_i)/T_{kg}$

(3) 确定各工作地的工作起止时间，并组织工人进行多机床看管。工作地的产量确定以后，该工作地的工作时间长度也就确定了。如 i 工序 j 工作地看管期内的产量为 N_{ij}，则 $T_{ij}=N_{ij}\times t_i$。

在计算了各工作地的工作时间长度 T_{ij} 以后，即可安排各工作地在看管期内工作的起止时间和组织工人进行多机床看管。下面通过编制一个间断流水线工作指示图表予以说明（见图 9-6）。

(4) 计算工序间流动在制品占用量。在制品是指从原材料投入到成品入库为止，处于生产过程中尚未完工的所有零件、部件、产品的总称。大量流水生产，生产不断地重复进行，生产过程十分稳定，所以生产过程各个环节的在制品也保持稳定不变。当生产过程某些环节的在制品数量发生异常变动时，通常反映生产过程出现了不正常情况。因此，控制生产过程各环节的在制品数量，是大量流水生产的重要管理手段。为此需要制定在制品占用量定额作为控制的依据。在制品占用量定额是指在一定的技术和组织条件下，为保证流水生产有节奏地正常运行所必需的在制品数量。

大量流水生产中的在制品种类如图 9-7 所示，它们的占用量定额的计算方法是不同的。工序间流动在制品占用量可按下式计算。

$$Z_{LD}=T_{ij}\left[\frac{S_i}{t_i}-\frac{S_j}{t_j}\right]$$

式中，Z_{LD}——工序间流动在制品占用量；

T_{ij}——在看管期内 i 工序和 j 工序同时工作的时间；

S_i，S_j——i 工序和 j 工序的工作地数目；

t_i，t_j——i 工序和 j 工序的工序时间定额。

根据间断流水线标准计划工作指示图表（如图 9-6 所示），可按上述公式计算该间断流水线各工序间的流动在制品占用量。

第 1 工序与第 2 工序间的流动在制品占用量为

间断流水线名称	工作班数	每日产量	节拍	运输批量	生产节奏	看管周期
轴加工线	2班/天	160件/天	6分/件	1件	6分/件	2小时

工序号	每工作班的产量	工序时间定额	工作地号码	工作地负荷率	工人号	该工序完毕后工人转向何工作地	一个看管期内的工作指示图表												看管期的产量
							10	20	30	40	50	60	70	80	90	100	110	120	
1	80	4	01	67%	1	04													20
2	80	5	02	83%	2														20
3	80	8	03	100%	3														15
			04	33%	01														5
4	80	3	05	50%	4	06													20
5	80	3	06	50%	4	05													20
6	80	5.5	07	92%	5														20

图 9-6 某间断流水线工作指示图表

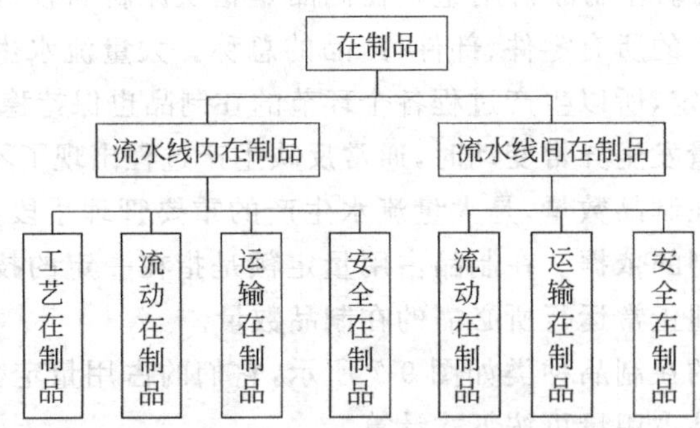

图 9-7 大量流水生产中的在制品种类

0～80 分钟：$Z_{12}^{1}=80\times\left[\frac{1}{4}-\frac{1}{5}\right]=20-16=4$

80～100 分钟：$Z_{12}^{2}=20\times\left[\frac{0}{4}-\frac{1}{5}\right]=-4$

第 2 工序与第 3 工序间的流动在制品占用量为

0～80 分钟：$Z_{23}^{1}=80\times\left[\frac{1}{5}-\frac{1}{8}\right]=16-10=6$

80～100 分钟：$Z_{23}^{2}=20\times\left[\frac{1}{5}-\frac{2}{8}\right]=4-5=-1$

100～120 分钟：$Z_{23}^{3}=20\times\left[\frac{0}{5}-\frac{2}{8}\right]=-5$

第 3 工序与第 4 工序间的流动在制品占用量为

0～60 分钟：$Z_{34}^{1}=60\times\left[\frac{1}{8}-\frac{1}{3}\right]=7.5-20=-12.5$

60～80 分钟：$Z_{34}^{2}=20\times\left[\frac{1}{8}-\frac{0}{3}\right]=2.5$

80～120 分钟：$Z_{34}^{3}=40\times\left[\frac{2}{8}-\frac{0}{3}\right]=10$

第 4 工序与第 5 工序间的流动在制品占用量为

0～60 分钟：$Z_{45}^{1}=60\times\left[\frac{1}{3}-\frac{0}{3}\right]=20$

60～120 分钟：$Z_{45}^{2}=60\times\left[\frac{0}{3}-\frac{1}{3}\right]=-20$

第 5 工序与第 6 工序间的流动在制品占用量为

0～60 分钟：$Z_{56}^{1}=60\times\left[\frac{0}{3}-\frac{1}{5.5}\right]=0-10.9=-10.9$

60～110 分钟：$Z_{56}^{2}=50\times\left[\frac{1}{3}-\frac{1}{5.5}\right]=16.7-9.1=7.6$

110～120 分钟：$Z_{56}^{3}=10\times\left[\frac{1}{3}-\frac{0}{5.5}\right]=3.3$

以上计算结果可以用一张工序间流动在制品图来表示，见图 9-8。

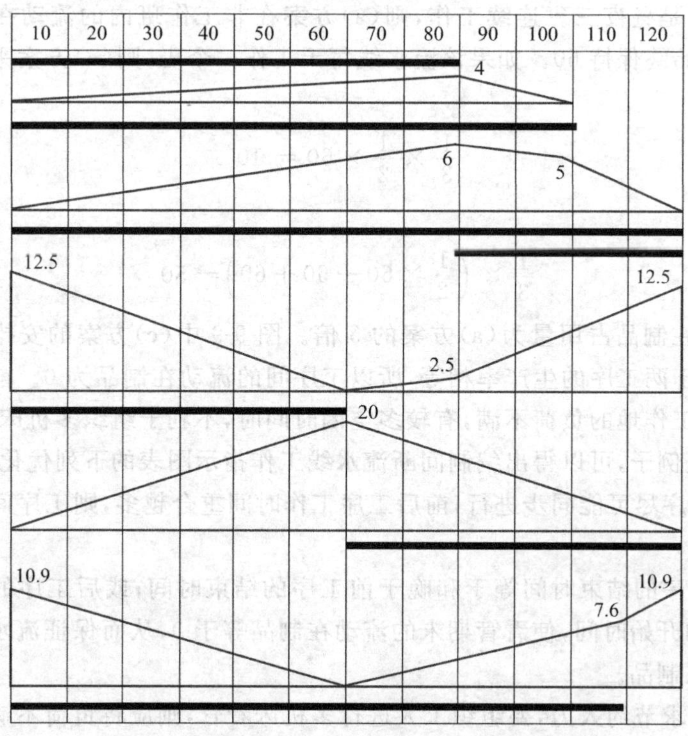

图 9-8 某间断流水线工序间流动在制品示意图

下面介绍间断流水线作业指示图表的优化。

设有相邻的两道工序，工时定额为 t_i 及 t_j，$t_i = t_j = 1$ 分/件，看管期为 120 分钟。两工序间的流动在制品占用量与两工序在看管期内工作时间的安排方式有关。现在以三种安排为例(见图 9-9)，试分析其优缺点。

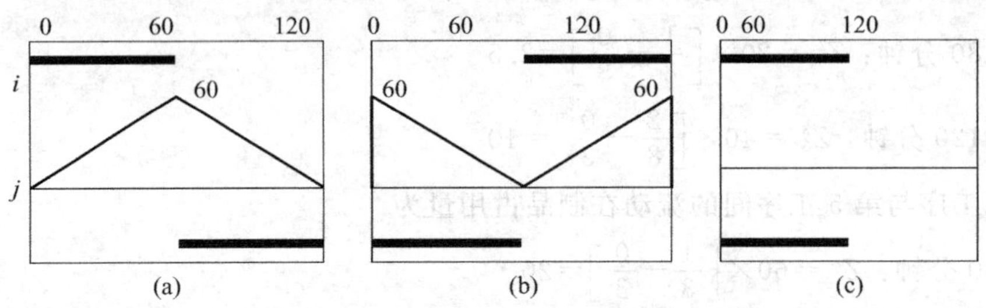

图 9-9　不同安排时工序间流动在制品占用量图

图 9-9(a)中 i 工序全部完工后，再开始 j 工序的加工。此时两工序间的流动在制品占用量最大值为 60，平均占用量按三角形面积的一半计，为 $(1/2)\times 60=30$。这种安排的优点是，前后两道工序完全错开，可以由一名工人看管这两个工作地，从而节约人力。它的缺点是流动在制品占用量大，占用流动资金多。

图 9-9(b)中的安排，先进行后工序 j，再进行前工序 i。它同样是两道工序完全错开，可以由一名工人看管这两道工序。它的流动在制品占用量最大值也是 60，平均占用量按三角形面积计算，与(a)方案相同。所以就以上两点而言，这两种方案是等价的。但是若该间断流水线不是昼夜三班连续工作，则(a)方案在非工作班内的流动在制品占用量为 0，而(b)方案则始终保持 60。如果该流水线每天工作一个班，则(a)方案平均全天的在制品占用量为

$$\frac{1}{3}\times\frac{1}{2}\times 60=10$$

而(b)方案则为

$$\frac{1}{3}\times\left(\frac{1}{2}\times 60+60+60\right)=50$$

(b)方案的在制品占用量为(a)方案的 5 倍。图 9-9 中(c)方案的安排是前后两道工序同步进行，由于两工序的生产率相等，所以工序间的流动在制品为 0。前后工序同步进行的缺点是，当工作地的负荷不满，有较多空闲时间时，不利于组织多机床看管，不能节约人力。通过以上例子，可以得出编制间断流水线工作指示图表的下列优化原则。

(1) 相邻工序尽可能同步进行，前后工序工作时间重合越多，则工序间的流动在制品占用量越少。

(2) 让后工序的结束时间等于和晚于前工序的结束时间；或后工序的开始时间等于和晚于前工序的开始时间，使看管期末的流动在制品等于 0，从而保证流水线在非工作班内不占用流动在制品。

(3) 如果要求节约人力，要组织工人进行多机床看管，则应将负荷不满的工作地的工作时间尽量错开。

根据以上优化原则，如将上例图 9-8 中第 4 工序和第 5 工序的工作时间变换一下，如图 9-10 所示，则工序间流动在制品占用量将得到改善。

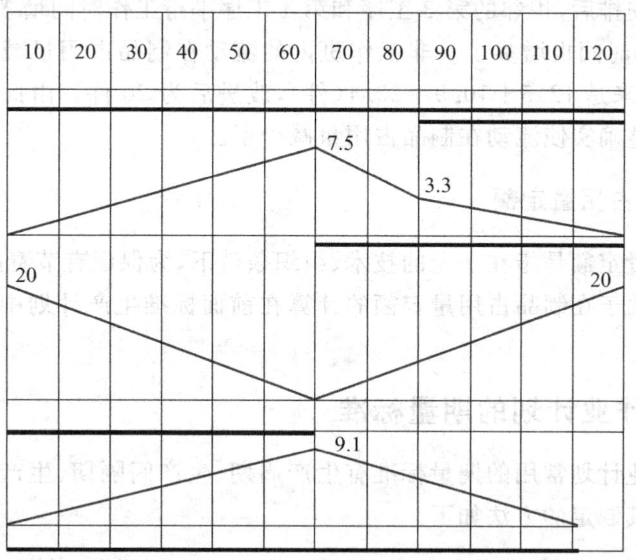

图 9-10　某间断流水线第 3～6 工序改进后的工序间流动在制品图

上例中第 1、第 2、第 3 三道工序的工作时间安排上没有变化，所以其工序间流动在制品占用量也不会变化。现根据图 9-8 与图 9-10 分别计算第 3～6 工序间的流动在制品占用量，并进行比较。计算结果见表 9-5。

表 9-5　改进前后工序间流动在制品占用量比较

	工作班内占用量			非工作班内占用量	全天合计占用/(件·分)	全天平均占用/件
	3 与 4 工序间	4 与 5 工序间	5 与 6 工序间	3～6 工序		
改进前	2 800	4 800	2 438	22 464	32 502	22.57
改进后	1 596	4 800	2 002	19 200	27 598	19.17

表 9-5 中的数据是根据图 9-8 和图 9-10 中流动在制品占用的面积计算而得。为了说明数据的来源和计算方法，下面对一组数据做示范演算，但不拟对全部数据一一计算，以免占用太多的篇幅。在一个看管期内第 5 工序、第 6 工序间流动在制品的占用量改进后为

$$\frac{1}{2} \times 9.1 \times 110 = 500.5$$

在整个工作班(480 分)内则为

$$500.5 \times 4 = 2\,002(\text{件}\cdot\text{分})$$

非工作班内流动在制品占用量(主要存在于第 4 工序和第 5 工序之间)改进后为

$$20 \times 8_{\text{小时}} \times 2_{\text{班}} \times 60 = 19\,200(\text{件}\cdot\text{分})$$

表中的全天占用量为

$$1\,596 + 4\,800 + 2\,002 + 19\,200 = 27\,598(\text{件}\cdot\text{分})$$

全天平均占用量为

$$27\,598 \div 24 \div 60 = 19.165(件)$$

从表 9-5 计算的结果看,工作班内的流动在制品占用量减少了,这是由于调整第 4 工序及第 5 工序的安排后,相邻的第 3 工序和第 4 工序平行工作时间增多了,第 5 工序和第 6 工序平行工作的时间也增多了。非工作班内的流动在制品占用量减少,是由于看管期末的在制品量,原来是 12.5+10.9=23.4(件),改进后为 20 件。由此可知,根据优化原则所做的上述调整确实使流动在制品占用量减少了。

(三) 在制品占用量定额

在制品占用量定额是指在一定的技术、组织条件下,为保证有节奏的均衡生产所必需的在制品数量。关于在制品占用量定额的计算在前面标准生产计划中已经谈到了,此处不再赘述。

二、成批生产作业计划的期量标准

成批生产作业计划常用的期量标准有生产周期、生产间隔期、生产提前期、批量和在制品储备量等。其制定的方法如下。

(一) 批量和生产间隔期

批量是花费一次准备结束时间投入生产的同种产品的数量。准备结束时间是指在生产一批产品之前,用于熟悉图纸、领取工具、调整设备工装、安装调整模具、准备砂箱、型板等所花的准备工作时间,以及在一批产品加工结束后,用于整理整顿生产工具和工作地所花的时间。

生产间隔期是相邻两批同种工件投入(或产出)的时间间隔,在周期性重复生产的条件下,批量与生产间隔期有如下的关系:

$$Q = R \times T_{jg}$$

式中,Q——生产批量;

R——工件的平均日需求量(件/天);

T_{jg}——生产间隔期。

生产间隔期作为一种期量标准,由一组固定的标准数据组成。为了管理工作方便,标准生产间隔期通常取与月工作天数成比例的数字,这时生产批量就与产品的月产量相应成倍比关系。例如,某工件的年产量为 7 200 件,则生产间隔期与生产批量的关系如表 9-6 所示。

表 9-6 用以期定量法确定的生产批量

标准生产间隔期	1天	2天	1旬	1月	2月	1季	半年	全年
生产批量	25	50	200	600	1 200	1 800	3 600	7 200
标准生产间隔期	1天	1周	半月	1月	2月	1季	半年	全年
生产批量	25	125	300	600	1 200	1 800	3 600	7 200

用标准生产间隔期确定生产批量的方法称为以期定量法。以期定量法只是规定了该工件选用批量的规范，并未指出应选用批量的具体数量。取多大的批量，最后仍需由计划人员自己抉择。

批量取大些或者取小些，对生产和经济有什么影响呢？我们以上例的年产量7 200 件为例，如果批量取 10 件，则全年需投产 720 次，如果每次换产的设备调整等生产准备费用为 50 元，则全年共需设备调整费用：720×50＝36 000 元/年。如果批量取20 件，则全年投产 360 次，全年所需的调整费用为：360×50＝18 000 元/年。所以批量增大，则换产的次数减少，设备调整费用也相应减少。但是批量越大，则每批工件的加工时间(生产周期)就越长，使生产的成套性变差，生产中的在制品增加，占用的生产面积和仓库面积增加，在制品的库存管理费用增加。所以批量过大或过小都不相宜。下面介绍两种常用的计算批量的方法。

1. 经济批量法

根据上文分析，批量大小对生产经济的影响主要表现在以下两个方面。

(1) 换产费用。是指换产时进行生产准备结束工作所花的费用，主要是设备调整、工装调整的费用。

(2) 库存费用。包括：①库存在制品本身占用的资金所需的代价，即占用资金(借贷资金)所需偿付的利息或该项资金(自有资金)所能创造的利润；②库存在制品占用生产面积和仓库面积的折旧费；③库存在制品的管理费用，即在制品管理人员的工资及福利、仓库的日常开支、库房设备的折旧费等；④库存在制品的丢失、损耗等损失费用。下面给出计算经济批量的数学模型。

设当批量为 Q 时，F_1 为全年所需的换产费用：

$$F_1 = K \times \frac{N}{Q}$$

式中，K——每一次换产所需的换产费用(元)；

N——在制品的年产量(件/年)。

设 F_2 为库存费用：

$$F_2 = \frac{1}{2}Q \times \left(\frac{P-R}{P}\right) \times H$$

式中，P——制造该在制品的生产率(件/天)；

R——该在制品的平均日需求量(件/天)；

H——该在制品的库存费用(元/件·年)。

H 也可以用 $C_z \cdot f$ 表示

C_z——该在制品的单价；f——该在制品的库存费用率(元/元·年)。

由于对在制品的需求是均匀连续的，而在制品是成批轮番生产的，所以形成在制品周期性地消长变化。在每一个生产间隔期内在制品量的变化如图 9-11 中的△abc 所示。

如图 9-11 所示，△abc 反映在生产间隔期 T_R 期间在制品的变化。在制品的最高库存量 bd 是△abc 的高。$bd=de-be$，$de=Q=P\times T_P$，即在 T_P 时段内，按生产率 P 生产的在制品数量 Q；$be=R\times T_P$，即在 T_P 时段内，按需求率 R 消耗的在制品数量。在 T_R 时段

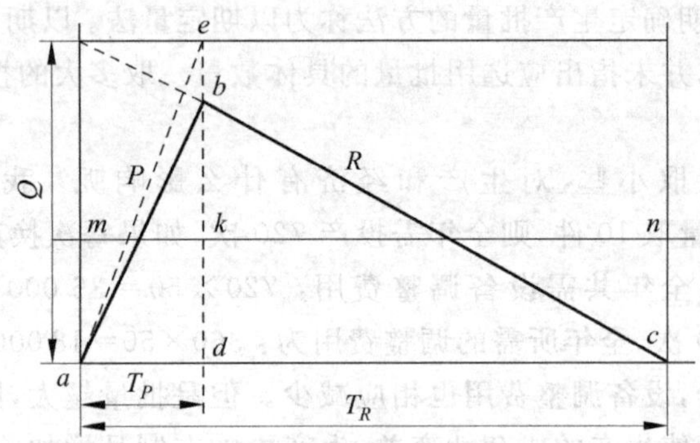

图 9-11 一个生产间隔期内的在制品变化图

内,在制品由 0→bd→0 不断变化,其平均值为$\frac{1}{2}bd=dk$。由于△abc 的面积与矩形□$amnc$ 的面积相等,可认为两者的在制品占用量是等价的。所以在制品占用量△abc 相当于在 T_R 时段内平均占用$\frac{1}{2}bd=dk$ 的在制品量。因为 $P\times T_P=Q$,所以 $T_P=Q/P$。

$$\frac{1}{2}dk=\frac{1}{2}(P\times T_P-R\times T_P)=\frac{1}{2}(P-R)\times T_P=\frac{1}{2}Q\left(\frac{P-R}{P}\right)$$

设全年所需的换产费用和库存费用两种费用的总和为 F,$F=F_1+F_2$。

F_1 与批量成反比,F_2与批量成正比。两条曲线叠加后,F 是一条两头高中间低的上凹曲线,见图 9-12。由图可见,$F(Q)$曲线有一个最低点,对应于该费用最低点的批量,就是所求的经济批量。

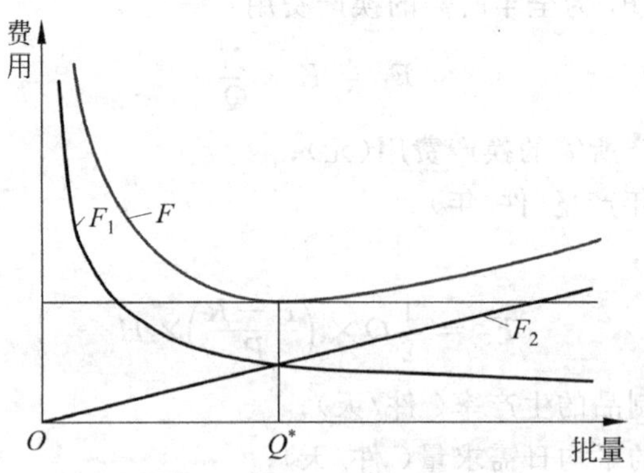

图 9-12 批量与两类费用的关系

经济批量的目标是找出 F 最小时的批量 ,在数学上可以用微积分对 $F(Q)$求导的方法求解。

$$F(Q)=K\times\frac{N}{Q}+\frac{1}{2}Q\times\left(\frac{P-R}{P}\right)\times H$$

对 $F(Q)$求微分,求极小值:$\frac{\mathrm{d}F}{\mathrm{d}Q}=-\frac{KN}{Q^2}+\frac{1}{2}\left(\frac{P-R}{P}\right)\times H$

令$\frac{dF}{dQ}=0$

则
$$Q=\sqrt{\frac{2KN}{H}\times\left(\frac{P}{P-R}\right)}$$

又知
$$\frac{d^2F}{dQ^2}=\frac{2KN}{Q^3}\geqslant 0$$

则 Q 处，$F(Q)$曲线确有极小值。特称该处的 Q^* 值为经济批量，并冠以 *，以区别于一般的 Q。

上述经济批量的求解过程可用一个图来表示，如图 9-12 所示。

2. 经济批量的实际应用问题

(1) 经济批量与以期定量法结合使用。按公式求得的经济批量，一般会出现小数，并与计划中的月产量不成倍比关系，在管理上使用起来很不方便。所以可以将经济批量与以期定量法结合使用。例如，年产量 $N=7\ 200$ 件，如果按公式算得的经济批量 $Q^*=508.46$ 件。按标准间隔期有月批为 600，半月批为 300 两档。可从中选取最靠近 508.46 的标准批量，即选用 $Q=600$ 件。这样就可以使计划人员在选用标准生产间隔期的抉择上有了科学的依据。

(2) 偏离经济批量的经济损失计算。实际采用的批量偏离经济批量时，所需的费用 F 必然会增加，要了解偏离所引起的经济损失有多大，可以做如下的计算分析：

$$\Delta F=F(Q)-F(Q^*)=\frac{KN}{Q}+\frac{1}{2}Q\left(\frac{P-R}{P}\right)H-\left[\frac{KN}{Q^*}+\frac{1}{2}Q^*\left(\frac{P-R}{P}\right)H\right]$$

式中的 ΔF 就是采用的批量 Q 偏离经济批量时，造成的经济损失。下面举例说明。

若已知：年需求量 $N=3\ 600$ 件/年，换产费用 $K=100$ 元，库存费用 $H=80$ 元/件·年，生产率 $P=100$ 件/天，需求率 $R=10$ 件/天，

按公式：
$$Q^*=\sqrt{\frac{2KN}{H}\left(\frac{P}{P-R}\right)}$$

则
$$Q^*=\sqrt{\frac{2\times100\times3\ 600}{80}}\times\sqrt{\frac{100}{100-10}}=100(\text{件})$$

$$F(Q^*)=\frac{KN}{Q^*}+\frac{1}{2}Q^*\left(\frac{P-R}{P}\right)H=\frac{100\times3\ 600}{100}+\frac{1}{2}\times100\times\frac{100-10}{100}\times80=7\ 200$$

若批量取 $Q=50$，

则
$$F(50)=\frac{100\times3\ 600}{50}+\frac{1}{2}\times50\times\frac{100-10}{100}\times80=9\ 000$$

若批量取 $Q=150$；

则
$$F(150)=\frac{100\times3\ 600}{150}+\frac{1}{2}\times150\times\frac{100-10}{100}\times80=7\ 800$$

经济损失

$$\Delta F_1=F(50)-F(100)=9\ 000-7\ 200=1\ 800$$
$$\Delta F_2=F(150)-F(100)=7\ 800-7\ 200=600$$

根据以上计算可知，批量不取经济批量 100，而取 50 时，全年的经济损失为 1 800 元。若取 150，全年的经济损失为 600 元。

(3) 经济批量的大小直接受换产费用 K 和库存费用 H 的影响。每一种工件由于材质、体积、重量、形状和工艺复杂性不同,所以 K 值和 H 值也各不相同。要为每一种工件统计计算 K 值和 H 值,十分费事。在实际工作中可采用 ABC 分类法,首先对众多的工件进行 ABC 分类,再按类分别处理其 K 值和 H 值。

A 类零件一般是产品中的主要件、复杂件和大件。由于价值高、工艺复杂,常需用贵重机床和复杂的工艺装备进行加工,所以 K 值和 H 值都比较大。反之,C 类零件大多是小件,价值低,加工工艺比较简单,因此 K 值和 H 值都比较小。多数 B 类零件则介乎两者之间。对于 A 类零件,由于其 K 值和 H 值均大,反映在总费用曲线 F 上,F 曲线的形状比较陡峭,如图 9-13 中的曲线 A。反之,K 值和 H 值都小的 C 类零件,其总费用曲线 F 的形状比较平缓,如图 9-13 中的曲线 B。F 曲线的形状陡峭,则偏离经济批量不大时,它的经济损失就很大。反之,F 曲线的形状平缓,则偏离较大时,其经济损失仍很轻微(见图 9-13)。

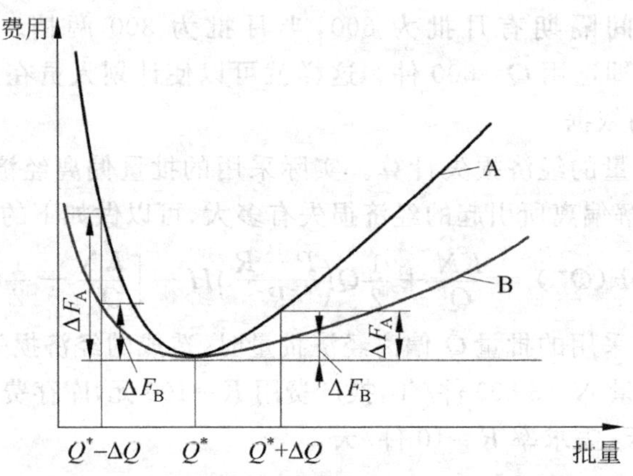

图 9-13 总费用曲线陡峭程度对 ΔF 的影响

上例中若其他条件不变,只是 K 值和 H 值变大了,如 $K=400$,$H=320$。此时

$$Q^* = \sqrt{\frac{2\times 400\times 3\,600}{320}}\times\sqrt{\frac{100}{100-10}} = 100$$

$$F(Q^*) = \frac{400\times 3\,600}{100}+\frac{1}{2}\times 100\times\frac{100-10}{100}\times 320 = 28\,800$$

若取 $Q_1=50$,

则 $$F(Q_1)=\frac{400\times 3\,600}{50}+\frac{1}{2}\times 50\times\frac{100-10}{100}\times 320=36\,000$$

$$\Delta F_1=F(Q_1)-F(Q^*)=36\,000-28\,800=7\,200$$

若取 $Q_2=150$,

则 $$F(Q_2)=\frac{400\times 3\,600}{150}+\frac{1}{2}\times 150\times\frac{100-10}{100}\times 320=9\,600+21\,600=31\,200$$

$$\Delta F_2=F(Q_2)-F(Q^*)=31\,200-28\,800=2\,400$$

与前面的例子比较,前例中 $K=100$,$H=80$ 时,经济损失为

$$\Delta F_1 = 1\,800,\quad \Delta F_2 = 600$$

这个例子说明总费用曲线 F 陡峭的工件，当选用的批量偏离经济批量时，其经济损失 ΔF 将随 K 值和 H 值的增大而大幅增加。因此对于 K 值和 H 值大的 A 类零件，应该计算每一种零件的经济批量，投产的批量应尽量靠近理论计算的经济批量。对于种类繁多的 C 类零件，可以不必计算每一种零件的经济批量。可以先把 C 类零件分类，在每一类中找出一个代表件，计算代表件的经济批量，然后该组零件参考该代表件的经济批量去选择批量，因为 C 类零件即使偏离大一些，其经济损失也不大。

(4) 确定批量时必须考虑的某些约束。

① 生产批量应与设备的容量匹配。如计算的经济批量为 75 件，但该工件热处理时，热处理炉的装炉容量是 100 件，这时为了保证设备的负荷率和减少能耗，就要求采用 100，而不是 75。在确定冲压件的批量时，则要考虑与冲模的寿命相匹配等。

② 生产场地或仓库面积的限制。批量取得大，则在制品量大，相应占用的生产场地或仓库的库位面积也大。因此采用多大的批量，受允许的工件存放面积和空间的限制。其约束条件可用下式表示：

$$Q = \min\{Q^* ; A_i / a_i\}$$

式中，A_i——i 工件的存放面积限额；

a_i——i 工件单件占用面积。

③ 生产批量受生产能力的限制。生产批量与生产间隔期成正比。批量越小，换产的次数就越多。每次换产都要占用一定的时间进行设备调整。当设备的负荷很紧张时，选用的批量就不能不受到限制。其约束条件可表述如下：

$$\sum_{i=1}^{n} t_{ki} \times \frac{N_i}{Q_i} \leqslant T_e - \sum_{i=1}^{n} t_{pi} \times N_i$$

式中，t_{ki}——i 工件在该设备上的换产时间；

t_{pi}——i 工件在该设备上的单件加工时间；

N_i——i 工件的年产量；

Q_i——i 工件的生产批量；

T_e——该设备的全年有效工作时间。

如果在 T_e 中分给 i 工件的工作时间为 T_{ei}，

则

$$T_{ei} = T_e \times \frac{t_{pi} \times N_i}{\sum t_{pi} \times N_i} = \frac{t_{pi} \times N_i}{\rho}$$

其中，$\rho = \dfrac{\sum t_{pi} \times N_i}{T_e}$ 是一个定值。

所以上面的约束条件可改写为

$$t_{ki} \times \frac{N_i}{Q_i} \leqslant T_{ei} - t_{pi} \times N_i = \frac{t_{pi} \times N_i}{\rho} - t_{pi} \times N_i = t_{pi} \times N_i \left(\frac{1-\rho}{\rho}\right)$$

移项后得

$$Q_i \geqslant \frac{t_{ki}}{t_{pi}} \times \left(\frac{\rho}{1-\rho}\right)$$

根据上述约束条件，可采用的批量应为

$$Q_i = \max\left\{ Q_i^* ; \frac{t_{ki}}{t_{pi}} \times \left(\frac{\rho}{1-\rho}\right) \right\}$$

3. 最小批量法

对于企业的贵重设备和关键设备(负荷紧张的设备),为了保证设备的合理利用,要求一批零件的换产时间与其加工时间之比,须低于某一个比值,即

$$\frac{t_K}{t_p \times Q} \leqslant K_\theta$$

式中,t_K——该批工件的换产时间;

t_p——该工件的单件加工时间;

Q——该工件的生产批量;

K_θ——换产时间损失系数的允许值。

根据上述思路提出了最小批量法,即在保证不超过 K_θ 值的条件下,允许采用的批量的最小值。它的计算公式为

$$Q_{\min} = \frac{t_K}{K_\theta \times t_p}$$

式中的 K_θ 由企业根据实际情况确定,如设备负荷的紧张程度、工件的价值和生产类型等。表 9-7 是一般情况下 K_θ 的取值的参考值。

表 9-7 K_θ 的参考数值

工件价值	生产类型		
	大批	中批	小批
低	0.02	0.03	0.05
中	0.03	0.05	0.08
高	0.05	0.08	0.1～0.15

最小批量法适用于对关键设备和贵重设备的批量决策。一个零件如果有多道工序,则按使用关键设备的那道工序计算。

(二) 生产周期

生产周期是指从原材料投入生产的时候起,到成品完工的时候止,其间经历的全部日历时间。机械产品的生产周期通常包含毛坯制造、机械加工、部件装配和总装配等工艺阶段经历的时间,以及各工艺阶段之间的停顿时间之和。

生产周期是编制生产作业计划,确定产品及其零部件在各工艺阶段投入和产出日期的主要依据。它是生产作业计划工作的一项重要期量标准。下面介绍生产周期的制定方法。

1. 零件生产周期

在成批生产中,一批零件的生产周期与零件在工序间的移动方式有关。采用顺序移动方式时,可分别计算该批零件各工序的加工时间、换产时间、工序之间的等待时间以及毛坯制造、机械加工工艺阶段之间的保险时间,最后相加得到零件生产周期。其计算公式如下:

$$T_{lj} = Q_i \times \sum_{i=1}^{n} \frac{t_{pi}}{D \times S_i \times K_{Bi}} + \sum_{i=1}^{n} \frac{t_{Ki}}{D} + \sum_{i=1}^{n-1} T_{xui} + T_{DUi}$$

式中，T_{lj}——一批零件的生产周期(天)；

Q_i——该零件的生产批量(件)；

t_{pi}——i 工序的单件工序加工时间(小时)；

t_{Ki}——i 工序的换产时间(小时)；

D——每个工作日的工作小时数(小时)；

S_i——该零件 i 工序同时加工的工作地数(个)；

K_{Bi}——该零件工序的定额完成系数(%)；

n——该零件加工过程的工序数，$n=1,2,3,\cdots$；

T_{xui}——i 工序与 $i+1$ 工序间的运输时间、检验时间、等待时间之和；

T_{DUi}——毛坯制造与机械加工工艺阶段之间的保险时间。

工序间若采用平行移动、平行顺序移动或其他不典型的平行顺序移动方式，均可先按上式计算后再乘以一个平行系数。但按上式计算时先不包含最后一项(T_{DUi})。将前三项乘以平行系数后，再加最后一项(T_{DUi})。平行系数一般可取 0.6～1.0 之间的数。各工序平行交叉重合的时间多，则平行系数取小的值；反之，则取大的值；完全顺序移动则平行系数等于 1.0。

2. 装配周期

复杂的机电产品常由多个部件组成，所以装配周期常分为部件装配和总装配两个阶段。大型产品总装配的工序多、周期长，各部件可按总装配的工艺顺序陆续投入。因此，从部件装配到总装配整个装配周期的长度，最好通过绘制产品装配周期图来确定。

3. 产品生产周期

产品生产周期是零件生产周期、部件装配周期、总装配周期和各工艺阶段之间的缓冲时间(保险时间)之和。成批生产中由于各零件的生产间隔期和批量不相等，有的零件一月数投，有的数月一投，零件制造和产品装配的生产间隔期也不相等，可能产品是每天连续均衡出产，而有的零件 2～3 月才投一批，所以计算产品生产周期意义不大。但是为了确定零件加工、部件装配和总装配的投产及出产日期，需要分别计算其零件生产周期、部件装配周期和总装配周期。

(三) 生产提前期

生产提前期是确定产品生产过程各工艺阶段的投入、产出日期，保证各工艺阶段相互衔接和保证合同交货期的重要依据，是成批生产重要的期量标准之一。

生产提前期是以成品的出产日期为基准，按产品工艺过程的反向顺序，以生产周期和生产间隔期为依据进行计算的。生产提前期分为投入提前期和出产提前期。投入提前期是指在制品投入生产的日期比成品出产日期应提前的天数。在制品某一工艺阶段的投入提前期比其出产提前期应提前一个该工艺阶段的生产周期。计算公式如下：

$$T_{ini}=T_{0ti}+T_{CRi}$$

式中，T_{ini}——某在制品 i 工艺阶段的投入提前期；

T_{0ti}——某在制品 i 工艺阶段的出产提前期；

T_{CRi}——某在制品 i 工艺阶段的生产周期。

出产提前期是指在制品某一工艺阶段的出产日期比其成品的出产日期应提前的天数。确定在制品某工艺阶段的出产提前期,除了考虑应与后一工艺阶段的投入提前期相衔接之外,还应考虑要留一段缓冲时间(保险时间)。当在制品前后工艺阶段的生产间隔期相同时,计算出产提前期的计算公式为

$$T_{0ti} = T_{in(i+1)} + T_{Sai}$$

式中,T_{Sai}——某在制品 i 与 $i+1$ 两工艺阶段间的缓冲时间(保险时间)。

当前后两个工艺阶段的生产间隔期不等时,其出产提前期须按下式计算,公式中要增加一项两个生产间隔期之差。

$$T_{0ti} = T_{in(i+1)} + T_{Sai} + [T_{Jgi} - T_{Jg(i+1)}]$$

式中,T_{Jgi}——某在制品 i 工艺阶段的生产间隔期;

$T_{Jg(i+1)}$——某在制品 $i+1$ 工艺阶段的生产间隔期。

生产提前期与生产周期、生产间隔期之间的关系,可以用一张图来表示,见图 9-14。

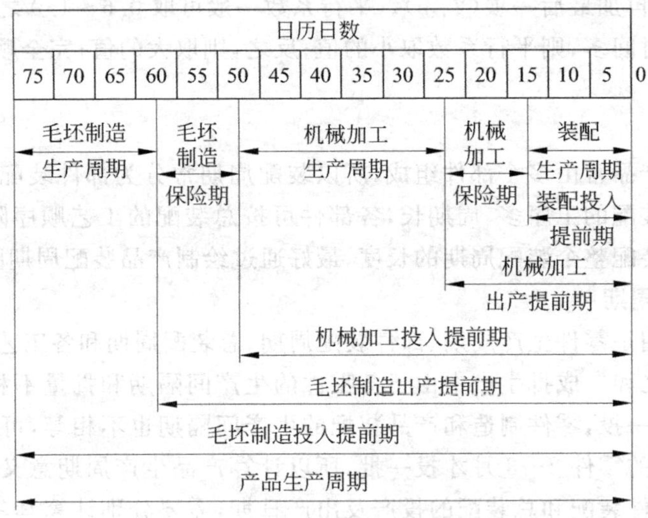

图 9-14 生产周期与生产提前期的关系图

三、单件小批生产作业计划的定额资料和期量标准

单件小批按订单生产,所生产的产品是不重复的。编制作业计划所用的定额资料和期量标准通常以经验统计定额为主。为此积累每一份合同的计划资料和生产完成情况的实际记录具有重要意义。由于企业所生产的产品没有完全相同的,所以要把企业生产过的产品按性能特征、型号规格、复杂程度等进行分类,在分类的基础上对所积累的资料按类进行分析整理,找出其中的某些规律,如产品重量和加工劳动量的关系、加工劳动量和生产周期的关系等,由此逐步形成所需的定额资料和期量标准。

单件小批生产编制产品进度计划常用的期量标准和定额资料有吨工时、产品工时结构、生产周期、网络计划图和负荷分布模式(工时分配模式)等,下面分别予以说明。

1. 吨工时

吨工时是指平均每吨产品的加工劳动量。

$$吨工时 = \frac{制造某产品的总加工劳动量}{该产品的总重量}(小时 / 吨)$$

这一定额对同类产品才有可比性。把这一定额进一步细化,也可以计算某类部件的吨工时。根据产品的重量,利用同类产品的吨工时资料,可以概略地推算出该产品的加工劳动量。

2. 产品工时结构

产品工时结构是指产品加工劳动量中各工种工时的构成比例。为了计算生产负荷,进行能力平衡,需要掌握产品分工种在各类设备上的加工劳动量。编制产品进度计划进行负荷与能力平衡时,生产能力的计算是以设备大组为基础的。编制零件进度计划时,对生产能力则要求进一步细化到设备组。设备大组与设备组的区别如表 9-8 所示。设备大组是对设备按其功能进行粗分类,设备组是按设备的型号规格分类。下面以某类产品的工时结构为例,如某产品的加工劳动量为 7 200 工时,则各设备大组的负荷的计算如表 9-9 所示。

表 9-8 设备大组和设备组的区分

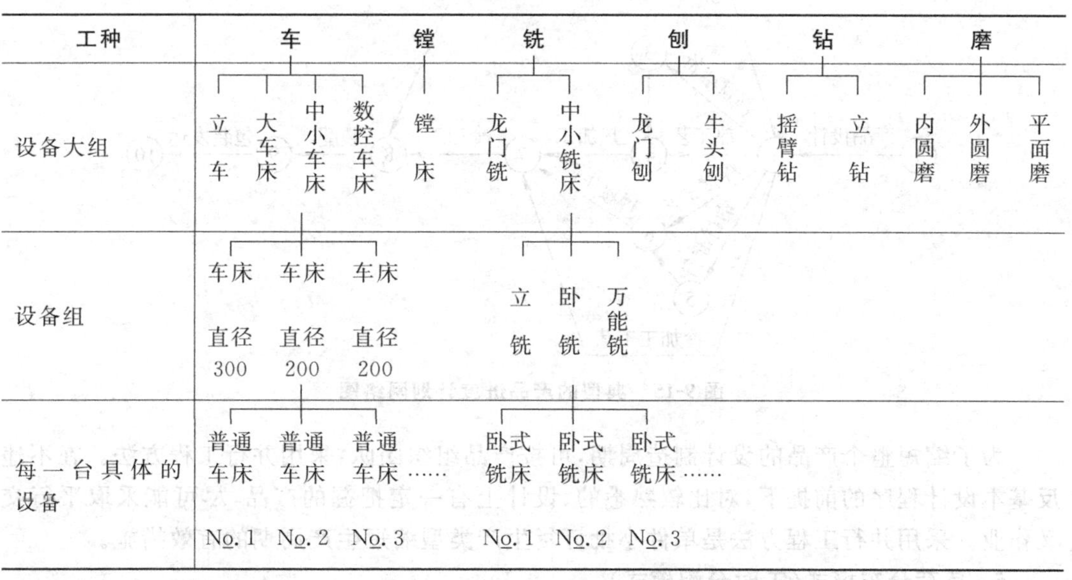

工种	车	镗	铣	刨	钻	磨
设备大组	立车、大车床、中小车床、数控车床	镗床	龙门铣、中小铣床	龙门刨、牛头刨	摇臂钻、立钻	内圆磨、外圆磨、平面磨
设备组	车床直径 300、车床直径 200、车床直径 200		立铣、卧铣、万能铣			
每一台具体的设备	普通车床 №.1、普通车床 №.2、普通车床 №.3 ……		卧式铣床 №.1、卧式铣床 №.2、卧式铣床 №.3 ……			

表 9-9 各设备大组的负荷计算

设备大组	大车床组	中小车组	数控车组	立车组	落地镗组	龙门铣组	中小铣组	摇臂钻组	内圆磨组	外圆磨组	其他	总计
工时结构/%	10	15	7	8	12	10	14	6	8	5	5	100
负荷/小时	720	1 080	504	576	864	720	1 008	432	576	360	360	7 200

3. 生产周期

从加工对象投产时算起,到它完工时为止所经历的日历时间称为生产周期。生产周期这一期量标准在单件小批生产类型条件下是根据许多同类产品的统计资料分析整理得到的。生产周期的长短受多种因素影响,如产品的加工劳动量、同时投入的人力和设备、每日工作班次以及生产组织形式等。在其他因素相近的条件下,通常把生产周期看成是产品加工劳动量的函数。因此可以根据产品的加工劳动量来测算产品的生产周期。

由于生产周期这一期量标准反映的是过去一定生产条件下的历史经验,所以如果改变原定的生产条件,如增加同时投入生产的人力和设备,或者改进生产组织形式等,就可以缩短生产周期;反之,则将延长生产周期。总之,根据生产的要求,通过一定的措施,这一期量标准是可以调整的。

4. 网络计划图

网络计划图是指用网络图表示的生产进度计划。一项合同产品从产品设计到装配发运,要经历若干工作阶段。这些工作有的必须前后衔接,有的可以组织平行交叉。为了缩短产品生产周期,采用网络计划图对各阶段的工作进行科学安排是行之有效的。因此,经过合理安排的具有典型性的网络计划图也是单件小批订货生产的一项重要的期量标准。根据网络计划图可以计算各工作阶段的提前期(投入提前期和出产提前期)。下面介绍一张编制产品进度计划用的,作为期量标准的典型的网络计划图(见图 9-15)。

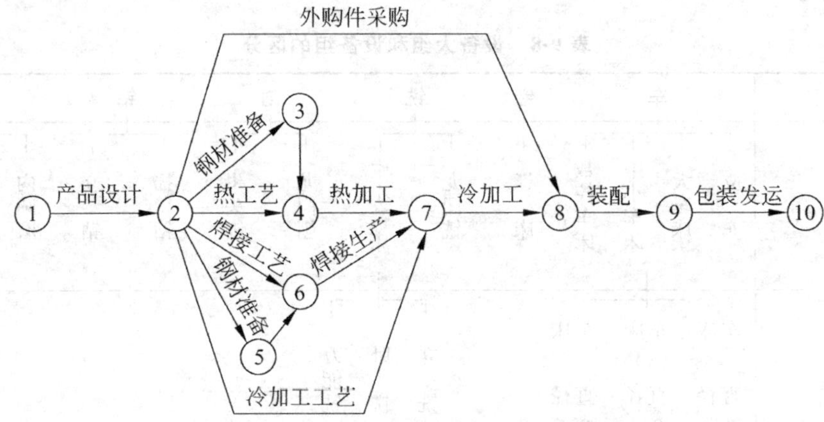

图 9-15 典型的产品进度计划网络图

为了缩短整个产品的设计制造周期,可按产品组织团队,采用并行工程方法。在不违反基本设计程序的前提下,对比较熟悉的、设计上有一定把握的产品,尽可能采取平行交叉作业。采用并行工程方法是单件小批订货生产类型缩短生产周期的有效措施。

5. 负荷分布模式(工时分配模式)

负荷分布模式是指按设备大组汇总的产品加工劳动量在产品生产周期内的分布规律。

编制产品进度计划时,为了进行负荷与能力的平衡,需要掌握各产品在每一时段(月、周)内的生产负荷。产品分设备大组的加工劳动量是指它在整个产品生产周期内该设备大组上的总工作量。用它来编制能力需求计划时,只能得到该产品对某设备大组需求的总能力,不能反映在产品生产周期内各时段上需求的能力。用对各设备大组需求的总能力来编制计划,这样的计划太粗,不能按时段进行负荷与能力的平衡。目前通常的做法是把产品的总加工劳动量在整个生产周期内的分布看作是均匀的。由于这样的假设不符合实际情况,所以按均匀负荷编制的能力需求计划的可执行性较差,不利于准确编制下一级作业计划。采用负荷分布模式为解决这一问题提供了有效的办法。

负荷分布模式是反映产品加工劳动量在生产周期内分布规律的一种期量标准。生产负荷在时间上的分布为编制在生产周期内分时段的能力需求计划提供了科学的依据，从而解决了在编制产品进度计划阶段如何分时段核算生产负荷和进行负荷与能力平衡的问题。

下面给出了德国某重型机器制造公司生产轧钢设备采用的负荷分布模式。它是在分析整理大量统计资料的基础上得到的。从表 9-10 中数据可以看到负荷的分布不是均匀的，而是接近正态分布。这样一种分布规律是符合生产实际情况的。因为一项产品投产时，它的所有零部件不可能同时投入生产。这是由于当时还有其他未完工的产品正在加工，生产能力要陆续释放出来。同时，由于各种零部件的加工劳动量不同，制造周期长短不一，为了减少生产中的在制品积压，也不宜同时投产，应该区分零件的主次和需求的缓急陆续投产。

表 9-10　某公司轧钢设备的负荷分布模式

设备大组		产品生产周期/月									
编号	名称	1	2	3	4	5	6	7	8	9	10
101	铸造		20	25	25	20	10				
201	锻造	10	20	25	25	20					
301	焊接	5	10	25	30	20	10				
401	划线	5	10	15	20	20	10	10	5	5	
402	大车		10	20	20	20	15	10	5		
403	中小车		5	5	10	15	20	20	20	5	
404	立车	5	5	10	20	20	20	15	5		
405	龙门铣	5	10	15	20	20	15	10	5		
406	中小铣		5	10	20	30	20	10	5		
407	插床		5	10	20	25	20	15	5		
408	摇臂钻	5	5	10	15	20	20	10	10	5	
409	滚齿机		5	15	20	30	15	10	5		
410	平面磨			10	10	20	20	20	20		
411	内圆磨				10	10	20	30	30		
412	外圆磨				10	10	20	30	30		
501	装配					5	10	20	20	20	25

注：表中数字是该月的生产负荷占该设备大组总负荷的百分数

第五节　生产作业监控

生产作业计划实施过程中难免会出现一些没有预见到的妨碍计划完成的干扰因素。为了保证计划的实现，需要对计划实施的全过程实行监督，不断检查计划执行情况，以便及时发现计划执行中已经发生或即将发生的偏差，并迅速采取措施予以纠正或预防其发生。对生产作业计划实施过程进行监督和控制，就是生产作业监控。生产作业监控是生产管理的基本职能之一。

一、生产作业监控系统

生产作业监控的主要依据是生产作业计划。生产作业监控的工作流程可用图 9-16 表示。

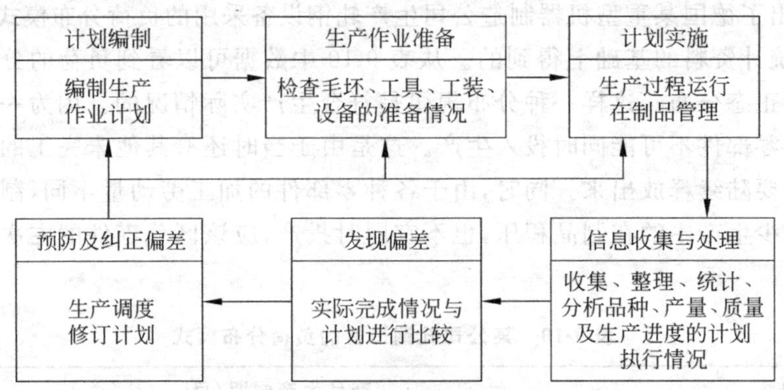

图 9-16 生产作业监控工作流程示意图

从生产作业监控的工作流程图可以看出生产作业监控系统应包含以下几部分内容：①生产作业准备工作检查；②生产过程实时监控；③生产作业统计；④生产调度工作；⑤生产作业计划完成情况考核。

整个生产监控工作,从检查各项生产作业准备工作开始,到生产作业计划执行情况、产品质量情况的反馈,到各种调度指令的下达和经过修正的计划与措施的下达,都离不开信息的收集、汇总、处理、传递和存储。因此,管理信息系统是进行生产监控必不可少的管理手段。

生产监控信息系统是企业管理信息系统的重要组成部分。在生产监控信息系统中,有一部分是人工处理的信息系统,如调度电话系统、传递生产指令报表文件等的书面文件系统,以及设置在生产现场的反映生产活动情况的图表信息显示系统等。在现代企业中随着市场范围的不断扩大和管理工作的细化深化,待处理的信息大幅增加。此外,由于市场环境变化迅速,要求信息处理的速度和生产决策的速度也大大加快,因此基于应用计算机和网络技术的管理信息系统的作用显得越来越重要。它不仅能节约人力,而且具有人工所无法胜任的数据处理能力和处理速度,能保证系统提供数据的及时性和准确性,保证全企业数据的统一并实现数据共享。尤其是大量流水生产要求对生产现场进行实时监控,更是手工管理系统无法胜任的。

二、生产调度

生产调度是执行生产作业监控的重要职能。为了做好生产调度工作,需要建立一个全厂统一的、具有权威性的生产调度指挥系统。生产调度部门是协助各级行政领导指挥生产,协调各部门工作,行使调度权力,处理各种问题的执行机构。

生产调度系统一般由主管生产的副厂长领导。厂级设总调度室,负责全厂范围的调度工作。总调度室内设调度长一人、调度员若干人,调度员的分工有两种方式。

(1) 按车间分工,即每个调度员负责联系一个或几个车间。厂部对车间所有的调度指令,统一由负责该车间的调度员下达,这样可以避免对车间进行多头指挥。这种分工方式对于按对象专业化原则组织的车间比较合适,但是在多品种批量生产企业,产品不是封闭在一个车间内加工,需要经历多个车间,这种分工方式不利于调度员掌握产品生产的全过程,增加了调度员间相互交接协调的工作量。

(2) 按产品分工,即每位调度员负责一种或几种产品的调度工作。这种分工方式有利于调度员掌握产品生产的全过程,有利于组织产品生产过程的衔接和产品零部件生产的成套性。但是在多品种生产类型,每个车间都生产多种产品的情况下,这种分工方式容易造成多名调度员对一个车间提出各自的要求,形成多头指挥的情况。

以上两种分工方式各有优缺点,在具体应用时要根据企业生产品种的多少以及调度人员对产品和车间生产情况熟悉的程度,扬长避短进行合理分工。在实际生产中往往两种分工方式同时存在。为了克服两种分工方式各自带来矛盾,应加强厂部调度人员的内部沟通和协调。通过生产监控信息系统,在调度人员之间实现信息共享具有重要的意义。

对于大中型企业,对应于分厂、车间、工段各级生产组织常设置计划调度科、计划调度组负责调度工作。规模较大的工段设专职的计划调度员。规模不大的工段和生产班组由工段长和班组长负责工段和班组内的调度工作。

为了做好生产调度工作,需要建立和健全调度工作制度,采取有效的调度方法和手段。

重要的调度工作制度有以下几种。

(1) 生产调度会议制度。建立生产调度会议制度主要是为了解决当前生产中的关键问题和亟须解决的问题。生产调度会议由厂和车间(分厂)定期召开。会上首先检查上届调度会决议的执行情况,同时提出本次会议需要解决的问题。通过讨论,集思广益,最后提出措施,形成决议,责成有关部门去执行。每次调度会议应做到会前做好准备,会上作出决议,会后进行检查。

(2) 调度值班制度。为了不间断地对生产进行监督,应建立调度值班制度。每个工作班、厂和车间(分厂)都设值班调度员,以便及时发现并随时处理生产中临时发生的问题。值班调度员要做好交接班工作和记好调度日记,以保证各班之间调度工作的连续性和衔接性。

(3) 调度报告制度。通过建立调度报告制度,企业各级领导可以按时收到调度机构逐级汇总上报的调度报告。调度报告以生产日报、旬报、月报的形式反映生产作业计划的执行情况及存在问题和处理意见。据此各级领导可以比较全面和系统地掌握生产的进展情况。

为了提高生产调度工作的效率,有条件的企业可以为生产调度系统配备各种先进的调度技术装备。常见的调度技术装备有专用的调度电话网、无线电话机、工业闭路电视、无线电传真机和计算机网络系统等远距离文件传送设备,以及由自动记录仪、电子计算机和各种电子信息处理设备组成的电子自动记录系统等。

三、生产作业统计

生产作业统计是实行生产作业监控的基础,也是企业重要的管理基础工作之一。

1. 生产作业统计的内容

生产作业统计是对生产过程各阶段产品、零部件投入、流转、出产以及作业完工情况等生产活动的动态数据进行收集、整理、汇总和分析。它的内容主要包括以下几个方面。

(1) 生产进度统计。是指对产品、零部件生产过程各工序的投入期、投入数量、出产日期、出产数量以及发生的废品数、返修品数的统计及分析。

(2) 库存在制品统计。是指对在制品、半成品出入库和库存量以及在制品资金占用量的统计和分析。

(3) 生产作业计划完成情况统计。是指对产品和零部件的完工统计,各单位和个人完成计划任务和完成工作量的统计。

对生产作业统计工作的要求是数据准确、资料完整、分析正确、上报及时。

2. 生产作业统计的原始凭证

生产作业统计的原始凭证是在一定形式的单、卡或票据上用数字和文字对生产活动所做的最初的直接记录。全部的生产作业统计工作都基于原始凭证所提供的数据。对于应用计算机辅助管理的企业,原始凭证又是计算机原始输入的依据,所以对于原始凭证的填写要求应十分严格,必须做到准确、清晰、完整、及时。

设计原始凭证,包括原始凭证的种类,每种凭证的表格形式,项目内容,填写份数和传递路线要根据企业生产管理的特点,力求数出一源,避免凭证过多,各行一套,重复统计,要保证统计的口径一致、全厂的数据统一。

不同生产类型所用的原始凭证在形式和内容上是不同的。成批生产和单件小批生产企业常用的原始凭证有加工路线单、单工序工票、废品通知单、返修品通知单、停工记录单等。

3. 生产作业统计台账和报表

生产作业统计台账和报表是以一定的格式,对生产作业原始记录的整理和汇总。台账的特点是通过逐日登账,逐日汇总,把每日发生的生产作业活动情况系统地、完整地记录在账本上。这对掌握生产进度,控制在制品流转,核算作业计划的完成情况十分有用。企业的生产管理部门(包括仓库),根据管理工作需要,常设置各种台账,常见的有零件统计台账、零件工序统计台账、库存零件收发台账等。

统计台账也可以采用图表的形式,看起来更直观方便。例如,企业采用计算机辅助管理,建立了企业的管理信息系统,如 MRPⅡ或 ERP 系统,这些台账都建在计算机内部,查阅起来更加方便。计算机的数据处理能力强,存储容量大,使分析工作和资料的积累更为方便。

生产作业统计报表是企业内生产管理部门间互通情报、传递信息的重要手段。常见的统计报表有生产日报,生产旬报,生产月报,产品配套缺件情况表,毛坯、在制品库存情况表等。需要哪些统计报表,报表的内容、格式、填表日期等应根据管理工作的要求进行设计。报表内指标内容的解释、填写的方法等要作明确的规定,以保证统计口径的一致。

四、生产作业计划完成情况考核

考核是生产作业监控的重要环节。考核的对象包括生产作业计划的各级执行者，即分厂、车间、工段和生产者个人。考核工作与精神鼓励和物质鼓励结合进行。正确设定考核指标可以引导各生产单位明确各项工作的主次关系，按计划规定的目标去努力，有利于计划的全面完成。有的企业各车间都超额完成计划指标，而企业却出不了产品，完不成计划任务。这里的问题就出在规定的考核指标不当，有片面性。例如，对车间只抓工时产值的考核，忽视了品种和成套性的考核，就会出现上述情况。

目前生产中常用的考核指标有产量、质量、品种、成套率、均衡率等。各项考核指标的计算方法如下。

1. 产量指标

产量指标从总体上反映一个生产单位在计划期内的生产成果。作业计划中的产量指标主要是实物量指标，但在多品种生产时为了便于考核，通常采用劳动量（工时）、重量（吨）或价值量指标。

产量指标是绝对数，但考核时要计算相对数，即计算产量指标完成率，其计算公式为

$$K_{产量}=\frac{N_{实}}{N_{计}}\times 100\%$$

式中，$K_{产量}$——产量指标完成率；

$N_{实}$——考核期内实际完成的产量（工时、重量或产值）；

$N_{计}$——考核期内的计划产量（工时、重量或产值）。

2. 品种指标

对品种计划完成情况的考核有两种计算方法。

(1) $K^{1}_{品种}=\frac{n_{实}}{n_{计}}\times 100\%$

式中，$K^{1}_{品种}$——第一种品种计划完成率；

$n_{实}$——完成计划产量的品种数；

$n_{计}$——计划规定应完成的品种数。

(2) $K^{2}_{品种}=\frac{\sum\limits_{i=1}^{n}\frac{N_{实i}}{N_{计i}}}{n_{计}}\times 100\%$

式中，$K^{2}_{品种}$——第二种品种计划完成率；

$N_{实i}$——品种 i 的实际产量（超过计划产量时，按计划产量计算）；

$N_{计i}$——品种 i 的计划产量；

$n_{计}$——计划规定应完成的品种数。

式中，$N_{实i}$不计超过计划产量部分是为了防止以某一种品种的超产，掩盖另一品种的欠产，造成完成品种计划完成率的虚假现象。

3. 成套性指标

考核成套性是为了防止盲目追求产量，随意扩大某些零件的生产量，生产的零部件不

配套,造成已生产的零部件无法投入装配,在制品大量积压。计算成套率也有两种算法。

(1) $K^1_{成套}=\frac{S_{实}}{S_{计}}\times 100\%$

式中,$K^1_{成套}$——第一种成套率指标;

$S_{实}$——按最短线零件计算的实际成套数;

$S_{计}$——计划规定的成套台份数。

下面通过一个例子来说明。设某产品由四种零件组成。到考核期末计划成套台数为100台,每种零件的实际产量如表9-11所示。从表9-11中可以看到02号零件的产量最低,实际完成的台份数为92台,是四种零件中的最短线零件,所以成套率为

$$K^1_{成套}=(92/100)\times 100\%=92\%$$

表 9-11 零件实际产量完成情况统计表

零件号	每台件数	计划产量/件	实际产量/件	产量计划完成率/%	实际完成的台份数/台
01	4	400	420	105	105
02	3	300	276	92	92
03	1	100	108	108	108
04	2	200	204	102	102

(2) $K^2=\frac{n_{实}}{n_{套}}\times 100\%$

式中,K^2——第二种成套率指标;

$n_{实}$——完成计划产量的零件品种数;

$n_{套}$——计划要求成套的零件种数。

上例中,$n_{实}=3$,$n_{套}=4$。

所以按第二种算法其成套率为

$$K^2=(3/4)\times 100\%=75\%$$

4. 均衡性指标

实现均衡生产,能充分合理地利用企业的生产能力,克服生产上前松后紧、加班突击等忙乱现象。

对生产均衡性的考核,最简便、最常用的是进度对比法。该方法将考核期分为若干时间段,把每一时间段的产量与考核期的计划产量进行对比。例如,考核期为一个月,全月计划产量为300台,如果把全月分为三旬进行考核,各旬产量的实际完成情况为上旬80、中旬100、下旬150,则得到上旬完成26.6%、中旬完成33.3%、下旬完成50%。总的全月产量完成计划的110%,但是均衡性较差。用上述方法考核虽然比较简单、直观,但是比较粗略。

下面再介绍一种用均衡性指标考核的方法。采用这种方法的前提是明确规定考核期内各时间段的计划产量。均衡率指标的计算公式为

$$K_{均衡}=\frac{\sum_{i=1}^{m}\frac{N_{实i}}{N_{计i}}}{m}\times 100\%$$

式中，$K_{均衡}$——生产均衡率；

$N_{实i}$——i 时间段内实际完成的产量（超计划部分不计）；

$N_{计i}$——i 时间段的计划产量；

m——考核期划分时间段的段数。

当各时间段规定的计划产量相等时，上式可写成

$$K=\frac{\sum_{i=1}^{m}N_i}{mN_i}\times 100\%$$

生产均衡率的水平与时间段划分的粗细有关。时间段的长度越短，则要求均衡率的水平越高。大量、大批生产类型常考核小时均衡率，甚至更短的时间段。成批生产类型常常按日、5 日、周或旬考核均衡率。

以上每一种指标都只考核作业计划完成情况的一个方面。为了综合评价一个单位的计划完成情况，可以在计算上述各项指标后进行加权平均，算出一个综合性的总指标。在确定权值时，要根据企业生产的具体情况对不同指标给予不同的权值，以便指引各单位分清主次，解决生产中的主要矛盾。例如，有的企业把质量指标放在突出的地位，采用质量否决制，即当质量指标达不到要求的水平时，不论其他指标完成得如何，均按未完成计划论，从而促使各生产单位把产品质量放在首位。

思 考 题

1. 试述企业计划体制中生产计划的三个层次，以及每一层次计划的特点和内容。

2. 试述计划管理过程的四个环节。

3. 试述年度综合计划的主要内容，以及如何进行各部分计划的综合平衡。

4. 年度生产计划是年度综合计划的重要组成部分。简述年度生产计划所要确定的主要内容。

5. 试述产品品种组合决策的下列两种方法：

(1) 销售额利润额顺序法；

(2) 象限法。

6. 试述产量决策的下列两种方法：

(1) 盈亏平衡点法；

(2) 线性规划法。

7. 质量指标和产值指标的内容是什么？

8. 大量生产类型生产作业计划工作的特点是什么？计划工作的重点在哪里？

9. 成批生产类型生产作业计划工作的特点是什么？计划管理上要注意什么？

10. 单件小批生产类型生产作业计划工作的主要特征是什么？计划工作的难点是什么？

11. 大量流水生产作业计划的期量标准有哪些？如何编制间断流水线标准计划的作业指示图表？如何计算流水线工序间的流动在制品？优化间断流水线标准计划应遵循哪

些原则?

12. 成批生产作业计划常用的期量标准有哪些?

13. 试述经济批量的概念及计算方法。在使用经济批量时要考虑哪些约束?

14. 最小批量法适用于哪些设备的批量决策?

15. 生产周期是什么?如何计算?在成批生产中一批零件的生产周期与零件在工序间的移动方式有什么关系?

16. 生产提前期是什么?投入提前期和出产提前期是什么?如何确定?

17. 生产周期与生产提前期是什么关系?

18. 画图说明单件小批生产类型期量标准之一的产品网络计划图。

19. 单件小批生产类型作业计划期量标准中的"产品工时结构"和"负荷分布模式"是什么?它们有何用途?

20. 生产作业监控系统通常包含哪些部分?

21. 生产调度的职能是什么?重要的调度工作制度有哪些?

22. 调度员有哪两种分工方式?各有什么优缺点?

23. 生产作业统计的主要内容有哪些?

24. 如何计算均衡率指标?请写出其计算公式。

第十章

产品生产进度计划

产品生产进度计划是以企业的最终产品(不展开为零部件)为对象的生产进度计划，它在MRP计划体系中称为主生产计划。通过编制产品生产进度计划把计划期内要生产的全部产品在生产进度上做一个统筹安排，尽量使计划期各时段的生产负荷比较均匀，以利实现均衡生产，充分利用企业的生产能力。在制定生产大纲时，已做了计划期内生产负荷和生产能力的总量平衡，此时，在编制产品生产进度计划时，通过对各产品投产和出产日期的具体安排，要进一步对计划期各时段的生产负荷与生产能力进行平衡，以保证计划的可执行性。

不同生产类型的产品生产进度计划的形式和编制方法是不同的，下面按生产类型分别予以说明。

第一节 大量流水生产类型的产品生产进度计划

大量流水生产是指企业常年连续地重复生产相对固定的少数几种产品，大部分产品和零部件都有自己固定的专用生产线和装配线。计划工作关注的是各生产线的产量(班产量和日产量)，无须对产品的投产日期和出产日期做具体安排。当预测计划期内市场需求有波动时，计划上对产量的安排要做出调整。通常可以采取三种策略来指导计划的安排，即均衡策略、跟踪策略和混合策略。

一、均衡策略

均衡策略是指在计划期内按生产能力的正常水平均衡地安排生产，如图10-1所示。采用均衡策略的好处是：①能充分利用企业现有的生产能力；②容易保持正常的生产秩序，从而有利于建立一个良好的工作环境，保证工人高效地工作和保持产品质量稳定；③保持正常的生产秩序，有利于组织供应工作；④有利于搞好生产管理工作，发挥各种规章制度的作用。但是当需求波动时，它的缺点是，容易引起产销脱节，企业需依靠建立大量的库存来维持供需平衡。当需求波动较大时，企业需保持较大的库存量，负担可观的库存管理费和积压一大笔流动资金。在产品的市场寿命越来越短的今天，库存品积压具有很大的风险。

二、跟踪策略

跟踪策略是计划上要使产品的生产量随需求的变化而变化，如图10-2所示。使产销

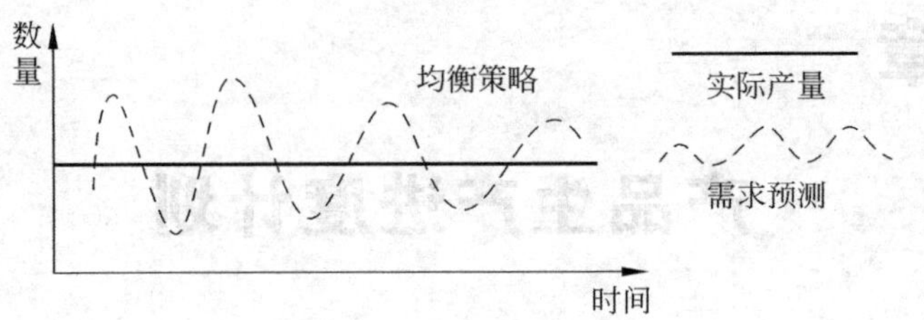

图 10-1 均衡策略示意图

尽可能保持一致,以尽量降低库存。采用这一策略,可以降低库存风险,减少库存费用支出,加速流动资金周转。但是采用这种策略对生产管理工作的要求很高。

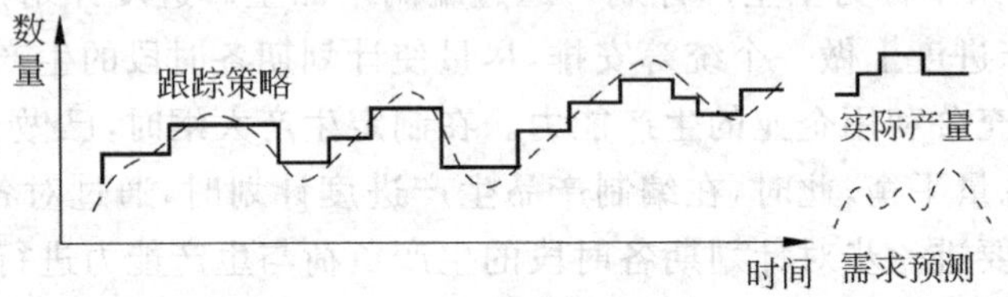

图 10-2 跟踪策略示意图

当需求增大,企业的正常生产能力无法满足时,就需要组织加班突击,这样容易搞乱正常的生产秩序,从而引起一系列的后果。例如,由于生产工人过分疲劳,容易引发质量事故、工伤事故和设备事故;或由于设备得不到正常的维护保养,而造成过度磨损,缩短设备的使用寿命;或由于检验制度的放松,使产品质量得不到保证;等等。而在市场需求疲软时,企业的生产能力部分闲置,生产人员要作临时性的安置等。采用这一策略的条件是,要求企业有较高的管理水平,企业的生产系统具有较大的柔性或有较富裕的生产能力。

三、混合策略

鉴于上述两种策略各有其优缺点,为了取长补短,综合两者的优缺点,就产生了第三种策略,即所谓的混合策略(如图 10-3 所示)。混合策略在总体上采取跟踪策略,它把计划期分为若干时段,各时段的生产水平跟踪市场需求的变化,而在各个时段内则保持均衡生产,不是一步步紧紧地跟踪市场。这一策略特别适合产品的生命周期处于成长期或衰退期,对产品的需求量有明显的上升或下降趋势的情况。

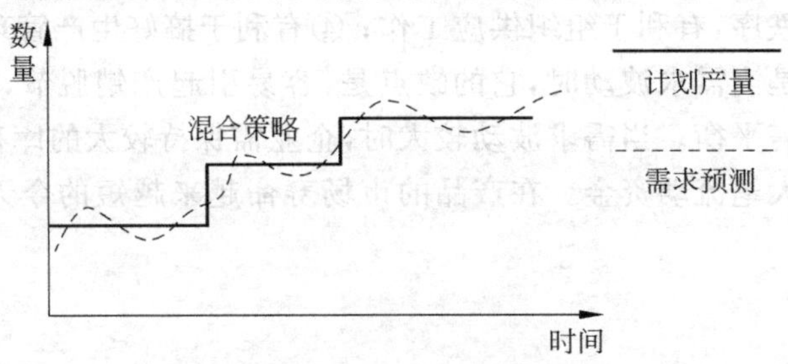

图 10-3 混合策略示意图

第二节　成批生产类型的产品生产进度计划

多品种批量生产的产品生产进度计划的主要任务是在计划期内做好各产品在生产进度上的合理搭配。

一、品种的合理搭配

品种搭配的一般原则如下。

(1) 首先安排企业的主导产品。由于这类产品的产量相对较大，应尽可能采用“细水长流”的方针，使这部分产品能相对稳定地保持均衡生产。

(2) 同一系列或同一类型的产品尽量安排在同一时段内集中生产，以减少同时生产的品种数，扩大通用件的生产批量，简化管理工作。

(3) 精度要求高、技术难度大的复杂产品与一般的普通产品，大型产品与中小型产品应合理搭配，以保证各类人员和各种设备有均衡的负荷。不要在某一时段只生产大型复杂产品，而另一时段只生产中小型结构简单的产品。这样会引起某些设备和人员有时十分紧张，有时又很空闲，造成生产能力的浪费。

(4) 新产品不宜集中上场，避免生产准备工作过分集中，车间难以应付。

(5) 考虑生产技术准备工作(产品设计、工艺准备、工装制造等)、物资供应工作与产品生产进度计划的衔接。避免新产品设计好了，工艺准备工作完成了，但没有能力生产，或者有生产能力时，生产技术准备工作还未完成，产品无法投产。

(6) 尽量保持出产均衡，以保证资金的均衡回流。

(7) 计划的总体安排要在生产能力上适当留有余地，以便应付某些意外的但必须解决的紧急任务。

下面举例说明成批生产类型的产品进度计划的品种搭配，见表 10-1。

表 10-1　某企业产品进度计划表

产品名称	全年任务	生产进度											
		一季度			二季度			三季度			四季度		
		1月	2月	3月	4月	5月	6月	7月	8月	9月	10月	11月	12月
A	1 100	80	70	80	90	90	90	100	100	100	100	100	100
B_1	160	50	50	60									
B_2	450				40	40	50	50	50	60	60	50	50
C_1	320			60	60	50	50	50	50				
C_2	240			30	30	40	40	50	50				
C_3	320	80	80							80	80		
D	180					15	25	30	50	60			
E	110		30	30								20	30
F	160	40			40			40			40		
G	80	15	15			15	15			10			10
H	120	30		30					30			30	

表 10-1 中,A 为企业的主导产品,全年相对稳定地连续生产,贯彻“细水长流”。B_1 和 B_2 为 B 类系列产品,C_1、C_2 和 C_3 为 C 类系列产品,系列产品中通用件较多,故安排连续生产或适当集中生产。D 为新产品。F 为复杂产品。E、G 和 H 为轮番生产的一般产品。通过合理搭配,使各月生产的品种不超过 5～6 种,各月的设备负荷比较均衡。

二、生产负荷与生产能力平衡

编制产品生产进度计划是根据生产大纲和客户订单的要求,确定各产品在计划期各时段内的产量和投产、出产日期。产品生产进度计划的计划期长度一般为一年,也可以跨年,视产品生产周期的长短而定。计划期的跨度须大于计划对象的生产周期。计划初步排出后,要计算生产负荷,编制粗能力需求计划。通过将粗能力需求计划与计划期企业实有的生产能力相对照,调整负荷分布,以期实现负荷与能力的平衡。由于产品生产进度计划的对象是产品,核算生产负荷时只能用产品的台份工时定额。台份工时定额反映的是汇总的整台产品(分工种)的加工工作量,不能反映工作量在时间坐标上的分布情况。通常把加工工作量看作是在生产周期内均匀分布的,这与负荷的实际分布有一定的差异,所以这种能力平衡是比较粗略的。

第三节　单件小批生产的产品生产进度计划

单件小批生产由于生产的是专用产品,一般是一次性、不重复的,所以必须根据用户的订单,根据双方的合同安排产品设计和组织生产。企业每接到一张订单签订一份合同,就需要安排一次该项产品的生产进度计划。计划的内容和时间跨度是从产品设计开始,直至将产品交付用户手中为止。计划的安排既是每份合同编制一份,是相对独立的,又受企业设计能力、生产能力的制约,安排时要考虑与前面已接的任务相协调和衔接。

单件小批生产的产品进度计划的编制过程通常分以下四个阶段。

一、合同谈判阶段

企业在接到用户的询价和订货意向之后,要做好与用户进行合同谈判的准备。谈判的主要内容是确定产品方案的技术参数和技术经济指标以及产品的价格和交货日期。为了提出可能提供的产品交货期,计划部门要对合同产品做一次粗略的进度试排。

计划部门一般通过会商的方式,会同设计、制造、供应、销售、财务等部门共同分析合同产品的技术性能、结构特征、产品类别、新颖程度和复杂程度,特殊材料和外配件的构成情况等,并根据过去生产过的同类产品,估算合同产品的设计工作量、加工工作量及原材料、配件的供应难度和采购周期,从而粗略地确定产品的设计周期、制造周期和材料准备周期。通过试编产品生产进度计划,得到企业可能提供的合同交货期。因此,在合同谈判阶段编制产品生产进度计划主要是为合同谈判服务,分析能否满足用户要求的合同交货期,为能否接受该项订货提供决策依据。这是企业接到订单后编制的第一个产品进度计划,可称之为产品进度计划－Ⅰ。

二、合同执行开始阶段

合同正式签订后，产品的交货期已定。企业要根据合同的要求，编制正式的产品生产进度计划。这是第二个产品进度计划，可称之为产品进度计划－Ⅱ。

产品进度计划－Ⅱ要在合同签订后，从产品设计、加工、装配到发运，编制一项全过程的网络计划。以合同交货期为基准，根据各阶段工作的提前期，逆工艺顺序倒排，确定产品设计、工艺准备、材料采购、毛坯制造、机械加工、装配、发运各阶段大致的完工日期和开工日期。

在网络计划的基础上，进一步按产品结构的复杂程度、产品重量等因素估算产品设计、工艺准备、材料采购、加工装配各项工作的工作量。在产品设计、毛坯制造、机械加工、装配各阶段内按工作负荷的分布规律，细化各时段的工作负荷，编制负荷计划。

最后，在企业当时(编计划时)剩余能力的基础上，采用有限能力计划法，编制产品生产进度计划(包括产品设计、工艺准备和材料采购在内)。在编制时既要考虑网络计划中规定的各阶段的出产日期，又要考虑人力和设备负荷的可能，最后全面调整计划进度，使负荷计划与网络计划保持一致，并确定计划进度。

三、产品制造阶段

产品制造阶段即产品设计基本完成，制造开始时的阶段。前面两个阶段编制产品进度计划的主要依据都是过去同类产品的历史资料。这些历史资料与合同产品的实际情况总有出入，不能准确反映合同产品的实际情况。所以在产品设计完成后，可以根据产品图纸和零件明细表重新计算合同产品的设计重量和结构的复杂程度，并以此修正加工、装配等阶段的工作量，重新编制产品进度计划。这是第三个产品进度计划，可称之为产品进度计划－Ⅲ。

产品进度计划－Ⅲ是根据合同产品的设计资料、工艺文件制定的，更符合合同产品的实际情况。它是产品制造阶段的正式计划，是编制零件生产进度计划的主要依据。

产品进度计划　Ⅲ在执行过程中需要动态地不断进行调整。一般每月根据计划实际完成情况调整下一个月的计划。此外，当接到新的订单或者有合同被撤销或交货期有变化时，计划需要做较大的调整。这部分工作按常规的滚动计划编制方法编制。

四、合同总结

对于单件小批订货生产，积累生产过程记录的各种资料，对企业的生产计划工作有十分重要的作用。因此在每一份合同的执行过程中，应详细记录计划的实际执行情况，在合同完成以后要进行总结。把产品的报价重量、设计重量和实际重量，产品设计、工艺准备的计划工作量和实际耗费的工作量，加工、装配的计划工时和实动工时及各生产阶段的计划周期和实际周期等一一进行对比分析，对其中的某些现行计划定额数据进行适当修正，以便为今后的计划工作提供更科学的参考依据。最好把这些数据全部记录在一张卡片上(合同总结卡)，存储在计算机中，每一份合同积累一份资料。这样的资料积累多了，对企业以后制订产品进度计划，制定各项期量标准有极大的帮助(合同总结卡的形式见表10-2)。

表 10-2　某产品的合同总结卡

产品合同总结卡						
合同号		用户名称代号		合同签约年月		
产品名称		代号		订货数量		产品类别
产品重量	总重量	其　中				
		铸铁件	铸钢件	锻件	普通钢材	特殊钢材
报价重量						
设计重量						
交货重量						
产品工时	总工时	其　中				
		毛坯制造	机械加工	装配	油漆包装	其他
计　划						
实　际						
工时结构/%	100					

各加工大组的工时	铸　造	大件造型		中件造型		小件造型		合计	
		重量	工时	重量	工时	重量	工时	重量	工时
	计　划								
	实　际								
	所占百分比/%							100	100
	锻　压	水压机		锻锤(大)		锻锤(中小)		合计	
		重量	工时	重量	工时	重量	工时	重量	工时
	计　划								
	实　际								
	所占百分比/%								
	机械加工	大车床	中小车床	数控车床	立车	龙门铣	中小铣	插床	摇臂钻
	计　划								
	实　际								
	所占百分比/%								
	机械加工	镗床	镗铣加工中心	滚齿	磨齿	内圆磨	外圆磨	平面磨	台钻
	计　划								
	实　际								
	所占百分比/%								

以上分三个阶段编制的三份产品进度计划，其编制过程及其与其他计划的关系如图 10-4 所示。

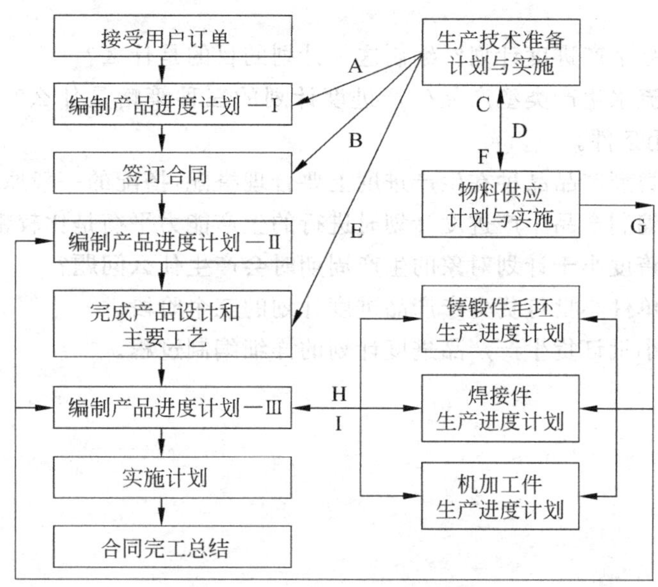

图 10-4　产品进度计划的编制过程

图中字母的含义如下。

A：接到用户的订单以后，由计划部门召集技术、生产、财务、营销和物资供应等部门进行会商，分析合同产品的性能特点和主要结构特征，确定产品的类别和复杂等级，估算产品的重量和设计周期，为编制产品进度计划－Ⅰ提供依据。

B：合同签订以后，设计部门对产品的性能指标和主要结构进行初步的分析和设计，计划部门再次召集技术、生产、物资供应等有关部门进行会商，为合同的执行和编制产品进度计划－Ⅱ协调各部门的工作。

C：设计部门在总体设计批准后，先设计主关件，并将所需材料、毛坯提交物资供应部门。

D：物资部门将订购材料和毛坯的落实情况反馈给设计部门。

E：设计部门完成产品的技术设计和施工设计，工艺部门完成工艺设计和工装设计后，提交产品图纸、零件明细表、材料明细表以及有关的工艺文件和技术资料。

F：设计部门将材料明细表、外购件明细表提交物资供应部门、工艺部门和生产部门确定外协作件清单，组织外包外协。

G：物资供应部门将库存材料情况、外购材料和外购配件的订货落实情况反馈给计划部门和生产部门。

H：根据产品进度计划－Ⅲ和物资供应情况、生产准备情况编制零件进度计划，包括铸锻件、焊接件和机加工件的生产进度计划。

I：把零件进度计划执行情况反馈给计划部门，每月修正一次企业的剩余生产能力，并对产品进度计划－Ⅲ进行修改调整和滚动编制。

思 考 题

1. 什么是产品生产进度计划？编制这一计划的目的是什么？

2. 编制大量流水生产类型产品生产进度计划的三种策略是什么？请分析三种策略的优缺点及其应用条件。

3. 成批生产类型产品品种在生产进度上要合理搭配，搭配的一般原则是什么？

4. 为什么说编制产品生产进度计划时进行的生产能力平衡是比较粗略的？

5. 计划期的跨度小于计划对象的生产周期时会产生什么问题？

6. 试述编制单件小批订货生产产品进度计划的三个阶段。

7. 试述单件小批订货生产产品进度计划的详细编制过程。

第十一章

零部件生产进度计划

生产作业计划系统第二个计划层次是零部件生产进度计划。它是在产品生产进度计划的基础上，将产品展开为零部件，以零部件为对象的生产进度计划。编制零部件进度计划的方法有很多，下面介绍几种最常用的方法。

第一节 MRP 系统

物料需求计划(material requirement planning，MRP)，是目前在生产作业计划中被广泛应用的计划系统。

一、物料需求计划的由来与发展

物料需求计划是一种将库存管理和生产进度计划结合在一起的计算机辅助生产计划管理系统。20 世纪 20 年代以来在生产计划和库存管理方面一直流行的是订货点法。1965 年美国的奥列基博士(Dr. Joseph A. Orlicky) 提出独立需求与相关需求的概念，并指出订货点法适用于独立需求项目，对于相关需求，则应根据与独立需求的相关关系编制计划。如果将订货点法用于相关需求项目，会引起人为的需求误差，从而造成过多的库存和浪费。基于这一理论，IBM 公司随后推出了用于解决相关需求的 COPICS 软件，这就是最初的物料需求计划。

随着计算机在产业界的广泛应用，MRP 迅速得到推广，并在降低库存方面取得了显著的效果。20 世纪 70 年代在美国生产与库存管理协会(APICS)的大力宣传与推动下，在美国掀起了一个应用 MRP 的热潮，当时采用 MRP 系统的企业已超过千家。

MRP 在使用过程中也暴露出不少问题，主要是计划只考虑了需求，没有考虑生产能力的约束，编排出的计划的可执行性存在问题。因此，随后提出了能力需求计划(capacity requirement planning，CRP)的概念。根据物料需求计划编制 CRP，测算计划期各时段对生产能力的需求，进而对企业各时段的生产能力进行规划和调整，合理平衡负荷，包括采取外包和外协等措施来弥补本企业能力的不足。通过能力需求计划使物料需求计划的可执行性大大提高。另外，加强了车间作业统计，随时反馈 MRP 的执行情况，以便根据实际情况及时对计划进行调整和修改。以上形成一个由计划、反馈和控制等环节组成的闭环系统。这就是 MRP 进入发展的第二个阶段，即闭环 MRP 阶段。

在闭环 MRP 的发展过程中，广大企业又感到闭环 MRP 虽然较好地解决了企业生产计划中物流和信息流的集成，实现了计划制订与计划实施的统一性，但是没有把资金流包括进去,在管理上仍存在很多的不方便。20世纪70年代末80年代初,在闭环MRP的基础上又把系统的范围和功能进一步扩展,增加了财会管理职能,把生产、库存、采购、销售、财务和成本等子系统进行信息集成,逐渐发展成为一个覆盖企业全部制造资源的管理信息系统。除此之外,它还把企业的经营计划放进系统之中,至此已包含企业生产经营管理的全部主要功能。1977年9月,美国著名生产管理专家奥列弗·怀特(Oliver W. Wight)倡议给功能扩展后的MRP系统一个新的名称——制造资源计划。为了表明它是MRP的延续和发展,用了同样以M、R、P、为首的三个英文单词,即manufacturing resource planning,同时,为了与第一代MRP相区别,取名MRPⅡ,以示它是第二代的MRP。

随着市场竞争的不断加剧和IT技术的飞速发展,企业信息化的进程在不断深化。为了适应加强供应链管理和客户关系管理的需求,MRPⅡ的功能又有了新的扩展。20世纪90年代初美国著名的管理咨询公司Gartner公司首先提出ERP的概念,并将ERP和MRPⅡ做了对比。

MRPⅡ是属于一个企业内部的供、产、销和人、财、物信息集成的管理信息系统。ERP则把顾客需求及供应商的制造资源与企业的生产经营活动整合在一起,进行整体化管理。ERP的管理范围向企业外部两头扩展了。例如,有些ERP软件已经把客户关系管理(customer relationship management,CRM)和自己集成在了一起。为了加强对新产品研制开发进程的管理,ERP中增加了"项目管理"模块。此外,还增加了实验室管理、配方管理、正交设计等模块。为了更好地为企业领导层提供综合查询和经营决策服务,ERP增强了决策支持系统(decision support system,DSS)的功能,供领导层随时查询企业的经营情况,并提供决策的备选方案和相关的分析资料;把人事档案管理提升为人力资源管理;同时还把办公自动化OA系统与ERP集成起来,共用一个数据库。总之,ERP提供的是一个以数据库为核心的标准化企业信息平台,在此平台上可以建立实现各种不同功能的模块。

二、ERP/MRPⅡ系统的基本结构和主要功能模块

MRPⅡ系统通常由十几个最基本的功能模块组成,其中包含主生产计划(master production scheduling,MPS)、粗能力需求计划(rough cut capacity planning,RCCP)、物料需求计划(MRP)、物料清单(bill of material,BOM)、能力需求计划(CRP)、车间作业管理(shop floor control,SFC)、物料采购管理、库存管理、生产作业监控、销售管理、成本管理、财务管理等模块。下面用图11-1来反映MRPⅡ系统的组成模块和它们之间的关系。

从图11-1可见,MRPⅡ是一个在企业战略规划和经营目标指导下的,以企业经营计划为依据,以生产计划系统为核心的,包含营销、生产和财务三大职能,集成度相当高的管理信息系统。至于ERP系统,由于自Gartner公司提出之后,随着IT技术的飞速发展和管理理念的进步,它的功能一直在不断扩展和完善,目前许多软件公司提供的商品软件的系统构成常有很大差别,所以很难给出一个标准的ERP构成图。图11-2只是给出了一个ERP的总体框架示意。

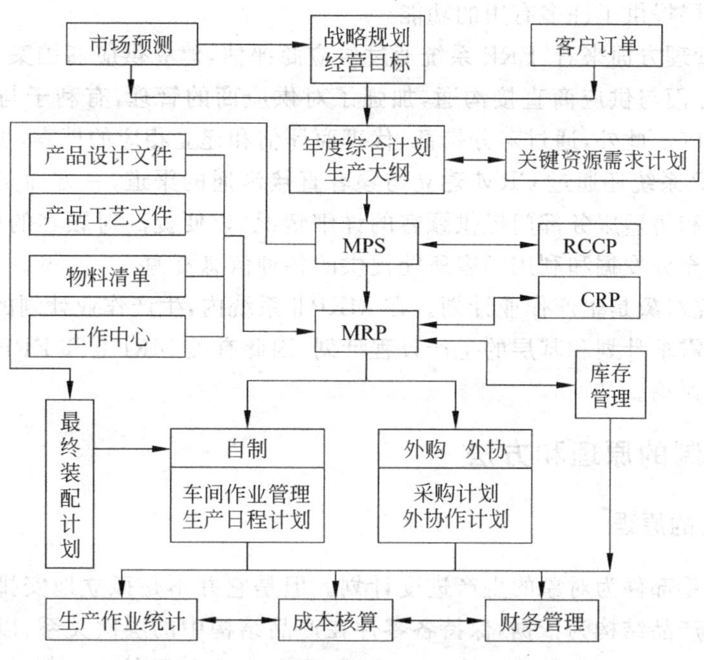

图 11-1　制造资源计划 MRPⅡ总体结构示意图

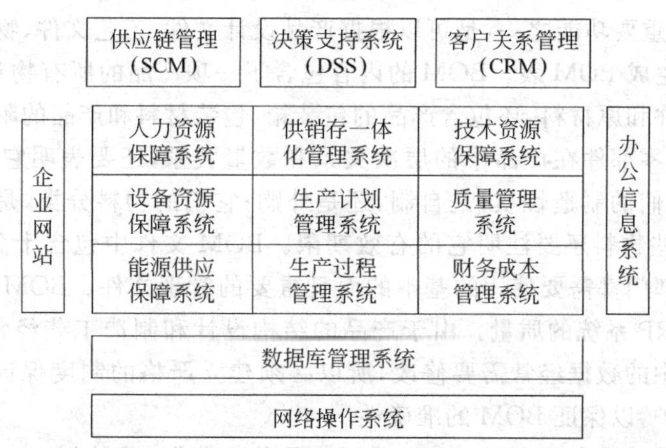

图 11-2　企业资源计划 ERP 总体框架示意图

如果把 ERP 与传统的 MRPⅡ进行比较，它们的主要区别可表述为：MRPⅡ是面向企业内部管理的产供销物流和资金流集成的管理信息系统，而 ERP 则是超出一个企业的范围，包含供应商、分销商和顾客在内的，面向供应链管理的集成化的管理信息系统。另外，ERP 系统还充分应用最新的 IT 技术，使 MRPⅡ原有的功能也得到了改善和加强。

从企业内部管理功能来看，在原来 MRPⅡ的基础上，把产品质量管理、设备维修管理、人力资源管理和办公自动化系统等都集成在一起；还通过项目管理模块、实验室管理模块等，加强了对新产品研制开发过程的管理，特别是通过建立综合查询和决策支持子系统,为企业领导层提供了许多有用的功能。

从供应链管理方面来看,ERP系统通过供应商评估,建立供应商档案,通过网络在生产计划和库存方面与供应商直接沟通,加强了对供应商的管理,有利于与供应商协同工作,实现JIT供应。此外,通过对分销商、代理商评估和建立相应的档案,加强了对分销系统的管理。ERP系统还通过CRM建立与顾客直接沟通的渠道,一方面是为企业的营销部门、销售部门和售后服务部门提供顾客的详细情况,以便提高对顾客的服务质量;另一方面,也是为了充分发掘和利用顾客所能提供的各种信息资源。

本章的研究对象是生产作业计划。在MRPⅡ系统内,生产作业计划的三个层次是主生产计划、物料需求计划和基层的生产日程计划,因此有关MRPⅡ和ERP的其他模块和功能,不在此处讨论。

三、MRP编制的原理和方法

(一) MRP的原理

MRP是以零部件为对象的生产进度计划。但是它并不是孤立地安排各种零件的生产进度,而是以产品结构为依据,保持各零件在产品结构中的层次关系,以此来编排各零件的生产进度。它是通过物料清单(BOM)文件来描述各零件在产品中的层次关系和数量。

MRP系统的重要功能之一,是可以根据产品设计文件、工艺文件、物料文件和生产提前期等资料自动生成BOM表。BOM的内容包含了一项产品的所有物料,不仅包含产品本身的所有零部件和原材料,还包含产品的包装箱、包装材料和产品的附件、附带工具等。BOM要反映各种零部件在产品中的层次关系和数量关系,还要表明它们的出产提前期和投入提前期;它们的制造性质,是自制,还是外购;它们的物料分类,是A类,还是B类或C类。对于有些物料还要注明它的有效期限。BOM文件中包含十分丰富的信息,是企业各主要业务部门都需要使用的基本的而且重要的管理文件。BOM文件中数据的准确性直接影响MRP系统的质量。由于产品的结构设计和制造工艺经常要修改,材料也可以代用,BOM中的数据经常需要修改,所以必须建立严格的制度保证及时对BOM文件的数据进行维护,以保证BOM的准确性。

在编排零部件的生产进度时,MRP是以产品的交货期(或计划完工日期)为基准,朝着工艺过程的逆向,按生产提前期的长度,采用倒排法来编制的。在确定各零件的生产进度时,暂不考虑生产能力的约束,因此这种计划编制方法又称无限能力计划法。

假设产品A由部件A_1和A_2及零件a_3构成,A_1和A_2又分别由a_{11}、A_{12}、a_{13}和a_{21}、a_{22}组成。A_{12}由a_{121}及a_{122}组成。A的产品结构见图11-3。

以A产品为例,其BOM表的形式见表11-1。

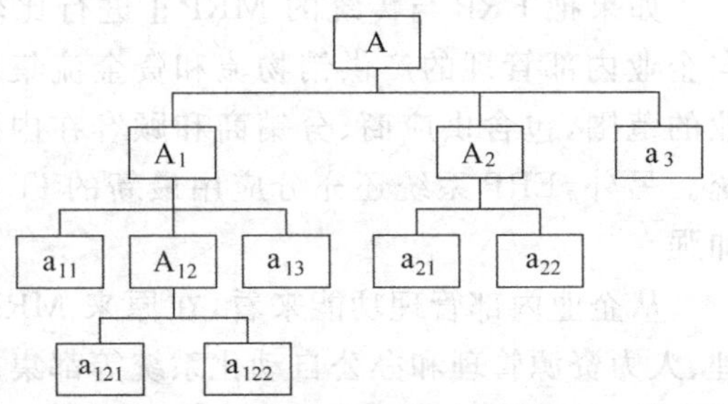

图11-3 A产品的产品结构图

表 11-1 A 产品的 BOM 表

物料名称	物料号	层次	计量单位	每台件数	制造类型	ABC 分类码	投入提前期/周	生效日期	失效日期
A_1	11000	1	件	1	自制	A	2.5	2017 年 1 月 1 日	99999999
a_{11}	11100	.2	件	2	自制	B	3.0	2017 年 1 月 1 日	99999999
A_{12}	11200	.2	件	1	自制	A	3.5	2017 年 1 月 1 日	99999999
a_{121}	11210	..3	件	1	自制	B	5.5	2017 年 1 月 1 日	99999999
a_{122}	11220	..3	个	4	外购	C	4.5	2017 年 1 月 1 日	99999999
a_{13}	11300	.2	个	2	自制	C	3.0	2017 年 1 月 1 日	99999999
A_2	12000	1	件	1	自制	B	2.0	2017 年 1 月 1 日	99999999
a_{21}	12100	.2	件	1	自制	C	2.5	2017 年 1 月 1 日	99999999
a_{22}	12200	.2	个	2	外购	C	3.0	2017 年 1 月 1 日	99999999
a_3	13000	1	件	1	外购	B	2.0	2017 年 1 月 1 日	2018 年 12 月 31 日

产品名称：A　物料代码：10000　计量单位：台　重量：15kg

生产批量：30　投入提前期(总)：5.5 周　装配提前期：1 周

以产品 X 的计划完工日期为基准，采用倒排法排出的该产品的生产进度表如图 11-4 所示。

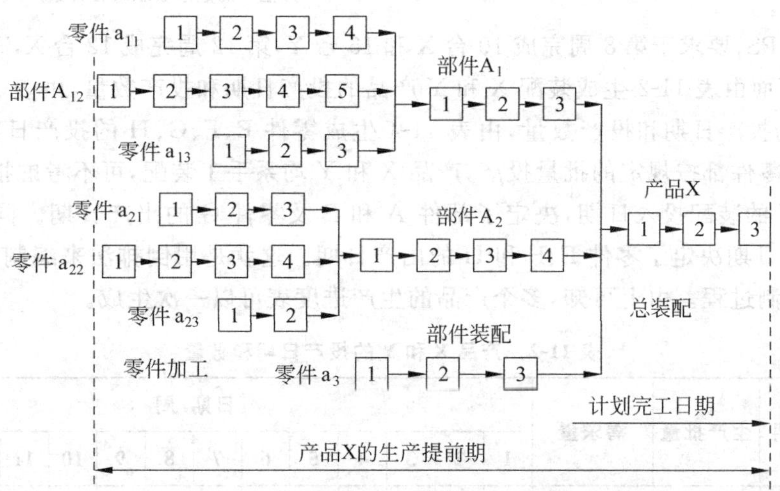

图 11-4 产品 X 的生产进度表示意图

(二) MRP 编制的步骤和方法

MRP 的依据是主生产计划(MPS)。MPS 规定了各产品的产量和要求的完工日期及大致的开工日期。编制 MRP 的步骤如图 11-5 所示。

如图 11-5 所示，计算机按上述编制步骤，根据 BOM 表的资料，可自动生成 MRP，而且是对计划期要生产的所有产品同时编制，一次完成。下面通过一个例子来说明 MRP 的生成过程。

假设计划期内 MPS 包含 X 和 Y 两种产品，X 和 Y 的产品结构如图 11-6 所示。

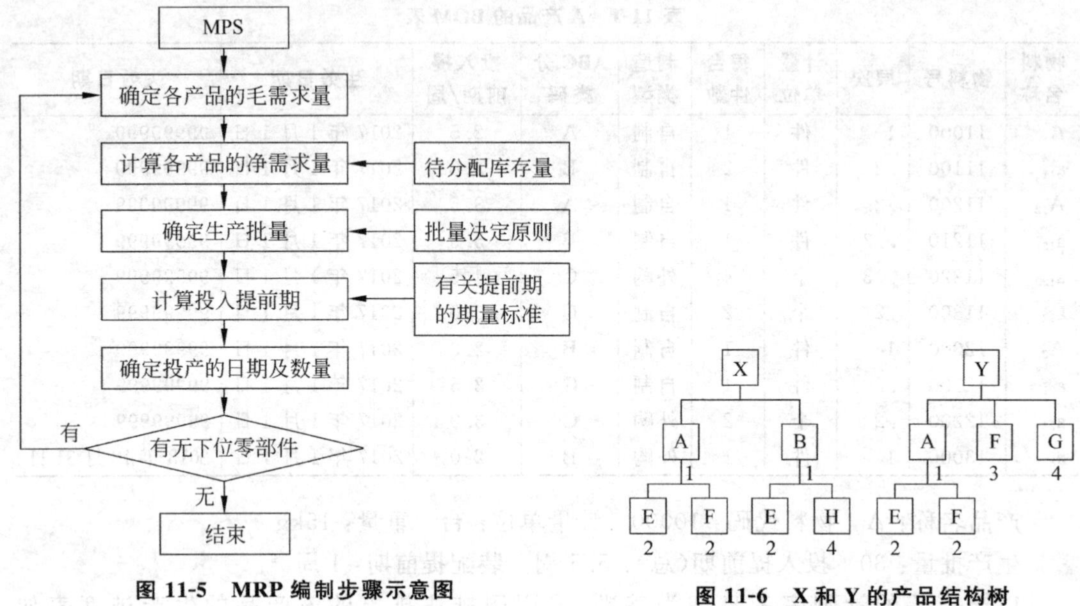

图 11-5 MRP 编制步骤示意图

图 11-6 X 和 Y 的产品结构树
(方框内的文字表示产品和零部件的名称,
方框下的数字表示每台件数)

根据 MPS,要求于第 8 周完成 10 台 X 和 15 台 Y,第 12 周完成 12 台 X,第 14 周完成 20 台 Y。下面由表 11-2 生成装配 X 和 Y 产品的投产日期和投产数量,由表 11-3 生成部件 A 和 B 的投产日期和投产数量,由表 11-4 生成零件 E、F、G、H 的投产日期和投产数量。部件和零件都按规定的批量投产,产品 X 和 Y 均系手工装配,可不考虑批量的要求。产品 X 和 Y 的装配投入日期,决定了部件 A 和 B 及零件 G 的出产日期。同样,部件 A 和 B 的投产日期决定了零件 E、F 和 H 的出产日期。这就是用倒排法来编制零部件生产进度表的编制过程。由上可知,多个产品的生产进度表可以一次生成。

表 11-2 产品 X 和 Y 的投产日期和数量

项目	提前期	生产批量	需求量	日期/周													
				1	2	3	4	5	6	7	8	9	10	11	12	13	14
X	2 周		毛需求量								10				12		
			可用库存								0				0		
			净需求量								10				12		
			订货量						10				12				
Y	1 周		毛需求量								15						20
			可用库存														
			净需求量								15						20
			订货量							15						20	

表 11-3　部件 A 和 B 的订货日期和数量

项目	提前期	生产批量	需求量	日期/周													
				1	2	3	4	5	6	7	8	9	10	11	12	13	14
A	2 周	20	毛需求量						10	15			12			20	
			可用库存	12	12	12	12	12	2		7	7		15	15		15
			净需求量						0	13			5			5	
			订货量					**20**			**20**			**20**			
B	1 周	10	毛需求量						10				12				
			可用库存	6	6	6	6	6		6	6	6		4	4	4	4
			净需求量						4				6				
			订货量					**10**				**10**					

表 11-4　零件 E、F、G、H 的订货日期和数量

项目	提前期	生产批量	需求量	日期/周													
				1	2	3	4	5	6	7	8	9	10	11	12	13	14
E	1 周	40	毛需求量					60			40	20		40			
			可用库存	25	25	25	25		5	5			25		25	25	25
			净需求量					35			35	15		15			
			订货量				**40**			**40**	**40**		**40**				
F	2 周	60	毛需求量					40		45	40			40		60	
			可用库存	18	18	18	18		38		13	13	13		33		33
			净需求量					22		7				27		27	
			订货量			**60**		**60**				**60**		**60**			
G	1 周	80	毛需求量							60						80	
			可用库存	32	32	32	32	32	32		52	52	52	52	52		52
			净需求量							28						28	
			订货量						**80**						**80**		
H	1 周	50	毛需求量					40				40					
			可用库存	16	16	16	16	26	26	26	36	36	36	36	36	36	36
			净需求量					24				14					
			订货量				**50**				**50**						

以上运算中：净需求量＝毛需求量－可用库存量

计算出的净需求量如为负值，计算机会把净需求量自动置零，表示用库存可以满足需求，无须安排生产或采购。可用库存量又称待分配库存量，可由下式计算得到：

$$\text{待分配库存量}=\text{现在实有库存量}-\text{已分配库存}+\text{预计入库量}-\text{安全库存量}$$

式中,现在实有库存量表示在库房中当前实际存在的库存。已分配库存表示在现在实有库存中,该部分库存量已安排给某项用途,但尚未被领用、尚未出库。预计入库量是指已经订货(外购或自制),于该计划周应该到货的数量。

(三) 关于计划的时区选择和滚动编制问题

滚动计划(rolling plan)是一种动态编制计划的方法。滚动编制计划每走一步向前看两步,增强了计划的预见性和计划间的衔接,提高了计划的应变能力,是一种先进的计划编制方法。图 11-7 是滚动计划的示意图。

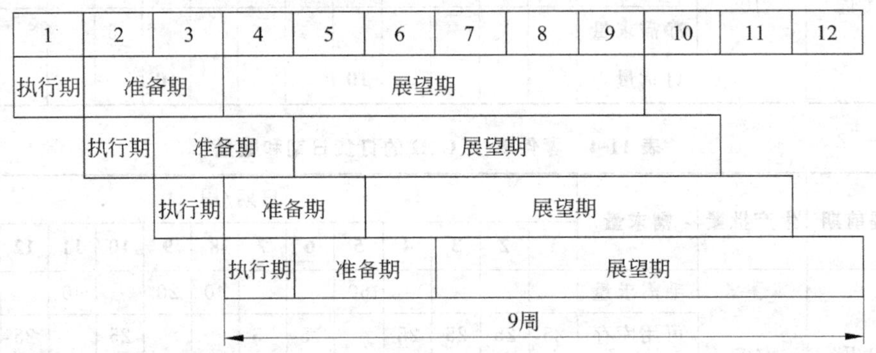

图 11-7 滚动计划示意图

传统的方法是每一个计划期(如图 11-7 中计划期为 9 周)编一次计划。当计划期较长时,在计划实施的后期,往往由于实际情况已发生很多变化,原来的计划失去了指导意义,此时只能靠临时调度来解决。滚动计划一般把计划期分为三个时区:执行区、准备区、展望区。离当前最近的为执行区,稍远的与执行区衔接的为准备区,最远的为展望区。图 11-7 中某项计划的计划期为 9 周。如果令执行期的长度为 1 周,准备期为 2 周,则展望期为 6 周,如图 11-7 所示。

按滚动计划的编制方法,每经一个执行期编一次计划,每个计划的长度仍为 9 周。每次应根据实际情况的变化,及时修正计划,使计划切合实际,可执行性好。同时仍保持在计划期内(9 周)做全面安排,保持计划的前瞻性和整体性。滚动编制使两个计划期之间有较好的计划连续性、衔接性,从而使计划的质量得到提高。但是滚动计划使编制计划的工作量大为增加,因此靠手工编制是难以推行的。MRP 系统采用滚动编制,可发挥计算机运算速度快和数据处理能力强的优势,从而可取得理想的效果。

时区的时间单位称为时段。MRP 计划系统不仅对计划期提供划分时区的功能,而且对不同的时区,可选择不同的时间单位。一般对马上要实施的近期计划,采用小的时间单位,以便把计划安排得更细致、具体,便于更好地指导实施。而对展望期时区则采用较大的时段,因为该时区的计划离实施的时间尚远,不确定性因素多,发生变动的可能性大,所以计划可以粗略些,不宜做得很细。这样既可节省计划编制工作量,又可使计划具有较大的灵活性。

时区与时区的交界点称为时界。准备期与展望期的时界是计划被确认的时刻。MRP计划编排出来以后，要通过编制能力需求计划进行能力平衡，能力与负荷平衡后的计划可以给予确认。已经确认的计划可以进入准备时区，进入准备时区的计划不宜随便修改，以免打乱已协调好的各方面的平衡。在准备时区的各项计划任务，通过生产准备工作检查，生产准备工作已准备好的可进入执行期。进入执行时区的计划，没有生产厂长的批准一般是不允许修改的。因为已经做好生产准备的计划，如再修改变动，不但会打乱已安排好的计划，影响计划的实施，而且会使已做的生产准备工作作废，造成直接经济损失。在时区之间设时界，目的是让计算机通过时界对计划的实施进行控制。

一般MPS的滚动期设为月，或每接受一批新订单滚动编制一次。MRP的滚动期通常设为周，班组的生产日程计划则每天滚动一次。每滚动一次，计划就重编一次，工作量较大，因此，不一定在MRP系统上每天进行计划重编。计划重编一般有两种方法：净改变(net change)和完全重编(rcgcncration)。净改变只修改计划期内有变化的部分，局部重编。完全重编则要重新运行一次计划编制程序，重编一个新计划。采用何种方法进行重编，应视需修改的范围和修改的量而定。

（四）闭环MRP实施中存在的问题

关于能力需求计划CRP的编制，从理论上说，MRP编制完成后，只要分时段、分工种汇总MRP的工作量即可得到能力需求计划。例如，根据表11-4可以得到如表11-5所示的各周的加工任务。

表11-5　3～12周的能力需求计划

周次	3	4	5	6	7	8	9	10	11	12
投产任务	60F	40E、50H	60F	80G	40E	40E、50H	60F	40E	60F	80G

根据E、F、G、H等零件的工艺文件，可以知道加工这些零件涉及哪些工种，需使用哪些设备和有多大的工作量。经过汇总，可以得到一张各周各类设备负荷情况的计划表，这就是所谓的能力需求计划。把计算所得的各周的工作负荷与各周企业实有的生产能力相对照，可以预见各类设备的负荷率情况。通过调整每一种设备(工作中心)上各周的负荷，进行能力平衡(包括当本企业的能力无法满足时，可采取外包和外协等措施进行平衡)。经过能力平衡的计划才是一个可执行的计划。

这里需要说明的是MRP的编制，从理论上讲有一个先天性的缺陷。MRP是用事前规定的生产提前期来确定零部件的生产进度。然而，在实际提前期的时间构成中，包含大量的工序之间的等待时间等不确定因素。由于工序间的等待时间与后工序设备的负荷状况密切相关，如后工序设备的负荷重，必然排队等待的零件多，等待的时间就长；反之，如后工序的设备负荷率低，很多时间闲着，则由前工序来的零件常常不需排队等待或等待时间很短。因此提前期不可能是一个事前给定的值，它与计划期的任务状况有关。特别是多品种小批量生产，工序间等待时间在生产周期中占很大的比重，在品种多，任务经常变动的情况下，它的变化毫无规律性。所以实际的提前期的变化幅度会很大，与原先规定的提前期常有很大的出入。按事前给定的提前期计算得到MRP，其负荷在时间上的分布与计划实际执行时必然会有很大的出入。这样就使前面进行的能力平衡工作失去意义,这会大大降低计划的可执行性。而且生产加工时间与批量大小成正比,用固定的生产提前期来计算不同批量的生产时间,会导致很大的时间误差,可以说,固定的生产提前期是MRP系统的先天不足。只有当生产重复运行的规律性较强时,才有可能制定一套相对稳定的符合实际的提前期。因此,只有在较稳定的重复性生产的条件下,闭环MRP才能较好地实施。

这个问题是计划原理上的问题,国外企业同样面临这一问题,只是国外很多企业工艺比较先进,大量采用加工中心和数控机床,一个中等复杂零件用4~5道工序就可完成,不像国内很多企业使用的主要是普通机床,一个中等复杂零件常需十几道、二十几道工序。工艺过程的工序越多,工序间等待时间这一不确定因素也就相应增大,因此能力需求计划的准确性变差,MRP的实施难度大为增加。另外,国外工业发达国家的社会生产协作条件较好,企业可以方便地利用外包、外协进行能力平衡。例如,丰田汽车公司的外包、外协量占总量的70%。相比之下,我国很多企业常常是大而全、小而全,零件的自制率高,生产过程复杂,相应的在计划管理上就要复杂得多,因此在实施闭环MRP上存在更多的不利因素。这是造成我国制造企业实施MRP成功率比国外企业低的重要原因之一。

第二节 JIT计划系统

JIT计划系统又称丰田生产系统,也是丰田生产方式中最具特色,有别于传统的汽车行业大量流水生产方式的计划系统。我国汽车业很早就引进了丰田生产方式,并把JIT计划系统译为“准时生产制”。

一、准时生产制的基本思想和主要内容

我们认为,丰田生产方式的成功是基于三大支柱和一个基础,即全面质量管理(total quality management,TQM)、准时生产制(just in time,JIT)、全员生产维护(total productive maintenance,TPM)和高素质的员工队伍,如图11-8所示。

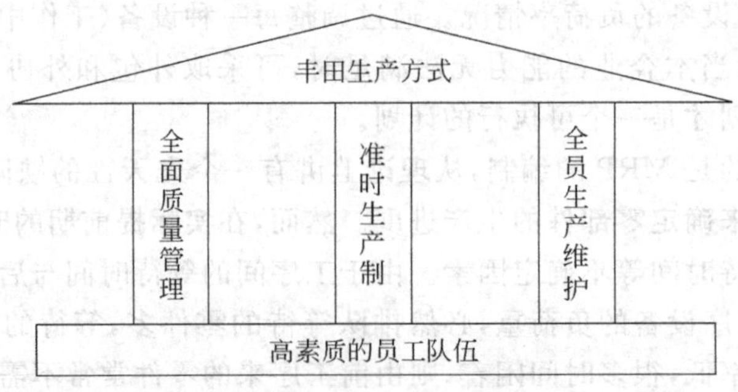

图11-8 丰田生产方式的三大支柱

丰田生产方式的主导思想如下。

(1) 消除一切形式的浪费。凡是对顾客不产生附加价值的活动都属无效劳动,都是

浪费,都是应该消除的。

(2) 不断改进、不断完善,追求尽善尽美。丰田公司提出零缺陷、零故障、零库存、零调整等口号,充分体现了这种精益求精的精神。

(3) 把调动人的积极性、创造性放在一切管理工作的首位。把人看作生产力诸要素中最宝贵的资源。因为人具有能动作用、具有创造力。

基于上述指导思想,准时生产制确定了自己的目标和一整套实施方法。准时生产制的目标是提高企业经济效益以及提高企业的竞争能力。

准时生产制主要是通过消除浪费、降低成本来实现其目标。

关于什么是浪费,丰田公司副总裁大野耐一有他独到的看法。他把以下七种情况定义为应予排除的浪费:①废品和次品;②超额制造和提前生产;③由于计划不周、停工待料、设备故障等原因造成的生产停顿和等待;④多余的操作;⑤多余的搬运;⑥库存积压;⑦产品有剩余的功能。需要注意的是,大野耐一把"超额制造和提前生产"视为一种浪费。因为提前生产就会造成积压,超额制造则是生产了多余的东西。这与把"超额完成任务与提前完成任务"视为先进行为的传统观念是截然相反的。

这是准时生产制的重要管理理念,即只是在需要的时候才生产所需要的品种和数量,不要多生产,也不要提前生产。准时生产制正是由此而得名的。准时生产制为了实现其目标,建立了一整套管理制度和实施的措施。关于 JIT 系统的构成要素及其体系结构,可以用一张图来表示(见图 11-9)。

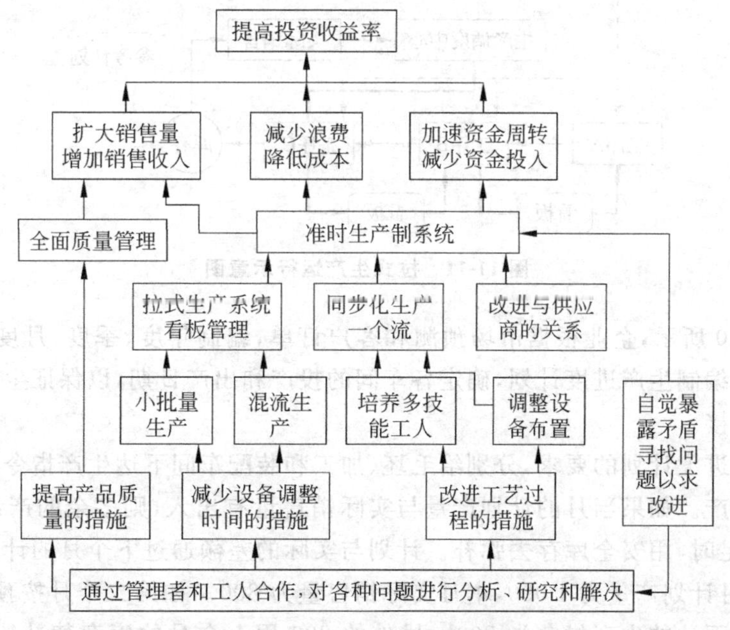

图 11-9 JIT 系统体系结构

二、拉式生产系统

JIT 系统与传统的生产系统最大的不同,是采用拉式生产系统(pull system)取代了传统的推式系统(push system)。

1. 拉式生产系统的工作原理

推式系统是计划驱动,而拉式系统则是需求驱动。下面用两张图来描述两种生产系统的不同运行方式。图 11-10 反映的是传统的推式系统的运行方式。图 11-11 是拉式系统的运行方式。

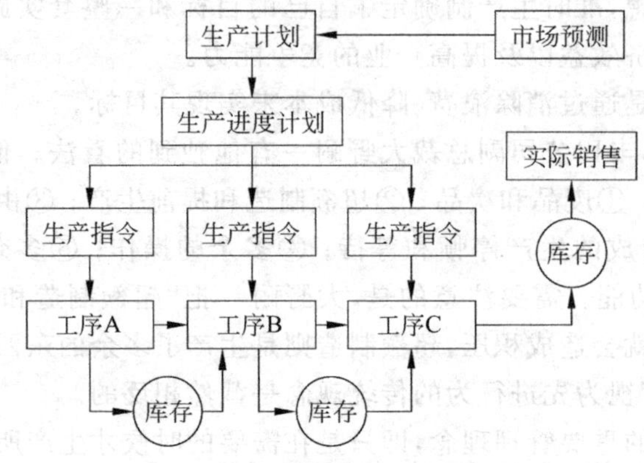

图 11-10 推式生产运行示意图

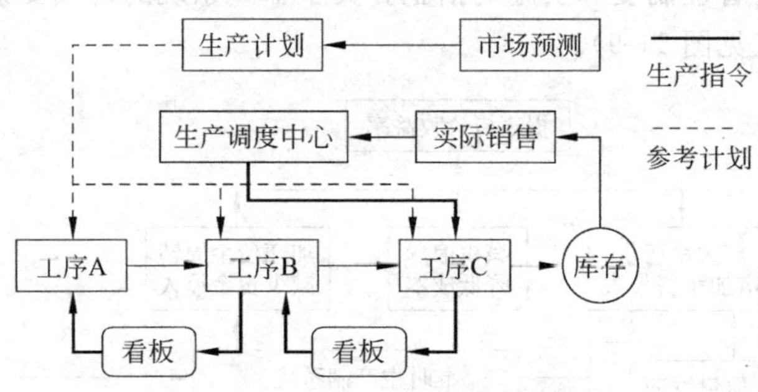

图 11-11 拉式生产运行示意图

如图 11-10 所示,企业根据市场预测和客户订单,编制年度、季度、月度生产计划,并根据期量标准编制生产进度计划,确定各车间的投产和出产日期,以保证生产过程各工艺阶段之间的衔接。

根据生产进度计划的要求,分别给毛坯、加工和装配车间下达生产指令。各车间按生产指令进行生产。如果当月的计划产量与实际销售量有出入,则多余的产量转为库存储备,当产量不足时,用安全库存去弥补。计划与实际的差额通过下个月的计划来调整。例如,按预测本月计划产量为 1 000,本月实际销售量为 800。如第二个月按预测,计划产量仍为 1 000,则下达的生产指令为 800。另外的 200 用上个月的库存替补。反之,如实际销售量为 1 100,不足的 100 动用了安全库存,则第二个月生产指令下达 1 100,以保证原有的安全库存得到恢复。

拉式生产如图 11-11 所示,企业根据市场预测,同样要编制年度、季度、月度生产计划,并将计划发至各车间。但下发的生产计划不作为生产指令,只是供车间作生产准备工作的参考。生产指令由掌管短期计划的生产调度部门编制下达，且只发给装配车间（企业生产过程的最后工序）。前面的车间在接到由后工序传递过来的看板后，严格按照看板规定的品种、数量、时间的要求进行生产。

2. 拉式生产的优缺点及其适用领域分析

推式生产是计划驱动。由于市场预测不可能很准确，所以计划安排的产量与实际销售量总是有较大的出入。为了避免缺货，需要设置较多的安全库存。当计划产量大于实际需求时，积压的库存就更多。虽然通过计划可以对多余的库存进行调节，但是须等到下一个计划期。拉式生产由于生产调度中心随时根据市场变化和实际销售情况调整生产计划，生产指令完全由需求驱动。生产计划数在当月内随时进行调整，所以计划数量与实际销售量不会有很大的出入，从而可以大幅降低库存储备。

另外，对于产品结构允许用户选择的产品，它的零部件构成，每张订单可能都不一样（例如，用户可以根据自己的使用要求确定计算机的配置，汽车中的空调等许多部件用户也可以按需选择）。这类产品中的"可选件"的需求量具有随机性，计划很难订得准确，此时采用拉式生产直接按订单的要求安排生产，最为合适。按传统的推式生产，对这类产品的可选件都是按历史统计数据的需求比例来制订生产计划的。例如，产品 A 中可选件 a、b、c 按统计资料其需求比例为 30%、60%、10%，当 A 的计划产量为 1 000 时，则安排 a 生产 300，b 生产 600，c 生产 100。由于需求是随机的，计划产量与实际需求很难匹配，必然会造成大量的库存积压。当然，我们在这里讨论的是短期生产计划的调整所产生的影响，而不是在谈论影响长期计划的市场需求的预测精度。

拉式生产虽然有很多优点，但是因为它是以建立所有工序必要的在制品库存为前提条件，所以并不适用于某些生产类型。按订单设计制造的单件小批生产类型如造船、重型机械等就无法采用。生产标准产品的彩电、冰箱、空调等家电行业，其零部件可选择性不大，它的生产计划用推式或拉式，区别也不大。由上可知，拉式生产最适用的是按订单装配（ATO）的生产类型。

3. 拉式生产与看板管理

看板是实施拉式生产的一种管理工具。看板的作用是传递信息。看板的种类有生产看板、运输看板、外协看板和临时看板等。生产看板就是一道生产指令；运输看板则是取货、送货的运输指令；外协看板是企业向协作厂索取协作件的订单，适用于与本企业有固定协作关系的供应厂商之间；临时看板有补废用的废品看板；进行设备维修，需要加班生产时使用的看板等。看板的使用规则是：①看板必须跟随实物，与工件一起转移；②每一种看板都有自己的运行路线，只在规定的路线内运转，循环运行，不能跑出规定的路线；③看板必须对所需工件提供完整的信息，如工件名称、代码、材质、一批数量、工序代号、工序名称、需要的时间等；④不合格品不得使用看板。

丰田公司最初使用的看板，就是包着一层塑料薄膜的纸板，上面记载着上述各种信息。随着通信技术的发展，现在也可以采用无线电信息传递（RFID）来代替纸做的看板。看板的运行方式如图 11-12 所示。

三、JIT 与小批量生产

JIT 采用拉式生产，生产由需求驱动。实施拉式生产要求生产系统能够对需求的变

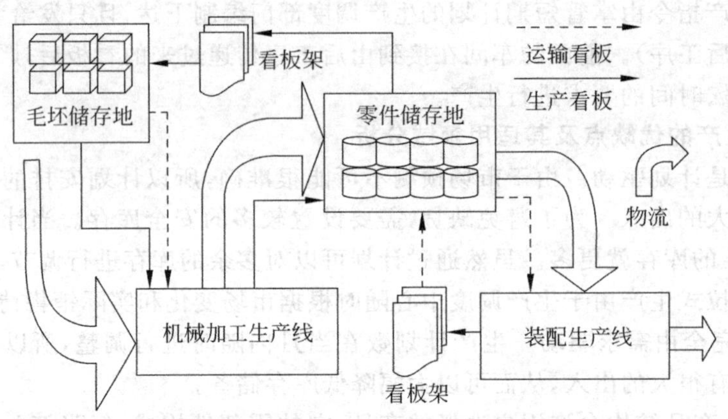

图 11-12 拉式生产系统的看板运行图

化灵活地做出快速响应。减小生产批量,可以提高生产系统适应变化的能力。因为在同样长度的计划期内,批量越小,生产的品种可以越多,可以满足的需求就越广泛。但是生产的批量小,将引起另一方面的问题,即生产批量越小,生产线上品种的更换就越频繁,生产线的设备调整也越频繁。设备进行调整,不仅要占用生产时间,损失生产能力,而且要耗用人力物力,增加生产成本。所以如何正确选择批量是生产中重要的经济问题。关于经济批量的分析与计算,已在第九章里作了详细讨论,本节不再重述。不过值得一提的是,丰田公司为实施拉式生产,在解决小批量生产问题时,提供了非常有益的经验。丰田公司采取的主要措施是改革设备调整工作,大大缩减设备的调整时间和调整费用。调整时间和调整费用降低了,减小批量的矛盾就迎刃而解了。在汽车工业中大型冲压件的生产,一般都采用很大的生产批量,因为大型冲压模具的换模非常麻烦。在丰田公司改进以前,换一次模通常要花 7～8 小时,并且必须由专职的调整工来换。安装调整不好,就会引起压裂、压皱,成批地产生废品。所以要想减少调整次数,就得增大批量。丰田公司为了解决这一问题,专门组织工人和技术人员进行攻关。为此,他们设计了专用的运模车;在冲压设备的工作台上设计了供装卸模具用的滑道;设计制造了保证上下模能迅速对中的专用工艺装备;训练生产工人自己装卸和调整模具。通过上述一系列措施,终于使更换和调整一次模具的时间由 8 小时降到了 3～10 分钟,从而为实施小批量生产开辟了宽广的道路。

四、灵活配置作业人员

人是所有生产资源中最宝贵的资源,所以节约人力资源在准时生产制中占有重要的地位。传统的生产系统在人力资源配置上通常采用“定员制”,即生产设备与作业人员的配置关系是相对固定的。准时生产制采用拉式生产,由需求驱动。在市场需求波动变化十分迅速的今天,企业的产量必然频繁地跟着变动。如果按定员制,当需求不足产量下降时,按设备岗位配置的作业人员仍需全班人马出勤工作。因为不论少了谁,只要哪个岗位上无人工作,整个生产线就无法运行。因此在任务不足时,所需的生产人员并不能减少,只是每个人的工作比较松弛。这样就浪费了人力资源,并使成本增加。

这里有两个概念应加以区别：一个是“人工”，是指工作量；另一个是人数，即人员的数量。在人工的计算上可以有0.3或0.5个人工。但实际上，在定员制的条件下即使是0.1的工作量，也需要1个人去做。所以要想节约人力资源，必须把实际使用的人数减少下来。下面通过一个例子来说明灵活配置人力的具体做法。假设有一条生产线，线上有11个工作地，负荷正常时，配备4名工人工作。当任务不足时，例如，产量为正常时的70%～75%时，则配备3名工人。

如图11-13所示，在任务正常时，生产线上配置4名工人。如图(a)中：1号工人看管工序1、2及11三个工作地；2号工人看管工序3、9及10三个工作地；3号工人看管工序4、5及8三个工作地；4号工人看管工序6、7两个工作地。当产量降为原来的70%～75%时，生产线配置的工人改为三人，如图(b)所示。

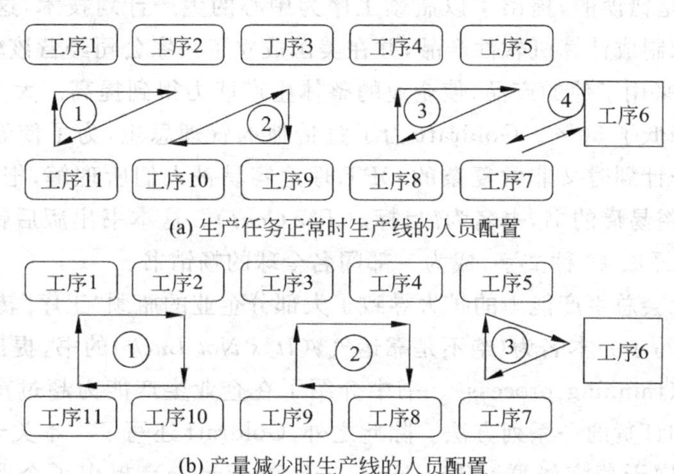

图11-13　灵活配置生产线上的人力示意图

还可以把几条生产线连接起来布置在一起，构成所谓的联合U形布置。当一条生产线所需的工人数不能配置成整数时，工人可以跨线进行多机床看管，以保证合理利用人力。

采用灵活配置人力的组织方法，需要具备一定的条件，包括：①需要组织生产人员学习与培训，每个工人都要熟练掌握两种以上设备的操作技能，使线上工人都成为多面手(日本称多能工)；②生产线的布置要符合多机床看管的要求，如U形布置或联合U形布置等；③提高设备操作系统的自动化程度，因为一名工人能看管多少台机床，与机床操作系统的机动时间、手动时间的长度和比例有关。④在工人中建立团队组织，培养工人之间的互助协作精神；⑤企业要开辟一些弹性工作任务和弹性工作岗位，以保证能随时吸纳从生产线上节约下来的工人。

在实施JIT生产的措施中还有很多重要的措施，如同步化生产、“一个流”(运输批量为1)、合理布置生产线和工作地等，这些内容在前面有关章节中已经介绍过了，此处不再赘述。

第三节 TOC 计划系统

一、约束理论的由来及其基本思想

约束理论(Theory of Constraints, TOC)是犹太人物理学家 Eliyahu M. Goldratt 博士提出的。他在 20 世纪 70 年代末先提出最优生产技术(optimal production technique, OPT),后在 OPT 基础上发展为约束理论。Goldratt 在 70 年代从事物理学研究工作,一个偶然的机会,为了帮助他的亲戚所经营的一家处于困境的制造企业,使他涉足生产管理工作。他以敏锐的观察力发现了满足交货期与合理利用生产能力的矛盾,指出一味追求提高设备生产率是错误的,提出了以瓶颈工序为中心的生产计划技术,这就是 OPT。后来,他把这一技术制成计算机软件产品,并在美国成立了一家公司经营该软件。有很多大企业(如 GM 等)采用了他的产品,使企业的整体生产能力得到提高。大多数企业增产达 30%,期末库存降低了 50%。Goldratt 为了宣传他的管理思想,为了使看上去似乎非常简单,但是在安排计划时又非常复杂的 OPT 理论容易被人们所理解,把 OPT 的原理写成小说体裁的通俗易懂的书,书名为《目标》(*The Goal*)。这本书出版后销量竟然突破了 250 万部,并被翻译成 13 种文字,成为一部闻名全球的畅销书。

后来,随着社会总生产能力的扩大导致了大部分企业的瓶颈"工序"转变为市场营销,于是 Goldratt 又写了一本名为《绝不是靠运气》(*It's Not Luck*)的书,提出了市场营销中的思维过程理论(thinking process)。书中介绍了在企业生产能力超过市场需求的情况下,如何争取增加订货的一系列方法。除此之外,Goldratt 还写了一本关于企业成本计算问题的书,书名是《干草症候群》(*The Haystack Syndrome*),提出了企业产出会计理论(throughput accounting)。他还写了一本关于企业新产品开发的书,书名是《关键链》(*Critical Chain*),提出了考虑各个工序能力的,多种新产品同时开发过程中的关键链(critical chain, CC)理论。至此,Goldratt 的约束理论(TOC)囊括了企业经营活动中最主要的四大部分,即新产品开发、市场营销、生产计划与控制以及资金运用,成为一套比较完整的企业生产经营理论。

下面介绍 TOC 的几个重要思想和概念。

(一)"击鼓—缓冲—绳索"

以瓶颈工序为中心的计划编制方法又称"击鼓—缓冲—绳索"(Drum、Buffer、Rope)方法。Goldratt 举了一个非常形象的例子。他认为,生产中的各工序就像直列行军中的士兵队伍,队伍中矮个子的步幅制约了整个队伍的速度。矮个子前面的人相当于前接工序,矮个子后面的人相当于后续工序,而矮个子相当于瓶颈工序。人与人之间的距离相当于在制品库存量。矮个子前面的人走得快了会拉长与矮个子之间的距离(增加前接工序的在制品库存水平),而矮个子前面的人走慢了或跌倒(设备故障),矮个子就要停下来,因此,矮个子前面的人应该与矮个子拉开一些距离(瓶颈工序前面应设置一定的在制品库存起缓冲作用)。这样当他跌倒的时候有足够的时间爬起来,而不影响队伍的行军速度。矮个子后面的人要紧紧跟随矮个子(瓶颈工序后面不必设在制品库存)。他如果跌倒了,赶紧爬起来向前跑,跟上矮个子就不会影响总的行军速度。而为了使矮个子不跌倒,必须采取必要的保护措施(定期保养)。同时,为了防止前面队伍的冒进和后续队伍的落后,队伍中每个人的腿都按不同的间隔用绳索绑起来,而且队伍的行进要由矮个子通过击鼓来统一步调。以上就是 Goldratt 对他的"击鼓—缓冲—绳索"法的形象说明。

一个企业的瓶颈工序与生产什么产品有关,它是动态变化的。因此在编制生产计划时,首先要确定瓶颈工序在哪里,以瓶颈工序为中心来进行计划编制。Goldratt 概括了用"击鼓—缓冲—绳索"理论进行计划工作的五步骤。

(1) 搜索系统中存在的瓶颈工序(就是抓住主要矛盾)。

(2) 以产出量为判断标准,运用运筹学等方法优化瓶颈工序的资源利用效率,围绕瓶颈资源制订生产计划。

(3) 根据瓶颈工序的计划,编制其他各工序的计划。

(4) 提高瓶颈工序的能力。

(5) 如果瓶颈工序不再制约总的产出,则回到步骤(1),否则转到步骤(2)。

上述各个步骤中,确定瓶颈工序是整个计划工作的开端,是定方向的步骤。方向定错了,其他步骤效率越高,偏离目标就越远。

(二) 思维过程理论

Goldratt 思维过程理论的思路和原则是:"急顾客所急,乐顾客所乐",使你的供货原则符合顾客的购货原则。这样能争得更多的订单。下面举例说明。

案例

有一家印刷包装纸的 A 公司(是一家小公司),因为 B 公司(是一家大公司)的存在,而得不到大批量的印刷业务。因为 B 公司拥有大型高效印刷设备,由于规模经济效应,大批量印刷的成本低于用小型机器小批量印刷的成本。一些小用户因为单价问题,宁肯有些浪费,也要向 B 公司订货。后来,这家 A 公司进行了用户调查,了解到很多小用户虽然从 B 公司订的包装纸价格比较便宜,但是订的量大,由于产品更新换代快,一般有 1/3 要报废,算起来总的成本并不比订 A 公司的包装纸便宜。由于小用户的订货原则是只看单价,而不看产品生命周期全过程的成本,导致这些用户表面上购入了廉价的包装纸,而实际上单位产品所用的包装纸的成本高于 A 公司的包装纸。A 公司发现了用户的采购原则中存在的问题,就向这些小用户提出了一个供货方案:"以总需求量订货,可分批交货,并允许更改设计"的订货协议,使小用户既能享受大批量订货时的折扣优惠,又可以根据新产品的要求改变包装设计,从而杜绝了浪费,降低了包装成本。A 企业则既享受到大批量采购原材料的折扣优惠,又提高了机器的开动率,也增加了利润。

Goldratt 的这种思维过程理论为企业之间建立新型关系提供了理论依据,人们称之为"双赢"关系(win-win relation)。意思是说,原来是对立关系,经过解除对立(思维过程理论的核心思想)改变成互利关系。这是企业之间进行系统优化的结果产生的效益。目前广泛流行的供应链管理思想也属于这种系统优化。

当企业内部成本降低到一定的极限之后,就会出现企业之间的既竞争又合作,这种合作往往从市场信息的共享开始,最终到达衔接彼此的计划,以求系统优化。

(三) 企业产出(TP)与产品选择

Goldratt 对 TP 的定义是,TP=销售价格－变动费用(材料费用)。TP 和企业利润之间差一项固定成本摊派。假设现在面临选择 P 和 Q 两种产品中的一个(见表 11-6),那么该选哪一个呢?

表 11-6　TP 与产品选择实例

产品名称	销售收入	固定费用摊派	变动费用(材料费用)
P	100	10	50
Q	110	60	20

一般情况下,人们会选择产品 P。因为它可以带来 40 单位利润,而 Q 只能带来 30 单位利润。但是,如果考虑企业设备投资等固定成本的话,结果就大不一样了。因为不管开工与否,企业都要支付固定费用。那么,对固定费用来说每增产一件产品,其贡献不是最终利润,而是边际贡献,即 Goldratt 所定义的 TP。换句话说,每生产一个 P,得到的只有 50(＝100－50),而每生产一个 Q,得到的将是 90(＝110－20)。至于如何处理这 90 单位的收入,是企业内部的事情。至少生产 Q 比生产 P 可多赚 40,这笔收入企业可以自由支配,可以用来增加职工工资或是提高设备折旧等。因此,按照 Goldratt 的 TP 理论,应该优先生产产品 Q,而不是 P。在瓶颈工序上的优化要按照这个原则,在市场营销问题上也要利用这个原则。当然,从整体考虑,选择产品的标准并不这么简单,还要考虑其他各种因素,如产品在瓶颈工序上的负荷大小等。

(四) TP 会计理论

TP 会计理论进一步提出了设备折旧中存在的问题。这可以通过如表 11-7 所示的例子来说明。

表 11-7　TP 会计理论实例

生产与销售			销售价与成本		成本单价	
	1月	2月	销售价	99	(1) 变动成本	
月初库存	0	200	变动制造成本	20	变动制造成本	20
生产量	600	650	变动销售费用	19	变动销售成本	19
销售量	400	750	总固定制造成本	12 800	变动成本单价	39
月底库存	200	100	总固定销售费用	10 400	(2) 制造成本	
					变动制造成本	20
					标准固定制造成本	16
					制造成本单价	36

注:(1) 标准月生产量为 800;(2) 直接材料费为 11

根据表11-7的基础数据，计算2月生产不同数量(550～850)时的企业利润如下(见表11-8)。

表11-8 产量不同时的企业利润

项目	情况1	情况2	情况3	情况4	情况5
月初库存量	200	200	200	200	200
生产数量	550	650	700	800	850
小计	750	850	900	1 000	1 050
销售数量	750	750	750	750	750
期末库存	0	100	150	250	300
销售额	74 250	74 250	74 250	74 250	74 250
月初库存额	7 200	7 200	7 200	7 200	7 200
变动制造成本	11 000	13 000	14 000	16 000	17 000
固定制造成本	8 800	10 400	11 200	12 800	13 600
小计	27 000	30 600	32 400	36 000	37 800
月末库存额	0	3 600	5 400	9 000	10 800
销售成本	27 000	27 000	27 000	27 000	27 000
制造成本差额	4 000	2 400	1 600	0	－800
销售总成本	31 000	29 400	28 600	27 000	26 200
销售总利润	43 250	44 850	45 650	47 250	48 050
销售管理费	24 650	24 650	24 650	24 650	24 650
企业利润	18 600	20 200	21 000	22 600	23 400

在表中，月初库存额＝月初库存×制造成本单价，变动制造成本＝生产数量×变动制造成本单价，固定制造成本＝生产数量×标准固定制造成本，销售成本＝小计－月末库存额，制造成本差额＝生产数量×标准固定制造成本－总固定制造成本，销售总成本＝销售成本＋制造成本差额，销售总利润＝销售额－销售总成本，销售管理费＝销售量×销售成本单价＋总固定销售成本，营业利润＝销售总利润－销售管理费。

因为固定资产折旧固定不变，生产数量越多，单位固定制造成本就越低，从而导致虚构的利润增加。如果期末库存保证全部能够按照原定价格销售出去，则不会发生任何问题。然而，在市场疲软的条件下，期末库存的增加只能增加企业的经营风险，没有任何好处。

这里，是不是只看现在的利润，而不看“库存积压”？这个问题值得考虑。

(五) 关键链理论

近年来，在产品开发理论方面有了很大发展。关键链理论就是其中之一。它是把概念设计到产品试制视作一个工程项目，利用PERT方法寻找关键路径，通过缩短关键路径的时间来缩短工程的总时间。关键链理论可以被视为PERT中的CPM方法的扩展。

因为CPM方法不考虑资源约束，所以，单纯考虑关键路径对那些资源约束比较紧的项目不一定能够缩短总的工程时间。资源约束比较紧的时候，必须考虑紧缺资源，而且以使用紧缺资源的工序为中心来编排计划，这样才能缩短总的工程时间。这就是关键链理论的基本思想。

另外,CPM往往只考虑单项工程的网络计划,在多个产品同时开发的时候,有限的资源如何合理分配将决定多项产品总体完工时间的长短。如果把PERT看作两维平面图,那么,加上产品数目就成为三维立体网络图。在资源有限的条件下,在这三维的网络图中同样存在决定全部工程总体完工时间的关键路径。在关键链上的工序可以看作工程瓶颈工序的集合。在求工程总体时间最短的方案时,以关键链为中心进行计划能够减少工程的总时间。所以TOC的思想同样可以用来解决产品开发过程中缩短工期的问题。

二、瓶颈资源计划与OPT的九条原则

前面介绍了TOC理论的主要内容,但是按TOC理论编制生产进度计划的方法是Goldratt博士的专利,其中编制计划的算法目前尚未公开。瓶颈资源计划法是本书作者根据TOC理论,研究和制定的一种以瓶颈资源为中心的生产进度计划编制方法。

瓶颈资源计划法借鉴了OPT的九条基本原则,这九条原则体现了TOC的基本思想,是实施TOC的基石。在介绍瓶颈资源计划法的内容和方法之前,下面先来看一下OPT的九条原则。

1. 重要的是平衡物流,不是平衡能力

平衡生产能力是传统生产管理的重要内容,它要求各环节的生产能力都要与生产任务相平衡,以保证各种资源都得到最充分的利用,OPT则认为平衡能力实际上是做不到的。因为市场需求每时每刻都在变化,波动是绝对的。企业为了适应这种需求的变化,必须不断地改变和调整自己的生产任务。生产任务常变,而企业的生产能力则是相对稳定的,因此能力不平衡客观上是必然的和不可避免的。所以TOC强调重要的是物流平衡,而不是能力平衡。

所谓物流平衡就是使各个环节的产出都协调一致,前后工序能够紧密衔接,没有在制品积压。由于瓶颈环节制约了整个系统的产出,所以要保持物流平衡,就是要使各环节与瓶颈环节保持协调一致。

2. 非瓶颈资源的利用率是由系统的其他约束条件决定的,而不由其本身能力决定

系统的约束是瓶颈。因为系统的产出是由瓶颈的产出量决定的,即瓶颈限制了企业的产销量。而非瓶颈资源的充分利用,不仅不能提高产销量,而且会使库存和运行费用增加。所以不宜盲目提高非瓶颈资源的利用率。

3. 让一项资源充分开动运转起来与使用该项资源使之带来经济效益不是同一个含义

即资源的“利用”(utilization)和资源的“活力”(activation)不是同义词。按传统的观点,凡是能够被利用的资源和能力都应加以充分利用。但按OPT的观点,两者有重要的区别。做需要做的工作(指应该做的,即“利用”)与做某一时间尚不需要的工作(指能够做的,即“活力”)两者是明显不同的。所以在系统中安排非瓶颈资源的使用应基于系统的约束。例如,一项非瓶颈资源能够达到100%的利用率,但其后续资源如果只能承受其60%的产出,则其另外40%的产出将变成积压的在制品库存。此时若从非瓶颈资源达到100%的利用率本身考察,其利用率很好,但从整个系统来看,它只有60%是有效的。这里“利用”注重的是有效性,而“活力”指的是可能性。所以从平衡物流的观点,使非关键资源达到100%的利用率是不必要的。

4. 在瓶颈资源上损失一小时，相当于整个系统损失一小时

瓶颈资源是限制整个系统产销量的薄弱环节。瓶颈资源工作的每一小时都直接贡献于企业的产销量。所以在瓶颈资源上损失一小时，将使整个系统损失一小时的产销量。这条规则告诉我们，瓶颈资源应是整个系统中管理和控制的重点，应尽最大努力使瓶颈资源满负荷工作。在TOC系统中通常采用以下措施来使瓶颈资源满负荷工作：①在瓶颈工序前设置质量检查点，使投入瓶颈工序的工件保证100%是合格品；②在瓶颈资源前设置缓冲环节，使瓶颈环节不受其前面工序生产率波动的影响；③适当加大生产批量以减少瓶颈工序的设备调整次数，减少其工作时间损失；④采取措施减少瓶颈工序中的辅助生产时间，以增加其基本生产时间等。

5. 想方设法提高非瓶颈资源的生产率是徒劳无益的

在非瓶颈资源上节省了时间，只能增加其闲置的程度，并不能增加企业的产销量。相反，企业还要为此付出一定的措施费用。

6. 企业的产销量和库存量是由瓶颈资源决定的，即瓶颈控制了库存量和产销率

产销率指的是单位时间内生产出来并销售出去的产品数量。所以，产销率很明显受企业的生产能力、销售能力和市场的需求量这几方面因素的影响。在决定企业的生产能力、销售能力和市场需求的一系列环节中都可能存在瓶颈环节。瓶颈控制了企业的产销率。

企业的非瓶颈环节应与瓶颈保持一致，库存水平只要能维持瓶颈上的物流连续运行即可，过多的库存只能是浪费，所以库存量也是由瓶颈决定的。

7. 根据不同的目的分别确定合理的加工批量和传送批量

TOC采用了一种独特的动态批量系统，即加工批量的大小不是固定的，而是根据实际情况动态地变化。传送批量可以不等于加工批量，甚至在多数情况下传送批量都不应该等于加工批量。

按TOC的观点，为了减少瓶颈资源上的调整损失，增加设备的有效工作时间，对瓶颈资源宜采用较大的加工批量。而对于非瓶颈资源，为了改善物流平衡，减少在制品积压，可采用较小的加工批量。此时，因为非瓶颈资源上有富裕的能力，所以增加调整次数不会影响它可供利用的生产能力。

同样，为了减少工件在工序间的等待时间，减少在制品积压，应尽量采用小的传送批量。传送批量的大小还要考虑工序间的运输距离、运输方式和每一批的运输工作量。如果有机械化的连续传送装置，则可以实现单件传送，即传送批量等于1。

如上所述，同一种工件在瓶颈资源和非瓶颈资源上可以采用不同的加工批量，在不同的工序间传送时，可以采用不同的传送批量。批量的大小应根据实际情况动态决定。

8. 在瓶颈工序前应设置缓冲环节，以避免瓶颈资源受前面工序生产率波动的影响

缓冲环节应设在瓶颈工序之前，以及与通过瓶颈工序的工件进行装配的相关工件的装配工序之前。缓冲环节设置的位置如图11-14所示。

缓冲环节有两种形式：①时间缓冲；②以保险在制品作缓冲。大批大量生产通常采用保险在制品作缓冲。单件小批生产则采用时间缓冲。这段缓冲时间设在瓶颈工序开工时间和其紧前工序完工时间之间，以保障瓶颈工序的开工时间不受前面工序生产率波动或发生故障的影响。缓冲时间的长度与前面工序生产率波动的幅度和故障出现的概率及

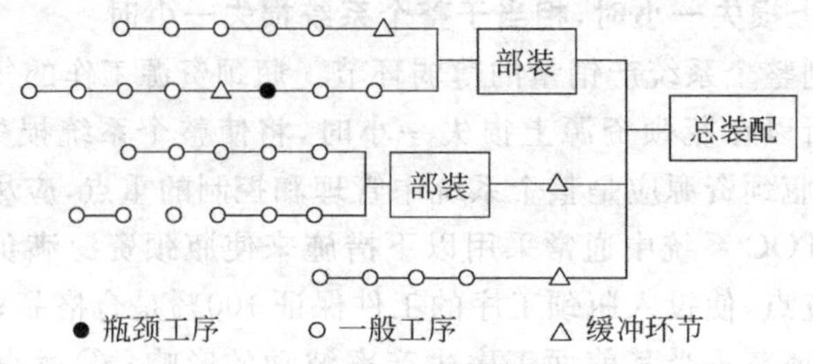

图 11-14 缓冲环节设置位置示意图

企业排除故障的能力等因素有关。

9. 只有同时考虑到系统所有的约束条件后,才能决定零件计划进度的优先级。提前期是作业计划的结果,不应是预定值

MRP 按预先确定的提前期,用倒排法编制零件进度表。TOC 中不采用固定的生产提前期,提前期是批量、优先权和其他许多因素的函数。TOC 是根据各种约束条件先确定零件的优先级,用有限能力计划法编排生产进度表。下面通过一个例子可以看出提前期的长短是计划的结果。如果某个企业有两批订货,零件 A 与零件 B 各 100 件。A、B 两零件都需在机床 M 上加工,工时为 0.35 小时/件,如果该企业有两台 M 机床,则 A、B 两零件可以同时加工,其提前期均为 0.35×100=35(小时);但如果该企业只有一台 M 机床,则 A、B 两零件必须安排先后加工,对于同一个要求的出产日期而言,先加工的提前期为 70 小时,后加工的提前期为 35 小时。当待加工的零件数多于机床数时,就必然有零件要等待,至于安排哪个先加工,哪个要排队等待,则取决于零件的优先级或计划员的安排,所以提前期是计划的结果。

TOC 是在 OPT 的基础上发展形成的,它是一种作业管理的哲理。它把管理的重点放在瓶颈工序上,保证瓶颈工序不发生停工待料。提高瓶颈资源的利用率,从而得到最大的有效产出。根据不同的产品结构类型、工艺流程和物料流动的总体情况,设定管理和控制的重点。约束是多方面的,有市场、物料、生产能力、工作流程、资金、管理体制、员工行为等,其中,市场需求、物料供应和生产能力通常是主要的约束(下面以生产能力作为瓶颈,来讨论瓶颈资源计划的编制方法)。

三、瓶颈资源计划及其编制方法

(一) 基本概念

瓶颈资源计划的理论依据是 TOC 理论。基于 TOC 理论,可以得出以下几点认识:①对于一个任务不断变化的单件小批订货生产型企业,生产能力不平衡是必然的、不可避免的;②生产能力不平衡,则必然存在能力上的薄弱环节,即存在制约整个系统的瓶颈环节;③只有使瓶颈环节的能力得到最充分的利用,才能使企业的产出达到最大;④计划与控制的重点应该放在企业的瓶颈环节上,要保证瓶颈环节的活力得到充分合理的利用;⑤由于每一个计划期企业的生产任务都是不同的,所以瓶颈资源也是随企业任务的变化而动态变化的。

瓶颈资源计划与 MRP 不同，它不是对零件不分主次，把包含全部零件的零部件生产进度表一次编制出来。瓶颈资源计划把计划的对象(零件)分为关键件、主要件和一般件三种，并以此分别安排这三种零件的进度计划。首先是编制关键件的零件进度表，其次是编制主要件的零件进度表，然后以关键件、主要件的零件进度计划为骨架，按照一定的优先级逐周插入一般件，形成各周的生产日程计划。生产日程计划采用滚动编制的方法。

所谓关键件，是指所有需要使用瓶颈资源的零件。关键件有多道工序，其中使用瓶颈资源加工的工序称为关键工序，其他工序则是一般工序。所谓主要件，是指那些对产品生产周期起决定作用的大件和复杂件。这些零件的工艺过程并不涉及瓶颈资源。以上两种零件以外的零件均属一般件。一般件通常是工艺上并不复杂的中小零件。产品中大多数零件均属一般件。由于计划工作的重点是编好关键件和主要件的进度计划。这样既能保证瓶颈资源得到充分利用，保证实现最大的有效产出，又能使计划工作量大为减轻。

编制瓶颈资源计划的核心问题是确定本计划期内什么是瓶颈资源。把计划期的生产任务和生产能力相比，能力上最薄弱的环节就是瓶颈环节，所涉及的资源就是瓶颈资源。本节讨论的瓶颈资源，指的是设备的生产能力，因为设备生产能力是生产计划中最常见的主要约束。

计划期某设备大组的生产能力在总量上能够满足生产任务的要求，但是在计划期内的某一时段，仍有可能成为制约整个系统产出量的瓶颈。例如，某项加工任务的工艺过程为车→铣→热处理→外圆磨。工作量为车 50 工时、铣 80 工时、热处理 30 工时、外圆磨 60 工时。计划期(某月)的生产能力为车 100 台时/月、铣 120 台时/月、热处理 120 台时/月、外圆磨 120 台时/月。从总量分析，各工种的生产能力均大于当月的任务，完成任务应该不成问题。但是按工艺流程来排，车的工作量要到第 2 周周末才能完成。铣即使与车并行进行也需到第 2 周周末才完成。热处理需要用 1 周时间，在第 3 周进行，所以外圆磨工序要到第 4 周才能进行，尽管外圆磨全月的能力有 120 台时，但一周内它只能完成 30 小时的工作量，所以 60 小时的外圆磨任务在该计划期内是完不成的。外圆磨只能完成任务的一半(30 小时)，外圆磨成为计划期该生产系统的瓶颈。

由上例可知，尽管从总量上分析，计划期的生产能力大于工作负荷所需求的能力，但是如果负荷的分布在计划期的各时段上是不均匀的，那么有可能在个别时段上仍会出现瓶颈。瓶颈资源计划所说的瓶颈就是指在计划期内全过程中各个时段上存在的瓶颈。

(二) 瓶颈资源的搜索方法

编制瓶颈资源计划是从搜索瓶颈资源开始，下面先介绍瓶颈资源的搜索方法。

瓶颈资源(以设备能力为例)按照“瓶颈”本来的含义，在一个生产系统中制约系统产出量的、生产能力最低的环节就是瓶颈。所以在一个系统中瓶颈只有一个。但是在实际工作中，随着生产条件的变化，瓶颈是可以转移的，生产能力相对薄弱的环节都有可能成为瓶颈。所以从管理的角度常常把薄弱环节称为瓶颈，因为这些薄弱环节都应该列为管理的重点，以保证这些环节的能力得到充分合理利用。

这里从实现计划目标的角度，把负荷率达到或接近 100%(如达到 97%以上)的设备都定为瓶颈资源。因为这些设备的能力如不能充分利用，有所浪费，计划就完不成了。

瓶颈的搜索可以分两步进行。第一步先分别按设备组核算计划期的总负荷,与设备组的能力进行对照,检查在总量上是否存在能力上的薄弱环节。如果负荷已超过或接近能力,则必须采取措施提高该设备组的能力以保证计划任务能够完成。

第二步是搜索各设备组在计划期内的各时段上是否会成为瓶颈。具体的搜索方法可按以下步骤进行。

(1) 计算各零件的最迟完工日期,并推算各工序的最迟完工时间。以产品的合同交货期、总装配完工日期、部件装配完工日期逆工艺顺序倒推,计算零件的完工日期。这里除了要考虑产品的包装发运时间、总装配和部件装配的工艺时间外,还要把部件到总装、零件到部件的库存配套时间也考虑在内。所谓最迟完工日期,与 MRP 中的提前期不同,在该期限中不考虑可能发生的等待时间。

用同样的方法可以推算出零件各工序的最迟完工时间。在工序最迟完工时间中也不包含工序之间的等待时间。

$$T_{ij} = T_j - \sum_{k=i+1}^{n} t_{kj} - \sum_{k=i+1}^{n-1} t_{kr} - \sum_{k=i+1}^{n-1} t_{kh}$$

式中,T_{ij}——在 j 设备上加工的某工件第 i 工序的最迟完工时间;

T_j——某工件的最迟完工时间(允许的最晚交货期);

t_{kj}——在 j 设备上加工的某工件第 k 工序的加工时间,

$k=i+1, i=1,2,3,\cdots,n$,共有 n 道工序;

$\sum_{k=i+1}^{n} t_{kj}$—— 某工件由 $i+1$ 工序到 n 工序的工序加工时间之和;

$\sum_{k=i+1}^{n-1} t_{kr}$—— 某工件由 $i+1$ 工序到 n 工序的工序间运输时间之和;

$\sum_{k=i+1}^{n-1} t_{kh}$—— 某工件由 $i+1$ 工序到 n 工序之间的检验时间之和。

(2) 以设备组为单位分别汇集在该设备组上加工的零件,为每个设备组建立一个在该设备组(J)上加工的零件集(V_j)。对零件集 V_j 中所有零件按其 j 工序最迟完工时间的先后,由早至晚进行排序。最迟完工时间相同的,按 j 工序后工序数多的排在前。由此可以得到一个序列 $T_{1j}, T_{2j}, T_{3j}, \cdots, T_{mj}$。$m$ 表示在 J 设备组上加工的有 m 个零件。

(3) 对每个设备组用负荷累加的方法,计算到某个时点的累计负荷。从计划期开始时到该时点的设备组的能力与累计负荷进行对比。计算设备负荷率,检查负荷率是否超过规定值(如 97%),以确定在该时点前设备组是否成为瓶颈资源。按此方法从计划期开始到计划期末,按一个个时段延伸计算累计负荷,并与对应的同时期的生产能力进行对比,可查出计划期内在整个生产过程中是否存在瓶颈。

图 11-15 反映在计划期内 J 设备组的生产能力与负荷的情况。图中左下角的一块面积 A 是已确认的生产计划所占用的生产能力。虚线 S 表示本计划期开始的时间,虚线 E 表示计划期结束的时间。在 S 和 E 之间划分了 10 个时段。在能力水平线以下和 A 面积以上的区域是 J 设备组在计划期内可提供的能力。在第一时段内必须完成的任务有 J1 和 J2,此时能力大于负荷,在第 1 时段末之前 J 设备组不是瓶颈资源。在第 2 时段末之前

必须完成的任务有 J1、J2、J3 和 J4，此时能力仍大于负荷，所以 J 设备组在第 2 时段末之前也不是瓶颈资源。图 11-15 中 B 区域表示时段 1 至时段 5 之间 J 设备组具有的剩余能力。第 6 时段内新增负荷超过本时段的生产能力。但是 J13、J14、J15、J16 可以提前投入生产，因为这些零件的最晚完工时间是第 6 时段末，最早开工时间并未限制。所以只要提早安排投产，即可利用前面时段的剩余能力。时段 7 至时段 9 的情况与时段 6 的情况相同。如果这些时段中超过能力的负荷（如图中生产能力线以上 C 部分）等于或十分接近前面时段中 J 设备的剩余能力（图中 B 部分），例如，负荷率超过 97％以上，则 J 设备组在时段9 以前属于瓶颈资源。进入时段 10，J 设备组又有剩余能力（图中 D 部分）。但这部分能力不能用于时段 10 以前的任务，因为前面各时段的任务受其最迟完工时间的约束，即必须于该时段末之前完成。这就是计划期内生产能力虽然大于各项负荷的总和，但是在计划期内的生产过程中仍然可能出现瓶颈的原因。

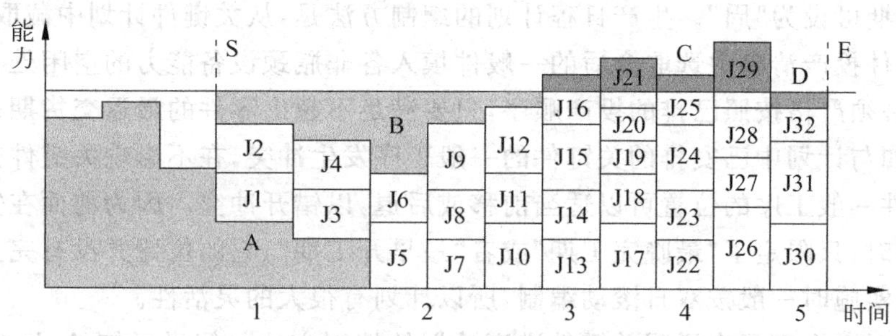

图 11-15　某设备组计划期内的负荷图

（三）瓶颈资源计划编制的步骤和方法

企业的生产系统如果采用生产单元的组织形式，瓶颈资源计划编制的步骤如下。

(1) 把计划期要生产的产品展开为零部件。按生产单元的分工把全部零件分配给各单元。

(2) 各生产单元根据计划期的生产任务，确定何种资源是瓶颈。编制瓶颈资源计划首先要知道何种资源是瓶颈，瓶颈在何处（指在什么时间范围）。

(3) 根据瓶颈资源定义关键件及关键工序。选出所有的关键件（所有需要使用瓶颈资源的工件称为关键件）。

(4) 在瓶颈资源上对关键件的关键工序进行排序，排出关键工序进度表。采用有限能力计划法按关键工序的优先级进行排序。

(5) 对每一个关键件的非关键工序在相关设备上排定其位置。关键工序之前的工序以关键工序为基准采用拉动方式进行安排，确定工序的最晚完工时间；在关键工序之后的工序，以关键工序为基准采用推动方式安排，确定工序的最早开工时间。此时，由于只对少数关键件进行安排，各种非瓶颈设备的能力承担这一部分工作负荷是完全没有问题的。至此，每一个关键件所有工序的生产进度都可排定。

(6) 安排主要件的生产进度以主要件的交货期（计划要求的完工日期）为基准，采用拉动方式由后向前一道道工序排定其生产进度。由此可排出主要件全部工序的生产进度。关键件和主要件的生产进度表是零部件进度计划的核心,并构成整个计划的框架。这两项计划是计划管理和控制的重点,要保证这两项计划100%实现。只有这两项计划完全实现,才能使系统达到最大的产出和获得较短的合理的生产周期。

(7)一般件按零件交货期的先后进行排序,并制定每周的零件投产计划。一般件的特点是:多数零件的工序数少,加工劳动量较小,生产周期短,计划安排上可以比较灵活。有了关键件计划作为整个零件进度计划的骨架,对于非瓶颈资源的生产能力,除了被关键件的一般工序占用掉少量以外,其剩余能力就用一般件来填充。安排一般件的生产进度有两点要求:①满足成套性的要求;②发挥平衡生产负荷与生产能力的作用。一般件的进度计划只需确定两项内容,即投产的先后顺序和各周投产的零件清单。而每种零件每道工序的具体投产时间,要到编制周内的生产日程计划时最后确定。

(8)以关键件、主要件的生产进度表为骨架,着手编制各单元的生产日程计划。日程计划的计划期可设为"周"。生产日程计划的编制方法是,从关键件计划中截取本周计划,从本周的零件投产清单中选取合适的一般件填入各非瓶颈设备能力的空闲处。选取一般件时,并非必须严格按照已排的投产顺序,只要满足不超出零件的最迟交货期即可。一般件插入时,如与计划中已安排的关键件的一般工序发生冲突,在不影响关键件交货期的前提下,关键件一般工序的位置可以适当前移或后退,以错开冲突。因为前面在安排关键件的一般工序时,只限定了"最晚完工期"或者"最早开工期",它的位置并没有完全固定。生产日程计划实施时一般按双日滚动编制,所以计划有很大的灵活性。

下面通过一个例子来说明关键件进度计划的编制方法。假设已知A、B、C、D、E、F 6种零件的生产工艺、工时定额和零件的交货期如表11-9所示。

表11-9 各零件的工时定额及交货期

零件名称	生产批量	工序名称及工时定额					零件交货期
		1	2	3	4	5	
A	4	车6	钻2	镗6	磨4		第10周周末
B	2	车3	车5	钻4	镗7	铣5	第9周周末
C	2	铣8	钻4	镗8	磨5		第9周周末
D	4	车6	铣8	车4	镗8	磨6	第10周周末
E	6	车5	铣5	钻2	车4	镗8	第10周周末
F	4	铣6	铣8	钻4	磨6		第10周周末

上述6种零件均在G成组生产单元内生产。该生产单元有车床两台,铣床、镗床、钻床、磨床各一台。如按每周开6个班,每班工作8小时计,第10周周末为厂历的第480小时。

各零件的工序交货期可按下式计算:

$$T_{oij}=T_{oj}-\sum_{k=i+1}^{m}Q_{kj}\times t_{kj}-\sum_{k=i}^{m}tp_{k(k+1)j}$$

式中,T_{oij}——j零件i工序的最迟交货时间;

T_{oj}——j零件的最迟交货时间;

$\sum_{k=i+1}^{m}Q_{kj}\times t_{kj}$——一批$j$零件自$i+1$至$m$工序的加工时间,批量为$Q$;

$\sum_{k=i}^{m} tp_{k(k+1)j}$——$j$ 零件自 i 至 m 工序间的运输及检验时间。

本例为简化计算，令 $tp_{k(k+1)j}=0$。计算结果见表 11-10。

表 11-10　各零件各工序交货期计算表

		A		B		C		D		E		F	
1	2	车	24	车	6	铣	16	车	24	车	30	铣	24
	3		432		390		398		376		366		408
1	2	钻	8	车	10	钻	8	铣	32	铣	30	铣	32
	3		440		400		406		408		396		440
1	2	镗	24	钻	8	镗	16	车	16	钻	12	钻	16
	3		464		408		422		424		408		456
1	2	磨	16	镗	14	磨	10	镗	32	车	24	磨	24
	3		480		422		432		456		432		480
1	2			铣	10			磨	24	镗	48		
	3				432				480		480		

注：表中 1——工序名称；2——工序加工时间；3——工序交货期。

假设计划期为第 5 周周初到第 10 周周末，即从第 192 小时开始到 480 小时结束。已知前一计划期遗留下来的任务有：车 192 小时、铣 96 小时、钻 72 小时、镗 150 小时、磨 88 小时。计算各时段设备的负荷率，寻找瓶颈资源，见表 11-11。

表 11-11　计划期各时段设备负荷率计算表

设备名称	时段	计划期新增负荷	新增负荷累计	上个计划期遗留负荷	本时段总能力	本时段剩余能力	本时段设备负荷率	是否瓶颈
		1	2	3	4	5=4−3	6=2/5	
铣床	192—396	30	30	96	204	108	0.278	否
	192—398	16	46	96	206	110	0.418	否
	192—408	56	102	96	216	120	0.850	否
	192—432	10	112	96	240	144	0.778	否
	192—440	32	144	96	248	152	0.947	否
车床两台	192—366	30	30	192	348	156	0.192	否
	192—376	24	54	192	368	176	0.307	否
	192—390	6	60	192	396	204	0.294	否
	192—400	10	70	192	416	224	0.313	否
	192—424	16	86	192	464	272	0.316	否
	192—432	48	134	192	480	288	0.465	否

续表

设备名称	时段	计划期新增负荷	新增负荷累计	上个计划期遗留负荷	本时段总能力	本时段剩余能力	本时段设备负荷率	是否瓶颈
		1	2	3	4	5=4−3	6=2/5	
镗床	192—422	30	30	150	230	80	0.375	否
	192—456	32	62	150	264	114	0.544	否
	192—464	24	86	150	272	122	0.705	否
	192—480	48	134	150	288	138	0.971	是
钻床	192—406	8	8	72	214	142	0.056	否
	192—408	20	28	72	216	144	0.194	否
	192—440	8	36	72	248	176	0.205	否
	192—456	16	52	72	264	192	0.271	否
磨床	192—432	10	10	88	240	152	0.066	否
	192—480	64	74	88	288	200	0.370	否

由表 11-11 可知，计划期内 G 单元的镗床为瓶颈资源，A、B、C、D、E 均为关键件。在镗床上加工的零件，按其镗工序交货期的先后可得如下排序：B4(B 的第 4 工序)交货期 422、C3 交货期 422、D4 交货期 456、A3 交货期 464、E5 交货期 480。

可按上述顺序，把这些工序用有限能力计划法在镗床上进行顺排。镗床上有上期遗留的任务 150 小时，所以这批任务在本计划期内的开始加工时间应从第 343 小时开始(192+150=342)。B4 和 C3 最迟交货时间相同，可以根据其他条件决定其优先级。如前面工序不多工作量小的先排，或后面工序多工作量大的先排；反之，则后排。瓶颈资源(镗床)上工件加工进度的具体安排见图 11-16。

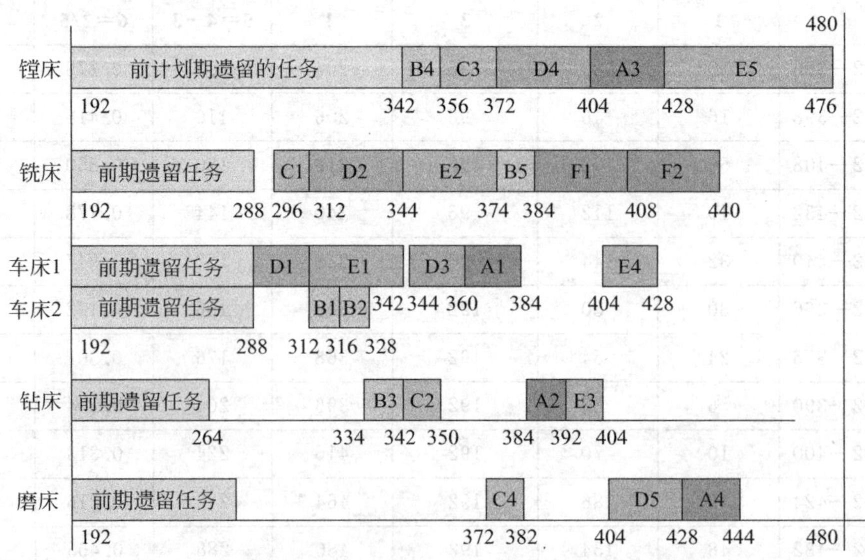

图 11-16 关键件生产进度甘特图

关键件的其他非关键工序各以关键工序为基准，前面的工序（如表 11-9 中的 A1、A2、B1、B2、B3、C1、C2、D1、D2、D3、E1、E2、E3、E4 等）按拉动方式由后往前，一一安排到有关机床上。关键工序之后的一般工序（如 A4、B5、C4、D5 等）按推动方式由前向后，一一安排到有关的机床上加工。这样可以把关键件的所有工序全部排定。至此，关键件的生产进度表也就排定了。一般件的生产进度计划将在下一个计划层次生产日程计划中进行安排。

思 考 题

1. 试述 MRP 诞生的背景和 MRP 的基本思想。
2. 试述 MRP 与 MRPⅡ的关系和区别。
3. MRPⅡ系统的主要功能模块有哪些？ERP 系统的主要功能模块有哪些？
4. 试述 MRP 与 ERP 的关系和区别。
5. 编制滚动计划的好处是什么？
6. 闭环 MRP 计划实施中存在什么问题？为什么编出的生产进度计划可执行性差？
7. 试述 JIT 计划系统的基本思想和主要内容。
8. 为什么大野耐一把“超额生产”和“超前生产”视为一种浪费？
9. 试分析拉式生产方式的优缺点。
10. 试述看板管理的主要内容。
11. 在生产线上灵活配置作业人员需要具备哪些条件？
12. 试述 TOC 理论的主要内容。
13. 什么是思维过程理论的中心思想？
14. 试述 TP 的概念及其在企业产品选择时的用处。
15. 什么是关键链理论的基本思路？它与 PERT 中的 CPM 方法的主要区别是什么？
16. 试述 OPT 的九条原则。
17. 试述瓶颈资源计划的中心思想。
18. 为什么说提高非瓶颈资源的生产率是徒劳无益的？
19. 对瓶颈工序和非瓶颈工序采用不同的加工批量和传送批量，好处是什么？
20. 试述瓶颈资源计划编制的步骤和方法。
21. 瓶颈资源计划为什么要把计划的对象（零件）分为三类，以关键件为核心来安排进度计划？
22. 如何搜索各类设备在计划期各时段上是否会成为瓶颈？

第十二章

生产作业排序

生产作业计划的第三个层次是编制生产日程计划。生产日程计划是基层生产单位根据工件进度计划规定的生产进度，进一步具体地确定每个工件在每台设备上的加工顺序和生产进度，同时确定每台设备(工作地)、每个工作人员每个工作班的工作任务。这一计划的编制过程就是生产作业排序。本章将介绍作业排序的基本原理和几种常用的排序方法。

第一节　作业排序的基本概念

作业排序的任务是在有限的人力、设备资源条件下，安排多项工作任务，规定其执行的顺序和时间，使预定的目标得到实现并优化。一般来说，凡是有多项任务要利用有限的资源完成，就会涉及作业排序问题。它不限于制造企业里工件加工任务的进度安排，诸如几艘货轮要进港在指定的码头卸货，或有几个程序在等待运行等，都有作业排序问题。科学地进行作业排序，可以帮助我们在现有资源条件下，即在不增加投资和人力的条件下，提高工作效率和经济效益。排序问题是运筹学的一个较年轻的分支，但在实际工作中已得到了广泛的应用。

一、排序问题的一般假设和常用符号的含义

为了研究问题的方便，为了科学地建立求解排序问题的数学模型，需要明确排序问题是基于哪些假设条件。下面就是它的基本假设条件。本书下面谈到的各种排序问题，如不做特殊说明都遵守这些基本假设。

(1) 一个工件不能同时在几台设备上加工。

(2) 工件的加工时间是确定的，而且与投产的顺序无关。

(3) 每台设备同时只能加工一个工件(不考虑多工位组合机床)。

(4) 工件的工艺过程都是确定的，一种工件不能同时进行多种工艺加工。

(5) 每台设备只能胜任一种工序，不能适应多种工序的加工(设备与工序是一对一的对应关系，不考虑一对多的关系)。

(6) 一个工件开始加工后，不允许中断中途插入其他工件，必须把该工件加工完成，才可安排其他工件的加工。

以上各项假设条件在实际生产中是可以改变的，当假设条件变化时，原来的排序问题就会变成其他类型的排序问题。

下面说明排序中常用符号的含义。

J：代表工件。

M：代表机器设备。

J_{ijk}：J_i 工件的第 j 道工序在 M_k 设备上加工。

P_{ij}：J_i工件第 j 道工序的加工时间，J_i 工件的总加工时间为 $P_i = \sum_{j=1}^{m} P_{ij}$。

r_i：J_i 工件的到达时间,即可以开始加工的时间。

d_i：J_i 工件的交货期,即应该完工的时间。

a_i：J_i 工件在生产中允许的停留时间,$a_i = d_i - r_i$。

C_i：J_i 工件的实际完工时间。

F_i：J_i 工件的流程时间,即工件在生产中实际停留的时间,$F_i = C_i - r_i$。

L_i：J_i 工件的延迟时间 $L_i = C_i - d_i = F_i - a_i$,$L_i$ 允许出现负值,表示提前完成。

T_i：J_i 工件的延误时间 $T_i = \max\{L_i;0\}$。

I_k：机器 M_k 的闲置时间，$I_k = C_{\max} - \sum_{i=1}^{n} P_{ik}$,$i=1,2,3,\cdots,n;k=1,2,3,\cdots,m$。

二、排序问题的目标函数

生产日程计划编制质量的好坏将直接影响下列方面。

(1) 能否保证按时交货；

(2) 可否减少工件在工序间的等待时间,能否缩短工件的生产周期和减少在制品占用量；

(3) 可否减少设备的闲置时间,提高设备利用率。

作业排序通常以此三项作为衡量排序优劣的标准。但是这三项目标有时是相互矛盾的,例如,要想减少设备闲置时间,往往会使工件等待的时间加长;反之,要使工件尽量少等待,设备就会等待,设备的闲置时间就会增多。最好是把三者综合成一项指标,用总费用来衡量(在制品库存费用、设备闲置费用和不能按期交货的缺货损失费用之和)。但是用总费用作为排序问题的目标函数,会使问题的求解大大复杂化,目前还没有好的解决办法。因此,现在大多以上述三项指标分别作为排序的目标函数。

1. 以按时交货作为目标函数

这类目标函数主要有平均延迟时间：$\bar{L} = \frac{1}{n}\sum_{i=1}^{n} L_i$

平均延误时间：$\bar{T} = \frac{1}{n}\sum_{i=1}^{n} T_i$

最大延误时间：$T_{\max} = \max\{T_i\}$

有时还以延误的工件数作为目标函数 $n_{误}$。

2. 以工件的完工时间和工件的流程时间为目标函数

这类目标函数主要有最长完工时间：$C_{\max} = \max\{C_i\}$

最长流程时间：$F_{\max} = \max\{F_i\}$

平均完工时间：$\bar{C}=\frac{1}{n}\sum_{i=1}^{n}C_i$

平均流程时间：$\bar{F}=\frac{1}{n}\sum_{i=1}^{n}F_i$

设备的闲置时间 I 及平均闲置时间：$\bar{I}=\frac{1}{m}\sum_{j=1}^{m}I_j$

三、排序问题的分类

排序问题有很多种分类方法。在制造业中最常见的分类方法是按机器设备、工件和目标函数的特征进行分类。

按机器的数目不同,可以分为单台机器的排序问题和多台机器的排序问题。对于多台机器的排序问题,按工件加工路线的不同,又可以分为流水型(flow shop)的排序问题和非流水型(job shop)的排序问题。所有工件的工艺路线都相同的属流水型排序问题,每个工件的工艺路线各不相同的则是非流水型的排序问题。

按工件到达的情况不同,可以分为静态的排序问题和动态的排序问题。进行排序时,所有的工件都已到达,并已准备就绪,可以对全部工件进行一次性排序的属静态排序问题;若工件陆续到达,要随到随安排的,则是动态排序问题。

按目标函数不同,又可以分为多种不同的排序问题。例如,同属多台机器的排序问题,使平均流程时间最短和使误期完工工件的数量最少,是两种不同的排序问题。由于机器设备、工件和目标函数的不同特征以及其他一些因素的差别,构成了多种多样的排序问题。下面简要介绍几种具有代表性的排序问题及其求解方法。

关于排序问题的表示方法,本书采用 Conway 等人提出的,用四个参数表示的方法。这四个参数是 $n/m/A/B$。其中,n 代表工件数;m 代表机器数;A 代表排序的类型,在 A 的位置若标以"F",则代表流水型排序,若标以"P",则是流水型排序中的同顺序排序。F 是指所有工件的工艺过程均相同,P 则指不仅工件的工艺过程相同,而且在每台设备上所有工件的投产顺序也必须相同。在 A 的位置标以 G,表示非流水型排序。

B 代表目标函数,在 B 的位置标以具体的目标,如 F_{max} 或 C_{max} 等。例如,$n/5/P/F_{max}$ 表示有 n 个工件经 5 台设备加工的流水型同顺序排序问题,其目标是使最大的流程时间最短。

第二节　流水型的排序问题

下面通过三个例子来介绍三种排序方法。

一、约翰逊法(Johnson method)

这是一种适用于 $n/2/P/F_{max}$ 排序问题的静态排序方法。约翰逊法的目标是要求得到全组工件具有最短的生产周期的生产进度表。数学上可以证明,应用约翰逊法所得的排序结果是最优解。

1. 约翰逊法的排序规则

如果满足 $\min\{t_{1k};t_{2h}\}<\min\{t_{2k};t_{1h}\}$，则将 k 工件排在 h 工件之前。

式中，t_{1k}，t_{2k}——k 工件第 1 工序、第 2 工序的加工时间；

t_{2h}，t_{1h}——h 工件第 2 工序、第 1 工序的加工时间。

2. 约翰逊排序法的进行步骤

(1) 列出工件组的工序矩阵。

(2) 在工序矩阵中选出加工时间最短的工序。如果该工序属于第 1 工序，则将该工序所属工件排在前面；反之，最小工序是第 2 工序，则将该工序所属的工件排在后面。若最小工序有多个，可任选其中的一个。

(3) 将已排序的工件从工序矩阵中消去。

(4) 继续按步骤(1)、(2)、(3)进行排序，若所有工件都已排定投产顺序，排序即告结束。

例 12.1 有 6 种工件，其工序矩阵见表 12-1。

表 12-1 工件的工序矩阵

工件号	1	2	3	4	5	6
第 1 工序 M1	6	2	9	4	4	5
第 2 工序 M2	8	3	3	5	8	4

根据约翰逊法的排序步骤：

(1) 按前工序最小的选出工件 no. 2 及后工序最小的选出工件 no. 3 两个工件，2 号排在前，3 号排在后。从原工序矩阵中消去 2 号及 3 号工件，见表 12-2。

表 12-2 新工序矩阵一1

工件号	新工序矩阵		原工序矩阵			
	2	3	1	4	5	6
第 1 工序 M1	2	9	6	4	4	5
第 2 工序 M2	3	3	8	5	8	4

(2) 对原工序矩阵继续步骤(1)、(2)、(3)，前工序最小的有 no. 4 和 no. 5 两工件可任选其一，后工序最小的为 no. 6 工件。选出该两工件，并按前述规则排列，插入新工序矩阵，见表 12-3。

表 12-3 新工序矩阵一2

工件号	新工序矩阵				原工序矩阵	
	2	4	6	3	1	5
第 1 工序 M1	2	4	5	9	6	4
第 2 工序 M2	3	5	4	3	8	8

(3) 按规则继续进行排序，no. 5 工件排在前，no. 1 工件排在后，并将该两工件插入新工序矩阵。表 12-4 是按约翰逊规则排得的新工序矩阵。

表 12-4 按约翰逊法排序后的新工序矩阵

工件号	新工序矩阵					
	2	4	5	1	6	3
第 1 工序 M1	2	4	4	6	5	9
第 2 工序 M2	3	5	8	8	4	3

对于同顺序排序问题,可以通过表上作业,计算全组工件的最大流程时间 F_{max},见表 12-5。

表 12-5 最大流程时间 F_{max} 计算表

工件号	2	4	5	1	6	3
第 1 工序 M1	2/2	4/6	4/10	6/16	5/21	9/30
第 2 工序 M2	3/5	5/11	8/19	8/27	4/31	3/34

表中斜线右方的数字是到该工序结束时的流程时间,它的计算方法如下:

到该工序结束时的流程时间 = 该工序的开始时间 + 该工序的加工时间

在生产过程中一个工序的开始时间取决于两个因素:①该工序前一道工序的结束时间;②该工序所用设备上紧前工件的加工结束时间。该工序的开始时间应取上述两数中较大者。例如,1 号工件第 2 工序结束时的流程时间,应为 $F_{j1m2}=\max\{16;19\}+8=27$。

根据表 12-5 中的数据可得到一张 No. 1 至 No. 6 六个工件的生产进度表,其中包括每个工件在各台设备上的开工时间与完工时间。

本例中第 4 号和第 5 号工件在被选时,由于其前工序均为最小工序,当时任选了一个 no. 4。如果选了 no. 5,那么结果见表 12-6。

表 12-6 本例不同排序方案的最大流程计算

工件号	2	5	4	1	6	3
第 1 工序 M1	2/2	4/6	4/10	6/16	5/21	9/30
第 2 工序 M2	3/5	8/14	5/19	8/27	4/31	3/34

根据表 12-5 和表 12-6 的计算结果,说明对于条件等价的工件,任选其中之一,不影响最后结果。按约翰逊法所排出的结果应为最优解,这里也说明最优解可能不止一个,可以有多个等值的最优解。

约翰逊法只适用于两工序工件的排序问题,所以它的使用范围受到很大限制。但是三工序以上工件的排序问题 $n/m/P/F_{max}(m\geqslant 3)$,由于问题比较复杂,目前还没有找到能适应普遍情况的有效算法。不少学者只是提出了一些特殊条件下的有效算法。例如,Szwarc 在 1977 年提出有五种特殊结构的 $n/m/P/F_{max}$ 问题存在有效算法;1980 年我国中科院的韩继业研究员又提出了一种新的特殊结构的 $n/m/P/F_{max}$ 问题,并提出了它的有效算法。

用分支定界法求解 $n/3/P/F_{max}$ 问题可以取得最优解,但是当 m 增大时计算工作量大大增加,接近穷举法。如果用穷举法,可以产生的排序方案将随工件数 n 的增加呈指数型增长，其方案数为 $n!$。当 n 超过 12～13 时，其计算量之大，即使用高速度的计算机进行运算，也是无济于事的。

根据数学界的研究，排序问题的算法可以分为两大类：具有多项式时间复杂性函数的算法和具有指数时间复杂性函数的算法。后者随着问题的复杂性（规模）的增大，计算的时间将迅速地呈指数型增长。所以这类算法被认为是无效算法。凡是已经找到多项式时间算法的问题称为 P(Polynomial)类问题，P 类问题存在有效算法可求得最优解。而凡是属于指数时间算法的问题则称 NP(Nondeterministic Polynomial)类问题。对于排序问题，一般认为大部分属于 NP 难题(NP hard)。据有关资料报导，在 4 500 多个排序问题中，找到多项式时间算法的仅占 9%，有 82%属于 NP 难题，还有 9%的问题尚无法确定，因此有 82%以上的排序问题找不到有效算法求得最优解。这一认识使人们改变了排序问题的研究方向，从寻找最优解转向采用启发式算法(Heuristic Methods)寻求近优解。下面介绍两个用启发式算法求解的排序问题例子。

二、关键工序法

启发式算法没有严密的理论依据，它是经验和逻辑的结合。下面用一个例子来说明用关键工序法进行排序的步骤和方法。

用关键工序法进行排序的工作步骤如下。

(1) 按工序汇总各工件的加工工作量，定义加工工作量最大的工序为关键工序。

(2) 比较各工件首尾两道工序的大小，并把全部工件分成三组，首＜尾分在第一组，首＝尾分在第二组，首＞尾分在第三组。

(3) 各组分别对组内工件进行排序。

第一组：每一工件分别将关键工序前的各工序相加，根据相加后的数值按递增序列排队。

第三组：每一工件分别将关键工序之后的工序相加，根据相加后的数值按递减序列排队。

第二组：当第一组的工件数少于第三组时，本组工件按第一组的规则排列；当第三组的工件数少于第一组时，本组工件按第三组的规则排列。

(4) 全部工件的排序按第一组排在最前，第二组排在中间，第三组排第二组的后面。

例 12.2 设有工件 A、B、C、D、E、F，其工艺过程及工时定额见表 12-7。

表 12-7 某工件组的工序矩阵

工序	工件						合计
	A	B	C	D	E	F	
M1	3	8	6	9	1	2	29
M2	13	2	2	4	7	5	33
M3	7	16	10	9	6	0	48
M4	15	7	8	10	11	14	65
M5	6	4	7	12	5	11	45

(1) 确定关键工序。表中合计项内的数字是分工序汇总的各台设备的加工工作量。M4 的工作量最大,因此定义 M4 为关键工序。

(2) 划分第一、第二和第三组。第一组,首工序<尾工序,得到 A、C、D、E、F 五个工件。第二组,首工序=尾工序,无工件。第三组,首工序>尾工序,只有一个工件 B。

(3) 各组组内排序。第一组,把关键工序前的工时相加(M1+M2+M3)。

A: 3+13+7=23; C: 6+2+10=18; D: 9+4+9 =22;

E: 1+7+6=14; F: 2+5+0=7。

第一组内工件按递增顺序排列,其投产顺序为 F、E、C、D、A。

第三组组内排序,只有一个工件 B。

第二组组内排序,组内无工件。

(4) 确定全部工件的投产顺序。第一组 F E C D A→第二组 无→第三组 B

所以总的投产顺序为: F→E→C→D→A→B

(5) 求 F_{max},即全组工件的生产进度表,见表 12-8。

表 12-8 按关键工序法排序得到的全组工件的工序矩阵

工序	工件					
	F	E	C	D	A	B
M1	2/2	1/3	6/9	9/18	3/21	8/29
M2	5/7	7/14	2/16	4/22	13/35	2/37
M3	0	6/20	10/30	9/39	7/46	16/62
M4	14/21	11/32	8/40	10/50	15/65	7/72
M5	11/32	5/37	7/47	12/62	6/71	4/76

全组工件的 $F_{max}=76$(假设全组的开工时间为 0,即 $r_1=0$)。

三、C-D-S 法

该排序方法是坎贝尔(H. G. Cambell),杜德克(R. A. Dudek)和史密斯(M. L. Smith)三人合作创立的。它是国际上公认的一种比较著名的启发式排序方法。下面通过一个例子来说明该方法的具体内容和操作步骤。

例 12.3 设某工件组有 6 种工件,其工艺过程和工序时间见表 12-9。

表 12-9 六种工件的工序矩阵

工序	工件					
	1	2	3	4	5	6
M1	3	12	9	4	5	6
M2	7	4	6	8	5	10
M3	4	8	7	1	3	12
M4	5	7	11	5	9	2

1. 步骤一

取表 12-9 工序矩阵中首末两道工序,按约翰逊法进行排序。排序的结果为 1→4→

5→3→2→6。根据所得结果，建立一个新的工序矩阵，如表 12-10 所示。通过表上运算得到最大流程时间为 $F_{\max}=63$。

表 12-10　运算中的工序矩阵—1

工序	工件					
	1	2	3	4	5	6
M_1	3/3	4/7	5/12	9/21	12/33	6/39
M_2	7/10	8/18	5/23	6/29	4/37	10/49
M_3	4/14	1/19	3/26	7/36	8/45	12/61
M_4	5/19	5/24	9/35	11 /47	7/54	2/63

2. 步骤二

取表 12-9 中前两道工序之和 $\sum_{j=1}^{2} t_{ij}$ 与末两道工序之和 $\sum_{j=3}^{4} t_{ij}$，形成一个两工序的工序矩阵，见表 12-11。

表 12-11　运算中的工序矩阵—2

工序	工件					
	1	2	3	4	5	6
M_1+M_2	10	16	15	12	10	16
M_3+M_4	9	15	18	6	12	14

对表 12-11 中的两工序的工序矩阵，按约翰逊法进行排序。排序的结果为 5→3→2→6→1→4。以这一排序，建立新工序矩阵(如表 12-12 所示)，并计算全组工件的最大流程时间，得到 $F_{\max}=68$。

表 12-12　运算中的工序矩阵—3

工序	工件					
	5	3	2	6	1	4
M_1	5/5	9/14	12/26	6/32	3/35	4/39
M_2	5/10	6/20	4/30	10/42	7/49	8/57
M_3	3/13	7/27	8/38	12/54	4/58	1/59
M_4	9/22	11/38	7/45	2/56	5/63	5/68

3. 步骤三

以表 12-9 中前三道工序之和 $\sum_{j=1}^{3} t_{ij}$ 与末三道工序之和 $\sum_{j=2}^{4} t_{ij}$，得到一个两工序的工序矩阵，如表 12-13 所示。

对表 12-13 的两工序的工序矩阵按约翰逊法进行排序，排序的结果为 4 →5→1→3→6→2。按这一排序结果建立一个新的工序矩阵(如表 12-14 所示)。

表 12-13 运算中的工序矩阵—4

工序	工件					
	1	2	3	4	5	6
$M_1+M_2+M_3$	14	24	22	13	13	28
$M_2+M_3+M_4$	16	19	24	14	17	24

表 12-14 运算中的工序矩阵—5

工序	工件					
	4	5	1	3	6	2
M_1	4/4	5/9	3/12	9/21	6/27	12/39
M_2	8/12	5/17	7/24	6/30	10/40	4/44
M_3	1/13	3/20	4/28	7/37	12/52	8/60
M_4	5/18	9/29	5/34	11/48	2/54	7/67

对表 12-14 的工序矩阵计算该工件组的 F_{max},$F_{max}=67$。

4. 步骤四

比较前面三步所得三种排序方案的三个 F_{max},取其中最小者,即取 Min{63;68;67}。63 最小,故取步骤一所得的排序,即 1→4→5→3→2→6。

用 C-D-S 法求解这类排序问题($n/m/P/F_{max}$),当工序数为 m 时,需要用约翰逊法进行 $m-1$ 次排序,形成 $m-1$ 个方案,计算 $m-1$ 个 F_{max},找出其中 F_{max} 最小的那个排序方案,从而得到了所求的排序方案。

第三节 非流水型的排序问题

一、非流水型排序问题的常用符号和描述方法

非流水型排序问题是实际生产中最常碰到的,也是处理上最复杂的一种排序问题。对于一般的非流水型排序问题,每个工件都有其独立的工艺路线。因此要描述一道工序,需要用 3 个参数:i、j 和 k。i 表示工件号,j 表示工序号,k 表示用于加工 i 工件第 j 道工序的机器的代号。通常用加工矩阵 D 来描述一般的非流水型排序问题。例如

$$D=\begin{matrix} 1,1,1 & 1,2,3 & 1,3,2 \\ 2,1,3 & 2,2,1 & 2,3,2 \end{matrix}$$

矩阵的每一行描述一个工件,每一列描述一道工序。1、1、1 代表 1 号工件的第 1 道工序在 1 号设备上加工;1、2、3 代表 1 号工件的第 2 道工序在 3 号设备上加工。加工矩阵没有反映加工的时间。为了表示加工时间,可以用与加工矩阵 D 相对应的加工时间矩阵 T 来表示。

$$T=\begin{matrix} 4 & 7 & 3 \\ 5 & 6 & 8 \end{matrix}$$

矩阵中 4、7、3 表示第 1 号工件第 1、2、3 道工序的加工时间;5、6、8 是第 2 号工件第 1、2、3 道工序的加工时间。

为了表示每台机器上工件的加工顺序,可以使用加工顺序矩阵 S。

$$S=\begin{matrix} 1,1,1 & 2,2,1 \\ 1,3,2 & 2,3,2 \\ 2,1,3 & 1,2,3 \end{matrix}$$

S 矩阵的每一行代表一种机器设备,每一行的数据表示在该设备上工件和工序的投产顺序。矩阵 S 只能表示每台设备上工件的加工顺序,还不是一项作业计划。因为加工顺序没有反映每道工序的起止时间。如果在时间的安排上不作任何限制,则可以产生无数个生产进度计划。但是如果要求每道工序都是按最早可能的开工时间进行加工,则矩阵 S 可以反映一项作业计划。每道工序都是按最早可能的开工时间就安排加工的作业计划,通常称这类作业计划为无延迟作业计划(non-delay schedule)。

二、非流水型排序的几种有实用价值的求解方法

下面通过例子介绍这几种非流水型排序问题的求解方法。

(一) $n/2/G/F_{max}$ 排序问题

对于 n 个工件,2 台机器(2 道工序)以 F_{max} 为目标的非流水型排序问题,杰克逊(J. R. Jackson)提出了一个有效算法。这个算法借鉴了约翰逊法,是约翰逊法的推广应用。杰克逊法的算法步骤如下。

(1) 将 n 个工件分为四个集合:①只有一道工序,且这道工序是在 M_1 上加工的工件属 A 集合;②只有一道工序,且这道工序是在 M_2 上加工的工件属 B 集合;③有两道工序,且第 1 道工序在 M_1 上加工、第 2 道工序在 M_2 上加工的工件属 AB 集合;④有两道工序,且第 1 道工序在 M_2 上加工、第 2 道工序在 M_1 上加工的工件属 BA 集合。

(2) 对于 AB 集合中的工件,按约翰逊法进行排序,得到顺序 S_{AB},对于 BA 集合中的工件,也按约翰逊法进行排序,得到顺序 S_{BA},对于 A 集合和 B 集合中的工件,可以按任意顺序排列,分别得到顺序 S_A 和 S_B。

(3) 在机器 M_1 上工件按(S_{AB},S_A,S_{BA})的顺序加工。在机器 M_2 上工件按(S_{BA},S_B,S_{AB})的顺序加工。所得结果是一个最优解。

例 12.4 设有 10 个工件,构成一 $10/2/G/F_{max}$ 排序问题。其工艺路线和加工时间如表 12-15 所示。

表 12-15 10 个工件的工艺路线和工序时间

工序		工件号									
		1	2	3	4	5	6	7	8	9	10
第 1 工序	设备	M_1	M_2	M_1	M_1	M_2	M_2	M_1	M_1	M_2	M_2
	工时	6	9	12	7	4	8	10	9	5	7
第 2 工序	设备	M_2	M_1	M_2	M_2		M_1		M_2	M_1	
	工时	8	12	7	10		7		11	10	

{AB}集合中有 1,3,4,8 号工件;{BA}集合中有 2,6,9 号工件;

{A}集合中有 7 号工件;　　{B}集合中有 5,10 号工件。

{AB}集合按约翰逊法排序,得到工件的投产顺序为 1,4,8,3;

{BA}集合按约翰逊法排序,得到工件的投产顺序为 9,2,6;

{B}集合中的工件可以任意排列,任取为 10,5 的顺序。

由此得到全部工件的总的投产顺序为:

在 M_1 设备上为 1→4→8→3→7→9→2→6。

在 M_2 设备上为 9→2→6→10→5→1→4→8→3。

在 M_1 设备上的加工工时及流程时间见表 12-16。

表 12-16　工件在 M_1 设备上的投产顺序和流程时间

在 M_1 上加工的工件	1	4	8	3	7	9	2	6	F_{max}
各工序的加工工时	6	7	9	12	7	5	9	8	63
各工序末的流程时间	6	13	22	34	41	46	55	63	

在 M_2 设备上的加工工时及流程时间见表 12-17。

表 12-17　工件在 M_2 设备上的投产顺序和流程时间

在 M_2 上加工的工件	9	2	6	10	5	1	4	8	3	F_{max}
各工序的加工工时	10	12	7	7	4	8	10	11	7	76
各工序末的流程时间	10	22	29	36	40	48	58	69	76	

采用杰克逊法排序,使设备的闲置时间为零,因而所得的 F_{max} 是最短的,即实现了目标最优。

(二) 要求得到最优解的排序方法

对于一般的 $n/m/G/F_{max}(m\geqslant3)$ 排序问题,在理论上说,可以采用整数规划法求最优解。1959 年瓦格纳(H. M. Wagner)和鲍曼(E. H. Bowman)最先提出用整数规划法求解 $n/m/G/F_{max}$ 问题的最优解。1960 年曼勒(A. S. Manne)也提出用整数规划求解 $n/m/G/F_{max}$ 问题。曼勒提出的方法,相对而言,所用的变量数和约束条件数较少,但是对于一个机器设备数为 5、工件数为 6 的问题,就有 105 个变量、174 个约束条件。规模再大一些的问题,变量数和约束条件就成倍地增长,由于计算量太大,这种方法目前尚无实用价值。

1965 年布鲁克斯(G. H. Brooks)和怀特(C. R. White)提出用分支定界法求解 $n/m/G/F_{max}$ 问题的最优解。该方法比整数规划法效果好。但是在问题的规模稍大时,其计算工作量仍是令人难以接受的。限于篇幅本书不拟在此介绍用分支定界法求解 $n/m/G/F_{max}$ 问题。

(三) 优先规则法

下面介绍目前在生产中常用的求解 $n/m/G/F_{max}$ 问题的启发式方法——优先规则法。

在编制生产日程计划的过程中,人们提出了很多调度规则,以便科学地确定哪些工件应优先安排。1977年潘沃克(S. S. Panwalker)和伊斯坎德尔(W. Iskander)归纳整理了100多个调度的优先规则。其中最主要的是以下几个。

(1) SPT规则(shortest processing time),优先选择加工时间最短的工序。

(2) FCFS规则(first come first served),先到的先服务,优先安排最先到达的工件。

(3) MWKR规则(most work remaining),优先安排待加工作业总量最大的工件。

(4) LWKR规则(least work remaining),优先安排待加工作业总量最少的工件。

(5) MOPNR规则(most operation remaining),优先安排待加工工序数最多的工件。

(6) DDATE规则(due date),优先安排交货期最近,要得最急的工件。

(7) SLACK规则,优先安排宽裕时间最少的工件。宽裕时间是指从现在到交货日期的时间段中,扣除该工件待加工的作业时间后剩余的时间。宽裕时间最少的,任务紧迫性最高,所以安排优先加工。

(8) RANDOM规则,随机选择一种工件。当两个工件的优先级等同时,常采用本规则作最后抉择。

各优先规则优先级的计算值如表12-18所示。

表12-18 优先级的计算值

优先规则名称	优 先 规 则	优先级计算值 (数值小的优先级高)
SPT	工序加工时间最短的工件	t_{ij}
FCFS	先到达的先安排	$C_{I,j-1}$
MWKR	剩余加工量最大的工件优先安排	$-\sum_{j}^{m} t_{i,j}$
LWKR	剩余加工量最小的工件优先安排	$\sum_{j}^{m} t_{i,j}$
MOPNR	剩余工序数最多的工件优先安排	$-(m-j+1)$
DDATE	交货期最早的工件优先安排	d_i
RANDOM	随机数最小者	$Z_{I,j}$
SLACK	宽余时间最少的工件先安排	$d_i - t - \sum_{j}^{m} t_{i,j}$
CR	剩余时间与剩余加工量之比最小的先安排	$(d_i - t)/\sum_{j}^{m} t_{i,j}$

例12.5 有J_1、J_2、J_3、J_4四种工件,其工艺过程、工序加工时间及交货期见表12-19。

表12-19 待加工工件的工艺过程及工时

工件号	第一工序		第二工序		第三工序		第四工序		总工时	交货期
	设备	工时	设备	工时	设备	工时	设备	工时	$\sum t_{i,j}$	d_i
J_1	M_1	5	M_2	5	M_3	7	M_4	3	20	28
J_2	M_2	7	M_1	4	M_3	1	M_4	6	18	28
J_3	M_3	2	M_1	6	M_4	3	M_2	7	18	25
J_4	M_3	4	M_2	4	M_1	6	M_4	2	16	26

根据以上资料如采用SPT规则,可以排出如图12-1所示的甘特图。

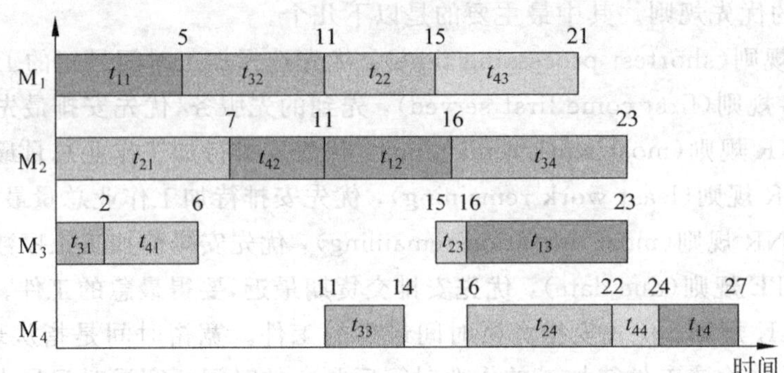

图12-1 按SPT规则排出的工件进度计划

采用优先规则法编制生产日程计划,可以应用排序软件在计算机上进行编制。编制的基本步骤如下。

假设J_1,J_2,J_3,J_4四个待排工件都已到达,$r_1=r_2=r_3=r_4=0$,起始时在M_1的等待队里有J_1的第一道工序J_{111},在M_2的等待队里有J_{212},在M_3的等待队里有J_{313}和J_{413},M_4的等待队里是空集。所以J_{111}和J_{212}不用比较优先级可以直接在M_1和M_2上排定。而在M_3上先排哪一个,则需比较J_3和J_4的优先级。按SPT规则,$t_{313}=2$,$t_{413}=4$,J_{313}的优先级高,所以先排J_3。当J_{313}排定后,从M_3的等待队中除去J_{313},并将J_{321}放到M_1的等待队中。到第2小时末,M_3的等待队里只有J_{413},于是将J_{413}在M_3上排定,起始时间为2,完工时间为6。到第5小时末,J_{111}加工结束时,M_1的等待队里只有J_{321},于是将J_{321}紧接在J_{111}之后。到第7小时末J_{212}加工结束时,在M_2的等待队里有J_{122}和J_{422}两个工件,于是又要比较两者的优先级。由于$t_{422}<t_{122}$,所以先排J_{422},J_{422}一旦排定,就将J_{422}从等待队里除去,并把J_{431}放到M_1的等待队里。到第11小时末,M_1的等待队里有J_{221}和J_{431},J_{221}的优先级高,所以将J_{221}先排定,同时把J_{233}放到M_3的等待队里。在第11小时末,M_4上可以安排J_{334},M_2上可以安排J_{122}。因为在两个设备的等待队里都只有一个待加工工件,在J_{334}和J_{122}排定后,立即把J_{342}和J_{233}放到M_2和M_3的等待队里。按上述方法继续编排,直至把所有工件全部排定,即可得到如图12-1所示的甘特图。

根据表12-19的资料,如果分别用FCFS规则、MWKR规则、SLACK规则对上述四个工件进行排序,可以得到图12-2(a)、(b)和(c)。

按四种不同优先规则排序所得的结果,汇总于表12-20中。

表12-20 同一组工件按不同优先规则的排序结果

工件编号	交货期限	SPT		FCFS		MWKR		SLACK	
		F_{max}	L	F_{max}	L	F_{max}	L	F_{max}	L
J_1	28	27	−1	22	−6	22	−6	26	−2
J_2	28	24	−4	28	0	28	0	32	4
J_3	25	23	−2	23	−2	23	−2	23	−2

续表

工件编号	交货期限	SPT		FCFS		MWKR		SLACK	
		F_{max}	L	F_{max}	L	F_{max}	L	F_{max}	L
J_4	26	24	−2	30	4	30	4	19	−7
F_{max}		27		30		30		32	
平均最大流程 F_{max}		24.5		25.75		25.75		25.0	
延误件数 n		0		1		1		1	
平均延迟 $\bar{T}$		−2.25		−1		−1		−1.25	

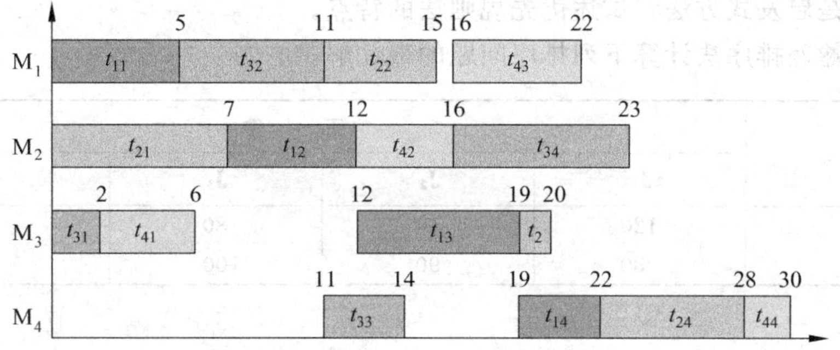

(a) 按FCFS规则排出的工件进度计划

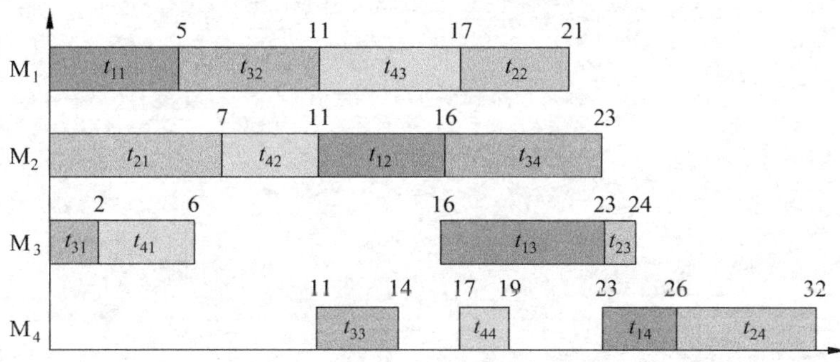

(b) 按SLACK规则排出的工件进度计划

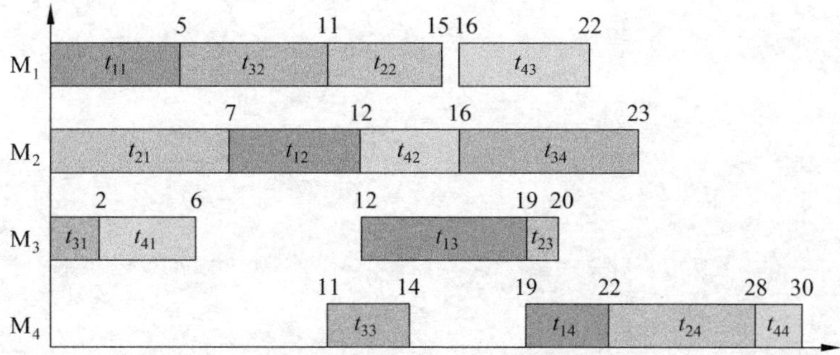

(c) 按MWKR规则排出的工件进度计划

图 12-2 工件进度计划

由表 12-20 可知，对于 J_1、J_2、J_3、J_4 这组工件采用 SPT 规则排序效果最好。在实际工作中，对一组工件往往采用多种规则进行排序，然后选取其中的最优结果。

思 考 题

1. 什么是生产作业排序？
2. 试述衡量排序优劣的三项基本标准。
3. 试述流水型(flow shop)的排序问题和非流水型(job shop)的排序问题的特点。
4. 试述静态的排序问题和动态的排序问题的特点。
5. 对于一般的 $n/m/G/F_{max}$($m\geqslant3$)排序问题为什么难以求得最优解？
6. 什么是启发式方法？试述优先规则法的特点。
7. 用约翰逊排序法计算下列排序问题的最优解。

工序	工 件			
	J_1	J_2	J_3	J_4
M_1	120	40	80	110
M_2	80	90	100	50

第十三章

物资供应与库存管理

第一节　物资供应工作综述

一、物资供应工作的任务和内容

物资是物质资料的简称，既包括生产资料，也包括生活资料。但工业企业所需的物资一般是指原材料、燃料、辅助材料、机电配套设备、工具等生产资料。

生产过程同时也是生产资料的消费过程。做好物资供应工作，保障及时供应生产所需的各种物资，是生产活动得以进行的前提。现代工业生产是高度专业化分工和广泛协作的社会化大生产。一个现代工业企业所需的物资种类往往有成千上万种，供应的货源涉及许多地区和部门。因此，工业企业的物资供应工作不仅十分重要，而且相当复杂。

工业企业的物资储备资金常占企业流动资金的40%～60%，而物资器材的消耗则是构成产品成本的主要部分。许多产品仅原材料一项就占产品成本的50%～70%。因此，物资供应工作对保证产品质量、压缩储备资金、加速资金周转、降低产品成本、增加企业盈利等一系列经济指标有极为重要的影响。

（一）物资供应工作的任务

工业企业物资供应工作的任务，归纳起来可以分为以下几个方面。

(1) 根据企业的生产经营任务（包括生产、科研、试制、基建、维修等），在经营计划的统一指导下，按质、按量、按品种规格、按时成套地供应企业所需的各项物资。

(2) 组织物资的采购、运输、检验入库，控制合理的库存储备量，减少物资的积压，加速资金周转。

(3) 组织物资的保管和发放工作，监督和指导生产部门节约使用物资，不断降低消耗以降低产品成本。

（二）物资供应工作的内容

围绕上述任务，企业物资供应工作的主要内容包括以下几个方面。

(1) 制定各类物资的消耗定额，搞好定额管理工作，包括定额的贯彻执行、考核、修订等工作。

(2) 编制物资供应计划，做好物资综合平衡工作，搞好物资调剂，充分挖掘企业内部潜力。

(3) 经济合理地组织物资供应工作,包括正确选择供应商,做好订货、采购、运输和物资的合理分配等工作。

(4) 制定物资储备定额和资金储备定额,采用科学的库存管理方法,使各类物资保持合理的库存水平。

(5) 做好仓库管理工作,在验收入库、保管护养、运输存放、发料送料、账务统计等工作中实行科学管理。

(6) 监督和指导生产部门节约使用物资,做好物资回收、修旧利废、综合利用、短线物资的节约代用等工作。

(7) 建立和健全物资管理的各种规章制度,包括物资管理部门的各级责任制度、物资计划管理制度、物料采购制度(包括招标采购)、仓库管理制度、限额供料制度、物料验收制度、物料统计制度、物料定额管理制度等。

二、库存管理的目的和要求

库存在 GB/T18354—2001 的 4.14 中被定义为处于储存状态的物品。库存是一种处于储备状态的,尚未被利用的社会资源。它在投入使用之前不仅是多余的,而且需要花费人力物力对它进行维护和保管。在科学技术发展十分迅速的今天,随着新型资源的出现,库存物资常常因新资源的出现而贬值,甚至被完全取代而报废。因此,现代管理要求在保障需求得到满足的条件下,尽可能降低库存。

如果供应部门能够随需求的变化,及时供应所需物资的品种和数量,即实现供需同步(如连续运行的流水线上前后工序之间的供需关系),则库存完全可以取消,即达到所谓"零库存"的境界。但是由于需求是变化的,而且通常是随机发生的,难以准确预测,所以很难保持供需同步。此外,供应部门、运输部门的工作也不时会出现某些故障,破坏正常的供应活动。因此,为了确保供应,在许多情况下设置一定的库存储备是必要的。

库存管理的任务包含仓库管理和库存控制两个部分。仓库管理的内容是指库存物料的科学保管、减少损耗、方便存取、保证账物相符、数量准确等具体的管理措施。而库存控制则是要求控制合理的库存水平以保障供应。具体地说,库存控制是要求用最少的投资和最少的库存管理费用,维持合理的库存储备,以保障最大限度地满足物资使用部门的需求,防止和减少缺货损失(本章不拟对仓库管理部分作详细论述,而侧重讨论库存控制)。

库存管理可以分为战略和战术两个层次。战略层次的研究对象是系统的设计和库存的运营方针,而战术层次的研究对象是订货的数量和时间。产品生命周期中各个阶段的库存控制方法是完全不同的。产品成长期应考虑如何迅速增加库存,到衰退期则应考虑如何迅速减少库存。这是应对市场变化的库存控制策略。值得注意的是丰田生产方式中常提到的"零库存",它的本意并不是只着眼于降低库存储备本身,而是通过降低库存储备来发现生产系统中存在的问题,以便采取措施消除这些隐患。这里"降低库存"在管理上则有它自己的作用。

在产品生命周期明显缩短的现代社会,根据需求的变动,灵活调整原材料、在制品以及成品的库存水平,已经成为企业经营管理的重要内容。由此,根据供需双方的特点,建立一个库存控制系统,以便有效地控制库存储备量,保障最经济地完成物资供应任务,是对库存控制的主要要求。

第二节　物资供应工作的组织和管理

一、企业内部的物资管理体制

企业内部的物资管理体制有集中制、分散制以及集中与分散相结合等基本形式。

1. 集中管理

这种管理体制是把企业内生产、销售、维修、科研、基建、行政、生活后勤等方面所需的物资，全部归物资供应部门统一管理。管理的内容包括计划、采购、保管、下料、送料和修旧利废等。集中管理的优点是便于同类物资的统一计划、统一订购、统一保管和集中下料，避免小批量分散采购、分散运输、零星下料和重复设库等，从而可以节约管理人员、节约材料、节约订购费用和运输费用、节约仓库面积、减少物资积压和资金积压等。它存在的问题是物资部门的规模大，服务面广，组织管理工作的难度很大，工作高度集中后不易灵活地满足各部门对材料需求动态变化的要求。

2. 分散管理

这种管理体制是物资部门负责管理生产所需的各种物资和各类通用物资，如普通钢材、轴承、通用工具等。其他物资如基建用的砖瓦砂石、钢筋、水泥，科研用的特殊器材、维修用的备品、备件以及办公用品等，则分别由基建处、研究所(室)、机动处和行政后勤等部门自行管理。各部门自编需求计划，经审核批准后，自行组织采购、保管和使用管理。分散管理的好处是能使物资部门集中精力抓好生产系统的物资供应工作，保证生产任务的完成。其他物资实行分口管理，有利于各部门灵活掌握，保证及时供应，适应工作需要。但是它的缺点是重复设置仓库，所需管理人员多，占用仓库面积多，物资积压、资金积压多，分散采购和运输得不到优惠的批发折扣和合理的运输批量，从而增加了采购和运输费用的支出。分散零星下料不利于统筹规划采用科学的下料方法，因而材料的利用率较低。

3. 集中与分散相结合

这种管理体制的特点是物资的计划和采购业务由企业物资部门集中管理。物资的保管和发放由各有关部门自行管理。它兼收了上述两种体制的优点，既有利于统筹安排，合理组织物资的采购和运输，取得优惠折价和降低运费，又有利于物资使用部门实现对生产与物资供应的统一指挥和调度，使物资的日常供应管理更符合生产的需要，减少其间的脱节和矛盾。同时，它也保留了上述两种体制中的某些缺点，如需要相对较多的管理人员和仓库设施，积压的物资和资金也会多一些。

4. 设立物流部统管生产系统的物流工作

目前有不少企业学习国外经验，把制造部改为物流部。由物流部统一管理企业基本生产过程中使用的各种物料，负责组织原材料、外购件的运输进厂，验收入库，生产过程各阶段的在制品管理，直至成品发运，统管厂内物流的全过程。这种方式有利于组织物料供应和安排生产计划紧密结合，有利于企业与供应商按 JIT 方式组织物料的供应与生产，加强企业间和企业内部供应链的统一管理。至于基建、科研、设备维修、行政等所需物资则由各部门自行管理。物资采购部门只负责选择供应商，汇总全企业消耗的主要物料，统一向外订购，与供应商谈判价格，签订合同，办理付款手续等，不负责各种具体物料的运输、验收等物流工作。采购部可能就某种物料与供应商签订了一个全年的供货合同，至于具体的分批分期的交货要求，则由物流部与供应商根据生产进度和库存变化情况协商安排。通过物流部使物料供应与生产进度计划紧密衔接，可以大大降低库存储备，减少资金积压。

随着科学技术进步，物资管理信息系统和自动化立体仓库的推广应用，计算机能方便地处理计划的变动，实时反映库存的动态情况，并使各部门共享各种物资信息。这样就使集中管理体制的许多缺点得到克服，从而为集中管理体制的应用和发展创造了良好的前景。

一个企业的物资供应系统采用何种管理体制，与许多因素有关，应根据企业的生产类型、企业的规模、物资部门管理人员的素质及物资供应系统拥有的技术手段和工具等具体条件而定。

二、与供应商建立稳定的合作伙伴关系

订货与采购是物资供应工作的第一道工序，正确选择供货单位则是采购工作的一项重要决策。

对于不定期零星采购的物资，企业可以通过"货比三家"在市场上自由选购。对于企业主导产品所用的原材料、主要材料和配套件等需要由外部长期大量供应的物料，则应认真选择供应商，并与其建立长期稳定的货源供应关系。与供应商建立长期稳定的合作伙伴关系，对供需双方都是有利的。对于供货企业而言，由于订货任务相对稳定，有利于加强生产的计划性，并通过提高生产的专业化程度提高生产率和保证产品质量，从而提高企业的经济效益。对于需方企业而言，由于货源稳定、供应及时，生产计划的顺利实现就有了可靠的保证。由于供需直接对口，所供物料完全按需方要求的型号、规格、尺寸生产，这样就可大大提高材料的利用率，降低物耗。在这种合作的基础上，供需双方可以实行准时生产制(JIT)，使双方的生产计划与供销计划更好地衔接协调，从而可以降低双方的库存储备。

对于主机厂需求的大宗物资，不宜选择过多的供应商，分散订货。适当集中可以使供应商保持合理的生产规模，达到较低的成本水平。但是过分集中，如只给一家供应，也有风险。最好选择两家，最多三家供应商作为合作伙伴。根据它们的供货能力、供货的优劣(如质量的稳定性和供货的及时性等)，合理地分配订货份额，并通过调整订货份额，激励供应商努力改进供应服务工作。既然双方是合作伙伴，主机厂有责任帮助供应商改进生产，提高管理水平。只有双方协作配合得好，才能使它们的最终产品具有更低的成本水平和更快地响应市场需求变化的能力。一条供应链内部的企业在这一点上是共命运的。

三、仓库管理工作

仓库管理是企业物资供应管理工作的重要组成部分。仓库管理工作的主要内容包括：①入库物资验收；②库存物资的保管维护；③物资的发放；④库存物资的统计分析；

⑤库存物资的核查盘点。

1. 物资验收

根据合同对到库物资进行检验和核对。物资验收是供需双方责任和权益的交接点，也是采购工作和仓库管理的分界线。到库物资经验收入库后，一切责任就由仓库承担了。把好验收这一关是避免入库物资在品种规格、性能质量和数量上发生差错和混乱，保证所供应的物资正确无误的重要措施。

2. 物资的保管维护

物资入库后要做好保管维护工作。根据各类物资的不同性质和特点，要合理存放，妥善管理。要考虑储存环境的特点（如温度、湿度、日晒、尘土等）和存放时间等因素，采取必要的防锈、防腐、防霉等防护措施，使库存物资在保管过程中不变质、不变形、不损坏，保持其原有的性能质量。另外，要求做到各种物资有账有卡，账目清楚，数量准确。物资要分类存放，不混不乱。物资上有标签，货架有编号，能见账知货位，见物知账页。对不上架的物资要堆码整齐，易于核对，便于存取，便于贯彻先进先出的存放原则。

对于有毒、易燃易爆等危险物品，要按规定隔离存放，妥善保管，严防污染环境和引发安全事故。

3. 物资的发放

物资的发放是物资供应工作直接为生产第一线服务的重要环节。限额发料制是被许多企业所采用的一项有效的物资管理制度。它是按计划期的生产任务和物资消耗定额核定该项任务每种物资的计划用量。仓库严格按照核定的计划用量发料，仓库有权拒绝发放一切计划外用料。在遇到工废、料废和生产计划临时变动需要追加用料时，要按制度规定办理补料和变更用料的手续。节约用料有奖，浪费则罚。实施限额发料制有利于贯彻执行物资消耗定额和提高生产计划的严肃性，促进用料部门精打细算、节约用料，从而促进定额制定的水平和提高计划工作的质量，有助于降低物耗和降低产品成本。

4. 库存物资的统计和分析

物资库存量统计和库存台账是物资管理的基础资料。仓库每次收料或发料后，要随时登账并结算库存，使每种物资的库存现状（包括实物数量和资金占用）翻开账本能一目了然。平时应经常对各种物资的耗用情况进行统计和分析，当库存量降到订货点时，要通知采购部门及时订货。当开始动用保险库存时，要发警报，以便物资供应部门和生产部门及早采取措施，避免因缺料而耽误生产和科研、基建等工作。通过分析还要发现哪些物资已超储，哪些物资是短线，哪些属于呆滞物资，哪些物资有可能短缺。要进一步分析清楚原因，以便分别采取相应措施去解决。做好库存物资的统计分析工作，对保障供应、压缩不必要的库存、加速物资和资金的周转、提高物资管理工作的水平有十分重要的作用。

5. 库存物资的盘点

由于保管不善，可能造成某些物料发生损耗或丢失。为了保证做到库存物资账物相符，需要定期盘点库存物资。通过盘点查清各种物料的实际库存数量，按一定的手续经有关领导批准，对缺失的物料进行核销，以保证库存物资的实有数量与账目相符。

过去靠手工管理，由于库存物资品种多数量大，每逢月末、季末和年末进行盘库时，需要停产，组织大批人力入库盘点，既费时耗力又影响生产。现在还可以看到不少手工管理的商店每到月末常常挂出“内部盘点停业一天”的告示。但是有了用计算机管理的库存管理信息系统后就可以采用循环盘点法。该法首先对库存物料按其使用的频率进行分类，再根据各类物料使用频率的大小，确定其循环盘点的周期。例如，天天领用的或使用较频繁的物料，应确定较短的盘点周期(如每周一次或两周一次)；不常使用的物料则应确定较长的盘点周期(如一月一次或一季一次)。根据物料盘点周期的长短，在计算机内排出一份每天需要盘点的物料名单。仓库管理人员每天一上班查看一下当天需要盘点哪些物料，就可以利用工作的空隙时间完成对有关物料的盘点。这样就把库存盘点工作变成一项经常性的工作，不仅不需要停产，不需要调用专门的人力进行盘库，节省了人力，而且使频繁使用的物料的盘点工作能经常地进行，从而真正做到保证账物相符。

6. 自动化立体仓库

一个现代大中型制造企业所需物料的种类常在十万种以上。传统的平面仓库和手工管理方式已不能适应现代化生产的要求。随着科学技术的发展，自动化立体仓库已成为物资管理的重要手段。它的特点是：①高层货架、库容量大、占地面积相对较小。货架高度通常在5米以上，有的高达十几米。一般用规范化的托盘或货箱载物，便于机械手操作。库容在2 000托盘以下的属小型库。大型库可容5 000托盘以上。同样的库容量，大型库的占地面积可比普通三四层高的货架节省好几倍。②采用巷道式堆垛起重设备，它的操作可采用计算机程序控制，自动装卸货物，省人省力，工作效率高。日本君津钢铁公司采用自动化立体仓库后，一个存储量为16万吨的大型钢材库仅用3名操作工人。③货物存取和仓库管理的全部活动都由计算机控制，实现全过程自动化。只要输入所需物料的编号和提取的数量，计算机就会指挥堆垛起重机到该物料所在货架和货位前，取出托盘提取出所需数量，并运到发货工作台。在提货的同时，计算机会自动记录该次提货的日期和数量，并结算该项物料的库存余额。

四、计算机辅助物资管理信息系统

计算机辅助物资管理信息系统是企业管理信息系统的一个子系统。它是以计算机为手段，以物资管理为内容，进行信息收集、处理、存储、检索和传输的，能提供物资管理工作有关信息的管理信息系统。一个现代企业所用的物料十分广泛，物资管理的信息量十分庞大，随着管理水平的提高，对信息提供的及时性和准确性要求越来越高。因此，建立这样的管理信息系统是势在必行的。

物资管理信息系统一般可以由计划管理模块、合同管理模块、库存管理模块和统计分析模块等基本模块组成。

1. 计划管理模块

计划管理模块的基本功能是：①编制企业年、季、月物资供应计划，包括计算物料需求量，确立期初期末储备量，编制物资平衡表，确定各类物资采购量；②根据月生产计划和物资消耗定额确定各项任务的限额发料数量，打印限额发料单。这一模块应与MRP连接，它的计划需求数据取自MRP。

2. 合同管理模块

合同管理模块的基本功能有：①建立采购合同台账，记录每一张合同的所有数据，其中包括供货企业的基本情况以及双方来往函电记录等信息；②合同文件维护，包括合同物资到货、验收入库和货款支付等情况的记录，合同修改、合同终止等情况的记录；③合同执行情况查询；④合同执行情况统计分析等。

3. 库存管理模块

库存管理模块的基本功能是：①建立各库库存物料台账；②库存物料收发记录，台账文件维护；③库存状态查询及打印输出；④库存状态分析，包括缺料分析、成套分析、超储、呆滞物资分析、资金占用分析等；⑤物料的 A、B、C 分类；⑥超储、订货点、安全库存报警。

由于物料库存管理模块与在制品、成品、工具、维修备件等库存管理模块的功能基本相同或相似，所以常把这些模块集中在一起，在企业管理信息系统下单独建立库存管理子系统。

4. 统计分析模块

统计分析模块的基本功能有：①企业各类物资历年消耗量统计及分析；②各产品历年物资消耗量变化的统计及分析；③各供货企业发展情况及历年供货情况的统计和分析；④各产品和各类物料利用率历年变化情况的统计及分析；⑤各种统计报表编制及打印等。

第三节 库存控制系统的构成

一个库存控制系统一般由以下几种要素构成：需求特性、供应特性、进货方式、库存储备的种类以及订货费用、库存管理费用、缺货损失等经济因素。下面对这些要素分别予以说明。

一、需求特性

满足需求是库存管理的基本任务。因此，设计库存控制系统首先要分析需求特性。需求有多种类型，根据可预见性分类有确定性需求、随机性需求、不确定性需求。从需求的主从关系，则可以分为独立需求和相关需求。

1. 确定性需求

对物料的需求量和需求时间是已知的、确定的。确定性需求又可分为：①连续的均匀需求；②非均匀需求或称离散性需求（每次需求的数量和需求的时间间隔是不相等的）。

2. 随机性需求

需求是随机发生的。每一次需求的时间和需求的数量是不确定的，但是其概率分布函数是可知的。

3. 不确定性需求

需求的时间和数量均是不确定、不可知的。由于无法预测、无规律可循，一般通过统计分析把它近似地转化为随机性需求进行处理。所以本章只讨论前两类需求的库存控制系统。

独立需求是指不依赖其他需求的自主需求，一般是直接由用户提出的。相关需求是从属性的，由独立需求导出的需求。例如，当主机的需求确定后，构成主机的全部零部件的需求以及与之配套的辅机和备件的需求也就确定了。构成主机的全部零部件以及与之配套的辅机和备件就属相关需求。

二、供应特性

对库存控制系统而言,供应特性包含订货提前期、采购价格、起订点和价格折扣等。

1. 订货提前期

订货提前期是指从发出订单到物料入库所经历的时间。订货提前期的时间长度不是库存管理系统所能控制的,它也可以是确定的、随机的和不确定的。但供货的时间受合同的约束,一般可以把它看作确定的。

2. 起订点

起订点是指供应部门规定的最低订购数量。这对库存控制系统是一个约束。

3. 采购价格和价格折扣

这两项因素直接影响选择供应点和确定订货批量的决策。采购价格中一般把运输费用也计算在内。

三、进货方式

库存控制系统需通过不断进货来补充库存消耗。采用何种进货方式对控制库存水平有重要影响。常用的进货方式有:①定量订货方式;②定期订货方式;③按需求计划进行订货(MRP 系统)。

1. 定量订货方式

定量订货方式又称(s,Q)方式,订货批量和订货间隔期是控制库存水平的两个重要因素。固定每次订货的数量,订货间隔期则随需求量的变化而变化,这种订货方式称为定量订货制。

采用这种订货方式首先要计算各种物料的经济订货批量,其次要为每一种物料确定一个订货点,如图 13-1 所示。订货点按下式计算:

$$B = R \times L + S$$

式中,B 为订货点;L 为订货提前期;R 为平均每日需求量;S 为保险库存量。

当库存量降到订货点 B 时,则发订货通知,按计算好的经济批量 Q 进行订货以恢复库存。定量订货方式的工作程序如图 13-2 所示。

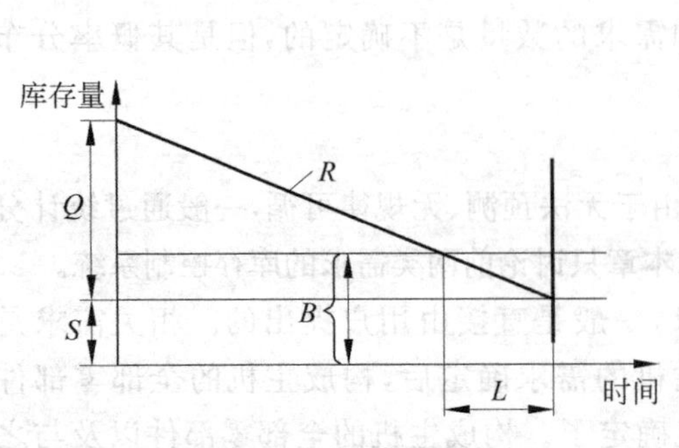

图 13-1 库存订货

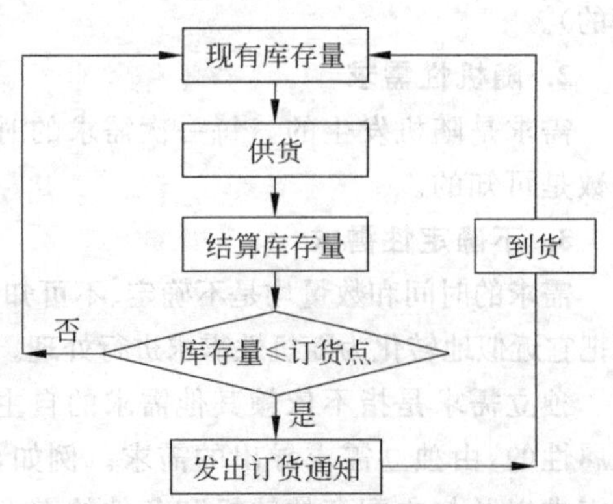

图 13-2 定量订货方式工作程序示意图

采用定量订货方式需要不间断地结算每种物料每次供货后的库存余额，一旦库存降到订货点，就要为该项物料组织订货。由于每一种物料何时降到订货点一般是无规律的，所以每次发货后必须随时结算库存量。一旦库存降到订货点，就需马上组织订货。如果由于疏忽，已到订货点而没有去订货，就会造成缺货。采用这种订货方式，各种物料何时订货是无规律的，所以在管理上比较麻烦。

采用定量订货方式在实际工作中有一种简便的管理方法，称为双堆法或三堆法。所谓双堆法，就是将一种库存物资分成两堆存放。第一堆的数量令其等于该物资的订货点，其余部分则存放于第二堆。供货时先用第二堆，第二堆用完时表示库存量已达到订货点，应立即进行订货。所谓三堆法，是在第一堆数量中再分出一个第三堆。第三堆的数量等于保险库存量。当第一、二堆均已用完，而新订的物料尚未到达，要动用第三堆保险库存时，表示供应与需求超出正常情况。为了防止缺货，需要马上采取紧急措施。

如果在库存控制系统中采取电子计算机进行管理，则随时查询每一种物料的库存实况，库存量降到订货点时进行报警和自动打印订货单等功能都能很方便地实现。

2. 定期订货方式

定期订货方式又称(R,S)方式。订货间隔期R(相邻两次订货之间的时间间隔)固定不变，每次的订货批量则随需求量的变化而变化，称为定期订货方式。采用这种订货方式，首先要为各类物料确定合理的订货间隔期。平时每次供货后不需要马上核算库存余额，而是定期在每次订货之前清查该项物料的库存量。每次订货的数量等于该项物料清查时的实际库存量与规定的最高库存限额S之间的差额。定期订货方式的工作程序见图 13-3。

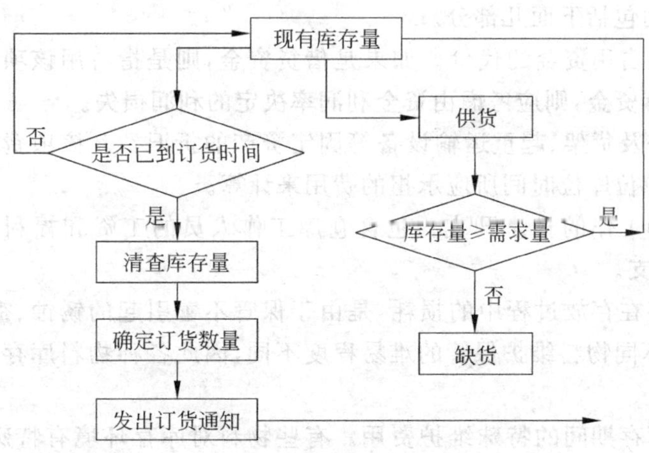

图 13-3 定期订货方式的工作程序示意图

图 13-3 中的订货数量可按下式计算：

$$订货数量 = 最高库存限额 - 现有库存量$$

采用定期订货方式可以对各类物料统筹安排其订货时间，避免采购部门的订货工作忙闲不均；可以把货源相同和相近的物资集中一起订货，以便合理组织运输。因此，这种方式可以简化订货工作，节约人力、订货费用和运输费用。组织集中订货，当订货量超过一定的数额时,还可以在价格上获得优惠。定期订货方式的缺点是当物资的需求量变化大时,它对于变化的适应能力较差。采用定量订货方式发生缺货的可能性,被限制在订货提前期的时间范围之内。而定期订货方式在整个订货间隔期内均可能发生缺货。因此,为保证一定的服务水平(控制一定的缺货率),定期订货方式需要较大的保险库存量。

3. 不定期目标订货法

不定期目标订货法又称(s,S)订货法,是定量订货和定期订货的综合订货法。当库存量降低到订货点 s 的时候就进行订货。订货量的计算方法与定期订货相同。

4. 按需求计划组织订货

对于属于相关需求的物料,可以按其需求的数量和时间编制物料需求计划(如 MRP),直接按需求计划组织采购和加工。这种订货方式是通过计划使供需直接挂钩,而不是靠库存来协调供需关系,因此属于相关需求的问题,本书把它放在生产计划中讨论,而不作为库存控制问题来研究。

四、库存控制系统中的费用要素

1. 订货费用

订货费用是指与供应商联系发订货通知、组织所购物料的运输、物料的入库检验等所需的费用(物料的运费和检验费用计入物料的采购价格,这里是指组织工作所花的费用),加上物料采购部门的各种开支。该项费用与订货次数有关,而与订货量多少没有紧密的关系。

2. 库存管理费用

库存管理费用包括下面几部分。

(1) 库存物料占用资金的代价。如果是借贷资金,则是指占用该项资金所需支出的利息。如果是自有资金,则应考虑由资金利润率决定的利润损失。

(2) 仓库库房及货架、起重运输设备等固定资产的折旧费。该项费用按摊到每单位库位面积和占用单位库位时间所应承担的费用来计算。

(3) 仓库管理工作的日常开支。包含仓库工作人员的工资和福利待遇,仓库的水、电、纸张等日常开支。

(4) 库存物料在存放过程中的损耗,是由于保管不善引起的锈蚀、霉变、破损和丢失等造成的损失。不同物料维护保管的难易程度不同,因此各种物料库存的损耗率是不相同的。

(5) 物料在库存期间的特殊维护费用。有些物料对库存环境有特殊要求。例如,要求恒温、保持干燥或保持一定的湿度,有的要求定期上油防锈,有的要求采用专用的库存设施以防止其变形等,凡是为此而花费的各种费用都应计入该项物料的库存管理费用。

以上五项费用合起来统称为库存管理费用。库存费用一般与物料的库存数量成正比。而订货批量越大,平均库存量也越大,因此,库存费用与订货批量成正比。

3. 缺货损失费用

缺货损失有两种情况:①由于延迟交货,按合同规定进行赔偿所支付的赔偿费用。这类缺货损失称为“back order cost”。在生产上凡是由于不按时供货所引起的损失均属此类。②对于现货交易的商品，如果缺货，顾客就上别处去买了，此时的损失是丢失了市场份额，即本可赚到的利润没有拿到，这类缺货损失属于机会损失，称为“opportunity cost”。

第四节　确定型库存控制系统

根据需求特性、供应特性、是否允许缺货和采用何种进货方式等条件，可以设计出许多类型的库存控制系统。本节将介绍其中最典型的几种确定型库存控制系统。

一、连续均匀需求的库存控制系统

为了便于对库存控制系统进行较系统的分析研究，本节从最简单、最典型的，需求是连续而均匀的库存控制系统入手。

对于这类库存控制系统有以下几项基本假设。

(1) 对物资的需求是连续而均匀的。需求率 R 是一个常数。

(2) 订货提前期 L 是已知的，也是一个常数。

(3) 订货费用是已知的，每次订货的订货费用 K 是固定的，与该次订货的数量无关。

(4) 单位库存物资的库存管理费用 H 是固定的，即库存管理费用与库存量成正比。

(5)不考虑仓库容量与流动资金等资源的约束。

这类库存控制系统的进货方式可以采用定量订货或定期订货方式。

(一) 定量订货方式

采用定量订货方式首先要确定采用多大的订货批量。在选择最佳的订货批量时，一般可以采用经济订货批量 Q^* 。有关经济批量的计算在第九章已经谈过了。但在库存控制系统中可不考虑物料的制造过程。因此在 $Q^*=\sqrt{\dfrac{2KN}{H}}\times\sqrt{\dfrac{P}{P-R}}$ 的公式中，可以把生产率 P 看作接近无穷大。意思是对某种物料提出订货时，可以从供应部门直接得到现货，不需经历制造过程。当 $P\rightarrow\infty$ 时，$\sqrt{\dfrac{P}{P-R}}\rightarrow 1$。所以上述经济批量公式在库存控制系统中可以改写为 $Q^*=\sqrt{\dfrac{2KN}{H}}$。然后，可按 $B=R\times L+S$ 公式计算订货点。

这种物料控制系统以固定的批量 Q^* 进货。物料入库后，按需求率 R，库存逐渐减少。当库存量降到订货点 B 时，立即发出订货通知。经 L 天后库存降到 S 点时，下一批订货正好到达，库存得以恢复。上述运作过程每经一个订货间隔期 T 重复一次，见图 13-4。

由图 13-4 可知，在工作正常的情况下保险库存量 S 是不需动用的。参加系统运行的是周转库存量。周转库存量由 Q^* 逐渐下降为 0，又由 0 恢复到 Q^*，周期性地重复变化。周转储备量的平均值是 $\frac{1}{2}Q^*$，所以该库存控制系统的平均库存储备量是 $\frac{1}{2}Q^*+S$。

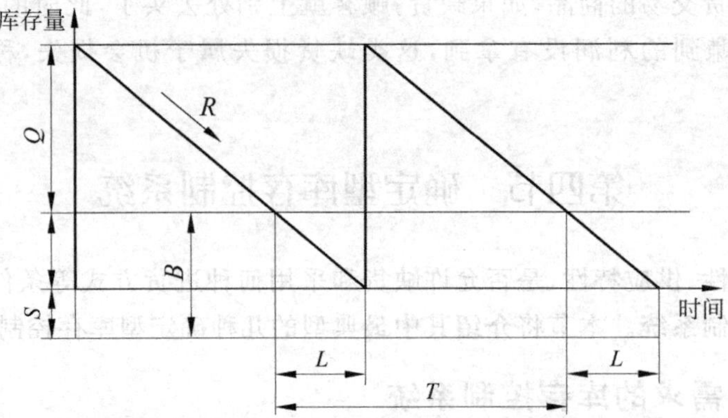

Q:订货批量; B:订货点; S:保险库存量; L:订货提前期; T:订货间隔期

图 13-4 确定型需求定量订货库存控制系统示意图

（二）定期订货方式

采用定期订货方式,核心的问题是选择一个最佳的订货间隔期。一般可采用经济订货间隔期(economic order interval,EOI)。它的制定方法与经济订货批量相似,具体步骤如下。

先计算定期订货库存管理系统的订货费用和库存管理费用,并找出这两项费用与订货间隔期的函数关系。与订货间隔期无关的其他费用此处可不予考虑。

设全年订货费用为 $F_1, F_1=\frac{T_y}{T}\times K$;

全年库存管理费用为 $F_2, F_2=\frac{1}{2}RT\times H$;

全年库存系统总费用为 $F, F=F_1+F_2=\frac{T_y}{T}\times K+\frac{1}{2}RT\times H$;

目标是求库存系统总费用 F 最低时的订货间隔期 T^*。

令 $\frac{\mathrm{d}F}{\mathrm{d}T}=0$, 即 $-\frac{T_y}{T^2}\times K+\frac{1}{2}RH=0$

移项后可得 $T^*=\sqrt{\frac{2T_yK}{RH}}=\frac{1}{R}\sqrt{\frac{2KN}{H}}$ $\left(因为\ T_y=\frac{N}{R}\right)$

二次微分 $\frac{\mathrm{d}^2F}{\mathrm{d}T^2}=2\frac{T_y}{T^3}\times K>0$,

由此证明,总费用曲线 F 在 T^* 处有极小值。

将 $N=T_y\times R$ 代入 $\sqrt{\frac{2T_yK}{RH}}$

此时 $T^*=\sqrt{\frac{2T_yK}{RH}}=\frac{1}{R}\sqrt{\frac{2KN}{H}}$

式中: T^*——经济订货间隔期(天/次);

N——全年总需求量(件/年);

T_y——全年总天数(天/年)；

K——订货费用(元/次)；

H——单位库存物资的库存费用(元/件·年)；

R——平均日需求量(件/天)。

由上可知，在需求 R 为常数时，经济订货间隔期 T^* 与经济订货批量 Q^* 是一致的，仍符合 $Q=RT$ 的关系。

确定型需求定期订货控制系统的运作情况可以用图 13-5 表示。

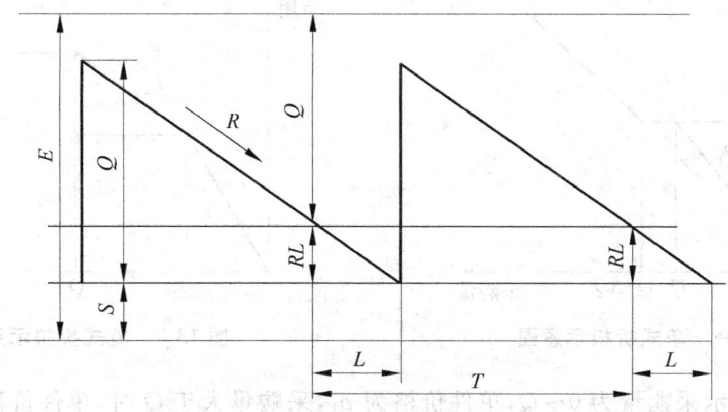

E: 最高库存限额; T: 订货间隔期; L: 订货提前期;
Q: 订货批量; S: 保险库存量; R: 平均日需求量

图 13-5　确定型需求定期订货库存控制系统示意图

由图 13-5 可知，订货间隔期 T 的开始时间如果设在库存量为 $RL+S$ 之时，当经过订货提前期 L，库存降为 S 时，正好下一批订货到达。每次订货的订货批量 Q，应使 Q 能满足 T 时期内的需求，在需求 R 为常数时，则 $Q=R\times T$。根据以上分析，定期订货库存控制系统的最高库存限额 E 应设计为

$$E=R\times T+R\times L+S=R(T+L)+S$$

例 13.1　已知对 A 物料的日需求量 $R=100$ 件/天，全年按 360 天计，即年需求量 $N=36\ 000$ 件/年，订货费用 $K=50$ 元/次；订货提前期 $L=7$ 天；库存管理费用 $H=0.4$ 元/件·年；保险库存量 $S=300$ 件。求经济订货间隔期 T^* 及全年总费用 F。

解：根据公式

$$T^*=\sqrt{\frac{2T_yK}{RH}}=\sqrt{\frac{2\times 360\times 50}{100\times 0.4}}=30(\text{天})$$

此时经济批量

$$Q^*=R\times T^*=100\times 30=3\ 000(\text{件})$$

全年总费用

$$F=\frac{T_y}{T}\times K+\frac{1}{2}RT\times H=\frac{360}{30}\times 50+\frac{1}{2}\times 100\times 30\times 0.4=1\ 200(\text{元})$$

该库存控制系统的最高库存点 E 应为

$$E=R(T+L)+S=100\times(30+7)+300=4\ 000(\text{件})$$

二、具有价格折扣的库存控制系统

前述确定型定量订货库存控制系统在计算经济批量时,没有考虑物料的采购费用,原因是物料的单价是固定不变的,对于一定的年需求量,其全年的采购费用也是固定的常数,不受采购批量变动的影响。但是当采购量与价格折扣有关时,采购费用就与采购批量相关了。供应商给采购者的价格折扣,一般有以下两种情况,如图 13-6 和图 13-7 所示。

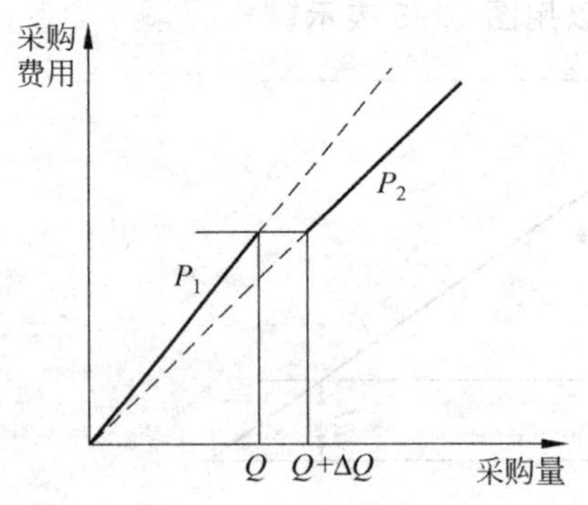

图 13-6 单式折扣示意图

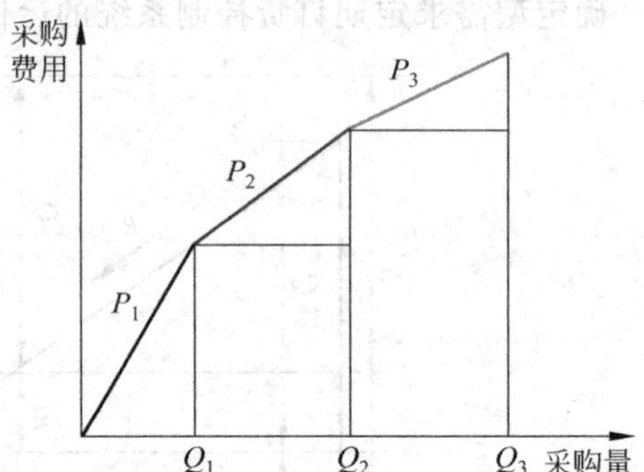

图 13-7 复式折扣示意图

图 13-6 表示采购量为 $0\sim Q$,单件价格为 p_1,采购量大于 Q 时,单件价格为 p_2。这种折扣方式的优点是计算简单,但它的缺点是在 Q 点处,价格是不连续的,因此采购的量比 Q 多一点,而付的钱反而少,这是不合理的。图 13-7 中的复式折扣就解决了这一矛盾。按复式折扣,采购量为 $0\sim Q_1$,单价为 p_1,采购量为 $(Q_1+1)\sim Q_2$,单价为 p_2,采购量为 $(Q_2+1)\sim Q_3$,单价为 P_3。因此,采用不同的采购批量即可得到不同的折扣优惠。不同的采购单价直接影响采购费用。此时总费用 F 应包含三个部分:$F=F_0+F_1+F_2$。F_1 与 F_2 仍为订货费用与库存费用,F_0 则为物料本身的价值,即采购费用。

$$F(Q)=p\times N+K\times\frac{N}{Q}+\frac{1}{2}Q\times pf\quad(H=pf)$$

如采用复式折扣,则物料单价要按量分段计算,为简化公式的表述,可以采用平均单价的方法。

设平均单价为 $\bar{p}$,当采购批量处在不同的数量区间时:

$0<Q\leqslant Q_1$,则 $\bar{p}_1=p_1$

$Q_1<Q\leqslant Q_2$,则 $\bar{p}_2=\dfrac{p_1Q_1+p_2(Q-Q_1)}{Q}$

$Q_2<Q\leqslant Q_3$,则 $\bar{p}_3=\dfrac{p_1Q_1+p_2(Q_2-Q_1)+p_3(Q-Q_2)}{Q}$

经济批量的计算方法同前,仍是寻求使总费用最低时的批量为经济批量。由于在不同的折扣区,其采购单价是不同的,所以要分区分别计算,并比较总费用的高低。

$0<Q\leqslant Q_1$,则 $F_1(Q)=p_1N+K\times\dfrac{N}{Q}+\dfrac{1}{2}Q\times p_1f$

$Q_1<Q\leqslant Q_2$,则 $F_2(Q)=\bar{p}_2N+K\times\dfrac{N}{Q}+\dfrac{1}{2}Q\times\bar{p}_2f=K\times\dfrac{N}{Q}+\dfrac{p_1Q_1+p_2(Q-Q_1)}{Q}$

$\times\left(N+\frac{1}{2}fQ\right)$

$Q_2<Q\leqslant Q_3$，则 $F_3(Q)=K\times\frac{N}{Q}+\frac{p_1Q_1+p_2(Q_2-Q_1)+p_3(Q-Q_2)}{Q}\times\left(N+\frac{1}{2}fQ\right)$

对上述总费用曲线进行微分，并求解经济批量。

对于 $F_1(Q)$ 曲线，其经济批量为 $Q_1^*=\sqrt{\frac{2KN}{p_1f}}$

对于 $F_2(Q)$ 曲线，$Q_2^*=\sqrt{\frac{2N[K+(p_1-p_2)Q_1]}{p_2f}}$

对于 $F_3(Q)$ 曲线，$Q_3^*=\sqrt{\frac{2N[K+(p_1-p_2)Q_1+(p_2-p_3)Q_2]}{p_3f}}$

经济批量的通用公式为，$Q_n^*=\sqrt{\frac{2N\left[K+\sum\limits_{n=2}^{m}(p_{n-1}-p_n)Q_{n-1}\right]}{p_nf}}$

$n=(2,3,4,\cdots,m)$

在不同的折扣区分别求出了经济批量后，还需进一步比较采用哪一个批量的总费用最低，因此应将求得的 Q_1^*，Q_2^*，Q_3^*，…分别代入总费用函数 $F_1(Q)$，$F_2(Q)$，$F_3(Q)$，…并选取使总费用函数最低的经济批量为采购批量，即取 $\min\{F_1(Q_1^*),F_2(Q_2^*),F_3(Q_3^*),\cdots\}$所对应的经济批量。

例 13.2 已知 A 物料采购价格的计价折扣如下：

采购量范围/件	1～500	501～2 000	2 001 以上
A 物料的单价/元	100	98	95

如果全年需求量 $N=72\,000$ 件/年，订货费用 $K=100$ 元/次，

库存费用年费用率 $f=10\%$。

先求各价格折扣区段的经济批量

$1\leqslant Q\leqslant 500$ 区段，

$$Q_1^*=\sqrt{\frac{2KN}{P_1f}}=\sqrt{\frac{2\times100\times7\,200}{100\times0.1}}=379.5(\text{件})$$

$500<Q\leqslant 2\,000$ 区段，

$$Q_2^*=\sqrt{\frac{2N[K+(p_1-p_2)Q_1]}{p_2f}}$$

$$=\sqrt{\frac{2\times7\,200[100+(100-98)\times500]}{98\times0.1}}$$

$$=1\,271.3(\text{件})$$

$2\,000<Q$ 区段，

$$Q_3^*=\sqrt{\frac{2N[K+(p_1-p_2)Q_1+(p_2-p_3)Q_2]}{p_3f}}$$

$$= \sqrt{\frac{2 \times 7\,200 \times [100 + 1\,100 + 6\,000]}{95 \times 0.1}}$$

$$= 3\,303.6(件)$$

将 Q_1^*, Q_2^*, Q_3^* 分别代入各折扣区段的总费用函数

$$F_1(Q_1^*) = p_1 N + K\frac{N}{Q_1^*} + \frac{1}{2}p_1 f Q_1^* = 723\,795(元)$$

$$F_2(Q_2^*) = \frac{KN}{Q_2^*} + \frac{p_1 Q_1 + p_2(Q_2^* - Q_1)}{Q_2^*} \times \left(N + \frac{1}{2}fQ_2^*\right)$$

$$= 566.3 + 717\,542.86 = 718\,109.16(元)$$

$$F_3(Q_3^*) = \frac{KN}{Q_3^*} + \frac{p_1 Q_1 + p_2(Q_2 - Q_1) + p_3(Q_3^* - Q_2)}{Q_3^*} \times \left(N + \frac{1}{2}Q_3^* f\right)$$

$$= 715\,516.11(元)$$

通过以上计算和比较,$F_3(Q_3^*)$费用最低,所以宜选取 Q_3^* 作为采购批量。

三、确定的离散型需求

需求是已知的,但不是连续均匀的。对于这类多阶段不均匀的已知需求,可以采用动态规划的方法来求解最佳的订货批量。本书不拟花很多篇幅推导动态规划的数学模型,而是通过一个例子具体介绍它的求解步骤和方法。

例 13.3 假设计划期为 12 周,各周的需求量如表 13-1 所示。已知订货费用 $K=100$ 元,库存费用 $H=0.8$ 元/件·周。

表 13-1 计划期各周的需求量

周次	1	2	3	4	5	6	7	8	9	10	11	12
需求量	12	78	25	132	116	82	176	148	56	108	196	72

按动态规划的规则,应由前向后(对另一些问题则是由后向前)一个阶段一个阶段地从多种可能方案中选出最优解,直至最后得到整体的最优解。求解过程如下。

(1) 第 1 周只有一种可能,即需求 12,就订 12。

(2) 把第 1 周和第 2 周联起来考虑(按规则,几个阶段联起来考虑就应有几种可行的方案),应有 2 种订货方案。

① 第 1 周的 12、第 2 周的 78 分别订货。

订货费用:100×2=200(元)

库存费用:为了简化问题,本周到货本周用掉的不计库存。

② 第 2 周的需求合并到第 1 周一起订。

订货费用:100×1=100(元),库存费用:78×0.8=62.4(元)(78 积压了一周)

合计:100+62.4=162.4(元)

方案②优于方案①,淘汰方案①。

(3) 前三周联起来考虑,应有三种订货方案(前面已被淘汰的方案不再考虑)。

① 第 1 与第 2 周合并订货,第 3 周单独订。

费用：162.4＋100＝262.4(元)

② 第 1、2 和 3 三周合并订货。

订货费用：订货一次 100 元

库存费用：78×0.8＋25×0.8×2＝102.4(元)(78 积压一周，25 积压二周)

订货费用和库存费用合计：100＋102.4＝202.4(元)。

③ 第 1 周单独订货，第 2、3 周合并订。

订货费用：100×2＝200(元)

库存费用：25×0.8＝20(元)

合计：200＋20＝220(元)。

按上述计算，方案②最优。

(4) 把 1、2、3、4 四周的需求联起来考虑。

为了简化计算，可以设定一个应该单独订货或合并订货的判别标准。如果合并订货后引起的库存积压的费用不超过订货费用，则可以合并订货。其界限是 $100>0.8\times X$（X 为本阶段的需求），

所以 $$X<100/0.8=125$$

即当需求量 X 小于 125 时，可以与上周合并订货；反之，则应单独订货。同理，当需求量 $X<100/0.8\times2=62.5$ 时，可提前 2 周合并订货，$X<100/0.8\times3=41.67$ 则可提前3 周合并订货。

第 4 周的需求量 $D4=132>125$，所以应该单独订货。当新阶段需要单独订货时，可以和前面的阶段分割开，相当于它是开始时的第一阶段。在本例中前三周的订货方案由此可以确定(见表 13-2)。

表 13-2　前三周的订货方案

周次	1	2	3	4	5	6	7	8	9	10	11	12
需求量	12	78	25	132	116	82	176	148	56	108	196	72
订货量	115	/	/									

(5) 第 4、5 两周联起来考虑有两个方案。

由于第 5 周的 $D=116<125$，所以将其与第 4 周合并订货，即第 4 周订 132＋116＝248，第 5 周不订。

(6) 第 4、5、6 三周联起来考虑，应有三个方案。

① $D4+D5$ 合并，$D6$ 单独订。

费用：100＋116×0.8＋100＝292.8(元)。

② $D4+D5+D6$ 三周合并，$D6=82>62.5$，不宜提前两周订，方案不成立。

③ $D4$ 单独订，$D5+D6$ 合并。费用：100＋100＋82×0.8＝265.6(元)。

方案③最优。

(7) 第 4、5、6、7 四周联起来考虑。

由于 $D7=176>125$，应该单独订货。至此第 4、5、6 三周的订货方案可以确定下来。

第 7 周相当于从头开始。

按此方法一步一步往下做,直至与第 12 周联起来考虑,形成一个包含 12 周的整体订货方案。根据动态规划原理,所得到的订货方案应是最优方案。运算结果见表 13-3,并将所需的订货费用与库存费用计算如下。

表 13-3 12 周的整体订货方案

周次	1	2	3	4	5	6	7	8	9	10	11	12
需求量	12	78	25	132	116	82	176	148	56	108	196	72
订货量	115	/	/	132	198	/	176	204	/	108	268	/
库存量	103	25	/	/	82	/	/	56	/	/	72	/

计划期内共订货 7 次,订货费用:7×100＝700(元)。

计划期内的库存费用为:(103＋25＋82＋56＋72)×0.8＝270.4(元)。

总费用 F＝700＋270.4＝970.4(元)。

第五节 随机型库存控制系统

需求量和订货提前期是随机变量的库存控制系统,称为随机型库存控制系统。随机型库存控制系统有下面三种类型:

(1) 需求量 D 是随机变量,订货提前期 L 是确定的;

(2) 订货提前期 L 是随机变量,需求量 D 是确定的;

(3) 需求量 D 和订货提前期 L 都是随机变量。

一、随机性需求、确定性订货提前期的库存控制系统

这类库存控制系统也可以采用定量订货方式或定期订货方式。图 13-8 是随机性需求、确定性订货提前期采用定量订货方式的库存控制系统示意图。

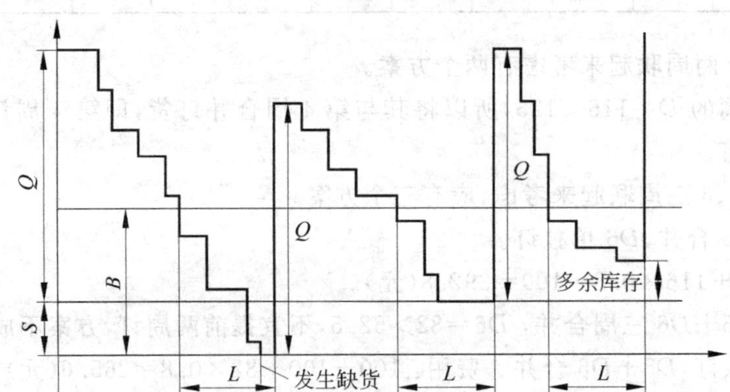

图 13-8 随机性需求确定性订货提前期的库存控制系统示意图

对于这类库存控制系统在库存量降到订货点 B 之前,不论需求量如何变化系统都能

正常运行。但是降到 B 点之后，如果在订货提前期 L 期间的需求量 D 超过 B 点的库存量，系统就会发生缺货。发生缺货的可能性取决于 D 的变化幅度，即需求量 D 的分布函数 $F(D)$ 的特性。这里包含随机需求 D 的平均值 $\overline{D}$ 和用标准差 σ 表示的需求分布的离散程度。从理论上分析，对于随机型库存控制系统，发生缺货是不可避免的。需求分布的离散程度越大，发生缺货的可能性也就越大。若想减少缺货损失，一般可以提高订货点 B 的库存量。但是 B 点定得过高，则在订货提前期 L 中又会产生很多多余的库存，从而使系统的库存费用增大。反之，B 点定得偏低，缺货就会增多，系统要承担相应的缺货损失。因此，正确制定经济合理的订货点 B 的库存量，是设计随机型库存控制系统的核心问题。

确定订货点 B 的库存量，需要考虑的因素有两方面：既要减少缺货损失，又要降低积压的多余库存量，减少库存费用。也就是说，要使这两项费用之和最低。下面以库存费用和缺货损失费用之和最低为目标，建立随机型库存控制系统的数学模型。

$$F(B) = H \times E(B > D) + j \times \frac{N}{Q} \times E \quad (D > B)$$

式中，$F(B)$——以订货点 B 为变量的费用函数（包含年缺货损失费用和全年的 L 期间的库存管理费之和）；

H——单件物料的库存费用（元/件·年）；

N——某物料的全年需求量（件/年）；

j——单件缺货损失费用（元/件·次）；

Q——按定量订货方式确定的采购批量（件/次）。

$H \times E(B > D)$ 代表该库存系统全年所支付的库存费用。

$E(B > D)$ 代表订货提前期 L 期间需求量 D 小于订货点 B 的期望值：

$$E(B > D) = \int_0^B (B - D) f(D) \mathrm{d}D$$

$j \times \frac{N}{Q} \times E(D > B)$ 表示该库存系统全年的缺货损失费用。

$$E(D > B) = \int_B^{\infty} (D - B) f(D) \mathrm{d}D$$

$f(D)$——需求量 D 的分布函数。

如果 $f(D)$ 是正态分布，见图 13-9。

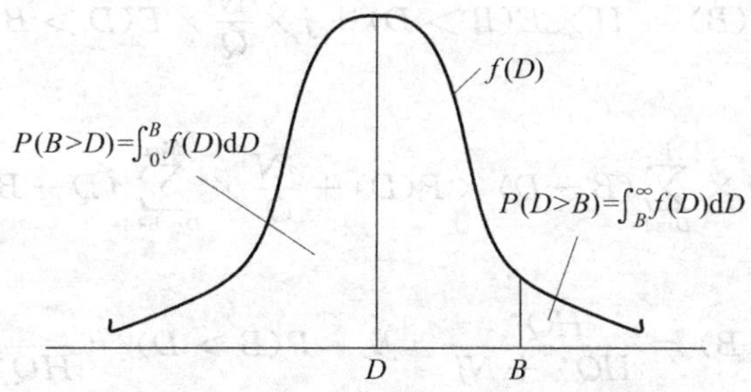

图 13-9　L 期间需求量 D 的分布函数

为求 $F(B)$ 函数极小值处的 B 值，令 $\frac{\mathrm{d}F(B)}{\mathrm{d}B}=0$

$$\frac{\mathrm{d}F(B)}{\mathrm{d}B}=H\times P(B>D)-j\times\frac{N}{Q}\times P(D>B)=0 \tag{13.1}$$

式中，$P(B>D)$——在 L 期间 B 大于 D 的概率；

$P(D>B)$——在 L 期间 D 大于 B 的概率；

$P(B>D)=\int_0^B f(D)\mathrm{d}D$

$P(D>B)=\int_B^\infty f(D)\mathrm{d}D$

因为 $P(B>D)+P(D>B)=1$

所以 $P(B>D)=1-P(D>B)$ (13.2)

将式(13.2)代入式(13.1)

$$H\times[1-P(D>B)]=j\times\frac{N}{Q}\times P(D>B)$$

所以

$$P(D>B)=\frac{HQ}{HQ+Nj}$$

或

$$P(B>D)=\frac{Nj}{HQ+Nj}$$

上式中，H,j,N 均为已知常数。

Q 按定量订货方式，取 $Q=Q^*=\sqrt{\frac{2KN}{H}}$

Q^* 亦为定值。

所以 $\frac{HQ^*}{HQ^*+Nj}$ 或 $\frac{jN}{HQ^*+jN}$ 均为定值。

当 $f(D)$ 已知时，即 $\overline{D}$ 及 σ 已知时，则 $P(D>B)$ 为定值时，B 的位置亦确定。所得 B 值即为库存管理费用和缺货损失费用之和最低的订货点 B^*。

实际上 D 的分布常常是离散的，此时

$$F(B)=H\times E(B>D)+j\times\frac{N}{Q}\times E(D>B)$$

可改写为

$$F(B)=H\times\sum_{D=1}^{B}(B-D)\times P(D)+\frac{jN}{Q}\times\sum_{D=B+1}^{Max}(D-B)\times P(D)$$

用差分法同样可求得

$$P(D>B)=\frac{HQ^*}{HQ^*+Nj}\quad 及\quad P(B>D)=\frac{jN}{HQ^*+jN}$$

例 13.3 已知汽车配件 G 的售价为 50 元/件，其库存费用率 $f=0.04$ 元/元 · 年，订货费用 $K=100$ 元/次，缺货损失费 $j=18$ 元/件 · 次，订货提前期为一个月，对配件 G 的需求有如下的统计规律：

每月需求量	120	140	160	180	200	220	240	260	280	300
出现概率	0.02	0.03	0.05	0.15	0.27	0.24	0.12	0.07	0.03	0.02

求：该库存控制系统的经济采购批量和订货点 B。

解：根据上述统计资料，G 每月的平均需求量为

$$D\text{的期望值}\overline{D}=\sum_{D=120}^{300}D\times P=120\times 0.02+140\times 0.03+\cdots+300\times 0.02$$
$$=209.8(\text{取}210)(\text{件}/\text{月})$$

全年需求量：$N=210\times 12=2\,520$(件/年)

经济采购批量 $Q^*=\sqrt{\dfrac{2KN}{pf}}=\sqrt{\dfrac{2\times 100\times 2\,520}{50\times 0.04}}=100$(件)

按公式可算出最佳缺货概率为 $P(D>B)=\dfrac{HQ}{HQ+jN}=0.021$。

根据上述统计资料，订货点 B 取 280 件可保证缺货率为 0.02，所以该库存系统的最佳订货点取 $B^*=280$ 件。

在实际工作中，如果不能得到 j 的确切数值，上述模型就无法求解。此时可以对库存系统规定一个缺货率。例如，规定发生缺货不允许超过 5%，即 $P(D>B)\leqslant 5\%$，只要 $f(D)$ 根据统计资料是可知的，则订货点 B 可以求出。但此时求得的 B 点不能保证总费用 $F(B)$ 最低。

二、随机性需求、随机性订货提前期的库存控制系统

确定性需求、随机性订货提前期的库存控制系统与随机性需求、确定性订货提前期的库存控制系统的数学模型基本相同。只是订货提前期内的需求量 $f(D)=R\times L$，R 是定值，L 是随机变量。由于 L 是随机变量，虽然需求率 R 是常数，L 期间的需求量 $f(D)$ 是服从 L 的随机分布函数，将随 L 的变化而变化。订货点 B 设置得高或低，将影响库存积压或缺货的发生。这两类问题的性质完全相同，它们的解法也完全相同。

需求量和订货提前期都是随机变量的库存控制系统，其数学模型是具有联合概率分布的问题。如果需求量与订货提前期的分布是相互独立的，则联合分布函数 $f(R,L)$ 的均值和标准差分别为

$$\overline{D}=\overline{R}\times\overline{L}$$
$$\sigma^2=\overline{L}\sigma_R^2+\overline{R}\sigma_L^2$$

如果两者是相关的，则有如下关系：

$$\overline{D}=\overline{R}\times\overline{L},\quad \sigma^2=\overline{L}\sigma_R^2+\overline{R}\sigma_L^2+\sigma_R\times\sigma_L$$

式中，$\overline{L}$——订货提前期的期望值(天/次)；

$\overline{R}$——需求量的期望值(件/天)；

σ_R——需求分布函数的标准差；

σ_L——订货提前期分布函数的标准差；

σ——联合分布函数的标准差；

$\bar{D}$——订货提前期内库存需求量的期望值,即联合分布函数需求量的期望值(件/次)。

求解具有联合分布函数的库存控制,其数学模型较为复杂,本书不对此进行推导。

思考题

1. 工业企业物资供应工作的主要任务是什么?

2. 工业企业物资供应工作的主要内容是什么?

3. 什么是库存物资盘点的循环盘点法?

4. 什么是定期订货方式?什么是定量订货方式?各有什么优缺点?在什么情况下宜采用定期订货方式?什么情况下宜采用定量订货方式?

5. 库存不足会发生缺货,试述引起缺货损失费用的两种情况。

6. 已知零件A的计划产量为720件/年,该零件的库存管理费用为3元/件·年,换产时的准备结束费用为60元/次,请用定期订货法和定量订货法分别求解其经济订货间隔期和经济投产批量。求出的经济批量和经济订货间隔期请按规范的期量标准进行修正。

7. 如已知加工A零件的瓶颈工序为镗工序,镗工序的工序加工时间 $t_p=60$ 分钟,准备结束时间 $t_k=8$ 小时,镗床全年的有效工作天数按232天计(考虑了节假日及设备维修保养占用时间),每天工作两班,每班工作8小时。全年在镗床上加工的总工作量为 $\sum N_i \times t_{pi} = 3\,620$(小时)。问上题中的A零件至少应采用多大的加工批量?

8. 已知在计划期内有一项确定的离散型需求,如下表所示:

若订货费用为100元/次,库存管理费用为1元/台·周,请设计一个最佳的采购方案。

周次	1	2	3	4	5	6	7	8	9	10
需求量/台	60	75	40	120	80	30	60	40	120	50

9. 已知:某零售店G商品每周的销售量如下表的统计资料所示:

销售量	5	10	20	30	40	50	60	70	80	90	100
占百分比/%	1	3	6	12	18	21	17	12	7	2	1

如G商品的订货费用 $K=50$ 元/次,G商品的库存管理费用 $H=10.4$ 元/件·年,缺货损失 $j=18$ 元/件·次,求G商品的最佳订货点。

第十四章

供应链管理

第一节　供应链管理产生的社会背景

供应链本来是客观存在的，但提出"供应链管理"这一概念则是20世纪80年代末的事。

自20世纪70年代后期随着生产力的飞速发展，社会经济水平不断提高，市场开始向以消费者为主导的买方市场方向发展。由于市场竞争日趋激烈，世界各国的先进企业都在积极探索新的生产经营方式，以适应买方市场这一新的社会经济形式。在流通领域，美国沃尔玛和日本的昼夜零售连锁店7-11(Seven-Eleven)成功开发的新流通系统获得了巨大的成功。它们开创了与制造企业实行长期合作的新的商业形式。此外，以制造业和流通业为中心的许多企业，都结合本行业的情况，积极主动地开展各种各样的经营革新，以不断提高企业的竞争力。各种革新的尝试和探索为开创新的管理理念提供了丰富的素材和实践基础。供应链管理正是在这样的历史背景下提出的。

许多现代制造企业生产的是标准型号的产品(如电视机、洗衣机、电冰箱等)，生产上采用的是自动生产线。这些企业如果不在产品设计和生产工艺方面进行有突破性的革新，要想在现行基础上降低成本是十分困难的。也就是说，这些现代制造企业若不进行大的变革，它们的第一利润源泉和第二利润源泉可挖掘的潜力已经不大。但是研究表明，第三利润源泉潜力巨大，因为通过对最终产品的成本构成分析，发现在流通领域里的交易成本和库存费用常常在总成本中占很大的比重。由此提出了一个新的课题，即如何在流通领域内加强管理，改善企业之间在经营运作方面的协调与配合，来发掘第三利润源泉。这就是提出供应链管理的由来。

20世纪90年代供应链管理已成为学术界和产业界讨论和研究的热点。1996年美国先进制造研究公司(AMR)和国际咨询公司(PRTM)联合成立了供应链委员会，目前许多世界级的大型制造企业均加盟该委员会。美国的一些大公司如IBM公司、戴尔公司、惠普公司、AT&T等企业均已采用供应链管理，并取得了显著的效益。我国从90年代中期引进，现在正在认真学习和积极推行。

第二节　什么是供应链管理

一、什么是供应链

所谓供应链，是指一项产品(最终产品)在其形成(包括原材料供应、零部件制造、产品组装等)和价值实现(包括流通领域中的运输、仓储和交易等)的全过程中所涉及的全部供应商(包括供应商的供应商)构成的企业链(实际上是企业网),如图 14-1 所示。一个大公司内部的生产、供应、销售等部门也构成一条供应链,但它只是一个企业范围内的供应链。本章所讨论的供应链是指包含生产领域和流通领域在内的,全社会范围内的供应链。链内企业都是有自主经营权的独立法人。

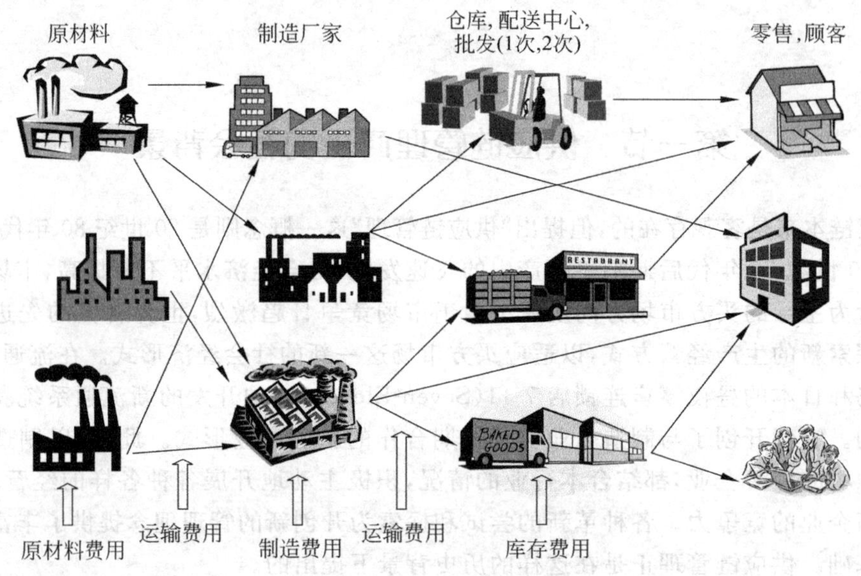

图 14-1 供应链示意图

供应链是围绕核心企业(可以是产品制造企业,也可以是大型零售企业,如美国的沃尔玛),通过对信息流、物流、资金流的控制,从采购原材料开始,制成中间产品以至最终产品,最后由销售网络把产品送到消费者手中的将供应商、制造商、分销商、零售商,直到最终用户连成一个整体的功能网链。它是一个范围很广的企业结构模式,包含所有加盟的节点企业,从原材料的供应开始,不仅是一条联结供应商到用户的物料链、信息链、资金链,而且是一条增值链,物料经过链中不同企业的制造加工、组装、仓储运输分销等过程直到最终用户。物料在供应链上经加工、包装、仓储、运输等过程会增加价值,从而能给链上的所有企业带来收益。

二、供应链管理的内涵和核心思想

一条供应链内的各个企业具有共同的利益和命运。因为只有当其最终产品能够满足顾客的需求,在市场上具有强劲的竞争力时,链内企业才能很好地生存和发展。而一项产品的市场竞争力(包括产品的功能、质量、价格、服务、环保等)是链内企业共同努力的成果,不是链内某一家企业所能独立完成的。以上理念是进行供应链管理的思想基础。

从单一的企业角度来看,供应链管理是指企业通过改善供应链上、下游关系,整合和优化供应链中的工作流、物流、信息流、资金流,以获得企业的竞争优势。

供应链管理的基本内涵如下。

(1) 链内企业彼此间由原来的争夺利润的竞争关系,改变为合作伙伴关系。

(2) 链内企业应树立共同的战略目标,加强各自的核心能力,实现优势互补,强强联合,并通过加强供应链内部的管理,有效地协调链内成员企业的生产经营活动,降低交易成本,改善物流运输和库存,努力挖掘第三利润源泉,提高本链最终产品的市场竞争力,从而使链内企业共同受益。

(3) 供应链管理的核心内容,是把链内的全部生产经营活动集成起来进行统筹规划,通过各环节的有效协调与配合,改善链内的五种流,即物流、工作流、价值流、资金流和信息流。例如,改进业务流程,简化交易手续,消除无效劳动环节;合理组织物流,缩短运输路线;缩短交货期,加速资金周转等。

然而,供应链管理客观上存在以下复杂的问题。

(1) 构成供应链的企业和部门的目标不尽相同。进行原材料制造和供应的企业,从保持质量稳定和降低成本的角度,通常希望进行大批量、作业稳定的均衡生产。零售商为了适应变动的顾客需求,希望能够适时适量地小批量补充,但小批量供货对于制造企业、运输企业和批发商是不利的。像这样矛盾的利害关系,在复杂的供应链中随处可见。

(2) 供应链是有延时的多阶段动态系统。为了理解供应链是动态系统的特性,可考虑如图 14-2 所示的从工厂、第一次批发、第二次批发到零售的四阶段简单供应链模型。各阶段的供应商分别进行各自的库存管理活动,各阶段都存在一定的订货提前期(lead time)和交付提前期。工厂在指定的提前期内生产产品。在这种情况下,市场上顾客实际的需求变动难以准确及时地传递到上游阶段,上游阶段的订货往往存在反应滞后和在订货数量上产生放大效应,这一现象称为牛鞭效应(bullwhip effect)。由于存在牛鞭效应,如果链内企业都按自己的利益独立进行决策,就会使上游企业形成脱离实际需求的过多的库存,导致供应链的运作产生扭曲。

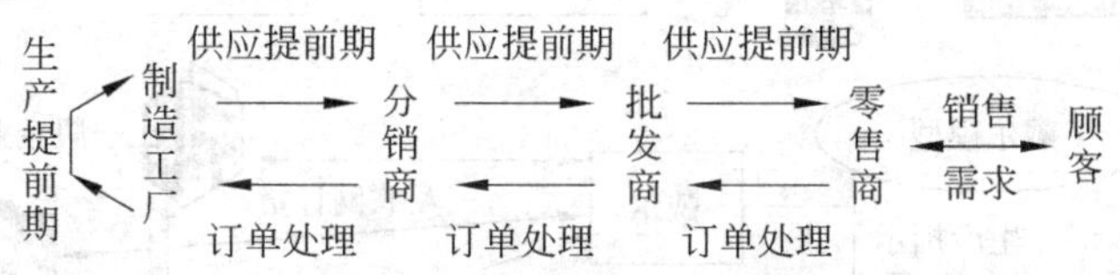

图 14-2 简单的供应链模型

供应链管理通过利用各种现代信息技术手段,对业务流程进行改造和集成,并与供应商和客户建立协同的业务伙伴联盟,为企业实现内部资源和外部资源的有效控制、优化调配提供了可能,从而大大提高了企业的竞争力。

三、供应链管理的特点

供应链管理是在至少不降低对顾客的服务水平的前提下,在实现总成本最低的同时实现各成员企业的经营目标。供应链管理涉及从战略层、战术层到作业层的广泛领域。在战略层,作出对企业有长期影响的规划,如生产设备如何配置,仓库和配送中心设置在什么地方,多大规模;运输网络、配送网络如何构造等。在战术层,决定季度或者年度计划,如在多长时间内生产和销售多少产品,为此需要采取什么样的库存政策和运输配送方案等。在作业层,则是日常的运营管理,如生产日程计划、运输配送路线安排、运输车辆的配置和装车计划等。

由于供应链是由目标相互冲突的组织和企业构成的,将这些成员集成起来,实现整体最优是非常困难的。但是,从20世纪80年代中期起,出现了以沃尔玛为代表的成功地解决了上述问题的企业。它们取得的巨大成果引人深思。此后,人们开始对这些案例进行研究,并以此为基础研究开发解决各种问题的方法,并有效地引进最新的信息技术、智能化技术、自动化的生产设备和运输配送器械等。与此同时,理论研究也在进行,而且在开发与分析方法和模型、决策支持系统(DSS)有关的各种管理技术。

我们可以通过戴尔公司的案例来理解供应链方法论。

通常,计算机的销售形式以零售商和经销商销售库存为主,如图14-3的上半部所示。而戴尔公司开发了按订单组装的生产销售方式(built to order,BTO)。即顾客通过互联网或电话直接订货,按订单要求组装产品的销售方式。通过与零部件制造企业合作,戴尔公司实现了一般零部件的准时供应。它将产品配送外包给联邦快运(Fedex)。戴尔公司通过这一方法,成功实现了计算机生产销售的零库存,在短时间内将在美国市场份额的排名提升到第2位。在进军国际市场方面,戴尔公司采用到配送中心再组装的方式(称为延迟加工),大大缩短了交货提前期。

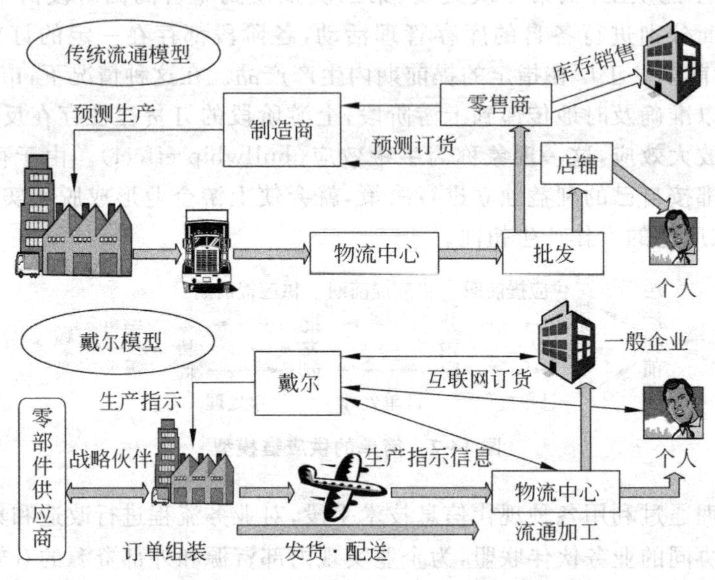

图14-3 戴尔公司直接订货制造销售模型

第三节 供应链设计与构建

一、供应链设计原则

(一) 互补性原则

供应链各个节点上的企业的选择应遵循强强联合、优势互补、取长补短的原则。链中每个节点上的企业应将精力于各自的核心业务上。要求每个节点上的企业都具有自我组织、自我优化、面向目标、动态运行和充满活力的特点，这样能够实现供应链业务的快速重组。

(二) 动态性原则

外部环境不断在变化，因此无论是信息系统的构建还是物流系统的设计都应具有较高的柔性，以提高供应链对环境的适应能力。供应链内成员企业的组成也应随环境的改变而动态地改组。

(三) 降低不确定性因素的影响

不确定性在供应链运行中随处可见。由于不确定性因素的存在，常导致供应链运行活动发生扭曲。为了减小不确定性对提高服务水平的影响，需要增加安全库存，因此要预见各种不确定因素对供应链运作产生的影响。所以要增加透明性，要减少信息传递过程中的信息的延迟和失真，减少不必要的中间环节，提高预测的精度和时效性，以降低不确定性的影响。

(四) 战略性原则

供应链的建模应具有战略观点，长远的战略性考虑可以减小不确定性的影响。供应链建模的战略性体现为制定供应链发展的长远规划和加强预见性，构造供应链的系统结构应与企业的战略规划保持一致，并在企业战略指导下进行。

二、供应链设计

(一) 企业业务外包

供应链管理注重的是企业的核心竞争力，强调根据企业自身的特点，在某一方面形成自己的核心竞争优势。这就要求企业将非核心竞争力业务外包给其他企业。

传统“纵向一体化”模式已经不能适应目前技术更新快、投资费用高、竞争全球化的市场环境。企业应更加注重革新、灵活性并努力提高对市场的响应速度。与传统的“纵向一体化”控制和完成所有业务的做法相比，实行业务外包的企业更强调集中企业资源于少数具有竞争力的核心业务，也就是集中在那些使它们真正区别于竞争对手的技能和知识上，而把其他一些虽然重要，但并非核心的业务职能外包给其他高水平的专业企业，并与这些企业保持紧密合作的关系，从而使供应链的整体运作提高到世界级水平。把多家公司的优秀人才集成起来为我所用的概念正是业务外包的核心。

在供应链管理环境下，企业成功与否由企业积聚和使用的知识，为其产品(或服务)增值的程度来衡量。企业在集中资源于自身核心业务的同时，通过利用其他企业的资源来弥补自身的不足，从而变得更具竞争优势。业务外包的核心理念是，首先确定企业的核心竞争力，并把企业内部的职能和资源集中在那些有核心竞争优势的活动上，然后将剩余的其他活动外包给世界上最好的专业公司。在供应链环境下，如果企业能以更低的成本获得比自制价值更高的资源，那么企业就会选择业务外包。企业实施业务外包，可以获得以下好处。

1. 分担风险

企业本身的资源、能力是有限的,通过资源外向配置,与外部的合作伙伴分担风险,企业可以变得更有柔性、更能适应变化的外部环境。

2. 加强重构优势

企业重构需要花费很多的时间和精力,并且获得效益也要经过很长的时间。业务外包是企业重构的重要策略,可以帮助企业较快地解决业务重构问题。

3. 节约资本金

企业通过外向资源配置,可以节约在设备、技术、研究开发上的大额投资。

4. 解决企业不易管理的辅助业务职能

企业可以将在内部运行中效率不高的业务职能实施外包。

(二) 推式、拉式和推—拉结合的供应链

1. 推动式供应链和拉动式供应链

传统的供应链战略常被划分为推动式和拉动式两种。

在一个推动式供应链中,生产和分销的决策都是根据长期预测的结果做出的。一般来说,制造商利用从零售商处获得的订单进行需求预测。因此,推动式供应链对市场变化做出反应需要较长的时间,这会导致:①不能满足变化了的需求模式;②当某些产品的需求消失时,供应链会产生大量的过时库存。另外,由于存在牛鞭效应,会导致:①需要大量的安全库存,引起过高的库存成本;②响应需求变化的速度慢,致使服务水平低下。

具体地说,在这种情况下的计划和管理工作变得很困难。制造商不清楚应当如何确定生产能力,如果根据最大需求确定,则意味着大多数时间里制造商必须承担高昂的资源闲置成本;如果根据平均需求确定生产能力,则需要在需求高峰时期寻找昂贵的补充资源。同样,对运输能力的确定也面临一个问题:应根据最高需求还是平均需求来规划?

在拉动式供应链中,生产和分销是由需求驱动的,从而生产和分销能真正按客户需求,而不是预测的需求进行安排。在一个真正的拉动式供应链中,企业不需要持有太多库存,而只需对订单及时做出反应。但是,供应链必须具有快速的信息传递机制,要将顾客的需求信息(如销售点的数据)及时传递给供应链上的不同企业。拉动式供应链可取得下列效果:①通过直接掌握用户需求信息,生产商可以更好地预测零售商订单的到达时间和订货数量,从而可以缩短提前期;②由于提前期缩短,零售商的库存可以相应减少;③由于提前期缩短,系统的变动性减小,尤其是制造商面临的变动性变小了,制造商的库存水平可大幅降低。

因此,与同规模的推动式供应链相比,拉动式的成本要低得多。但是,当提前期不能随着快速传递需求信息而缩短时,拉动式供应链的上述优点将很难实现。另外,在拉动式供应链中,比较难以利用生产和运输的规模优势,因为需求的出现比较分散,系统不可能通过计划安排来获得规模优势。

由于如上所述的推动式和拉动式供应链的优缺点,企业需要寻找一种能同时兼具二者优点的新的供应链战略。

2. 推—拉结合的供应链

现以一家个人计算机生产商为例，其零部件库存是按预测进行管理，而产品是根据最终客户的订单进行装配。这就是一个典型的推—拉式系统。它的推动部分是在装配之前，而供应链的拉动部分则从装配开始。在推—拉式供应链中，推动层与拉动层的接口处称为推—拉边界。所以这条供应链推—拉边界就是装配的起始点。

零部件的需求，特别是通用零部件的需求，反映的是总体需求。总体需求的不确定性比每种产成品的不确定性小，预测会相对准确，所以零部件可以采用推式，而产成品则采用拉式。

延迟产品差异化策略通常也采用推—拉式。企业在设计制造产品时，将导致产品差异的环节尽可能向后推迟。制造流程以生产通用的或系列化产品开始，在需求确定后再将它们差异化成不同的最终产品。在产品差异化以前的供应链部分采用推动式，即通用零部件的生产和运输根据长期预测进行。因为对通用零部件的需求是对所有终端产品的组合需求，对它的预测准确性相对较高。与此对应的，差异化应当在实际需求发生后进行，因此从差异化发生的那一刻以后的供应链部分应当采用拉动式。

3. 选择推式、拉式供应链的影响因素

对于一定的行业、特定的产品，应该选择什么样的供应链？选择拉式、推式，还是推—拉结合的供应链？

在其他条件相同的情况下，需求不确定性越高，就越应当采用拉动式供应链；相反，需求不确定性越小，则越应当采用推动式供应链。

同样，在其他条件都相同的情况下，规模经济对降低成本更重要，组合需求的预测准确性越高，就越应当采用推动式供应链。如果规模经济不那么重要，组合需求也不能反映客观的实际需求，那么就应当采用拉动式供应链。

在图 14-4 中，用二维变量把一个区域划分为四个部分。Ⅰ区表示该行业（或者产品）的特点是具有较高的需求不确定性，同时生产或分销的规模经济不十分显著，模型建议对这种行业或产品采用拉动式供应链，最典型的例子就是戴尔计算机公司。

区域Ⅲ中表示的是需求不确定性较低，而且规模经济效益较明显的产品，如日用品行业的啤酒等产品属于这一类。这类产品的需求相当稳定，可以根据长期预测来管理库存，通过满载运输来降低运输成本。在这种情况下，采用拉动战略就不太合适，传统的推动式零售战略反而更有利。

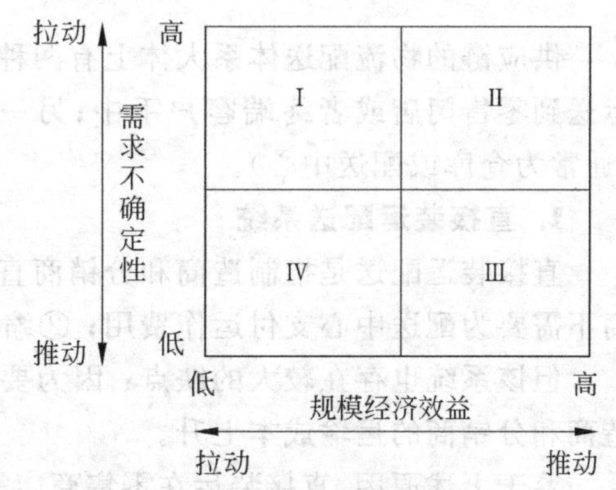

图 14-4 需求不确定性和规模经济对供应链的影响

区域Ⅰ和Ⅲ的情况比较容易选择。但在其他两个区域中，用需求不确定性和规模经济效益这两个维度来衡量则不太好匹配。例如，区域Ⅳ表示产品具有较低的需求不确定性，表明可采用推动式供应链，但同时它的规模经济效益不明显，表明应当采用拉动式供应链。图书或 CD 产品通常属于这一类。在这种情况下，应当进行更为仔细的分析。推动战略和推—拉式战略似乎都可以。

最后,区域Ⅱ表示的是那些需求不确定性高,而且在生产和运输过程中规模经济十分明显的产品和行业。家具行业是比较典型的例子。一般来说,家具零售商提供的是同类的产品,但是由于外形、颜色、构造等特性有差异,因此它的需求不确定性相当高。同时,由于这种产品的体积大,所以运输成本非常高。在这种情况下,有必要对生产、分销策略进行区分。生产策略要采用拉动战略,分销策略则必须充分利用规模经济的特性来降低运输成本。家具零售商通常在收到顾客的订单后,再把它送到制造商那里按订单进行制作。一旦产品生产完成,制造商就将它与其他产品一起运到零售商的商店里,再送到顾客手中。为了实现这个目标,制造商一般有固定的运输时间表,从而可以组合所有需要运到一个地区的产品,降低运输成本。因此,家具业的供应链中,生产一般采用拉动战略,即按照实际的需求进行生产;运输又采用推动战略,即按地区进行批量运输。

此外,提前期的长短对供应链也有很大影响。如果提前期很长,则很难通过拉动战略来快速响应顾客需求。例如,时装行业由于需求的不确定性高,产品的生命周期短,必然采用拉动战略。但是面料的生产,从纺织到印染周期很长,无法按服装的订单来拉动生产。所以面料是按各类服装的总需求预测来安排计划和组织生产的,采用的是推动战略。

对于需求不确定性高,而提前期很短的产品,采用拉动式应该是没有问题的。对于供应提前期较长,而需求相对稳定的产品,如日用品行业的许多产品则宜采用推动式。对于供应提前期短,需求又易于预测的产品,通常采用"持续补货"的策略,如大型超市。供应商从超市获取销售数据,决定为维持正常供应而建立必要的库存,零售商则根据销售情况,要求供应商随时补充其库存。这里供应商是根据顾客实际需求安排生产,采用的是拉动战略;零售商是基于库存来满足顾客需求,采用的是推动战略。

对于供应提前期很长,需求不确定性高的产品,如何依靠库存来满足顾客需求,成为管理的重点。其中,在供应链的各个阶段如何合理配置库存,是问题的关键。一般将安全库存尽量上移,以便更好地分担风险。同时根据各阶段的具体情况,可以分别采用推动或拉动战略。

(三) 供应链的物流配送

供应链的物流配送体系大体上有两种:一种是物品被直接从批发商或者制造商那里运送到零售门店或者终端客户手中;另一种是物品还要经过一个甚至多个库存中转站(通常为仓库或配送中心)。

1. 直接装运配送系统

直接装运配送是指制造商和分销商直接把货物送到零售商店。它的优点是:①零售商不需要为配送中心支付运作费用;②缩短了提前期。

但该系统也存在较大的缺点:因为要给更多的地方发送小批量的货物,所以会使制造商和分销商的运输成本上升。

鉴于上述原因,直接装运在零售商店需要整车运输,且即使使用配送中心也不会降低运输成本的情况下应用。这种方式常常由强大的零售商提出。像新鲜熟食、豆制品等保质期很短的物品都采用直接装运,由制造厂直送零售商店。

2. 制造商或分销商通过仓库把商品发运给零售商

当制造商或分销商面对众多的零售商时，通常在零售商比较集中的地区设置中心仓库，先以规模化运输把商品运至中心仓库，再按客户订单由中心仓库将商品分送到各零售商店。设置中心仓库的好处是：①制造商或分销商通过规模化运输（商品运至中心仓库），可以节约运输成本；②因为中心仓库靠近客户，制造商或分销商可以快速响应客户需求，因而提高了对客户的服务水平；③零售商的订货提前期大为缩短，零售商可以实现按每天的销售量，持续补充库存，从而可大幅降低库存水平。

对于分布上比较分散的零售商，则应通过仓库的科学规划、合理布局，使多数的零售商能从邻近的中心仓库获得所需的商品，因为这样可以比从制造商或分销商处运节省运输费用。

3. 建立配送中心

这里所说的配送中心是一个不属于制造商或分销商的独立的产业。应用配送中心能使供应链中生产与流通分离，从而促进社会合理分工和资源的优化配置。配送中心通常应用先进的科学技术和现代管理技术，实现物流、商流和信息流三流的有机结合，从而能提高流通环节的组织化程度和现代化水平。

配送中心的基本功能和业务流程如图 14-5 所示。

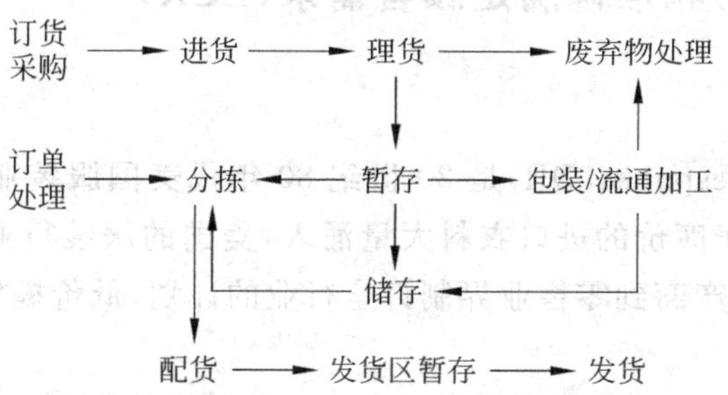

图 14-5　配送中心的业务流程示意

应用配送中心可以减少流通领域里的交易次数，降低交易成本。假如有 n 家厂商各自与 m 家零售商进行交易，其交易次数是 $m\times n$。如果通过配送中心，则交易次数可降为 $m+n$，如图 14-6 所示。

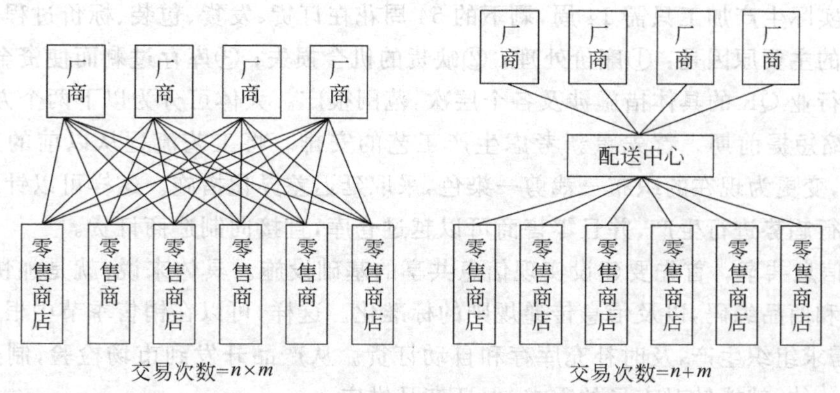

图 14-6　交易次数比较

配送中心根据零售商店不同的地理位置和要送货的品种、数量,仔细规划运输路线,合理组织运输,可以提高车辆的满载率,降低运输成本。图 14-7 给出了配送中心合理组织运输示意图。

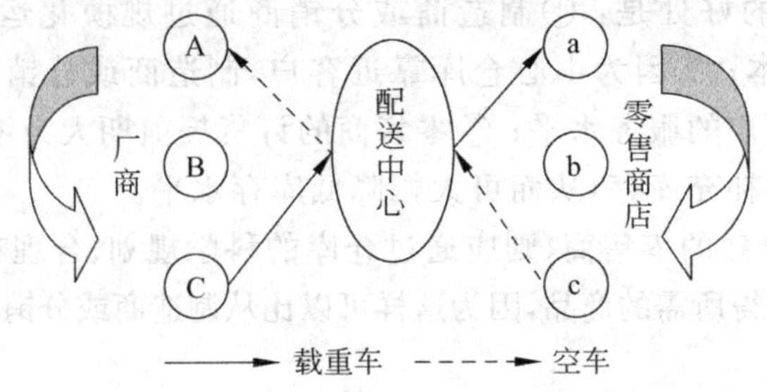

图 14-7 配送中心合理组织运输示意

第四节 可供借鉴的国际上的成功经验

一、快速响应(QR)和准确满足顾客需求(ECR)

(一) 快速响应

快速响应(quick response,QR)是 20 世纪 80 年代美国服装业在实施减少亏损的战略中产生的。当时由于廉价的进口衣料大量涌入,美国的服装行业日趋衰退。为了解决这一问题,从原材料生产商到零售业界制订全行业的计划,低价提供市场所需要的产品以减少损失。

当时,咨询公司 KSA 报告说服装界一年 1 000 亿元的销售额中损失近 250 亿元,采用 QR 可使损失减半。服装通常是在销售季节前统一生产。生产量少了,由于总的供货提前期很长(尤其是布料),在季节内卖完时已经来不及再追加生产,从而会错失商机。为了防止缺货,零售商就大量进货,导致库存增加,最后只能廉价处理,导致亏损。即便在季节内能够追加生产,也很难正确地掌握销售信息。服装的设计、制造、销售的总的提前期要 68 周,实际生产加工只需 14 周,剩下的 54 周花在订货、发货、包装、标价过程中。引起以上损失的主要原因是:①廉价处理;②缺货的机会损失;③库存过剩而使资金积压。

服装行业 QR 的具体措施涉及各个层次,范围很广。大体可分为以下两个方面。

(1) 缩短提前期。首先重新考虑生产工艺的安排。将工艺流程从以前的染色—织布—裁剪,变更为现在的织布—裁剪—染色,采取延迟差异化措施。这样可以针对需求及颜色的流行趋势进行生产,并且零售商可以越过仓库,直接向制造商订货。

(2) 信息共享。首先要建设实现信息共享的基础设施。具体来说,就是加快 POS 系统的构建和商品编码,以及信息传递规则的标准化。这样,可以在销售季节中根据销售情况,针对需求组织生产,及时补充库存和自动订货。从产品开发到市场检验,制造商和零售商结为一体,就能针对市场的需求,保证产品供应。

服装界获得成功之后,QR 逐步影响到洗涤用品、纸尿布等日用百货和家具、餐具、家用电器行业。

（二）准确满足顾客需求

准确满足顾客需求(efficient consumer response,ECR)是从美国食品、日用百货行业开始的。ECR就是制造商、分销商和零售商结为合作伙伴,提高流通渠道的运作效率。合作的主要内容包括:①努力备齐市场所需的商品;②高效地推出新产品;③大力进行促销活动;④高效的库存补充。其中效果最显著的是方法④。下面提出的自动订货(CRP)和代销策略(VMI)都是ECR补充库存的具体做法。

QR和ECR主要的共同点是:①以消费者为中心的快速响应市场需求;②制造、营销、流通等领域相互协作;③降低库存;④积极有效地利用信息技术,实现共享信息。这些思想实际上就是供应链管理(SCM)的核心思想。供应链管理就是在总结QR、ECR等各种经验的基础上发展而形成的经营方法。

二、自动订货(CRP)和代销策略(VMI)

自动订货(continuous replenishment program,CRP)是指物流中心或仓库的库存减少到一定量以下时,根据从现在到下次订货之间的需求预测,计算出应该补充的商品的种类和数量,由计算机自动向制造商订货的方法,这也是ECR的具体实施方法之一。订货指令将通过电子数据交换(electric data interchange,EDI)自动向制造商发出订单。这样可以减少下游企业的订货成本,防止缺货。上游企业也可以利用下游企业提供的信息,以更好地保证商品的供应。

代销策略(vender managed inventory,VMI)是指制造商或分销商直接管理零售商的库存和订货业务的方法。供应商通过POS系统收集零售商的各个店铺各种商品的销售和库存信息,在自动订货系统发出订单的同时,更新零售商的采购信息。这样,零售商可以避免缺货损失,而供应商则不仅能够总管零售商各店铺的销售信息,而且由于掌握了实时的需求信息,可以更好地进行新产品开发和合理安排生产计划。

VMI和CRP都是以下游库存信息为基础自动补充库存的方法,但是不同点是,VMI担负零售商的库存责任,而CRP不担负零售商的库存责任。在CRP和VMI中,重要的是必须建立上游企业和下游企业共同受益的双赢关系。这里指的是:①增收部分利益的合理分配;②由于决策失误产生的风险要共同分担(risk sharing)。不管是CRP还是VMI,企业之间共享信息必须建立以企业间高度信任为基础的合作伙伴关系。

三、第三方物流(3PL)

企业的产品运输通常由本企业的物流部门、物流子公司、交通运输业和送货上门服务业等实施。近年来,随着全球竞争的激烈化,为了尽量减少物流成本,集中精力提高企业的核心能力,大多数企业的物流业务都承包给了其他公司。

如图14-8所示,第三方物流(third party logistics,3PL)是在运送业务的基础上,增加了采购、库存管理、配送等全部物流业务,它配合雇主的经营战略,可以实施最优物流服务。

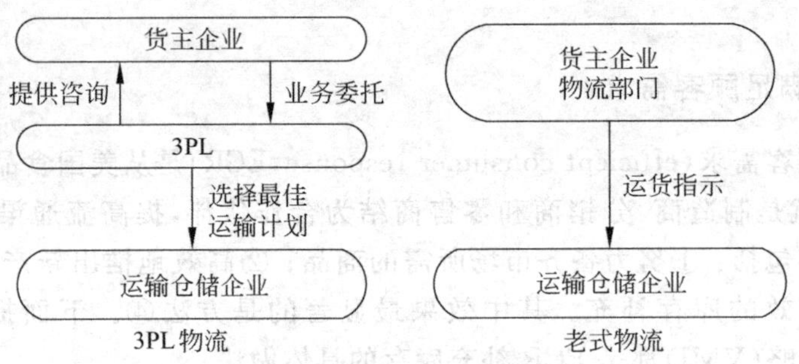

图 14-8 3PL 示意图

一个企业把自己的物流业务委托给 3PL 以后,要把 3PL 的库存管理、发货订货等的信息系统与公司自己的 SCM 系统连接起来。同时,3PL 公司也可以对雇主企业提出供应链管理的建议,参与计划与实施,这样可以强化供应链整体的竞争力。

3PL 于 20 世纪 80 年代起源于美国。1980 年美国制定了运输自由法,放宽政策来激励竞争。80 年代美国经济不景气,但是随着信息技术的发展,刺激了 90 年代以后 3PL 行业的迅速发展。1997 年田纳西大学物流研究中心的调查表明,在几个主要市场领域里,73%的企业在利用 3PL 的服务。美国 C. H. Robinson 公司是典型的 3PL。C. H. Robinson 公司具有庞大的企业网络,包括陆运、海运、空运等 2 万多家物流公司,并为 1.4 万多家公司提供 3PL 服务。

第五节 建设绿色供应链

一、建设绿色供应链是供应链发展的必然要求

20 世纪中叶以来,自然资源的过度消耗和制造业所产生的污染物的大量排放,导致了全球性的资源短缺、环境污染和生态严重遭破坏。随着自然环境污染日益严重,稀有资源逐渐枯竭以及由于生态环境恶化所导致的自然灾害频繁发生,人们在饱受环境污染之苦后,可持续发展思想和环境保护意识不断增强。

1992 年,世界环境大会通过的《里约环境与发展宣言》促进了世界上许多国家相继制定可持续发展战略。这一战略已成为 21 世纪世界各国共同奉行的发展战略。

绿色供应链管理是根据可持续发展思想和环境保护的要求所确定的供应链管理的发展方向。具体地说,它是基于以下原因。

1. 绿色管理是消费者环境保护意识和绿色消费意识增强的必然结果

当前的消费者越来越关心身心健康和生存质量,他们要求生产者提供的产品必须符合绿色产品的要求,既要求在消费过程中不会给消费者身心造成危害,同时要求企业在生产过程中要尽量减少或消除对环境的污染。用户是企业生存的土壤,企业的生产经营必须以满足用户需求为导向,由于消费者的环境保护意识不断增强,他会优先选择那些环境保护形象好的企业所生产的产品,而那些环境污染问题大的企业就会失去市场,因此当今企业必须重视自己的环保形象。

2. 绿色供应链管理是适应环境法规和政策的必然选择

为了迎合人们对环境保护的日益关注，世界各国政府制定了相应的环境法规与政策。我国也制定了一系列法规，如《中华人民共和国环境保护法》(1989 年公布实施)、《中华人民共和国大气污染防治法》(1987 年通过，1988 年实施)、《中华人民共和国水污染防治法》(1984 年通过)等。政府通过环境立法和执法，惩罚企业污染环境和过度耗用资源的行为，不遵守法规的企业会招致刑事处罚。企业为符合政府规定的环保要求，必须选择绿色管理模式。

3. 实施绿色供应链管理，是参与全球市场竞争的必要条件

在绿色浪潮风靡世界的今天，世界各国竞相制定了越来越严厉的环境保护标准，企业要想经营出口业务，必须使产品达到规定的环境保护标准。国际标准化组织顺应世界环境保护的潮流，制定了环境管理的国际标准 ISO14000《环境管理系列标准》，以规范企业的生产经营活动，达到节省资源，减少环境污染，改善环境质量，促进经济持续发展的目的。它是全球企业共同适用的环境管理体系。取得 ISO14000 认证书，就等于取得了一张国际贸易的绿色通行证。所以为了参与国际竞争，符合环境标准，供应链就必须实施绿色管理。

4. 绿色产业的优势也是吸引供应链实施绿色管理的重要原因

绿色消费意识的增强以及政府出台的一些优惠保护环境资源的政策，使绿色产业成为一个新的经济增长点，企业从中可得到可观的绿色利润。世界绿色产品市场每年以近 10% 的速度增长，大大高于同期世界经济的增长速度。

大量的实践证明，企业实施绿色管理，完全能够做到在节约资源、保护环境的同时，实现企业的持续增长，从而实现社会—经济—生态的"三赢"。

二、绿色供应链管理的内容

绿色供应链管理又称环境意识供应链管理（environmentally conscious supply chain management)，它考虑了供应链中各个环节的环境问题，注重对环境的保护，促进经济与环境的协调发展。在供应链的各个环节，从原材料获取到产品的制造、运输、使用过程都会产生废弃物，对环境造成污染，威胁人类的健康和生态平衡。绿色供应链管理要求在从原料获取、加工、包装、存储、运输、使用到报废处理的整个过程中，注重对环境的保护，从而促进经济与环境的协调发展。

绿色供应链管理的范围包括从产品设计到最终废弃物回收的全过程。

1. 绿色设计

在设计阶段要充分考虑产品对生态和环境的影响，使设计结果在整个生命周期内资源利用最好、能量消耗和环境污染最小。绿色设计主要从零部件设计的标准化、模块化、面向节省能源的设计(DFES)、面向装配的设计(DFA)、面向制造的设计(DFM)、可拆卸设计和可回收设计等方面着手进行。

2. 绿色材料采购

企业采购材料时应选择绿色材料，这是实现绿色制造的前提和关键。所谓绿色材料，是指无毒、无害、无污染、能耗低，易于回收、再生和重复利用的材料。为了实施绿色材料采购,企业需要认真选择供应商,正确评估供应商,并加强对供应商的管理。

3. 绿色生产

生产过程通常包括毛坯制造、表面成形加工、检验等环节。绿色生产需要综合考虑制造过程的输入、输出和资源消耗以及对环境的影响,即由原材料到合格零件的转化过程和转化过程中物料流动、物料能源的消耗、废弃物的产生以及对环境的影响。这里涉及先进工艺的采用,以提高生产效率,尽量减少加工余量,降低工艺成本和污染处理费用;生产设备的选择,要保证设备的合理利用;还要改善生产环境,减轻劳动强度,提高工人的劳动积极性。

4. 绿色物流系统

物流系统在绿色供应链中占有重要地位。现代物流系统由运输、仓储、流通加工、包装、装卸和信息系统六大部分组成。

(1) 运输过程对环境的影响,主要有以下几个方面:①交通运输工具的大量能耗,排放的废气对空气产生污染和噪声,其废气不仅有害人体健康,而且常常损害道路两旁植物的健康生长;②大量的运输导致对道路面积的需求增加,修建道路常常是破坏生态平衡的一项因素;③运输事故则是直接破坏环境的元凶,例如,海上原油泄漏,易燃、易爆、有毒化学品在运输过程中爆炸、泄漏等。

(2) 仓储过程对环境的影响。其一是商品保管过程中采用的一些化学养护方法,如采用的杀虫剂会对周围环境产生污染;其二是对一些易燃、易爆、有害的危险品保管不善,造成对环境的破坏。

(3) 流通加工环节对环境的影响。流通加工是提高商品附加价值,促进商品顾客化的有效手段,是现代物流的重要内容。在流通加工过程中如果其加工环节存在非绿色因素,就会对环境造成不良影响。

(4) 包装对环境的影响主要表现在两个方面:①包装材料引起的环境污染,如白色塑料污染;②过度包装或重复包装造成的资源浪费。

(5) 装卸对环境的影响。主要是装卸不当,由商品损坏造成的资源浪费和破损商品引起的环境污染,如液体化学品泄漏造成的土壤污染和水污染等。

鉴于物流过程对环境保护存在以上种种不安全因素,所以绿色供应链要求对物流过程必须加强管理,要针对上述问题采取有效措施,消除其中的非绿色因素。其中包括:①绿色供应商的选择,如该供应商是否通过了 ISO 14000 论证、企业在社会上的绿色形象如何等。②减少运输作业中运输工具的燃料能耗、有害气体的排放、噪声污染等,同时要合理组织运输,涉及配送方式、运输路径的合理规划,运输工具的合理选用等;③保管过程中要防止对周边环境造成污染,搬运过程中要防止噪声污染,搬运中要防止损坏商品造成资源浪费和环境污染,在包装作业中不使用有毒的材料,实施绿色包装设计,优化包装结构,减少包装材料,考虑包装材料的回收、处理和循环使用等。

5. 绿色销售

绿色销售是指企业对销售环节进行生态管理,它包含分销渠道、中间商的选择、网上交易和促销方式等。例如,尽量缩短分销渠道,减少分销过程中的污染和社会资源的损失;大力开展网上销售,发展电子商务是符合环保原则的。在促销方式上,企业一方面要选择最有经济效益和环保效益的方式，另一方面要大力宣传企业和产品的绿色特征。

6. 产品废弃后的处理

现在产品的功能越来越全面，同时产品的生命周期也越来越短，造成了大量的废弃物。这不仅会造成严重的资源、能源浪费，而且成为固体废弃物堆积和污染环境的主要来源。产品废弃阶段的绿色管理主要是回收利用、循环再用和报废处理。废弃物回收后要经过整理和加工，以便循环再用，完全无用的废弃物需进行填埋、焚烧等处理。

思 考 题

1. 什么是供应链？

2. 试述产生供应链管理的历史原因。

3. 试述供应链管理的主导思想和核心内容。

4. 你认为供应链管理的难点在哪里？你有什么解决办法？

5. 设计供应链时应遵循哪些原则？什么是互补性原则？

6. 进行必要的业务外包，企业可以获得哪些好处？

7. 推动式供应链、拉动式供应链和推—拉结合的供应链各有什么特点？分别在什么情况下采用？

8. 什么是配送中心？建设配送中心可以发挥哪些积极作用？

9. 试述快速响应(QR)和准确满足顾客需求(ECR)的特点和内容。

10. 试述自动订货(CRP)和代销策略(VMI)的特点和内容。

11. 试述第三方物流(3PL)的概念。第三方物流和外包的区别是什么？

第十五章

项目管理

项目管理是20世纪50年代后期发展起来的一种管理模式。美国杜邦公司最早把它应用于设备大修理,使设备的停修时间由125小时降为78小时。1958年美国在北极星导弹的研制工作中应用项目管理,取得了显著的效果,研制时间比预期的时间缩短了两年,使美国在导弹发展上缩小了与苏联的差距。现在项目管理作为一种有效的管理模式已被广泛应用于工程建设、新产品研制开发、企业技术改造,甚至是公司股票上市、人员培训、环境保护、筹划组织一项大型活动等项目的管理上。

第一节 项目管理概述

一、项目的定义、特征和类别

(一) 项目的定义及特征

项目(project)是指在一定的资源约束条件下,为实现预定目标的一种一次性的任务。作为项目管理的对象,项目具有以下特征。

1. 一次性

任何项目的实施只进行一次。一次性是项目与一般的经常性任务的最大区别。一家汽车制造厂天天从事汽车生产,这样的生产任务不是项目,而从事一辆新型汽车的研制开发则是一个项目。

2. 整体性

一个项目是一个整体。项目的实施过程要完成一系列相互关联的任务,这些任务不是一项项孤立的活动,而是围绕实现项目的目标进行的一系列相互关联的活动。强调项目的整体性,是强调项目管理在资源配置,在处理质量、成本、速度诸因素的关系时,必须树立整体观念和系统观念。

3. 时间性

每一个项目都有具体的开始时间和结束时间,都要经历启动、计划、实施和收尾的过程,这一过程通常称为项目的生命周期。

4. 约束性

任何项目的实施都是在一定的约束条件下进行的。这里的约束包含人力、资金、时间和各种物质资源。这些约束条件既是完成项目的制约因素,也是进行项目管理的主要依据。

（二）关于项目的类别

从投资角度考察，各种项目首先可以分为投资项目和非投资项目两大类。投资项目是通过将一定数量的资金或有形、无形的资产投放于某一领域形成实物资产，以获取经济效益和社会效益的活动。非投资项目是指不形成实物资产的项目，如策划组织一个大型展览会、对被污染区域进行一次环境清理工作、一个资产评估项目等（考虑专业的特点，本书将着重讨论投资项目的项目管理）。投资项目的种类繁多，以下是我国对投资项目的分类。

（1）按管理的特点，可分为基本建设项目和技术改造项目。

（2）按投资用途，可分为生产性项目和非生产性项目。

（3）按资金来源，可分为国家预算拨款项目、银行贷款项目、自筹资金项目和利用外资项目。

（4）按投资性质，可分为新建项目、扩建项目、改建项目、迁建项目等。

（5）按建设规模，可分为大型、中型、小型基本建设项目和限额以上（或以下）更新改造项目。

（6）按工作进程，可分为预备项目、筹建项目、建成投产项目和收尾项目等。

二、项目管理的基本概念

项目管理是为实现项目的目标，对项目的资源进行计划、组织、控制和协调的过程。项目管理是一种管理模式，有自己的一套科学的管理方法体系。

项目管理的特点反映在以下几个方面。

1. 项目管理的科学性

项目管理是在长期实践和研究的基础上总结出来的理论和方法，而不是一次任意的管理过程。应用项目管理必须按项目管理方法体系的基本要求做。但至今仍有无数项目并没有按项目管理的方法体系进行管理。不按项目管理模式管理项目，不能否认也管理了项目，但其效果是大不一样的。美国项目管理协会（PMI）定义了一套项目管理的方法体系来描述项目管理的知识技能，其中包括项目综合管理、项目范围管理、项目时间管理、项目费用管理、项目质量管理、项目人力资源管理、项目沟通管理、项目风险管理和项目采购管理等。

2. 项目管理的复杂性

项目管理的复杂性，随项目范围的大小而有很大的差异，项目越大越复杂。大型项目一般由许多部分和许多环节组成，工作内容常常跨越多个部门，涉及多种专业，需要把具有不同专长、不同经历，来自不同组织的人有机地组织在一个组织中，并要求在有限的资源、高标准的质量、规定的成本水平和严格的工期等约束条件下实现项目的目标，因此项目管理通常具有相当的复杂性。

3. 项目管理的风险性

项目的一次性特点，决定了项目任务都是独特的非重复性的工作，有很多未知因素，通常没有或很少有可供直接参考的经验。因此项目管理总是具有一定的开创性和风险性,要求创造性地对项目进行管理,并加强风险意识。

4. 项目生命周期的阶段性

任何项目都有其开始和结束的时间。项目从启动到结束的过程称为项目的生命周期。项目的生命周期呈现阶段性。通常项目的生命周期都要经历启动阶段、计划阶段、实施阶段、收尾阶段这样的四阶段过程(见图15-1)。也有把项目生命周期划分为概念阶段(conceive)、开发阶段(develop)、执行阶段(execute)和结束阶段(finish)四阶段的,并简称为C.D.E.F四阶段。

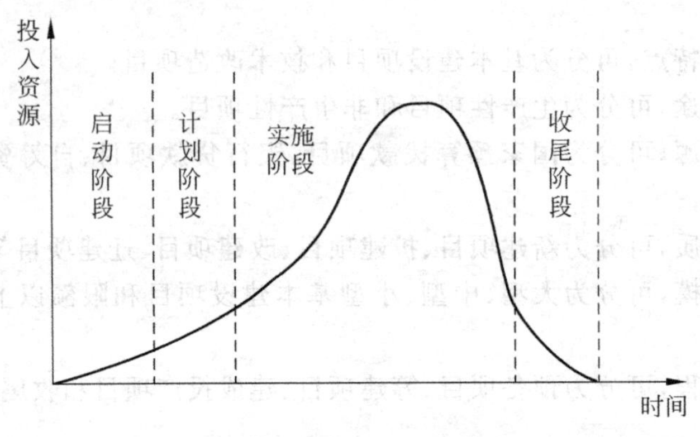

图15-1 项目生命周期

(1) 项目启动阶段。通常先由用户提出需求和征询需求建议书,提出满足需求(或解决问题)的要求,再由项目组(承约单位)根据用户需求,提出需求建议书、方案策略、项目立项申请、可行性分析和项目评估等。

(2) 项目计划阶段。该阶段要确定满足需求(解决问题)的方案,包括项目背景描述、目标确定、定义项目范围、工作任务分解、进度安排、资源需求计划、费用估计及预算、质量保证计划等。

(3) 项目实施阶段。该阶段具体实施计划阶段所制订的各种方案和计划,以保证项目目标的最终实现。工作内容包括招标采购、合同管理、进度控制、质量控制、费用控制、范围变更控制、现场管理、安全管理、环境管理等。

(4) 项目收尾阶段。其工作内容包括项目范围确认、质量验收、费用决算与审计、项目资料验收、项目交接、项目审计、项目评估等。

第二节 项目生命周期各阶段的管理

一、启动阶段

启动阶段的主要内容是项目的立项。它包含以下内容:识别需求、问题和机会,准备需求建议书,进行招标,编制并提交立项申请书及项目可行性分析报告,评审立项申请书,签订项目合同。

1. 识别需求、问题和机会

启动阶段是项目生命周期的开始阶段,通常起始于对需求、问题和机会的识别。当项目的用户认识到实施一项有利于提高和改善现状的项目的必要性时，就产生了立项的要求。一旦明确了需求（问题和机会），并估计出实施项目可能带来的收益，下一步就是准备具体的需求建议书。

2. 准备需求建议书（request for proposal，RFP），进行招标

应当指出并不是所有情况下都需要准备正式的书面的需求建议书。当项目的范围大，内容比较复杂时，通常通过招投标来选择应标者。准备需求建议书的目的是全面地、详细地描述用户确定的需求，以便为投标者或项目团队编制立项申请书提供所需的信息。

3. 编制立项申请书

根据需求建议书，投标者编制立项申请书。编制立项申请书是一项竞争性的工作。在申请书中投标者必须突出不同于其他竞争者的因素，要使用户相信投标者完全理解用户的需求，知道该做什么和怎么去做，如果选择他来执行该项目，用户可以获得多大的好处。同时，申请书必须实事求是，不切实际的承诺会使人感到不可信，反而会使用户产生怀疑。

立项申请书的内容通常包含技术、管理和成本三部分。技术部分的目的是使用户认识到，投标人理解需求或问题，并且能够提供风险最低、收益最大的解决方案。技术部分应包含以下内容：对需求的理解、提出解决方案、用户的收益。

管理部分的目的是使用户相信，投标者有能力做好项目所提出的工作内容，并且能收到预期的成果。管理部分应包含以下内容：工作任务描述、交付的成果、项目进度计划、项目组织、实施类似项目的经验以及投标者拥有所需的特殊设备和工具。

成本部分的目的是使用户确信，投标者申请项目所提出的价格是合理的。成本部分通常包括投入项目的各种资源的成本费用，如劳动力、原材料、分包商和顾问、设备和设施的租金、差旅费和一般管理费以及税收、意外开支准备金、奖金和利润等。

对于投资规模大、内容复杂、有重大影响的项目，要做比较规范的可行性研究和专门的经济评价（有关内容将在第三节中介绍）。

4. 评审立项申请书

用户会以不同的方式来评审立项申请书，有的优先考虑技术和管理部分，有的对价格有严格的限制。对于大型的复杂项目往往需要建立专门的立项申请书评估委员会，邀请有关的专家和评审人员进行评审，以便选出最具竞争力的投标者。

5. 签订项目合同

确定了项目的承约人以后，用户要与承约人签订项目合同。合同中明确规定双方的责任和权利，规定承约者必须提供的产品或服务，同时规定用户应付的报酬。

通常合同有两种类型：固定价格合同和成本补偿合同。固定价格合同对投标者而言是高风险的，因为不管项目实际耗费了多少成本，用户都只需支付合同规定的固定价格。这类合同适用于成本经过精确计算的低风险的项目。成本补偿合同对投标者而言是低风险的，用户要承担项目耗费的全部成本，再加上一定的协商利润。它通常用于高风险项目。

项目的招投标程序见图 15-2。

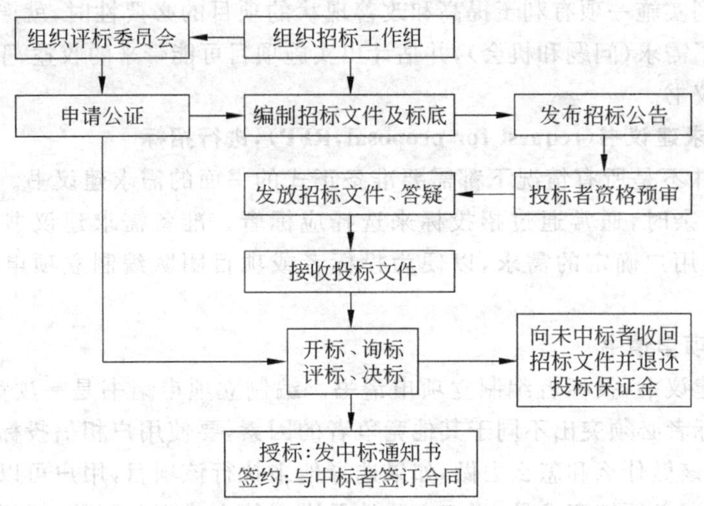

图 15-2 项目招标投标程序

二、计划阶段

项目计划是要确定为了实现目标,需要做什么,谁去做,花多长时间去做和需花费多少费用。编制项目计划根据欲达到的目标,通过预测未来,估计可能遇到的问题,提出实现目标、解决问题的有效方案与措施。花一定精力制订一个周密的计划,对任何项目都是必要的。项目计划是项目管理的核心,编制项目计划是项目经理的重要工作内容。

项目计划编制后要得到公司领导层和各有关职能部门的确认,还应与用户沟通,使计划也得到用户的确认。因为项目计划对明确项目目标、界定双方责任、提高工作的透明性至关重要,从而能提高用户的满意度。

三、实施阶段

项目计划一旦得到确认,项目的实施阶段就开始了。项目实施阶段的工作包含计划执行和计划控制两部分。对计划执行过程进行监控十分必要,这是一切活动有条不紊按计划进行,项目目标一步步顺利实现的重要保证。

有效的项目控制关键是定期测量实际进程,并与计划进行比较,如发现进度延误、费用超支,或不符合质量要求的情况,应采取纠正措施,使项目回到正确的轨道上来。问题越早发现,越容易纠正。在决定执行纠正措施之前,应评估纠正措施的力度,确保纠正措施能使项目的进展符合预定目标的要求。项目的控制过程见图 15-3。

监控过程中报告期的长短应根据项目实施阶段的长度和项目的复杂程度而定。如果项目的实施期限计划为三年,报告期可能是一个月一次。如果仅为一个月,则报告期可能是一天一次。如果项目实施过程中遇到不利因素,为了加强控制常常需要缩短报告期,增加报告频率。报告期越短,越能及早发现问题,及时采取有效的纠正措施。

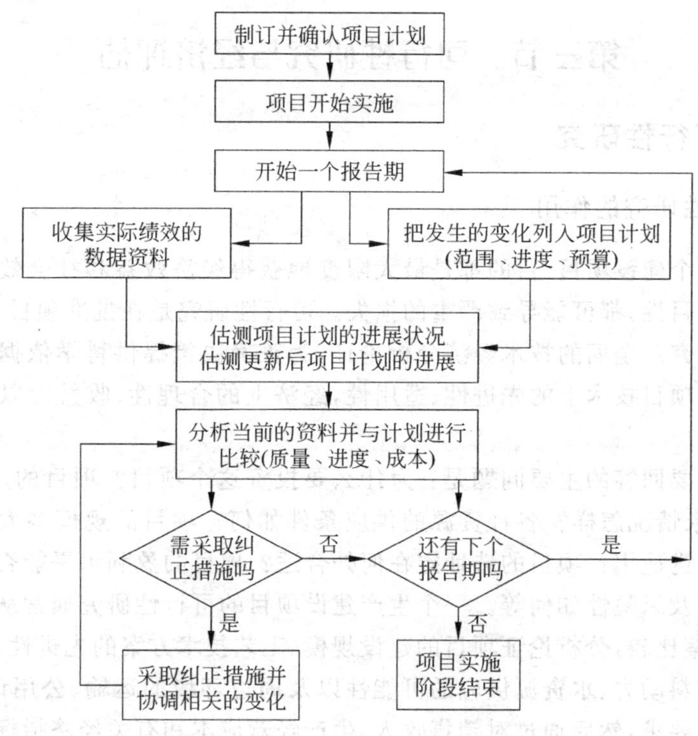

图 15-3　项目执行与控制的流程

四、收尾阶段

项目收尾阶段是项目的结束。收尾阶段的工作包括项目范围确认、质量验收、费用决算与审计、资料验收与归档、项目交接、费用清偿、项目审计、项目评估等。

项目的收尾工作是建立在项目的工作绩效已符合要求，用户已接受交付的项目成果的基础上的。项目收尾阶段的重要工作之一是总结经验，通常以项目后评估的方式进行。内部的项目后评估由项目经理组织。项目经理应当与团队的每一名成员进行个别谈话，听取他们对项目工作绩效的评述，并了解今后应做哪些改进。项目经理为了让每位成员畅所欲言，通常不透露谈话的内容。基于上述谈话，项目经理可以提炼出一些重要的东西，为召开一次团队全体会议作准备。在团队全体会议上项目经理应列举项目执行期间所发生的事件，总结其中的经验与教训，并组织大家讨论对今后的改进建议。

另外，还要组织一次请用户参加的项目后评估会议，目的都是确定项目是否为用户提供了预期的效益，评估用户的满意度，听取用户的反馈意见。此外，还可以采用用户对项目的评估调查表来收集用户对项目结果满意度的反馈意见。

在项目结束时项目经理应当为每一名项目团队成员准备一份书面的绩效评估书，并提供一份绩效评估书的备份给团队成员的直属上级。

第三节 可行性研究与经济评估

一、项目的可行性研究

(一) 可行性研究的作用

投资任何一个建设项目,目的都是最大限度地获得经济效益和社会效益。投资决策如果失误或具盲目性,都可能导致严重的损失。可行性研究是在批准项目立项以前,对该项目进行调查研究及全面的技术经济分析论证,为正确决策提供科学依据的方法。可行性研究用于考察项目技术上的先进性、适用性,经济上的合理性、收益性以及实施上的可行性、风险性。

可行性研究要回答的主要问题是:为什么要投资这个项目?项目的产品(或提供的服务)的市场需求情况怎样?各种资源的供应条件如何?项目的规模多大合适?采用的工艺技术是否先进适用?项目的选址定在何处合适?项目的盈利水平能否满足要求?项目的筹资渠道以及风险性如何等。一个生产建设项目的可行性研究通常从市场需求预测开始,通过多方案比较,分析论证项目的建设规模、工艺技术方案的先进性、厂址选择的合理性,原材料、燃料动力、水资源供应的可能性以及周边环境的运输、公用设施、市政建设等条件能否满足要求,然后通过对销售收入、生产经营成本和有关经济指标的计算说明项目的盈利能力和经济上的合理性,最终得出该项目投资的必要性,项目建成的必要条件是否具备,把握性多大,以及如何建设等问题的结论。可行性研究的作用是为投资者的正确决策提供科学的依据。

同时,可行性研究还是编制项目计划和项目实施的重要依据。我国建设程序规定,可行性研究是建设程序中的一个重要阶段。项目的设计和规划要严格按批准的可行性研究报告的内容进行,不得随意改变可行性研究报告中已确定的规模、方案、标准及投资额等控制性指标。另外,只有经过可行性论证的项目,才能列入国家或地方的投资计划,才允许项目投资单位着手组织和落实投资项目的各项实施条件,如组织原材料、燃料、动力等生产资源的供应,落实运输方案的安排等。因此,可行性研究也是为项目的顺利实施提供保证。

(二) 可行性研究报告的内容

国际上可行性研究报告的格式并不统一,但都必须回答以下几个方面的问题:

(1) 该项目投资建设的必要性;

(2) 工艺技术上的可行性(先进性与适用性);

(3) 项目实施的可行性(是否具备社会供应条件和运输等其他社会协作条件);

(4) 项目建成后经济上的合理性(社会经济效益和企业的经济效益)。

现将具有代表性的联合国工业发展组织(UNIDO)《工业可行性研究编制手册》规定的工业项目可行性研究报告的内容介绍如下。

第一章 实施纲要

这一部分要综合叙述研究报告中各部分的主要内容和得出的结论，并对项目可行与否提出最终建议。为了使审批者阅读方便，通常将研究报告中各部分的主要技术经济指标汇总，用表格的形式列出。要对可行性研究中提出的项目的主要问题进行说明，并提出解决的建议方案。

第二章 项目的背景和历史

本章内容应包括：项目发起人的姓名和地址；项目的发起过程和提出的理由；支持该项目的经济政策和工业政策；项目已进行的前期工作；重要问题的决策和决策过程等情况。总的应说明投资的必要性，以及本项目是否符合本国的经济情况和工业发展情况。

第三章 市场和工业生产能力

本章内容应包括：市场需求调查和预测(包括现有的生产能力，现行的产量和销量，可能出现的替代产品，出现的可能性等)；销售和推销方式；销售收入预测；生产系统规划；生产能力规划。

第四章 投入物

本章内容应着重说明制造产品所需的原材料及其他投入物供应来源和供应方式的选择，原材料和其他投入物成本的估算。

第五章 厂区和厂址

本章内容应包括：建厂区域的选择和分析论证；厂址的选择(包括地形、地貌和地质情况，占用土地量和需拆迁的情况的比较分析)；该地的自然、人文环境和建设的施工条件分析；厂址推荐方案的主要技术经济指标。

第六章 工程设计

本章内容应包括：本项目采用的生产工艺、工艺流程及主要生产设备；主要车间组成及厂区总平面布置；厂内外的交通运输方案；土建工程规划设计；其他工程，如给排水工程等；项目的主要污染源和污染物；环境保护措施及投资估算。

第七章 工厂组织及管理费用

本章内容应包括：企业的组织机构；企业工作制度，企业管理费用估算。

第八章 员工

本章内容应包括：本项目所需的劳动力及管理人员；人员的构成及所需的培训。

第九章 项目建设

本章内容应包括：项目实施前期各阶段的进度安排；工厂施工建设及设备安装的进度；生产试运行及正式投产安排；项目实施过程各种费用估算。

第十章 财务和经济评估

本章内容应包括：项目的总投资支出(包括固定资产和流动资金)；生产成本；项目的盈利水平；资金筹措方案；项目的财务评估；项目的国民经济效益评估。

(三) 可行性研究的工作程序

通常可以分为六步。

第1步：明确项目的目标，界定可行性研究的研究范围。

第 2 步：市场调查和相应的技术经济分析。包括对市场需求和价格的调查分析；竞争者的状况；原材料、能源、水资源的供应、生产工艺技术的发展状况、厂址选择和公用设施、交通运输状况、人力资源的需求及供应、所需资金及资金来源，政府的经济政策和法规等。

第 3 步：多方案选优。根据构成项目的各种不同的要素，合理组合形成少数几个可供选择的方案，然后通过技术经济评价选取最佳方案。

第 4 步：对选出的方案作更详细的技术经济论证。认真估算项目的各项投资费用、生产经营费用和经济收益，并作出最终的经济评价。可行性研究应该论证所选方案技术上是先进的、可行的，经济上是合理的，建设进度是可以达成的，资金是可以筹措到的。估算的投资费用应包括所有合理的不可预计的费用，如涨价因素等。还要分析论证当生产经营成本、市场价格或施工进度发生变化时，对项目的经济效益可能产生的影响，以便为采取相应的措施作必要的防护准备。

第 5 步：编制可行性研究报告。报告的内容和形式常常需要按特定的要求编写，如各个国际贷款机构对研究报告往往有各自的规定。

第 6 步：编制资金筹措计划。

二、项目的经济评价

项目的经济评价是项目可行性研究的重要组成部分，是在确认技术可行性的基础上，对拟建项目经济上的可行性和合理性进行全面的分析论证，作出综合性评价。经济评价包含财务评价和国民经济评价两部分。

(一) 财务评价和国民经济评价的不同点

财务评价和国民经济评价是两个不同层次的项目经济评价，两者之间的不同之处表现在以下几个方面。

1. 评价的角度和侧重点不同

财务评价是以微观角度，从项目本身的资金收支、盈利水平、借款偿还能力、投资回收期等方面评价本项目是否可行。财务评价侧重价值形态的直接效益，即财务报表中的利润、资金收益率等。国民经济评价是从宏观经济角度，评价项目需要国家付出的代价和项目对国民经济的贡献，既要考虑项目直接的费用支出和效益，又要考虑项目影响所及的间接费用和效益。财务评价涉及的面比较小，仅限于项目建设期间和交付使用后直接发生的资金流量，要计入折旧、利息、税收，不计入各种财政补贴。国民经济评价则着眼于整个社会的消耗和收益，评价时不计入折旧、利息、税收，但要计入财政补贴以及各种间接费用支出和效益。

2. 选用的折现率不同

进行财务评价，使用的折现率可以有四种选择：①银行长期贷款利率；②同行业平均利润率；③未被选中方案的最高利润率；④投资者期望的收益率。进行国民经济评价时，应采用国家规定的社会折现率。发展中国家通用的社会折现率为 10%～15%，我国现行的社会折现率为 12%。

3. 采用的价格不同

项目财务评价时，投入物和产出物的价格均按现行国内市场价格计算，并考虑物价变动因素。有外汇收支时，采用官方汇率。进行国民经济评价时，不直接采用市场价格，要采用影子价格或应用国家规定的价格换算系数，将项目的成本费用（或效益）换算为社会成本（或效益），不考虑物价变动因素。对外汇收支也要使用影子汇率。

（二）对财务评价和国民经济评价结论的处理原则

对一些涉及面广且影响深远的重大基础设施项目，如三峡工程、长江大桥、大型机场等都应先作国民经济评价，确认其可行后，再作财务评价。对国计民生有重要影响的项目，以及中外合资经营项目，涉及原材料或产品进出口或替代进口的项目，一般先作项目财务评价，然后必须作国民经济评价。对于投资规模小，产出效益影响面窄，不涉及进出口外汇平衡的小项目，可只作财务评价，不一定作国民经济评价。

当财务评价与国民经济评价的结论不一致时，通常按以下原则处理：

(1) 财务评价的结论认为可行，而国民经济评价认为不可行时，一般情况下该项目应予否定。有时需要对项目进行再设计、再评价，只有国民经济评价被通过时，该项目才能被批准。

(2) 当国民经济评价认为可行，而财务评价认为不可行时，一般情况下该项目应定为可行。但是，需分析财务效益差的主、客观原因，并采取某些措施，如挖掘潜力降低成本、争取政府政策性补贴、延长免税期等，尽量使财务评价也转为可行。

第四节　项目组织

项目组织就是为完成项目的任务而建立的组织。项目组织同其他组织一样，有自己的领导（项目经理及领导班子）、组织的成员（项目团队）、组织的规章制度、组织的部门结构、组织文化（团队精神）等。

项目组织的特点是与项目的一次性特点相适应的，具有临时性，项日一旦完成，坝目组织就将解散。

项目组织的规划和设计主要是：①要建立一个项目的组织结构；②在项目组织结构的基础上，确定项目的工作流程。组织结构是相对静态的，它主要是确定项目的组织结构形式，即组织内部的分工，以及组织内部管理职能的分工。工作流程的组织是相对动态的，它包含对一个系统的物流和信息流的组织。

在项目组织中采用合适的组织形式和合理的工作流程是问题的重要方面，而人员，即项目经理和团队成员则更是项目成败的关键。

一、项目经理

项目经理是决定一个项目成败的关键人物。项目经理的基本职责是领导项目团队进行计划、组织和实施中的控制工作，要确保全部工作在预算范围以内，按时优质地完成，实现项目目标，使客户满意。

(一) 项目经理的职责

1. 计划

项目经理对项目的目标应有十分清晰的认识,并就该目标与客户取得一致的认识。项目经理还要使项目团队成员对完成项目目标所应做的工作形成共识,这样才能使全团队的力量围绕一个共同的目标,有效地协同工作。

项目经理应领导团队成员一起制订实现项目目标的计划。通过项目团队参与制订计划,使大家为了实现项目目标,工作更主动、更自觉,并做出更大的投入。

项目经理应争取客户对该计划进行评价,并取得其认可。

2. 组织

组织工作涉及为完成项目目标获取和合理支配所需的资源。首先,项目经理应决定哪些工作由项目团队自己完成,哪些工作分包出去,由承包商或顾问公司完成。对于由承包商完成的工作,项目经理应对工作范围做出清楚的划定,并与每一位承包商协商后签订合同。对于那些由团队进行的工作,项目经理要知人善任,把任务分配给合适的人,并根据任务的性质和内容为他分配职责和授予相应的权力。承担任务的团队成员要对项目经理做出相应的承诺。

组织工作的一项重要内容是营造一个适宜的工作环境和一种良好的工作氛围。

3. 控制

为了对计划的实施过程进行有效的监控,需要设计一套项目管理信息系统,以跟踪实际工作进程并将其与计划进程进行比较。项目经理应利用这套管理信息系统对项目工作进行控制。团队成员根据所承担任务的工作进程,应定期提供有关工作进度、质量状况及成本状况的资料。项目经理通过召开项目工作评论会议可获得对这类资料的补充信息。当实际工作进程落后于计划,或发生不利的意外事件时,项目经理应立即采取纠正措施。要尽早发现问题(包括潜在的问题),以便及时采取纠正和预防措施。对所提出的纠正措施和计划的重新修订,团队成员要积极提出建议和提供所需的信息。

(二) 项目经理必备的素质与技能

一个成功的项目经理不仅自身需要具备优良的素质,还要掌握一系列项目管理的知识与技能。

1. 领导能力

有效的领导是通过树立目标,用目标蓝图引导团队成员努力工作,要让大家清楚地知道完成项目目标可取得的成果和将带来的益处,从而提高工作的积极性和主动性。

有效的项目管理需采取参与和顾问式的领导方式。项目经理以这种方式发挥指导和教练的作用,而不是指挥人们怎么做。项目经理所需做的,是制定准则和纲要,由团队成员自己决定怎样完成任务。项目经理要给项目组成员授权,让他们在自己的职责范围内可以自主决策。要创造这样一种团队文化,团队成员有制订工作计划、决定如何完成工作任务、控制工作进程的责任,并相信他们会承担责任,不辜负信任,按规定的进度在预算范围内很好地开展工作。

项目经理对团队成员在工作上取得的成绩要充分肯定，并及时进行鼓励和表扬，通过这种方法培养团队的士气。项目经理要在团队内部建立一种互相信任、充满生气，并对发展前景充满信心的工作环境。项目经理要言行一致、身体力行，树立良好的榜样。有才能的项目经理对自己和项目组的每个成员都有较高的期望，相信大家会尽力达到对他们的期望。如果项目经理对团队成员信心十足，并对他们的工作有较高的期望，那么团队成员通常会竭尽全力工作，充分发挥自己的才能。

2. 良好的人际交往能力

良好的人际交往能力是项目经理必备的技能。他需要经常和团队的每一名成员以及客户、上司、分包商等进行有效的沟通，以便及时发现存在的问题，随时征求改进项目工作的建议，避免发生意外。项目经理应经常与客户沟通，使客户能及时了解项目的进展情况，同时了解客户对项目的期望有无变化，以便及时采取必要的措施，使客户始终满意。往往“听”比“说”能获益更多，因此，优秀的项目经理会花更多的时间耐心地倾听别人的诉说，并且能接纳不同的意见。

3. 处理问题和解决问题的能力

工作中难免会出现困境，有时对一个问题会出现不同的想法，在发生争执时，项目经理必须保持镇静，要善于应付各种可能出现的情景。面对困难和不利的局面，项目经理要以旺盛的斗志，激励大家迎接挑战，而不是退缩、互相埋怨和无所作为。项目经理要成为一个解决问题的专家。解决问题的有效方法，首先是要及早发现问题或找出潜在的问题。只有早发现问题才能有充裕的时间寻求合理的解决方案。发现问题越早，其造成的影响就会越小，解决问题所需的代价也会越小。为了做好发现问题这项工作，就要与各方面保持沟通，要建立通畅的信息传送渠道，还要有敏锐的洞察力。在研究解决问题的方案时，项目经理需要发动群众，让大家都来出主意、想办法，他自己则要善于引导和归纳。

4. 善于学习和自我提高的能力

人不可能天生就具备一个优秀项目经理所应具备的各种能力，需要通过学习和培养来获得这些能力。学习与发展应伴随人的一生，提高永无止境。除了参加正规的培训学习，在工作中学习锻炼是自我提高的更有效的方法。应尽可能从事更多的项目工作，每一次项目工作都是学习的好机会，参加多样化的项目会更有好处。在工作中要善于听取别人的意见，要对所经历的成功与失败认真进行总结，吸取教训，使之上升为理性的知识。

5. 授权

授权就是选择合适的团队成员执行项目的各项任务，并赋予他们相应的权力。授权对于项目经理来说是十分重要的组织工作。项目经理要对团队成员每个人的能力、特长、性格和优缺点有很好的了解，以便分配给他们恰当的任务。授权时不但要考虑成员目前的工作能力，还要想到他的潜在能力。承担内容丰富、具有挑战性的任务能激励人们努力工作和学习，充分发掘自己的潜能。

给队员授权，让他在自己的职责范围内自主决策。项目经理应该明白，在工作过程中人们难免会犯错误，从而会遭受挫折和造成损失。如果项目经理非常害怕错误和损失，如果他要求队员在每个细小的问题上都要与他商量并得到批准，则会使团队工作陷入瘫痪。要使授权工作有效，就要求项目经理在授权前做到知人善任，在授权后放手，要对他们表现出充分的信任,同时还要随时准备好在需要的时候给他们提供有益的指导和帮助。

二、团队建设

团队是一组个体成员为实现一个共同目标而协同工作的组织。项目团队工作是否有成效直接影响项目的成败。

一个项目团队从组建到能够配合默契地协同工作,需要有一个过程,团队成员需要有一个彼此了解和相互信任的过程。一个为实现项目目标而齐心协力地工作,并取得成效的团队,通常具有以下特点:大家对项目的目标有清晰的理解;管理上采用目标导向,对团队的每一位成员有明确的期望;团队成员之间相互信任;具有团结互助和高度的团队协作精神。以上这些方面也正是团队建设的努力方向。

1. 为团队工作树立明确的目标

要让团队每一位成员都清楚地知道项目的工作范围、质量标准、费用预算和进度计划,并对实现项目目标的意义及由此带来的利益有共同的、正确的理解。要让团队成员参与制订项目计划,这样他们就能了解项目的全局,知道自己的任务与职责在项目中的地位与作用,并知道应如何与其他成员协同工作。

2. 培育团结协作的团队精神

团队的团结协作精神是建立在团队成员彼此之间的相互尊重和相互信任之上的,这种彼此的尊重和信任,又是基于大家有很好的沟通。通过经常的沟通,不仅能了解其他成员的技能与专长,认识到在工作上相互配合、相互支持的重要性,而且能在思想情感上建立深厚的友谊。当其他成员需要支援时,会积极地提供帮助,在出现不良倾向时会真诚地开展善意的批评,同时能够虚心接受其他人的建议和批评。因此,要想建设一个好的团队,需要在团队内部创造便于沟通的环境。例如,共同在一个大的办公室里工作;经常组织一些讨论会,让大家有机会发表意见和互相交流;还可以组织一些聚餐、郊游和文娱体育活动,以便联络感情,增进友谊。

3. 正确处理工作中的各种冲突

在项目工作中对一个问题有不同的意见是很正常的。对出现的冲突采取压制的做法是错误的,因为出现冲突也有其有利的一面,它可以促使人们从不同的角度思考问题,并由此得到更全面、更好的解决方案。团队内出现冲突是不可避免的,正视冲突和正确处理冲突是团队建设的重要组成部分。

冲突产生于各种情况,它涉及项目经理与团队成员,团员成员之间,团队与客户之间,需要分析清楚冲突产生的原因,才能有针对性地采取合理的解决办法。冲突通常来源于对工作量的估计;对工作进度的安排,对成本费用的预算;对资源的分配,对工作安排的优先次序;团队内部的规章制度等。冲突不能单靠项目经理去处理,需要让团队成员共同处理解决。冲突使问题暴露出来了,它能激起思考和讨论,澄清一些观念,促使人们寻求新的理念和新的解决方法。如果问题得到了合理解决,就会使团队在冲突的处理上得到改进和提高,使团队变得日益成熟。

美国布莱克(Blake)、穆顿(Mouton)和托马斯(Thomas)等人的研究,得出人们处理冲突的五种方法。

（1）回避或撤退。这是指冲突双方中一方从争执中撤出，避免发生实际的冲突。例如，两人对某一问题有不同意见，而一方保持沉默不与对方争论。这种方法常常会使冲突积累起来，并使冲突逐步升级，最后大爆发。

（2）竞争或强迫。这是指冲突双方把冲突看作是一次较量，都想在冲突中获胜并压倒对方。这种情况下人们会采用各种手段，包括使用权力来处理冲突。例如，就如何处理当前的困境，某个队员有自己的看法，并提出了解决问题的建议，但是项目经理坚持自己的意见，并利用权力命令“按我说的去做”。用这种方法处理冲突不能使对方心悦诚服，会导致产生委曲和怨恨心理，影响日后的工作和相处。

（3）调停。这是指尽力在冲突中找出意见一致的方面，并忽视存在的差异，可能伤害感情的话题一概不提。这种方法认为，维护良好的人际关系比解决问题更重要，尽管这种方法能缓和冲突，但它并没有真正解决问题。

（4）妥协。这是指在冲突中寻求一个调和折中的方案，办法是分散差异，使冲突诸方都得到某种程度的满足。但这并非是一个很可行的方法。例如，争执双方一个认为完成该项任务需要15个人干2天，另一个则认为只需5～6人干2天就成了，最后双方退让，同意了用10个人干2天的方案，但这并不一定是最佳方案。

（5）正视和合作。这是指冲突诸方既正视矛盾，也重视维护人际关系，采取合作的态度，愿意就面临的冲突广泛交换情况，认真听取对方的不同见解，不抱成见，展开讨论，研究最好的、考虑最全面的解决方案。要使这种方法有效，必须有一个良好的环境，在这样的环境下，人们以诚相待，有友好的合作的愿望，有不同意见时可以激烈争论，但不抱对立情绪，不搞打击报复。

一个优秀的项目团队在处理冲突时应该尽量采用上述的第5种方法。同时，在团队内为了避免和缩小某些不必要的冲突，可以采取如下措施：让项目组成员参与制订工作计划；明确每个成员的分工和职责；坦诚相处和及时地沟通；团队内部有明确的工作规程；项目经理和团队成员都有建设好团队的真诚愿望。

第五节　项目的目标、范围与工作结构分解

进行项目管理首先应清楚项目的目标和明确项目的范围。

一、项目的目标与目标管理

进行项目管理首先必须对项目的目标有清楚的认识。为了使项目的目标容易被人理解，项目目标的确定通常要求体现SMART原则，即必须是具体的(Specific)，是可测量的(Measurable)，是可实现的(Achievable)，可跟踪的(Traceable)，要把一系列相关联的任务(Relevant)都包含在内。所谓可跟踪性，是指项目的实施过程可以通过文档和信息系统进行跟踪和监控，而不应该是一旦完成，关于过程的情况就一无所知了。

目标管理(management by objectives，MBO)是项目管理中经常使用的一种管理方法。它具有以下特点：目标管理是面向结果的，而不是面向过程的，它强调项目实施的结果，而不限制其实施的具体过程，这样，项目组成员可以在实施的方法和手段上发挥自己的才能进

行创新;这种方式使项目组成员更重视组织目标,并能更好地了解各自的工作结果与组织目标之间的关系,更清楚地知道自己的工作成果对项目目标的实现所作出的贡献。

目标管理作为一种有效的管理工具,目标管理的过程是一个参与式的过程,当项目的总体目标设定以后,它就作为下一层制订各自的工作计划的依据,进而相应地确定每个工作人员的工作范围和期望的成果。经理人员定期对各工作成果进行评价。

许多项目由于存在很大的不确定性,如科研项目、新产品研制开发项目等,项目目标的确定需要有一个逐步具体化、细化的过程。开始时项目的目标可能比较笼统,随着项目的进展而逐渐明确,甚至有较大的改动。

二、项目的范围与范围管理

(一) 项目的范围

项目的范围是指为了交付项目的最终成果必须做的工作,既包括为完成规定的产品或服务所需进行的制造工作和服务工作,又包括管理工作,如进度管理、质量管理和成本管理等。

项目范围的文字说明是编制一份项目范围说明书。项目范围说明书通常包含三方面的内容。①项目的合理性说明,它是以后评估各种利弊关系和风险的基础。②项目目标,通常至少包括技术性能或质量标准、时间进度和费用。对项目目标要尽可能地进行量化,未被量化的目标往往具有风险。③项目可交付的成果,例如一项软件开发项目,其可交付的主要成果应是经过测试的可运行的计算机程序和用户手册等。项目范围说明书是项目管理的基础性文件。它是核对项目成果、评价项目成败的重要依据。

(二) 项目的范围管理

项目范围管理(scope management)是指为了保证项目包含且只包含所有应完成的工作(指不做多余的工作)以实现项目目标所进行的管理。项目范围管理包含以下管理过程。

(1) 项目启动:组织项目启动。

(2) 范围计划:起草书面的项目范围说明书。

(3) 项目分解:把项目的可交付成果划分为较小的、较容易管理的组成部分,通常采用“工作分解结构”作为分解的工具。

(4) 范围核实:项目利益相关者对项目范围的界定进行确认。

(5) 范围变化控制:对项目范围变化的可接受性进行控制。

三、关于工作分解结构

工作分解结构(work breakdown structure,WBS)是将项目分解为内容相对独立,便于管理和控制,易于成本核算的工作单元的一种方法。每一个工作单元都是为实现项目目标的一项具体任务。构成一个工作单元的要素包括:①工作对象;②工作内容;③任务的承担者及人员的职责分工;④完成工作所需的时间;⑤完成工作所需的资源,包括空间、设备、材料、资金、人力等。

项目任务的分解可粗可细，根据需要而定。对于上级领导部门来说，为了能统观全局和掌握主要流程，应分解得粗一些。对于下属的执行单位来说，要根据分解后的工作单元组织和实施各项具体工作，因此要求分解得细一些。

WBS 并非是将项目进行简单的分割，在分解时要充分考虑各部分之间的组织联系和技术联系，因为 WBS 是制订项目实施计划和确定组织结构形式的重要依据。项目的分解可以采取多种方式，但要保证分解后的子项目是相互关联的，并且经过整合能够构成项目的整体。制定 WBS 的方法可以采取自上而下或自下而上，或者是将两者结合起来进行的方法，还可以采用模板等方法。

所谓的自上而下法，是指对项目的分解先从总体开始，分为几个大的子项目，然后向下逐层分解。这种方法的优点是层次分明，缺点是可能会遗漏一些小的任务。用这种方法分解后，可以画出树形结构的 WBS 图。

所谓的自下而上法，是指先不考虑层次，而是发动项目组成员积极思维，把所有想到的任务都罗列出来，然后找出它们之间的关联。这种方法只适用于小的项目。

所谓采用模板法，是指将做过的项目的 WBS 进行典型化抽象归纳，形成某一类项目的模板。在新项目进行工作分解时，可以从模板库中调用相似类型项目的模板，再对它进行必要的增删和修改。

任务分解之后，要将结果制成一张工作明细表。表 15-1 是某新产品设计试制项目分解后的工作明细表。

表 15-1　某新产品设计试制项目的工作明细表

工作编号	工　作　内　容	紧前工作	所需时间
A	新产品概念设计		7
B	技术设计	A	20
C	施工图设计	B	25
D	产品工艺设计	C	18
E	材料采购	C	15
F	工艺装备设计及制造	D	20
G	毛坯制造	D、E	12
H	中小零件加工	D、E	15
I	基体件及复杂零件加工	F、G	30
J	机电配件采购	C	7
K	部件组装	H、I、J	10
L	产品总装配	K	5
M	新产品试车	L	8

第六节　项目进度管理

项目进度管理是通过编制进度计划和对计划的实施过程进行有效的控制来实现的。项目进度计划通常采用网络计划的形式，因为用甘特图编制的计划难以描述清楚一个大型项目众多活动之间的复杂关系。常用的网络计划有计划评审技术(program evaluation and review technique,PERT)和关键路径法(critical path method,CPM)两种。这些方法都是用网络图表示活动的先后顺序以及它们之间的相互关系。

一、网络图的绘制原理

(一) 网络图的两种形式: 节点式和箭线式

节点式(activity on the node,AON)是用节点表示活动,每项活动在网络图中用一个方框表示,对该项活动的描述都写在框内,并给每个方框指定一个唯一的编号。方框之间用箭头联系起来,箭头的方向表示活动的先后顺序。

箭线式(activity on the arrow,AOA)是用一条箭线表示一项活动,箭尾代表活动的开始,箭头代表活动的结束,箭线的长度与活动的持续时间无关。活动的内容写在箭线的上方。箭线之间用被称为事件的圆圈连接起来,事件是表示某项活动开始或结束的时点。圆圈代表箭头指向它的活动的结束,箭线离开它的活动的开始。每一个圆圈(事件)有一个唯一的编号。活动的开始事件称为该活动的紧前事件,活动的结束事件称为该活动的紧随事件。任何一项活动都可以用它的紧前事件号和紧随事件号表示。例如,活动 A 可以用紧前和紧随事件号“5-6”表示,如图 15-4 所示。受篇幅限制,本书只重点介绍箭线式网络图。图 15-5 给出了节点式和箭线式两种网络图的表示方法。

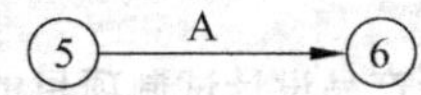

图 15-4 活动 A 的箭线图

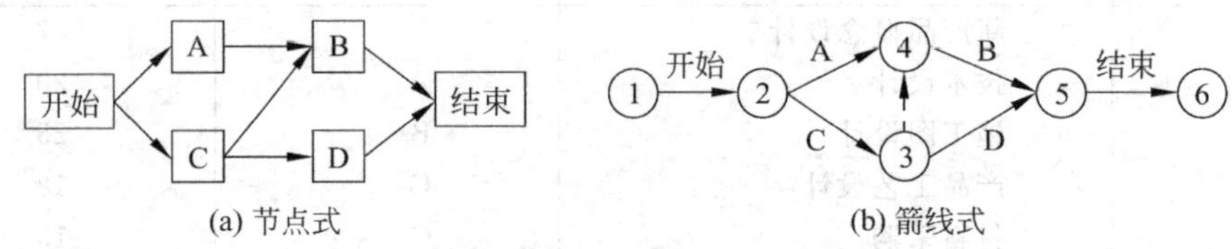

图 15-5 节点式网络图与箭线式网络图的比较

(二) 绘制网络图的若干规则

1. 对于箭线式网络图,凡编号相邻的两个事件之间不允许有两条箭线存在

如图 15-6 所示,此时“5-6”既表示 A,又表示 B,具有不确定性,这是不允许的。解决的办法是引入“虚活动”。虚活动是不消耗时间和任何资源的一种特殊活动。虚活动用虚箭线表示。出现图 15-6 的情况,可以用图 15-7 来表示。

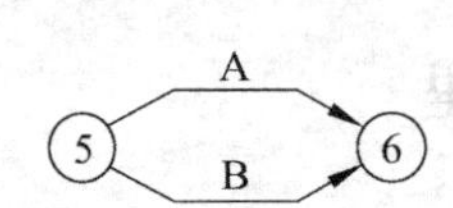

图 15-6 不正确的箭线图

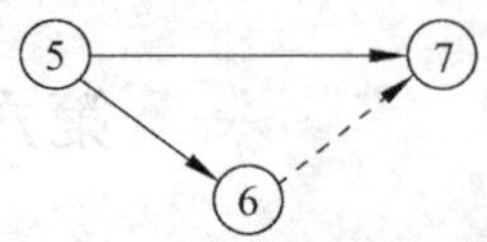

图 15-7 应用虚活动表示的箭线图

这一问题在节点式网络图中是不存在的，请参见图 15-5，所以图 15-5(a)中不必采用虚活动。

2. 在网络图中不允许出现封闭环路

即从某一事件出发经过一系列活动后又回到了原来的事件处，如图 15-8 所示。这里还包含事件的编码规则，即箭线箭头所指的事件的号码必须大于箭尾事件的号码，如图 15-8(a)中的箭线 E，箭头所指事件的编码为 1，而箭尾事件的编码为 5，就违反了网络图的作图规则，说明图中一定存在环路，这是不允许的。对于节点式网络图，出现封闭环路同样是不允许的。

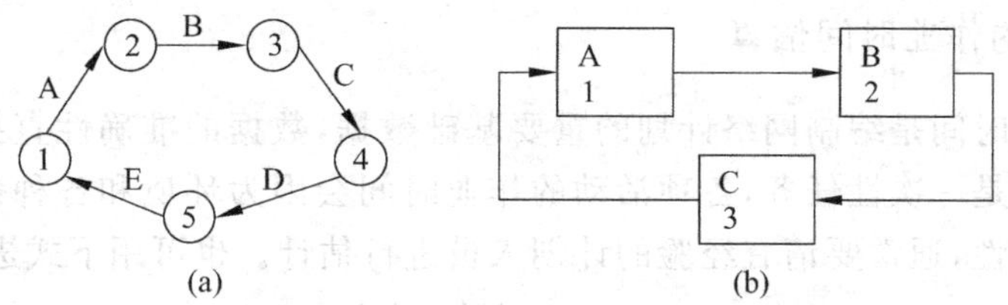

图 15-8　形成环路的不正确的网络图

3. 一张网络图只能有一个总起点和一个总终点

对于箭线式网络图，图中只能有一个起始事件和一个结束事件，其他事件都属于中间事件。起始事件是指只与箭尾相连接的事件；结束事件是指只与箭头相连接的事件；中间事件是指一头连接箭头另一头连接箭尾的事件，即它既是一些活动的开始时点，又是另一些活动的结束时点。箭线式网络图中不允许出现类似图 15-9 的图形，因为这样绘制是不正确的。

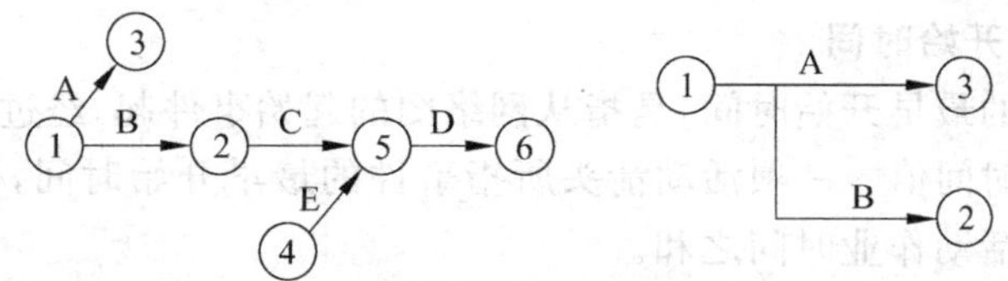

图 15-9　错误的网络图

4. 网络图中的线路、路长和关键线路

线路是指从网络图的起始事件，沿箭线方向经过一系列活动和事件，到达网络结束事件为止的一条通路。一张网络图中一般存在多条线路(见图 15-10)。

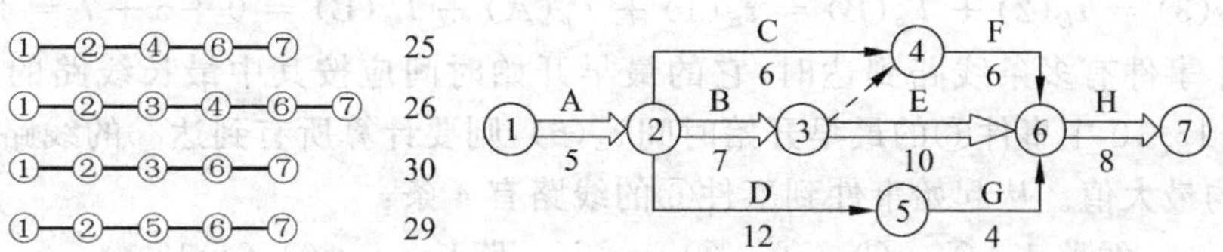

图 15-10　箭线式网络图例

线路的总长度称为路长。路长是这条线路上各项活动所需作业时间的总和。在所有线路中必有一条路长最长的线路，这条线路被称为该网络图的关键线路。关键线路的路长决定了该项目任务的总工期。在图 15-10 中，路长为 30 的线路①—②—③—⑥—⑦是关键线路。网络图中通常把关键线路画成双线以便于辨认。

二、网络图的时间参数计算

网络图中的时间参数包括：各项活动的作业时间估计；各个事件的最早开始时间和最晚结束时间；各项活动的最早开始时间、最早结束时间、最晚开始时间和最晚结束时间，以及关于时差的计算等。

(一) 活动的作业时间估算

活动的作业时间是编制网络计划的重要基础数据，数据的准确性直接影响计划的质量。但由于项目是一次性任务，各项活动的作业时间会因为环境和各种条件的变化而存在一定的不确定性，通常要请有经验的计划人员进行估计。也可用下式进行估算：

$$T_p = \frac{a + 4m + b}{6}$$

式中，T_p——活动的作业时间(或工期)；

a——最乐观的估计完成该项活动所需的时间；

m——正常情况下完成该项活动所需的时间；

b——最悲观的估计完成该项活动所需的时间。

T_p 是取了一个有利情况和不利情况下的作业时间的加权平均值。

(二) 事件的最早开始时间和最晚结束时间及事件的时差

1. 事件的最早开始时间

某一事件可能的最早开始时间，是指从网络图的起始事件起，经过一系列活动到达该事件的最长线路的时间值。一项活动箭头所指事件的最早开始时间，是其箭尾事件最早开始时间加上该项活动作业时间之和。

其计算公式为

$$t_E(j) = t_E(i) + T_p(i,j)$$

式中，$T_p(i,j)$的箭线方向为 $i \to j$，$(j=2,3,4,\cdots,n)$

例如，图 15-10 中事件③的最早开始时间 $t_E(3)$，可计算如下：

设起始事件 $t_E(1)=0$

$$t_E(3) = t_E(2) + T_p(\mathrm{B}) = t_E(1) + T_p(\mathrm{A}) + T_p(\mathrm{B}) = 0 + 5 + 7 = 12$$

当一个事件有多条线路到达时，它的最早开始时间应按其中最长线路的路长计算。例如，求图 15-10 中事件⑥的最早开始时间 $t_E(6)$，则要计算所有到达⑥的线路的路长，再找出其中的最大值。从起始事件到事件⑥的线路有 4 条：

线路 1	①—②—④—⑥	路长	5+6+6=17
线路 2	①—②—③—④—⑥		5+7+0+6=18
线路 3	①—②—③—⑥		5+7+10=22
线路 4	①—②—⑤—⑥		5+12+4=21

线路 3 的路长最长，所以事件 ⑥ 的最早开始时间为 22。

$$t_E(6) = 0 + \max\{17,18,22,21\} = 22$$

2. 事件的最晚结束时间

某一事件的最晚必须结束的时间是指箭头指向该事件的活动必须于该时点完成，否则其紧随活动就不能按时开工了。事件的最晚结束时间 $t_L(i)$可按下面的方法计算：

首先，结束事件的最晚结束时间 $t_L(n)$与最早开始时间 $t_E(n)$应相等，即

$t_L(n)=t_E(n)$ ，于是 $t_L(n)$为可知，再按下述公式，逆箭线方向，由后往前，可一一计算各事件的最晚结束时间。

$$t_L(i) = t_L(j) - T_p(i,j)$$

式中，$T_p(i,j)$是活动(i,j)的作业时间，箭线方向是 $i \to j$，$(i=n-1,n-2,\cdots,1)$

$t_L(i)$是箭尾事件的最晚结束时间；$t_L(j)$是箭头事件的最晚结束时间。

仍以如图 15-10 所示的网络图为例，计算事件④的最晚结束时间 $t_L(4)$。

$$t_L(4) = t_L(7) - T_p(6,7) - T_p(4,6) = 30 - 8 - 6 = 16$$

当一个事件有多条线路由此出发时，该事件最晚结束时间的计算方法是：计算由此出发的各条线路的路长，取其中路长的最大值，再以网络图结束事件的最晚结束时间减去此值所得的差值，即为该事件的最晚结束时间。

例如，计算图 15-10 中事件②的最晚结束时间 $t_L(2)$，应先找出由②出发的各条线路，计算各线路的路长，并选出其中的最大路长。由②出发到⑦共有 4 条线路：

		路长	
线路 1	②—④—⑥—⑦	20	取其中的最大值 25
线路 2	②—③—④—⑥—⑦	21	
线路 3	②—③—⑥—⑦	25	
线路 4	②—⑤—⑥—⑦	24	

$$t_L(2)=t_L(7)-T_p(6,7)-T_p(3,6)-T_p(2,3)=30-8-10-7=5$$

或

$$t_L(2) = 30 - \max\{20,21,25,24\} = 5$$

3. 事件的时差

事件的时差(slack)是指该事件的最晚结束时间 $t_L(i)$与最早开始时间 $t_E(i)$的差值。计算和分析时差是网络计划工作的重要内容。存在时差，说明在工作进度的安排上有伸缩调节的余地。事件的时差用 $S(i)$表示，其计算公式为

$$S(i) = t_L(i) - t_E(i)$$

网络图上各事件的时差，可以在网络图上直接计算，称为图上计算法。通常是先从网络的起始事件开始，顺箭线方向沿各条线路一一计算各个事件的最早开始时间，直至网络图的结束事件，将算得的数值放在方框内，置于各事件(圆圈)的上方。再计算各事件的最晚结束时间，计算的方法是从网络的结束事件开始，逆箭线方向沿各条线路一一计算各事件的最晚结束时间，将算得的数值放在三角形框内，置于最早开始时间方框的下方。

各事件的最晚结束时间 $t_L(i)$与最早开始时间 $t_E(i)$的差值就是该事件的时差。由时差为零的各事件组成的线路，称为该网络图的关键线路(critical path)。关键线路是该网络图中路长最长的线路。在一个项目中有时关键线路不止一条，时差也可能出现负值(当

任务量大,计划安排的工期不足时),时差为零或负的线路都是关键线路。在项目进展过程中随着对关键线路上的活动的调整,使线路上的负荷得到减轻,关键线路随之会发生变化。原来的关键线路会变成非关键线路,原来的次关键线路会变成关键线路。

现在仍以如图 15-10 所示的网络图为例,计算各事件的时差,并找出图中的关键线路。先计算各事件的最早开始时间,从网络的起始事件开始。

$$t_E(1) = 0$$
$$t_E(2) = 0 + 5 = 5$$
$$t_E(3) = 0 + 5 + 7 = 12$$
$$t_E(4) = 0 + \max\{(5 + 6);(5 + 7 + 0)\} = 12$$
$$t_E(5) = 0 + 5 + 12 = 17$$
$$t_E(6) = 0 + \max\{(5 + 6 + 6);(5 + 7 + 0 + 6);(5 + 7 + 10);(5 + 12 + 4)\} = 22$$
$$t_E(7) = t_E(6) + T_p(6,7) = 22 + 8 = 30$$

再计算各事件的最晚结束时间,从网络的结束事件开始:

$$t_L(7) = t_E(7) = 30$$
$$t_L(6) = t_L(7) - T_L(6,7) = 30 - 8 = 22$$
$$t_L(5) = t_L(6) - T_L(5,6) = 22 - 4 = 18$$
$$t_L(4) = t_L(6) - T_L(4,6) = 16$$
$$t_L(3) = \min\{[t_L(4) - T_L(3,4)];[t_L(6) - T_L(3,6)]\} = \min\{16;12\} = 12$$
$$t_L(2) = \min\{(12 - 6);(12 - 7);(17 - 12)\} = \min\{6,5,5\} = 5$$
$$t_L(1) = t_L(2) - T_L(1,2) = 5 - 5 = 0 \quad \text{或} \quad t_L(1) = t_E(1) = 0$$

各个事件的最早开始时间和最晚结束时间算出后,将它们分别标示于事件(圆圈)上方的方框和三角形框内,见图 15-11。从图中可以看到有些事件的最早开始时间和最晚结束时间是相等的,即这些事件的时差为零。由时差为零的事件所组成的线路就是该网络图中的关键线路。在本例中,①—②—③—⑥—⑦这条线路就是关键线路。

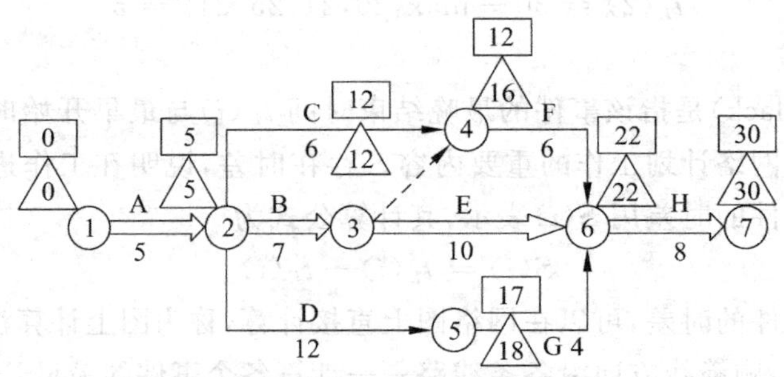

图 15-11 箭线式网络图例

(三) 各项活动的时间参数计算

各项活动的时间参数,除了其作业时间外,还有活动的最早开始时间、最早结束时间、最晚开始时间、最晚结束时间以及活动的总时差和单时差。

1. 活动的最早开始时间

一项活动必须等它的紧前工作完成以后才能开始。活动的最早开始时间通常用 $ES(i,j)$ 表示，是指其紧前工作全部完成，本项活动可以开始的最早时刻。活动的最早开始时间也是其箭尾事件的最早开始时间。即

$$ES(i,j) = t_E(i)$$

式中，$i \rightarrow j$

2. 活动的最早结束时间

一项活动的最早结束时间通常用 $EF(i,j)$ 表示。它是活动按最早时间开工后，所能达到的最早完工时刻。可用下式计算：

$$EF(i,j) = ES(i,j) + T_p(i,j) = t_E(i) + T_p(i,j)$$

3. 活动的最晚开始时间

活动的最晚开始时间通常用 $LS(i,j)$ 表示。它是指在不影响其紧随活动最晚开始工作的前提下，一项活动可以开始的最晚时间。可用下式计算：

$$LS(i,j) = t_L(j) - T_p(i,j)$$

4. 活动的最晚结束时间

活动的最晚结束时间通常用 $LF(i,j)$ 表示。它是指为了不影响其紧随活动在最晚开始时间开工，该项活动必须结束的最晚时间。可用下式计算：

$$LF(i,j) = LS(i,j) + T_p(i,j) = t_L(j)$$

5. 活动的总时差

活动的总时差通常用 $TS(i,j)$ 表示。它是指在满足其紧随活动能于最晚开始时间开工的条件下，该项活动可以靠前或靠后灵活安排的时间范围。总时差可用下式计算：

$$\begin{aligned} TS(i,j) &= LS(i,j) - ES(i,j) = LF(i,j) - EF(i,j) \\ &= t_L(j) - t_E(i) - T_p(i,j) \end{aligned}$$

6. 单时差

某项活动的单时差常用 $SS(i,j)$ 表示。它的计算公式为

$$SS(i,j) = ES(j,k) - EF(i,j)$$

式中，$ES(j,k)$——活动 (i,j) 的紧随活动 (j,k) 的最早开始时间；

$EF(i,j)$——活动 (i,j) 的最早结束时间。

单时差与总时差的区别是，单时差是在不影响其紧随活动的最早开始时间的条件下，本项活动独有的富裕机动时间，这部分机动时间其紧随活动是不能利用的；而总时差是本项活动与其紧前或紧随活动共享的富裕机动时间。下面用图 15-12 来描述总时差与单时差的关系。由图可知，总时差中包含单时差，这部分单时差是不能与其紧前或紧随活动共享的。

三、进度计划的编制及优化

（一）计划编制

一个项目经过工作分解，并对每项活动（工作单元）的作业时间进行了估算，确定了工作流程，明确了各项活动之间的相互关系（紧前或紧随关系）之后，就可以列出该项目的工作明

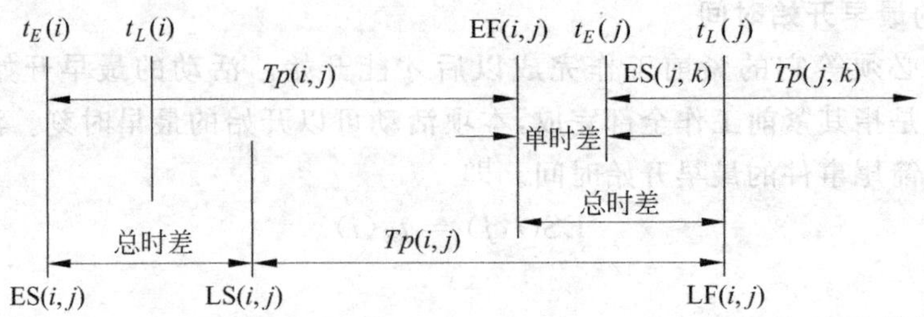

图 15-12 总时差与单时差的关系

细表。根据工作明细表即可编制项目的进度计划。下面以表 15-1 的某新产品设计试制项目的工作明细表为例,编制该项目的网络进度计划,画出一张网络图(见图 15-13)。

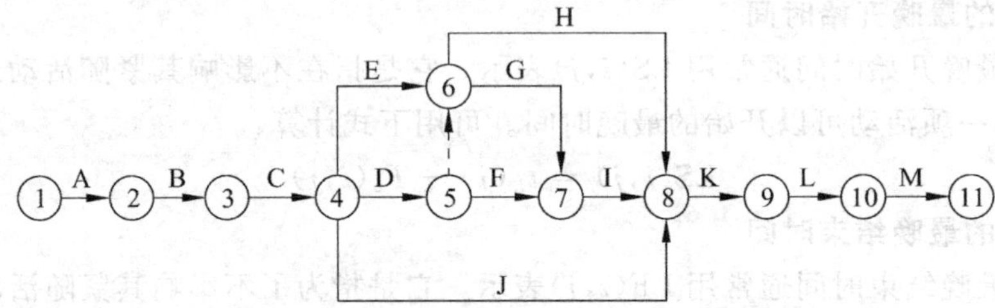

图 15-13 某新产品设计试制项目的网络图

当网络图内容复杂,用图上计算法操作不方便时,也可以列表计算。如图 15-13 所示的网络图可以通过表 15-2 的形式,在表上计算各项活动的最早开始时间 ES、最早结束时间 EF、最晚开始时间 LS、最晚结束时间 LF 和各项活动的时差。由时差为零的各项活动所构成的线路,就是该项目的关键线路。本例的关键线路为

①→②→③→④→⑤→⑦→⑧→⑨→⑩→⑪

表 15-2 某新产品设计试制项目的进度计划表

工作编号	工作内容	紧前工作	所需时间	最早开始时间 ES	最早结束时间 EF	最晚开始时间 LS	最晚结束时间 LF	总时差
A	新产品概念设计		7	0	7	0	7	0
B	技术设计	A	20	7	27	7	27	0
C	施工图设计	B	25	27	52	27	52	0
D	产品工艺设计	C	18	52	70	52	70	0
E	材料采购	C	15	52	67	63	78	11
F	工艺装备设计及制造	D	20	70	90	70	90	0
G	毛坯制造	D、E	12	70	82	78	90	8
H	中小零件加工	D、E	15	70	85	105	120	35
I	基体件及复杂零件加工	F、G	30	90	120	90	120	0
J	机电配件采购	C	7	52	59	113	120	61
K	部件组装	H、I、J	10	120	130	120	130	0
L	产品总装配	K	5	130	135	130	135	0
M	新产品试车	L	7	135	142	135	142	0

关键线路的路长决定项目的工期，即本项目的工期是由A、B、C、D、F、I、K、L、M等活动的作业时间之和决定的。要想缩短本项目的工期，首先应考虑有无可能采取措施压缩上述关键线路上诸活动的作业时间。

（二）计划优化

前面在谈编制项目计划时，没有涉及资源的约束，实际上拨给一个项目的资源总是有限的，即使在项目建立之初，根据工作的需要已经给项目配备了较充裕的资源（人力、设备等），但在项目的实施过程中对各种资源的需求在各时间段上往往是不平衡的，有时会感到人力不足，有时又会发生人力闲置。人力不足将影响工作的进程，人力闲置则会造成浪费。所以计划的编制要考虑资源的约束，既要求充分合理利用有限的资源，又要求按时完成项目的进度计划。

以合理利用人力资源为例，在计划上希望工作负荷的安排尽可能均衡，避免计划要求投入的人力大起大落。但是排出的初始计划很难做到负荷非常均衡，因此在计划初稿完成后，尚需对计划进行优化。

1. 进行资源平衡

首先要确定网络计划中的关键线路和非关键线路上各项活动所拥有的时差。当发现某一时段计划的工作负荷超过能力时，可以把非关键线路上的活动根据时差允许的范围移前或推后，使负荷的高峰错开，把该时段中超载的负荷降下来。

如果通过上述负荷调整仍不能解决问题，则可能需要采取以下措施：①组织部分人员加班，但工作人员不宜长期加班，避免过分劳累影响其健康和影响工作质量；②聘请临时的工作人员投入本项目，这可能需要进行专门的培训，会使成本有较大的增加；③在质量和进度有保证的前提下，把部分工作外包出去。

2. 变串行工作为并行工作

为了缩短工期和避免人力闲置，应把顺序串行的工作尽可能改变为并行进行。

假设某种机器的装配有三道工序，分别由三名工人负责组装。如按图15-14顺序进行，则一名工人进行装配时，其他两名工人在旁等着，浪费人力。如果三台机器完全平行装配，则需三组工人才能同时装配，而在每台机器的装配过程中，仍存在前述的人力闲置现象。想用一组工人平行地工作，以缩短工期，可以采用如图15-15(a)或(b)的梯形网络图来安排。

机器A 工序1 → 机器A 工序2 → 机器A 工序3 → 机器B 工序1 → 机器B 工序2 → 机器B 工序3 → 机器C 工序1 → 机器C 工序2 → 机器C 工序3

(a) 节点式顺序工作的网络图

① —A1→ ② —A2→ ③ —A3→ ④ —B1→ ⑤ —B2→ ⑥ —B3→ ⑦ —C1→ ⑧ —C2→ ⑨ —C3→ ⑩

(b) 箭线式顺序工作的网络图

图15-14　顺序工作时的网络图

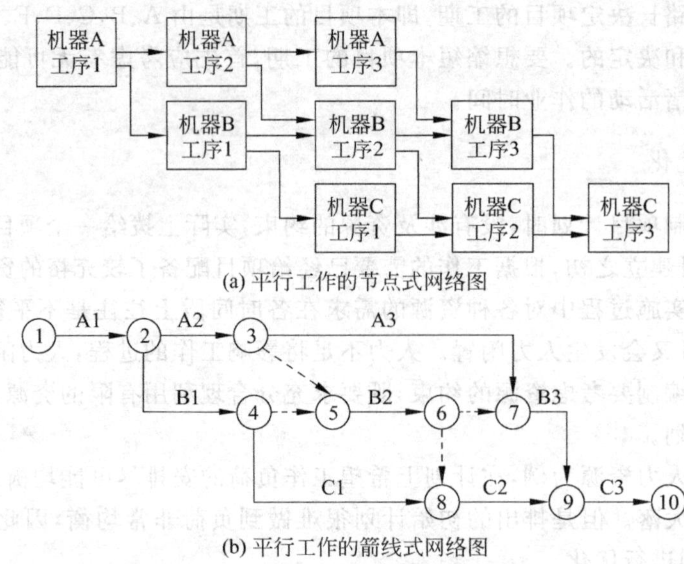

图 15-15　一组工人平行工作时的网络图

第七节　项目成本管理

项目成本是指在项目实现过程中所耗用的各种费用的总和。项目成本管理是指为保障项目实际发生的成本不超出项目的费用预算而开展的一系列编制成本计划和进行预算控制等的管理活动。

一、项目成本管理的内容

项目成本管理包含编制项目资源计划、项目成本估算、项目成本预算分配和项目成本控制等内容。

1. 项目资源计划

编制项目资源计划是要确定为完成项目,需要投入的资源种类(包含人力、设备、材料和资金)、所需资源的数量和安排这些资源投入的大致时间。具体的工作是要编制一份该项目所需的各种资源的清单和资源的使用计划。

2. 项目成本估算

根据项目的资源需求计划和各种资源的市场价格及预测价格,可以估算整个项目的成本费用。具体的工作是编制一份项目的资源成本概算。

3. 项目成本预算分配

项目成本预算分配是指根据项目的成本估算,为项目的各项活动或工作单元分配和确定费用预算指标,并科学、合理地制定整个项目的总预算。项目的成本预算是进行项目成本控制的基准。

4. 项目成本控制

成本控制工作是指在项目的实施过程中,努力将项目的实际成本费用控制在项目的成本预算范围之内。随着项目的进展，还要根据项目成本的实际发生情况，不断预测项目成本的发展变化趋势，随时修订原先的项目成本估算，以便合理分配费用，并使实际成本费用不超出项目的总预算。

二、项目的成本结构和成本的影响因素

项目成本按其用途的不同，可以分为以下几个部分。

1. 项目的立项成本

为了对项目进行科学的定义与正确决策，在项目形成的第一阶段，需要进行大量的调查研究，搜集和掌握第一手资料，进行项目的可行性研究。为完成上述工作需要耗用一定的人力、物力和资金，所耗的这些费用就构成了项目的立项成本。

2. 项目设计成本

任何一个项目不论是工程建设项目、新产品研制开发项目，还是科学研究项目都需要开展设计工作。这些设计工作所耗用的人力、物力和资金就构成了项目的设计成本。

3. 项目实施前的筹划成本

项目实施以前为了获得项目所需的各种资源，需要开展一系列的工作，如选择供应商、询价、承发包、招标、发标、评标、定标、签约等，这些活动都要发生一定的费用支出。这些费用就构成了项目实施前的筹划成本。

4. 项目实施成本

为实现项目的目标，在项目实施过程中所耗用的各种资源，包括物质资源和人力资源，其支出的全部费用构成项目的实施成本。实施成本具体包含以下内容。

(1) 人工成本：实施项目的工作人员的工资、劳保福利和奖金等。

(2) 物料成本：实施项目所需的各种原料、材料和低值易耗品等的费用。

(3) 顾问费用：聘请专家顾问的酬金以及雇用分包商的费用。

(4) 设备费用：购买或租用有关的仪器设备、专用工具等器材的费用。

(5) 其他费用：在上述四类费用之外的各种杂项开支(如差旅费等)。

(6) 不可预见费用：为意外事件所发生费用建立的成本科目，如工程返工的费用损失、物价上涨引起的开支增加、发生意外事故的赔偿金等。

项目实施成本是项目总成本的主要组成部分。很多项目的实施成本占总成本的比例高达90%以上，因此项目成本管理的重点是对项目实施成本的管理与控制。

有很多因素影响一个项目的成本。不同类型的项目，其成本影响因素会有很大的差异。但最为重要的影响因素，通常分为以下四个方面。

1. 项目工期与成本的关系

项目的工期如果过紧，时常需要加班，会引起大量的加班费用，使成本上升。工期如果过松，任务安排得不紧凑，则会使人力闲置，使管理费用等间接费用增加，同样会使成本升高。所以项目的工期应有一个最佳的期限，可使项目的总成本最低。工期过长或过短都不相宜。这里反映最佳的项目工期与最优的资源投入数量之间存在相关关系。

2. 耗用资源的数量和资源的价格

项目的成本既与耗用和占用资源的数量直接相关，又与资源的价格有关。价格因素

是一个外部因素,主要是由市场决定的。而合理地消耗或占用所需资源的数量,是一个相对可控的内部因素。因此,管理的重点应是后者。

3. 项目质量

项目的质量要求越高,项目的成本也就越高。而能否满足客户的需求,客户是否满意是检验项目质量的唯一标准。因此,不要盲目追求高质量,而应认真研究客户的实际需求,使项目的成本真正用在刀刃上。

4. 项目范围

项目的范围越大,所要完成的任务越复杂,显然项目的成本也相应越高。所以正确确定项目的范围,对决定项目的成本水平具有重要而深远的影响。不做多余的、无用的工作应是成本控制的重要内容。

由上可知,为加强项目成本管理需要开展对项目范围、项目质量的认真研究和科学决策,并加强对项目工期和耗用资源的管理和控制。

三、WBS与项目成本估算及项目预算控制

(一) WBS为精确估算项目成本提供依据

工作结构分解技术是精确估算项目成本的重要基础。因为通过 WBS 把项目任务逐层分解,直至各项具体工作,可以使人们对项目内容有深入的了解,并且不遗漏任何工作,这就为进行精确的成本估算提供了重要的依据。

通过 WBS 把项目任务分解为最基本的工作单元,每个工作单元由于任务具体明确,对它的成本估算就容易做到较为精确。在此基础上汇总各工作单元的成本,即可得到较精确的整个项目的成本估算。

(二) WBS为控制项目预算提供方法

当项目预算有变化时,项目经理需要调整预算分配,这时可借助 WBS 以控制预算总额不超出规定限额。这种控制的方法称为保优预算法。

保优预算法的原理非常简单,它的具体做法是:把原来经 WBS 分解后的工作单元按重要性进行排序,在保证项目目标能基本实现的前提下,去掉排序单中最后几项工作,使所剩工作单元所需的费用预算不超出规定的预算限制时,修改预算的工作即告结束。

现以某公司的新产品促销工作为例。该公司原计划拨款 100 万元进行新产品促销活动。公司的市场部拟订了一份总预算为 98 万元的项目计划(见图 15-16 的左半部分)。

后因经费紧张公司把预算缩减为 75 万元。市场部把项目计划中的各项活动按重要性进行排序,在去掉了后面的三项活动后,使新的项目计划的预算压缩到 75.3 万元。由于仍未达到 75 万元以内,所以又分析了保留的各项活动的预算有无进一步压缩的可能。最后决定适当减少发放免费样品的数量,把总预算控制在 73.3 万元,见图 15-16。

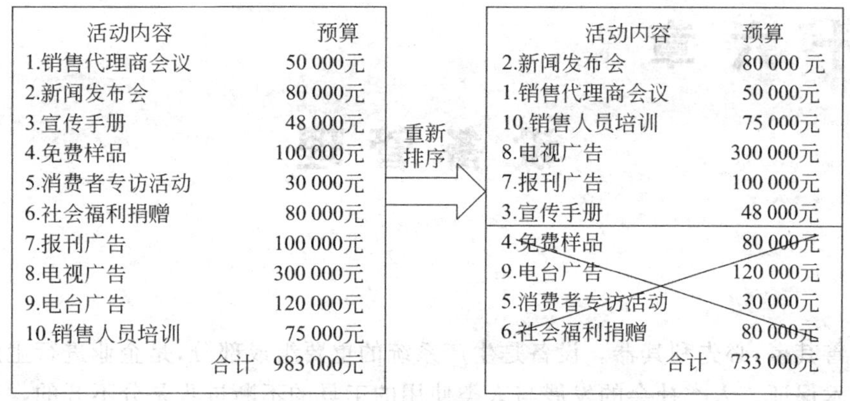

图 15-16　控制项目预算的保优预算法

思 考 题

1. 项目有哪些特征？它与一般的日常生产任务有什么区别？

2. 一个项目的全生命周期通常可划分为几个阶段？

3. 各阶段的项目管理工作包含哪些内容？

4. 在批准项目立项以前，为什么必须进行可行性分析？

5. 在财务评价与国民经济评价所得的结论有矛盾时应如何处理？

6. 一个项目经理应该具备哪些优良的素质和必备的知识与技能？

7. 在团队建设中如何培育团结协作的团队精神，如何正确处理工作中的各种冲突与矛盾？

8. 什么是 WBS？对一个大型项目为什么要进行 WBS？如何分解？

9. 下面是某新产品试制工作的工作明细表。请绘制一张试制工作的箭线式网络图，并计算各事件的时间参数，找出图中的关键路径。

工作号	工 作 内 容	紧前工作	作业时间/天
A	新产品设计	—	50
B	工艺设计	A	25
C	零部件采购	A	20
D	材料采购	A	20
E	工艺装备的设计与制造	B	35
F	毛坯制造	D	20
G	中、小零件加工	D、E	10
H	大型零部件加工	E、F	15
I	部件组装	C、G、H	8
J	产品总装	G、H、I	5
K	产品试车	J	10

10. 项目成本按其用途，由哪些部分组成？

第十六章

设备管理

工欲善其事，必先利其器。设备是生产系统的重要组成部分，是企业进行生产的主要的物质技术保证。人类社会的发展与人类使用的工具的不断进步是分不开的。先进的设备是人类智慧的结晶，高素质的人与先进设备相结合才能更好地发挥人的智慧和才能。

第一节　设备管理综述

一、设备及设备管理的概念

(一) 设备及其分类

1. 设备

设备，有时也称为装备或机器，通常是指在人类生产活动或其他活动中能起到工具作用的物体。设备一词本身的含义极广，所能包容的范围也很大。本章"设备管理"中使用的设备的含义，主要是指企业生产所使用的除土地和建筑物以外的有形固定资产，如各种机器、机械电子装置、车辆等。但生产中耗用的工装模具则不包括在"设备"的范畴之内。

2. 设备的分类

企业生产中所用的设备，由于企业性质的不同及设备自身用途的不同，在形状、大小、性能等方面是极不相同的。为了便于管理，有必要进行分类。由于分类的目的和角度不同，设备分类的方法也是多种多样的。例如，从设备在生产中的作用这一角度，可把企业中所用的设备分为以下几类。

(1) 生产工艺设备，即用于改变劳动对象形状或性能、发生直接生产行为的设备，如金属切削机床、铸造、锻压与焊接等设备，这是企业设备中的主要部分；

(2) 辅助生产设备，是指为生产服务的各种设备，如机械制造企业中的动力设备、运输设备等；

(3) 试验研究设备，如计量、测试设备等；

(4) 管理用设备，是指企业管理机构中用于生产经营管理的各种计算机、复印机、电传机和其他装置；

(5) 公用福利设备，主要是指企业内的医疗卫生、通信、炊事机械等设备。

当然，还可以从其他角度对设备进行分类，例如，我国机械制造企业通常按设备工艺性质将其分为两大类十大项。两大类为机械设备和动力设备。机械设备又分为金属切削机床、锻压设备、起重运输设备、木工铸造设备、专业生产用设备及其他机械设备六大项；

动力设备分为动能发生设备、电器设备、工业炉窑及其他动力设备四大项。每大项还可细分。

对设备进行合理的分类，有助于编制相关的设备台账，以利于设备管理工作的开展。

（二）现代设备的特点

随着科学技术的进步以及对设备使用要求的提高，设备在自身的性能方面有了很大发展，形成了许多与现代工业相适应的特点，了解这些特点将有助于对设备的管理。现代设备的发展具有以下特点。

1. 高速化

随着市场竞争的加剧、生产周期的缩短，对设备加工速度的要求也越来越高。

2. 连续化

为了适应生产过程连续性的要求，减少设备加工中不必要的中断，设备的连续加工能力也成为现代设备的一个重要特点。

3. 自动化

随着设备制造技术的提高，自动控制设备被大量地应用于企业中，已部分替代以至全部替代手工操作。

4. 电子化

目前在机器设备中大量采用电子技术，企业的设备正逐步走向数控化。

5. 多能化

单一功能的设备已不能适应现代生产发展的需要，一机多能，提高设备利用率已成为重要的发展方向，加工中心、柔性制造单元(FMC)、柔性制造系统(FMS)的出现即是十分显著的例证。

6. 精密化

随着对产品性能和质量要求的提高，对某些设备的制造与加工精度亦提出了更高要求。

7. 两极化

某些设备出现大型复杂化趋势，而另一些设备则朝着小型简易型发展。

正是由于现代设备具有的这些特点，对现代企业的设备管理提出了相应的要求。只有进行科学合理的现代化管理，才能使现代设备的优越性充分发挥出来。

（三）设备管理

1. 设备管理的概念

设备管理是指依据企业的生产经营目标，通过一系列的技术、经济和组织措施，对设备生命周期内的所有设备物质运动形态和价值运动形态进行的综合管理工作。

设备生命周期是指设备从规划、购置、安装、调试、使用、维修直至改造、更新及报废全过程所经历的全部时间。购买设备时必须考虑设备生命周期的总费用(life cycle cost，LCC)。

2. 设备管理的主要内容

设备管理分为前期管理和后期管理两部分,主要内容有技术、经济和组织三个方面,三者是不可分割的有机整体。

设备的前期管理包括的主要内容有:

(1) 依据企业经营目标及生产需要,制定生产运作系统规划。

(2) 根据系统需要,选择和购置所需设备,必要时组织设计和制造。

(3) 组织安装和调试即将投入运行的设备。

设备的后期管理包括的主要内容有:

(1) 正确、合理地使用投入运行的设备。

(2) 精心维护保养和及时检修设备,保证设备正常运行。

(3) 适时改造和更新设备。

3. 设备管理的意义

在生产的机械化、自动化程度不断提高的今天,设备管理的好坏对企业的生产经营具有深远的影响。

(1) 设备管理直接影响企业管理的各个方面。在现代化的企业里,企业的计划、交货期、生产监控等各方面的工作无不与设备管理密切相关。

(2) 设备管理直接关系企业产品的产量和质量。

(3) 设备管理水平的高低直接影响产品制造成本的高低。

(4) 设备管理关系到安全生产和环境保护。

(5) 设备管理影响企业生产资金的合理使用。在很多工业企业中,设备及其备品备件所占用的资金,往往占到企业全部生产资金的50%以上。

二、设备管理的发展过程

随着工业革命的产生和发展,生产由手工向机器转化,机器设备逐步加入工业生产中,并且发挥着越来越重要的作用。然而并不是随着设备的产生就产生了设备管理。在工业革命初期,生产规模小,设备简陋,设备的维修一般由操作工人负责,并无专门的设备管理。随着工厂生产规模的扩大,设备的技术复杂程度不断提高,设备的数量和种类不断增多,对设备维修的要求也逐步提高,设备维修逐步发展成为一个独立的工种。当以泰勒为代表的科学管理取代传统的经验管理之后,设备管理最终独立出来成为一个专门职能。

设备管理从产生、发展至今已近百年,与企业管理的其他职能一样,它也经历了一个逐步发展和完善的过程。设备管理大致经历了四个发展时期。

(1) 事后修理时期。在这一时期,设备管理最显著的特点,是坏了再修、不坏不修,以事后修理模式为主。这种设备管理制度在西方工业发达国家一直持续到20世纪二三十年代。

(2) 预防维修时期。随着机器设备的日益复杂,修理所占用的时间已成为影响生产的一个重要因素。20世纪50年代,为了尽量减少设备修理对生产的影响,美苏等国提出了预防维修的概念,开始由事后维修向定期预防维修转变,强调采用适当的方法和组织措施,尽可能早地发现设备的隐患,预防和修理相结合,保证设备的正常运行。这时美国提出了预防维修制度,苏联提出了计划预修制度。

(3) 设备综合管理时期。这一时期开始于 20 世纪 70 年代,有关这一时期的特点将在后面详细论述。

(4) 企业生产效率管理时期(TPM)。这一时期开始于 20 世纪 80 年代,有关这一时期的特点也将在后面详细叙述。

人们习惯上把设备管理发展的前两个时期称为传统的设备管理时期。这一时期所采用的设备管理模式是以维护修理为中心的,存在固有的局限性。

(1) 传统设备管理是一种阶段性的管理。它把设备的设计制造与使用截然分开,只限于对设备的使用进行管理,因而不能全面系统地解决设备使用中出现的问题。

(2) 传统设备管理是一种片面的管理。它往往把注意力更多地集中于设备管理中的技术方面,而忽略了设备管理中的经济因素。在现代的企业管理中,有时经济的因素比技术方面的因素重要得多。

(3) 传统设备管理是一种封闭式的管理。它只限于设备使用企业内部的管理,而忽视与设备的设计、制造和销售等外部单位的联系。企业是一个开放性系统,作为企业管理一部分的设备管理自然也要具备与外界交换和反馈信息的功能。

正是由于传统设备管理存在上述缺点,为了使设备管理与现代生产相适应,人们开始研究和发展新的设备管理模式。

三、设备综合管理

(一) 设备综合管理的形成

1971 年,在英国工商部的指导下,英国设备综合工程中心的丹尼斯·帕克斯(Dennis Parkes)在国际设备工程年会上发表了一篇设备综合工程学研究报告,运用系统论、控制论、信息论的基本原理,提出了一种新的设备管理理论——设备综合工程学(Terotechnology)。概括地说,设备综合工程学的主要内容如下。

(1) 设备综合工程学的研究目标是设备的最经济的 LCC(生命周期费用)。

(2) 它综合了与设备相关的工程技术、管理、财务等方面的内容,是综合的管理科学。

(3) 它提出了进行设备可靠性、维修性设计的理论和方法。

(4) 它强调关于设计、使用效果及费用信息反馈在设备管理中的重要性,要求建立相应的信息交流和反馈系统。

丹尼斯·帕克斯的这篇报告最终引起了设备管理领域的重大改革,使设备管理进入了一个新的时期——设备综合管理时期。他所提出的设备综合工程学也成了设备综合管理的主要代表理论。

同一时期,日本在吸收欧美最新研究成果的基础上,结合自己丰富的管理经验,也创建了富有特色的全员生产维修制度(total productive maintenance,TPM)。其主要内容如下。

(1) TPM 的目标是使设备以及由设备构成的生产系统的总效率最高;

(2) 建立包括设备整个生命周期的生产维修系统;

(3) 因为与设备有关的所有部门,如设备规划、使用、维修部门等都会影响设备的使用效率,所以设备管理应该包括所有相关部门;

(4) 从最高管理部门到基层工人全体人员都参加;

(5) 加强思想教育,开展小组自主活动,推进预防维修。

可以看出,TPM 与设备综合工程学在本质上是一致的,只不过 TPM 更具操作性,设备综合工程学更具理论性。

(二) 设备综合管理的特点

如上所述,由于设备综合工程学和全员生产维修制度的产生,设备管理进入了综合管理的新阶段。设备综合管理是以提高设备综合效益和实现设备生命周期费用最低为目标的一种新型设备管理模式。它具有以下有别于传统设备管理模式的特点。

1. 设备综合管理是一种全过程的系统管理

它强调对设备的一生(从设计、制造到使用、报废)进行管理,认为设备的前期管理(设备投入生产前的规划、设计、制造或购置、安装、调试等过程的管理)与后期管理(设备投入生产后的使用、维修、改造直至更新、报废的管理)密不可分,二者同等重要,不可偏废任何一方。

2. 设备综合管理是一种全方位的综合管理

它强调设备管理工作有技术、经济、组织三个方面的内容,三者有机联系、相互影响。在设备管理工作中要充分考虑三者的协调与平衡。

3. 设备综合管理是一种全员参与的管理

它强调设备管理工作不只是设备使用和设备维修管理部门的事,要求企业中所有部门和全体员工都要参与其中。

本章前面所述的设备管理的概念实际上就体现了设备综合管理的特点。

(三) 我国设备综合管理的发展

目前,设备综合管理的理论与实践工作在欧美、日本等地得到了很大的发展,为企业带来了可观的综合效益。我国虽起步较迟,但近年来发展迅速。

我国的设备管理工作是从第一个五年计划时期发展起来的。以苏联计划预修制为借鉴,结合我国的实际,几十年来有了较大的发展,打下了一定的基础。然而,由于长期以来受重基建、轻生产,重维修、轻更新等思想的影响,当时国家大部分设备投资均用于扩大再生产,而企业维持简单再生产所需设备得不到应有的补充。机械工业企业设备役龄较长,折旧率低,老的国有企业普遍存在设备精度差、效率低、老化严重等问题,加之多年推行的设备管理体制存在的固有缺点,使企业的生产及发展遇到了许多问题。近年来,在学习和借鉴国外先进经验的基础上,我国已着手进行设备管理的改革,使企业的设备管理由传统模式向设备综合管理过渡。1987 年,国家经委在《工业交通企业设备管理条例》中就已经把设备综合管理列为设备管理现代化的重要内容,要求在企业中积极推进现代设备管理工作。随着科学技术水平及企业管理水平的提高,我国设备管理工作正在进入一个新的发展阶段。

第二节 设备的前期管理

一、设备的设计制造对使用的影响

设备是一种具有独特性质的生产工具。它既是一种用其他工作母机生产出来的产品,又是一种作为工作母机生产其他产品的工具。设备的设计制造质量对其日后的使用具有深远的影响。

1. 设备设计制造对使用影响的长久性

由于设备的使用不像日用消费品那样过程很短,其使用寿命往往很长(尤其在我国),如果设备在设计制造过程中产生某些缺陷,由于这些缺陷是先天性的,很难在后天的使用与维修中加以消除,因而这些缺陷所造成的影响往往是十分长远的,将伴随设备的一生,必然会给生产造成严重影响。

2. 设备设计制造对使用影响的“遗传性”

由于设备是作为生产工具使用的,因而其自身的缺陷往往会“遗传”给它所生产的产品。很难想象一台精度有缺陷的设备,能生产出高精度的产品。尤其是当这种缺陷是在设备设计制造过程中形成的,又难以通过维修加以克服时,其“遗传变异”所带来的影响将会更大。

3. 设备设计制造对使用影响的放大性

由于设备是工作母机,在生命周期内将生产众多的产品,如果设备自身有缺陷,那么缺陷所造成的影响不会局限于设备本身,而必然会扩大到它所生产的产品,在产品的产量和质量方面造成严重的损失。

正是由于设备本身的特殊性,其设计制造的质量对其今后的使用具有深远的影响。随着设备综合管理的提出和推广,人们越来越注意对设备设计、制造和购置的管理,以防止带有先天性缺陷的设备进入使用阶段。有人把这称为设备的优生原则,即尽一切可能把设备的缺陷消灭在设备的前期管理阶段,从而确保设备在生产中正常运行。

二、设备的选择与评价

企业创建、扩建或对原有设备进行更新时均需添置新的设备。对大部分企业来说,靠自行研制的并不很多,所以在添置新的设备时,一般是从市场购置。为了购置到符合要求、性能良好、质量可靠又经济合理的设备,要从技术性和经济性等方面对所需购置的设备进行选择和评价。

(一) 设备的技术性评价

选择和评价设备的第一步往往是进行一次使用或技术上的仔细考察,以确定设备在技术上是否可行。在评价一台设备的技术规格时,应该认真考察下列因素。

(1) 生产能力。在选择一台设备时,其生产能力应能满足现行生产对它的要求,并在可预见的将来也能胜任。设备生产能力的过度使用或利用不充分,均是不可取的,购置一台很快就会超负荷的设备无疑是不明智的。同样,购置一台拥有始终不需要的过高生产能力的设备,尤其当设备的价格较为昂贵时,更是一种不应有的损失。因此,在选择设备时,应从具体的生产任务及生产的发展要求出发,客观地评价需购设备的性能、生产效率及生产能力等因素,使所购设备的性能和生产能力得到充分合理的使用。

(2) 可靠性。可靠性是指设备在规定的条件下和规定的时间内,完成规定功能正常运行的能力。谁也不希望购置一台老出故障的设备,因为这不仅会影响产品质量,还会耽误交货期,尤其是在要求生产的连续性越来越强、市场竞争越来越激烈的今天,它会给企业造成严重的损失。因此,购置一台可靠性高的设备是一个重要的考虑因素。

(3) 可维修性。可维修性是指设备易于维修的特性。尽管现在已出现了许多无须维修的设备,但对绝大多数设备来说,出现故障总是难以完全避免的。因此,在选择设备时,可维修性应作为一个重要的评价因素,在其他因素基本一致的情况下,无疑应选择结构合理,易于检查、维护和修理的设备。

(4) 互换性。在可能的情况下,新购置的设备在备件供应、维护、操作等方面应与企业现有设备尽量相同或相似,以减少备件种类、节约人员培训等方面的费用。

(5) 安全性。设备运行的安全性与企业的生产和人员的安全方面关系重大,因此在购置设备时应慎重选择和评价。

(6) 配套性。对于许多复杂、精密的设备,只有在配以完备的辅助设备的条件下,才能充分发挥其作用。因此在选择主机时,往往要把辅助设备的配套情况及其利用率作为重要因素来考虑,尤其是对于应用日益广泛的数控设备,如果缺乏配套的软件,这些设备的作用是很难发挥的。

(7) 操作性。设备的日趋复杂、精密并不意味着操作也必然相应复杂。过分复杂的操作往往易于造成操作人员的疲劳和失误,以及人员培训费用的增加,所以应选择操作简便的设备。

(8) 易于安装。这一点往往容易被忽略。在选购设备前,应对设备的安装地点进行考察。对于一些大型设备,还需考察运输路线,以选择合适的、易于安装的设备。

(9) 节能性。设备的节能包括两方面的含义:一是指对原材料消耗的节省;二是指对能源消耗的节省。节能不仅是降低产品成本的需要,也是今天贯彻可持续发展方针和绿色制造的基本要求。

(10) 对现行组织的影响。选购设备,尤其是选购更为先进、精密、复杂的设备时,应充分考虑其对现行生产组织的影响。例如,当购置了数控机床或加工中心时,无疑会对现行的工艺准备、生产计划、现场监控人员的组织等方面带来影响,这些均应在设备购进之前予以充分评价。

(11) 交货。这方面需要考虑供货厂家的信誉及交货期。购置信誉好和交货期有保证的厂家的设备总是让人更放心的。

(12) 备件的供应。当设备由于磨损或发生故障而需要维修和更换零部件时,备件是否齐备就会成为决定能否尽快恢复生产的重要因素。因此,在选购设备时,应充分考虑备件的供应情况,尤其对于进口设备更是如此,在这方面的教训已经不少,值得吸取。

(13) 售后服务。选择设备供应厂家时,应考察它们提供安装、调试、人员培训及维修服务的条件。有良好的售后服务，设备运行时就有可靠的保证。

（14）法律及环境保护。选购设备时要遵守国家和地方政府的有关法令和政策，同时要注意对环境保护的要求，不要购置那种为政策和环境保护所不容的设备。

（二）设备的经济性评价

一台设备在技术上先进，并不意味着一定值得购置，我们尚需考察它在经济上是否合理。我们需要的是技术先进又经济合理的设备。

1. 设备的费用与收益

在评价设备的经济性时，总是要考察设备的费用与其所带来或可能带来的收益。

首先，我们讨论设备的费用。一般来说，设备的费用是指设备在其整个生命周期内为购置和维持运行所花费的全部费用，即设备的生命周期费用，它主要由两部分构成。

（1）固定费用。即已被安装好，准备使用而尚未启用的设备所发生的费用，包括购置费、运输费、安装调试费、人员培训费等。

（2）运行费用。即为了维持设备正常运转所发生的费用。它包括直接或间接劳动费用、服务及保养费用、维修费用、消耗品费用等。在进行设备的费用比较时，我们需要同时考虑这两部分的费用支出，这也是设备综合管理的一个基本要求。有些设备制造商根据产品的价值链分析（value chain analysis，VCA），在降低设备本身价格的同时提高消耗品价格，令顾客初期投入较少，但是LCC很大，从而使自己的总收入最大。设备购买者应根据自己的经济情况正确选择。在实际中，许多企业往往只注意了设备的固定费用，说得更确切些，只注意了设备的购入价格，而忽略了设备的运行费用，这样是有失偏颇的。从图16-1我们可以看出这一点。

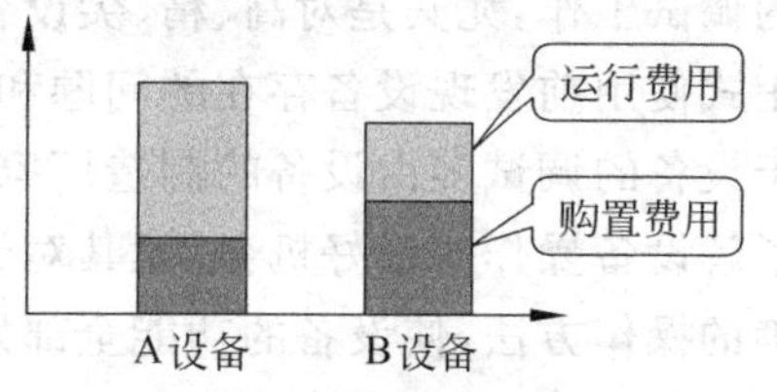

图16-1　费用比较

假定A、B两台设备所带来的收益相同，A的固定费用比B低，但由于B的运行费用比A低很多，所以总的费用支出比A低，无疑应选择B设备。

其次，我们讨论设备的收益。考察设备的收益往往要比考察设备的费用困难得多，因为设备所带来的许多收益是无法定量计算或很难与其他收益区别开的，这也是在进行设备选择的经济性评价时，往往更多地采用费用比较法的原因。在实际中如确有必要考察设备的收益，可从它所生产的产品的产量及质量、它所带来的成本的节约等多方面予以综合评估。

2. 经济性评价的方法

用于设备经济性评价的方法有很多，这些具体方法大都在“技术经济学”等课程中介绍过。限于篇幅，我们这里只粗略介绍几种常用的方法，更详细的内容请读者参考相关教材。

（1）投资回收期法。这种方法可用于单方案评价或多方案比较。投资回收期可根据实际采用静态或动态方法计算。当用于考察单设备时，如果投资回收期小于设备生命周期，则该设备在经济上可行；当用于多设备比较时，无疑应选择投资回收期最短的设备。

（2）费用比较法。这种方法多用于多方案比较。它是将设备在生命周期内发生的所有费用采用一定方法折算为年费用或现值费用(net present value,NPV),然后进行比较,选择费用低的设备。

(3) 效益费用比较法。这种方法可用于单方案评价或多方案比较。它首先需计算设备的生命周期费用及设备的综合效益。当用于考察单设备时,可在某一时点上(多用年值或现值)比较费用与效益,当效益大于费用时,该设备在经济上可行;当用于多设备比较时,可在某一时点上将效益与费用相除,取其商值大者为优。

(4) 费用效率比较法。这种方法用于多方案比较。它是将设备的生产效率视为设备的收益,用它除以设备的生命周期费用,从而得出所谓的设备费用效率,取大者为优。

三、设备的安装与调试

设备购置或自制完成后,即进入安装与调试阶段,需要按照设备工艺平面布置图及有关安装技术要求,将外购或自制设备安装在指定的基座上,使设备安装精度达到安装规范的要求,并经调整、试运转、验收后移交生产。

可能有人认为设备的安装与调试工作是技术部门的事情,与管理无关,实际上这是不全面的。应该认识到,设备的安装与调试亦是设备前期管理工作的重要内容,组织得好坏,直接影响设备能否顺利交付使用。

设备的调试工作包括清洗、检查、调整和试运转。当设备安装就位后,应由设备的使用部门组织,设备管理部门与工艺技术部门协同进行设备的调试工作。应充分重视设备的调试工作,尤其是对高、精、尖设备和引进设备。组织好设备的调试工作,不仅能在设备正式使用前发现设备存在的问题和缺陷,通过调整予以消除,以便尽早交付使用,而且由于设备的调试多由设备的制造厂家负责,因此,对于设备使用部门来说,也是一个熟悉和了解设备操作的极好机会,尤其对于一些引进设备,更应珍惜这种机会,以便尽快掌握正确的操作方法,使设备的功能全部发挥出来。

第三节 设备维护和修理的理论与技术

一、设备磨损理论

(一) 设备磨损的概念

设备的磨损一般分为有形磨损与无形磨损两类。

1. 有形磨损(物理磨损)

设备投入生产后在正常使用过程中,由于摩擦、应力和化学反应等的作用,设备的部件和零件会逐渐磨损、疲劳和磨蚀,甚至断裂。一般把这种主要是由于在设备使用过程中机械磨损所致的磨损称为设备的有形磨损(物理磨损)。设备的有形磨损又分为两种。

(1) 运行中的设备在力的作用下,零部件发生磨损、振动和疲劳等现象,致使机器的实体产生磨损,这种磨损称为第1种有形磨损。

(2) 设备在闲置过程中,由于自然力的作用而锈蚀,或由于管理不善和缺乏必要的维护而自然丧失其精度和工作能力,都会使设备遭受有形磨损,这种有形磨损称为第2种有形磨损。

第1种有形磨损与使用时间和使用强度有关;第2种有形磨损在一定程度上与闲置时间和保管条件等有关。

设备的有形磨损有一部分通过修理可以消除,属于可消除性的有形磨损;另一部分是不可通过修理消除的,属于不可消除性的有形磨损。本节所讨论的设备磨损理论主要是关于设备的有形磨损的理论。

2. 无形磨损

由于经济或科技进步的原因而使原有设备贬值所致的磨损称为设备的无形磨损。设备的无形磨损也可分为以下两种形式。

(1) 由于相同结构设备重置价值的降低而引起的原有设备的贬值,称为第1种无形磨损,也称经济性无形磨损。

(2) 由于不断出现性能更完善、效率更高的设备而使原有设备在技术上显得陈旧和落后,因而产生的无形磨损称为第2种无形磨损,也称技术性无形磨损。

关于设备无形磨损的更详细内容,将在本章第五节讨论。

(二) 设备磨损的机理

设备的物理磨损主要取决于在受力情况下相对运动表面所产生的摩擦,这种摩擦不仅与受力的大小有关,而且与表面工作状态(如润滑的作用)和相对运动的速度有关,有时还会受某些化学作用所引起的腐蚀的影响。按照金属材料学的理论,钢材经淬火回火后,最表层是氧化脱碳层,厚度一般小于1mm,质地疏松,附着力很差。一般新设备刚使用时,都要空转一段时间,就是为了磨去材料的氧化脱碳层。这段磨损时间很短而磨损量却很大。磨去氧化脱碳层后即是材料的硬化层,由马氏体、半马氏体组成,厚度为0.5～3mm,硬度很高(HRC60左右),在使用润滑剂的条件下,硬化层是很难磨去的,而且常常通过零件表面的重新淬火获得新的硬化层。硬化层下即是材料的基体,基体由珠光体加铁素体或渗碳体组成,硬度很低(HRC小于20)。零件磨损达到基体,便会发生急剧磨损,它常常导致零件工作性能的迅速劣化或零件几何形状的迅速破坏。

(三) 设备磨损的规律

从上述金属材料学的理论及实际测定的经验中,很容易发现设备的物理磨损有自己的规律性。一般来说,在正常情况下设备零件的物理磨损可分为三个阶段,如图16-2所示。

图中横坐标为设备的使用时间,纵坐标为零件的累积磨损量。

第Ⅰ阶段称为初期磨损阶段,俗称磨合期,主要是由于相对运动的零件表面的微观几何形状(如粗糙不平度)在受力情况下的迅速磨损而发生的,也可能是由于零件接触表面的形状不同,机器运转后产生的跑合作用而发生的。这一阶段磨损的速度很快,但时间较短。第Ⅱ阶段称为正常磨损阶段。在这一阶段,零件的磨损趋于缓慢,延续时间很长,这就是零件的真正使用寿命。第Ⅲ阶段称为剧烈磨损阶段,也就是当零件磨损到一定程度时,表面的硬化层被磨蚀,正常磨损关系遭破坏,磨损速度大大加快,设备的精度和工作性

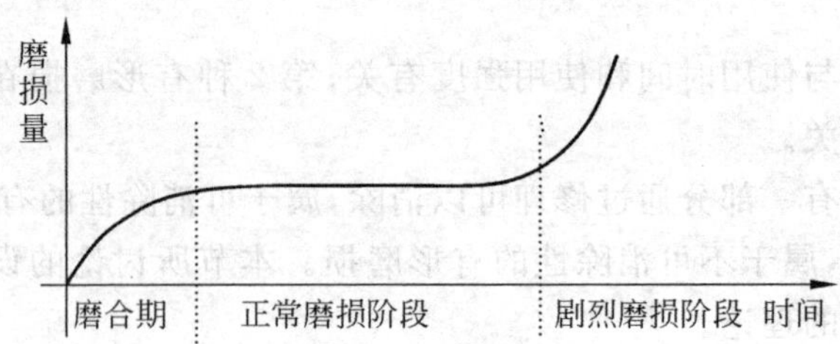

图 16-2 设备磨损规律

能迅速劣化,如果不停止使用,进行修理,则设备很快会被破坏。

由于设备使用与维护的情况不同,图 16-2 所示的磨损曲线也会有所变化。图 16-3 所示为强化磨损曲线,该曲线在Ⅱ、Ⅲ两个阶段没有明显的转折点。零件经初期磨损后,没有明显的正常磨损阶段,就进入剧烈磨损阶段,或者说,正常磨损阶段的期限大大缩短,从而导致设备提前损坏。产生这种情况的原因,往往是设备超负荷工作,接触表面应力太大;或者润滑不良,摩擦表面没有形成足够的油膜,产生干摩擦或半干摩擦,也有可能是由于接触表面积聚了磨料或其他脏东西,加剧了磨损。图 16-4 所示为延缓磨损曲线,磨损速度减慢,第Ⅱ阶段期限显著延长。产生这种情况的原因,往往是设备低于额定负荷工作,是降低了设备的利用强度,没有充分发挥设备的效能,所以这种情况也不是我们所希望的理想状态。

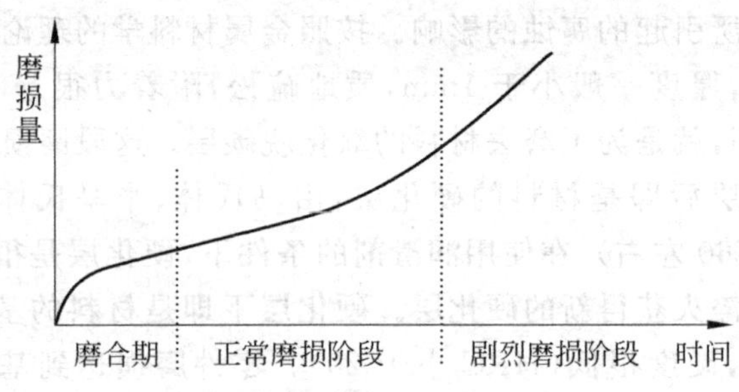

图 16-3 强化磨损曲线

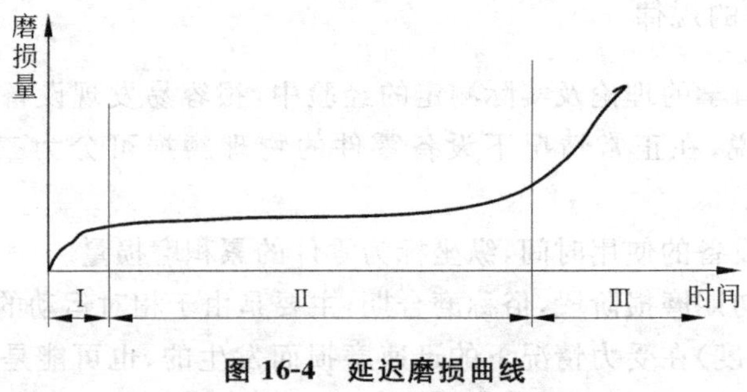

图 16-4 延迟磨损曲线

(四) 设备的正确维护

从对设备磨损规律的分析,可以得到一些有益的启示。

(1) 如果设备使用合理,同时加强维护,进行正确的润滑就可以延长设备的正常使用阶段(第Ⅱ阶段)的期限,在这一阶段设备的故障少,有利于保证加工质量和提高生产效率。

(2) 应加强设备的日常检查和定期检查,掌握设备的磨损状态,在进入剧烈磨损阶段前就进行修理,可防止因过度磨损而造成的破坏。

(3) 设备在正常磨损阶段的磨损是与工作时间或加工零件的数量成正比的,因此设备的磨损零件可以通过试验或统计分析方法,计算出在正常条件下的磨损率和使用期限,便于有计划地对零件进行修理和更换。

二、设备的故障及其发生规律

(一) 故障及劣化

1. 故障

所谓设备的故障,是指设备或其零部件在运行过程中发生的丧失其规定功能的不正常现象。由于种种原因,设备在使用过程中会发生这样或那样的故障,从而影响生产的正常进行。因此,如何正确分析和掌握设备故障发生的规律,从而减少故障的发生,就成了设备管理中的一个重要问题。

一般而言,按故障发生的速度可把故障分为两类:突发故障和渐发故障。突发故障也称损坏故障,一般是由偶然性、意外性的原因(如设备事故)造成的。这种故障一旦发生,对设备所造成的损坏一般很大,可能使设备完全丧失其功能,必须停机修理,甚至报废处理。渐发性故障也称劣化故障,它是由于设备性能逐渐劣化而引起的故障。设备性能的劣化是造成渐发性故障的主要原因。设备无论是处于运转还是闲置状态,均会出现性能劣化。

2. 劣化

所谓设备的劣化,是指因磨损和腐蚀造成的耗损,冲击和疲劳等造成的损坏和变形,原材料的附着和尘埃等造成的污染,使设备的精度、效率和功能发生下降的现象。

设备劣化按其产生原因一般可分为三类。

(1) 使用劣化。设备在使用过程中,由于温度、压力、相对运动等造成的磨损、疲劳、变形以及原材料造成的腐蚀、磨损、污损,使设备性能下降。

(2) 自然劣化。无论设备使用与否,随着时间的推移,受到大气或其他自然因素的影响也会使零部件老化、变形。

(3) 灾害性劣化。由于意外灾害(如水灾、火灾、雷击、爆炸等)造成的设备损伤,导致性能下降。

此外,也有人认为,由于社会劳动生产率的提高和技术进步,使原有设备相对落后,造成设备产出的产品质量和产量低于同类的新设备,这种设备价值降低的现象也应视为设备的劣化。

无论如何,设备的劣化是造成设备故障的一个重要原因。在设备管理中,应针对不同形式的劣化分析原因,采取不同的技术对策。

(二) 故障发生的规律

一台设备,从生产到大修或报废,其故障的发生是有一定的统计规律的。根据试验研究得知,设备的故障率在整个设备使用期内是按一条所谓的浴盆曲线分布的,如图 16-5 所示。

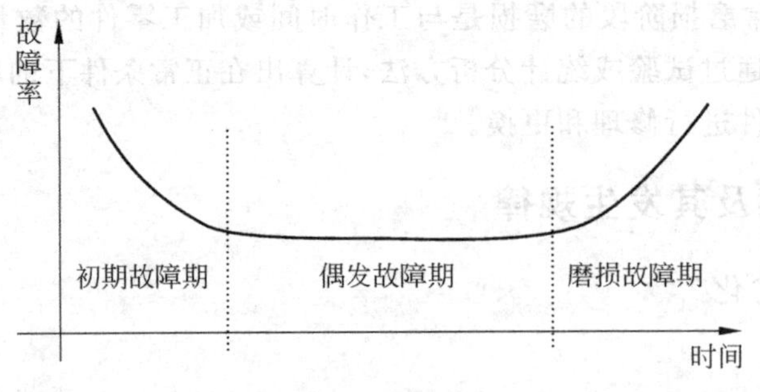

图 16-5 浴盆曲线

所谓故障率,是指工作到某一时间的设备,在接下来的单位时间内发生故障的概率。

从浴盆曲线可以看出,设备故障率的变化显现三个不同的阶段。

(1) 初期故障期。在这一阶段,设备刚投入使用,由于设计、制造中的缺陷或操作上的不熟悉,往往会出现较多的故障,但这样的故障随着一些缺陷的消除和使用的熟练而逐渐减少,因此故障率也就随着时间的增加而减少,经过一段时间之后,故障率就相对稳定,变化不大了。

(2) 偶发故障期。在这一阶段,故障较少,所出现的故障主要是由于维护不好和操作失误等偶然性因素引起的,发生故障的时间不能预测,并且是随机性的,所以称为偶发故障期。这一阶段故障率稳定、时间较长,是设备的正常运转阶段。

(3) 磨损故障期。这一阶段可与设备物理磨损的相应阶段对应,主要是由于设备某些零部件的磨损已达到了剧烈磨损阶段,从而使设备老化。在这一阶段,设备的故障率急剧上升。

(三) 设备不同故障期的维修对策

从设备故障发生的规律,可以得到一些有益的启示,从而针对设备不同故障期的特点,在设备管理中采取不同的对策。

(1) 在初期故障期,主要是由设计、制造中的缺陷所引起的故障。减少故障的主要对策是认真做好设备的前期管理,在设备出厂前应进行严格试验运转,按规定调试验收,对某些产品要有严格的筛选检查。

(2) 在偶发故障期,故障主要是运转操作中的不当所致,因此主要对策是执行正确的操作,进行预防维护,提高操作工人与维修工人的技术水平。

(3) 在磨损故障期,由于设备的某些零部件已达到使用寿命,因此除实行设备预防维修外,还应在适当时期进行设备的技术改造。

三、设备状态监测与诊断技术

为了掌握设备的劣化、故障状态及造成劣化的原因，过去常常采用停机解体检查的方法，或者用感官诊断的办法。停机解体不仅增加了停机的生产损失，而且设备的多次解体也必然造成设备的过度维修和精度下降，从而影响生产和产品的质量。由于现代的设备日益向大型化、高速化、连续化和精密化发展，这种停机解体检查和感官诊断的方法也造成财力、人力和时间上的巨大浪费，以及诊断结果的不准确，因而影响设备的维护和修理工作。于是，人们进行了探索，把人类医学的原理引入设备管理中，把研究故障机理的故障物理学与现代信号处理技术结合起来，创造了设备状态监测与诊断技术。

（一）设备状态监测与诊断技术的基本概念

设备状态监测是指用人工或专用的仪器工具，在规定的监测点进行间断或连续的监测，掌握设备异常的征兆和劣化程度。设备诊断技术是指在设备运行中或基本不拆卸的情况下，根据设备的运行技术状态，判断故障的部位和原因，并预测设备今后的技术状态变化。设备技术状态是指：①设备的性能和运动状态等；②设备的受力和应力状态；③设备的故障和劣化状态。

设备状态监测和诊断技术是两项既有区别又密切联系的设备管理技术。设备状态监测和诊断技术是实施状态维修、预知维修的重要基础。可以这么认为，设备状态监测是状态维修的初级阶段，而设备诊断技术是状态监测后的识别和判断阶段。

设备状态监测的对象一般以重点设备为主。目前，设备状态监测方法主要有以下两种。

(1) 由维修人员凭感官和普通量仪，对设备的技术状态进行检查、判断，这是目前在机械设备监测中最普遍采用的一种简易监测方法。

(2) 利用各种监测仪器，对整体设备或其关键部位进行定期、间断或连续监测，以获得技术状态的图像、参数等确切信息，这是一种能精确测定劣化和故障信息的方法。

状态监测技术不同于一般的测试技术，其运用是有条件的。例如，对于突发性故障使用状态监测技术就没有意义，而且从经济上看，当采用系统监测时，由于要使用监测仪器，需要增加费用，所以只有当状态监测所需费用低于故障维修的总费用或者对安全因素应予以特别考虑时，采用状态监测才有必要。一般来说，在确定采用状态监测技术时，以下几种设备是应优先考虑的：①价值昂贵的高、精、大及稀有设备；②发生故障对整个生产系统产生严重影响的设备，如自动线、生产线上的关键设备；③必须确保安全性能的设备；④故障停机修理费用及停机损失大的设备。

设备诊断技术一般包括两部分：一是对设备的技术状态简便而迅速地作出概括评价，主要由现场作业人员实施的简易诊断技术；二是当简易诊断难以作出正确判断时，由专门人员实施的精密诊断技术，它是对经过简易诊断判定为异常的设备作进一步的详细诊断，以确定应采取的措施。它不仅需要简单的测定和分析，还需运用一系列复杂的定量检测和分析技术。

(二) 设备状态监测与诊断技术的应用

设备状态监测与诊断技术于20世纪60年代首先在航空、航天和核能工业领域开始发展,由于其实现了设备的不解体诊断,节省了维修的人力和物力,有显著的技术经济效益,所以一出现就显示了巨大的生命力,使设备维修方式发生了根本变革,产生了预知维修的新概念。从此,世界各工业国家都投入了大量的人力、物力和财力进行开发研究。到了70年代,设备诊断技术逐步引进到了一般的工业部门。目前,美国、日本、德国等国家在研究和应用方面水平较高,普及程度也较广。

经过多年不懈的努力,目前已有许多设备监测与诊断的方法和手段投入了实际应用,取得了很好的效果,如振动监测、声响监测、温度监测、腐蚀监测、泄漏检测、裂纹探测、无损探伤、厚度测量、抽样分析、应力应变分析、声辐射技术等。由于这些方法都涉及一门或多门专业知识,本书不作专门介绍。

我国目前在设备状态监测与诊断技术的研究和应用推广方面已取得了很大进步,许多企业都建立了自己的设备状态监测与诊断的技术队伍,并把它们与设备的维护和修理有机结合起来,创造了许多富有特色的设备状态监测与诊断的方法和手段,取得了很大的直接和间接经济效益。但也应该客观地看到,我国在设备状态监测与诊断技术的研究和应用方面与先进国家相比仍有差距。我们应当积极采用先进的设备管理方法和维修技术,采用以设备状态监测为基础的设备维修方法,不断提高设备管理和维修技术的水平。

第四节　设备的使用及维修管理工作

一、设备的合理使用

设备只有在使用中才能发挥其作为生产工具的作用,而对设备的使用合理与否又直接影响设备的使用寿命、精度和性能,从而影响其生产的产品的数量、质量和企业的经济效益。因此,对设备的合理和正确使用就成了实现设备综合管理的极其重要的方面。

目前,许多企业创造了很多有效的合理使用设备的方法和制度,综合起来可以看出,合理正确使用设备应从三个方面着手:一是提高设备的利用程度;二是保证设备的工作精度;三是建立、健全规章制度。

(一) 提高设备的利用程度

设备管理的根本目标在于使设备在其生命周期内发挥最大的效益。因此,如何充分利用设备、提高设备的利用程度就成了设备管理中的重要问题。一般来说,提高设备的利用程度主要有三个方面的含义。

1. 提高设备的利用广度

所谓提高设备的利用广度,就是要充分利用设备可能的工作时间,不能让设备闲置。设备长期闲置不用,不仅会导致设备的经济磨损(若再保管不善,还会造成物理磨损),造成设备的不断贬值,给企业造成直接的经济损失,而且设备的闲置还会延长设备的使用期限，降低设备更新的速度，影响企业劳动生产率的提高。

目前，我国工业企业的设备利用率很低，大量设备，尤其是引进的高、精、尖设备长期闲置不用，给企业的生产能力造成巨大的浪费，成了企业经营管理不善的一个重要标志。如何挖掘这方面的潜力，提高设备的利用广度，从而使工业企业的生产能力在不增加投资的情况下成倍地增长，已经成了企业管理中的一个重要课题。

一般而言，要提高设备的利用广度，首先，在选择和购置设备时，就要严格按生产能力发展的需要选购设备，不要盲目购置和引进，从而在保证各生产环节之间设备能力平衡的同时，使设备在其使用寿命之内有合理的负荷；其次，要做好计划管理工作，在保证设备有必要的休息和维修时间的条件下，保证设备有充足的任务，减少因各种原因引起的设备停工。但是，需要注意的是，不能为了提高设备利用率而盲目生产市场不需要的产品，造成产品积压，导致更大的浪费。提高设备利用率应该从新产品开发与市场营销入手，服从于企业的最终目标，即创造利润。

2. 提高设备的利用强度

为了充分利用设备的能力，只注意设备的利用广度是远远不够的。我们的目标是让设备在生命周期内生产出尽可能多的合格产品，因此，还存在一个利用强度的问题，即要使设备在单位工作时间内生产出尽可能多的合格产品，也就是提高所谓的机器生产率的问题。

机器生产率可表示为

$$Q=\frac{1}{t}=\frac{1}{t_j+t_f}$$

式中，Q 为机器的生产率（件/分）；t 为设备加工一个零件所需的时间，即单件工时（分/件），t_j 为机动工时（分/件）；t_f 为辅助工时（分/件）。

从上式可以看出，机器生产率与设备的机动工时和辅助工时有关，要想提高机器生产率，就要从降低这两者入手。

(1) 降低设备的切削工时。这一点对于自动化程度较高的专用设备来说尤其重要，因为在这种设备上，机动工时占总工时的比重往往较高。由于机动工时主要受设备切削用量的影响，因此，提高设备的切削速度、每次进给量等就成了减少设备机动工时的重要手段。目前，许多新的材料、新的方法已用于提高设备的刀具硬度和机床的刚性，增加功率，从而使切削速度提高。因此，对现有设备不断进行技术改造、挖掘其潜力，就成了提高设备利用强度不可缺少的条件。目前许多企业在这方面存在相当大的潜力。

(2) 减少设备的辅助工时。这对于辅助工时占总工时比重较大的万能设备来说尤其重要。一般来说，设备的辅助工时与刀具的更换、零件的装夹、设备的调整、工人的熟练程度及现场的组织管理等诸多技术上和管理上的因素有关。因此，减少设备的辅助工时是一项复杂的工作。然而，对于万能机床占绝大多数而管理水平相对落后的工业企业来说，这又是一个有着巨大潜力的重要方面，通过采用一些先进的管理技术（如科学的工作设计等）来不断挖掘这方面的潜力，可使设备的利用强度不断提高。

3. 提高设备利用的合理性

要使设备做到物尽其用，首先要使设备用得其所。一些企业的设备常常存在大量的不合理利用现象,如大设备干小活,精设备干粗活,长设备干短活,月初空闲月末突击等。这种对设备的不合理利用,使设备的效能不能充分发挥,造成了很大的浪费。

每一种设备都有其最合适的加工对象和工作范围,只有使设备用得其所,才能充分发挥它的效能。为了做到设备的合理使用,必须处理好以下四个关系。

(1) 设备与加工对象的关系。加工对象(零件)的材料、大小、长短及精度等应适合设备的特点和要求。

(2) 设备与操作者的关系。操作者的技术水平应与机器的复杂程度和操作要求相适应。操作者在使用设备之前,应经过专门的学习或培训,了解设备的性能、特点、工作原理、操作要领和维护要求。这一点对于一些高、精、尖复杂设备,如数控机床、加工中心等的使用更为重要。

(3) 设备能力与工作负荷的关系。设备是按一定的强度和刚度设计和制造的,有一定的工作能力范围,超过这个能力,就会缩短设备的寿命,甚至造成设备的损坏。因此,在设备使用中应严格遵照设备的设计和使用要求,不要经常长期超载工作。

(4) 使用与维护的关系。合理使用设备要求正确地进行设备维护。光使用不维护,将导致设备迅速损坏,以至无法使用。因此,做好设备的维护工作十分重要。

(二) 保证设备的工作精度

设备的能力表现在两个方面:表现为数量上的机器的生产率;表现为质量上的加工精度。前者影响加工对象的数量,后者影响加工对象的质量。同时,这两者又有联系,光求数量不求质量,或过分追求质量而不计数量,都不能充分发挥设备的效能。

设备的工作精度直接影响产品的精度,要求用低精度的设备加工出高精度的产品来无疑是困难的或者是不可能的。因此,设备合理使用中的一个重要方面就是保持设备的工作精度。

从设备的磨损理论可知,设备在使用过程中都会有磨损,而且这种磨损是无法消除的,随着磨损的增加,加工精度会不断降低,因此,为了保证设备以正常的工作精度运转,应设法减少或延缓设备的磨损。设备的日常维护和保养是重要的手段。当设备的磨损达到一定程度,使设备的工作精度不能满足需要时,应进行修理以恢复设备原有的工作精度。因此,设备的日常维护保养和设备的修理是保证设备的工作精度的两个重要方面。此外,我们还可以通过技术改造和技术革新来改造原有设备,以保证加工所需的精度要求。这一工作在我国许多工业企业中得到了广泛开展,并且取得了很好的效果。

(三) 建立、健全合理使用设备的规章制度

设备的合理使用是设备管理工作的重要内容,也是与企业工人关系最密切的一项工作。要实现设备的合理使用,除了前述的提高设备的利用程度,保持设备的工作精度以外,建立、健全规章制度并使之得到遵守执行也是一个极其重要的方面,往往也是难度最大的一个方面。企业应对设备的操作工人进行思想教育,使他们认识到合理正确使用设备的重要性,并要求他们认真执行正确使用设备的各项规章制度和设备操作规程。经过多年探索,我国的工业企业总结了一系列卓有成效的合理使用设备的规章制度,如凭证操

作、定人定机、交接班制、“四项要求”(整齐、清洁、润滑、安全)、五项纪律、“三好”(管好设备、用好设备、修好设备)、“四会”(会使用、会检查、会维护、会排除故障)等。结合企业实际,认真执行上述规章制度,无疑会对设备的合理使用产生巨大的作用。

二、设备的维护和检查

设备的维护和检查是设备综合管理的重要内容,关系到设备能否正常使用。

(一) 设备的维护

设备维护是指为了保持设备正常的技术状态、延长使用寿命,按标准进行的检查与润滑、间隙的及时调整以及隐患的消除等一系列日常工作。

设备维护工作,按其工作量大小、难易程度与作业范围可划分为不同的种类。例如,在我国许多企业实行的设备三级保养制度就把设备维护工作作了如下划分。

(1) 设备的日常保养(日常维护)。设备的日常保养是指每天对设备进行的清扫、润滑、紧固、调整以及对设备进行的观察与检查、清除所发现的小故障等,一般由操作工人(部分工作由辅助工人)负责完成。

(2) 一级保养。一级保养是指根据设备使用情况拆卸、清洗零部件、调整间隙、清除表面油污、疏通油路等。一般由操作工人在专业维修工人指导配合下定期进行。

(3) 二级保养。二级保养是指对设备进行局部群体检查、清洗与换油、修复或更换易损件、局部恢复精度并检查电气、冷却等系统。一般由专业维修人员在操作工人参与配合下定期进行。

(二) 设备的检查

设备检查是指对设备运转情况、技术状况、工作精度、零部件老化程度进行的各种形式的检查。通过检查可以及时发现隐患,有针对性地采取预防措施消除故障,同时根据检查情况制订修理计划,做好修理前的准备,有助于提高修理效率和修理质量。

1. 设备检查分类

(1) 按检查时间可分为日常检查、定期检查和修理前检查。日常检查是由操作工人结合例行保养进行的日检查或交接班检查。它是凭借摸、听、看、嗅等感官方式或简单工具进行的。定期检查是指专业维修工人在操作工人的配合下,按计划进行的检查,其目的是查明零部件磨损与腐蚀情况,以便确定修理类别、修理时间以及进行修理前的各项准备工作。修理前检查是在设备按计划修理前对设备进行相应的技术检查,其目的是准确、全面地掌握设备的缺陷或故障情况,为修理做准备。

(2) 按检查内容可分为机能检查与精度检查。机能检查是指对设备功能与技术状态进行的检查;精度检查是指对设备零部件单项精度与综合精度进行的检测,检测结果可用精度指数表示。

(3) 按检查范围可分为机台检查、区域检查与巡回检查。

2. 设备点检

设备点检制度是起源于日本企业的一种先进的设备检查制度,具有制度化、规范化的特点,对改善设备管理有显著效果。点检记录还可为维修工作提供第一手资料。这里所谓的“点”,是指被检测的设备的关键部位。所谓“点检制”,是指按照一定规范或标准,通过直观或检测工具,对影响设备正常运行的一些关键部位的外观、性能、状态与精度进行制度化、规范化的检测,它是日本全员生产维修制度的组成部分。

根据设备管理的层次,设备点检可分为“厂控”点检和“一般”点检。“厂控”点检是指由企业直接管理和组织的点检工作,一般适用于关键设备和公用设备。“一般”点检通常由车间管理和组织,对象为一般性设备。

按作业时间间隔和作业的内容不同,点检工作又可分为日常点检、定期点检和专项点检。专项点检一般是针对某些特定的项目,如设备的精度、某项或某些功能参数等进行的定期或不定期的点检。

实行点检制首先要求明确规定检查点、检查项目、检查周期、检查的方法与手段、判断标准、处置方法、记录格式,即建立点检标准。点检制还要求把点检工作列入岗位责任制,点检结果要填入点检卡。

设备的维护和检查是不可分割的两个方面,二者的许多日常工作是结合进行的。

三、设备修理的类别和方法

设备修理是指通过修复或更换磨损零件,调整精度,排除故障,恢复设备原有功能而进行的技术活动,其主要作用在于恢复设备的精度、性能,提高效率,延长使用寿命,保持生产能力。

按功能不同,设备修理可分为恢复性修理和改善性修理两种类型。通过更换或修复已经磨损、腐蚀或老化的零部件,使设备的功能恢复,并延长其物质寿命,称为恢复性修理。通常所说的设备修理多是指恢复性修理。改善性修理是结合修理对设备中故障率高的部位进行改进或改装,使设备故障率减小或不再发生故障。改善性修理与我们在第五节将要讨论的设备改造是不同的,它并不要求使设备局部或全部达到当前同类先进设备的水平。

依据零件磨损理论和故障理论,随着设备使用的进行,将会发生磨损和故障。为了保证设备正常运转,需及时修复或更换已磨损、腐蚀、老化的零部件,通过修理使设备的精度、性能和效率得到恢复,特别是设备到了生命周期后期,故障增多,修理工作更为重要。

(一)设备修理类别

设备修理类别一般分为小修、项修和大修三类。

1. 小修

针对日常点检和定期检查发现的问题,对部分拆卸零件进行检查、修整、更换或简单修复少量磨损件,同时,通过检查、调整、紧固机件等技术手段,恢复设备的使用性能。小修工作量小,但次数多,可结合日常维护与检查进行。

2. 项修

根据设备的技术状态,对其中丧失精度或达不到工艺要求的某些项目按需要进行针对性修理。在进行项修时,一般要部分解体、修复或更换磨损机件,必要时进行局部刮研,校正机床的坐标，以恢复设备精度、性能。项修是随着设备状态监测和诊断技术的发展，结合生产实际情况进行的局部恢复修理，可以达到满足工艺要求、缩短停机时间、降低修理成本的目的。

3. 大修

大修是指对设备进行的全面修理。设备的大修是计划修理工作中工作量最大的一种修理。在大修时，要对被修设备进行全部解体，修理基准件，刮研修磨基础件的导轨面和固定接触面，修复或更换全部磨损件，同时修理、更换电气部分以及外表翻新，从而全面消除设备现存缺陷，恢复设备原有的精度、性能和效率。设备的大修可结合设备的技术改造进行，以提高设备的现代化水平。

设备小修、项修和大修的具体内容因设备的不同而有所不同，企业应根据各自的特点分别加以具体规定。

（二）设备修理的方式

1. 临时性修理

临时性修理是指故障或事故发生后再进行的修理，又称故障修理或补救性维修，属于非计划修理。

2. 预防性修理（计划修理）

根据磨损理论、故障理论和设备使用寿命，安排修理周期计划，并按计划实施的修理。这种修理的特点在于其预防性，即在设备未曾发生故障时就进行预防性的维修。由于维修是按预先规定的计划定期进行的，因此有利于与生产进度安排相衔接，也有利于事先安排维修力量与设备，减少生产的意外中断和停工损失。

3. 预测性修理

按计划进行的预防性修理固然有其优点，但过于机械地执行定期修理在许多情况下也会造成某些不必要的修理和停产。预测性修理正是针对这些问题，通过对设备进行定期的或连续性的检测所得到的设备技术状态的信息，预测故障发生率，在检查后再对设备进行修理。这是一种以设备状态监测与诊断技术为基础的新颖的修理方式，修理间隔期比较长，修理费用也较低。

4. 无维修设计

对现有设备开展维修活动显然是重要的，但从根本上说，为了保证设备生命周期内的精度和性能，与其在使用阶段进行维修，不如在设备的设计、制造阶段就采取措施，制成不需要维修，或者只需少量维修的设备，这是一种具有高度可靠性的设备。无维修设计并不是一种具体的设备修理方式，我们之所以放在这里讨论，是因为它是设备维修保养的一种理想的极限。

确定设备的修理方式，除了需要依据设备的磨损理论、故障理论、生命周期以及通过检查和诊断技术获得的设备技术状态信息外，还要根据具体设备的特点、作用以及修理费用与停工损失所做的比较分析等因素来决定。总之，需要从技术与经济两个方面对修理方式进行评价和选择。

四、设备维修的组织与制度

(一) 设备维修制度

1. 计划预修制

计划预修制是预防维修类型的。它是苏联在20世纪50年代建立的一种维修制度,我国在第一个五年计划期间引进了这套维修制度,目前有些企业仍在使用。

计划预修制的核心是有计划地进行预防修理,它根据零件磨损理论及故障理论,在设备的生命周期内,通过计算,确定设备检查、小修、项修和大修的次数及相应的修理工作定额(包括修理间隔期、检查间隔期、修理复杂系数、修理劳动量定额等),然后据此制定修理周期结构,编制修理计划,设备的修理将严格按计划强制执行。

计划预修制强调有计划修理,克服了事后修理制度的缺点,在一定程度上实现了设备管理的基本要求,所以在相当长的时间里得到了广泛应用,并且发挥了很大作用。但是,由于这个制度以修理周期结构和修理复杂系数为基础,所以在实际应用中也存在不少问题。首先,由于设备的实际工作负荷经常有变化,设备的磨损状况往往与修理周期结构中预计的磨损情况有出入,由此而制订的修理计划常常与实际情况不符。其次,由于修理工作要严格按计划图表强制执行,经常进行没有实际需要的修理工作,因而导致劳动力和资源的浪费,修理费用高,经济效果差。最后,这一制度在修理力量的组织及对修理部门活动的经济评价方面也存在缺陷。

2. 计划保修制

计划保修制是我国20世纪60年代在总结计划预修制的经验和教训的基础上建立的一种专群结合、以防为主、防修结合的设备维修制度,也是我国机械行业企业中目前广泛采用的一种维修制度。

计划保修制的核心是有计划地进行三级保养和大修理。它依据零件磨损及故障发生规律,在设备的生命周期内,通过计算确定设备三级保养和大修理的次数及相应的工作定额,然后据此制定修理周期结构,编制修理计划,设备的保养及修理严格按计划执行。

计划保修制克服了计划预修制重修理不重保养的缺陷,但由于其基础仍是计划预修制,因而计划预修制的许多固有的缺陷它也有。

3. 预知维修制度

由于计划预修制或计划保修制这种按时进行的维修有着执行计划太机械、缺乏灵活性的缺点,因此随着设备状态监测与诊断技术的发展,人们逐步开始采用预知维修制度。

所谓的预知维修制度,就是不规定固定的修理间隔期,而是根据设备诊断技术监测设备有无劣化和故障,在必要时进行维修的设备修理制度。

预知维修依据设备磨损及故障理论,采用设备状态监测与诊断技术,将预防维修中的定时修理改为定期诊断,即对设备进行定期监测(对重要设备还可进行不间断的长期监测)和诊断,再根据设备实际磨损状况,在必要时进行维修。因此,设备的修理工作更切合实际,既可控制过剩维修造成的人力、物力的浪费,又可预防故障发生。但也应看到,预知维修所采用的某些状态监测仪器设备和精密诊断技术,所需的投资是较大的。另外,故障诊断技术目前仍不很成熟,因此,预知维修制度在我国的应用尚在发展之中。

(二) 设备维修制度的适用范围及其选用

各种设备修理制度都有自己的优缺点和适用范围,企业应根据实际情况及不同设备的使用特点加以选用。

(1) 计划预修制和计划保修制多适用于大量流水生产或成批生产。即生产对象比较固定,而且生产的负荷情况是比较稳定的。

(2) 计划预修制和计划保修制适用于无故障工作期相对稳定的设备。

(3) 若采用计划预修制或计划保修制后,造成的设备停机时间等于或大于在设备发生故障时为进行修理工作所需的停机时间,则采用计划预修(或保修)制是不合算的。

(4) 如果在使用过程中有备份的设备、负荷不满的设备、在生产上不起重要作用的设备,则不宜采用预防维修。

(5) 对于复杂的、在生产中起关键作用的设备,有条件的情况下宜采用预知维修。

(三) 设备维修的组织

设备修理应广泛采用各种先进的组织方法,以便不断提高修理工作效率,保证修理质量,缩短设备停修时间,降低修理成本。常用的修理组织方法主要有以下几种。

1. 部件修理法

事先准备好质量良好的各种部件,修理时,将设备上已损坏的部件拆除,换上准备好的部件,然后把换下来的部件送去修复。此法的优点是:可以节省现场零件拆卸、修理、装配的时间,使停机时间大为缩短。但此法需要储备一定的周转部件,占用资金较多,适用于那些拥有很多同类型设备的企业和停工损失严重的关键设备。

2. 分部修理法

按照设备各个独立的部分,分别顺序进行修理,每次只修一部分。这种化整为零的修理法可以减少停机时间,充分利用节假日或非生产时间进行修理,从而增加了设备的生产时间。此法适合修理时间较长、生产任务较重的设备以及在构造上具有 系列独立部件的设备。

3. 同步修理法

生产过程中,在工艺上紧密联系的设备,在修理时,把它们安排在同一时间内进行,实现修理同步化,以减少停机的次数和停机时间。此法适合流水生产线和自动生产线的设备修理、联动设备中的主机与辅机及配套设备等。

(四) 设备维修人员的组织

对设备的维护修理必须依靠人来实现,因此,对设备维修人员的组织管理工作在设备维修工作中占有相当重要的地位。

1. 设备维修专业人才的培养

设备综合管理强调全员参与,但并不否定设备维修专业人员的重要性。在设备日趋精密、复杂,大量数控设备开始广泛应用于企业的今天,对专业维修人员的业务水平的要求也随之不断提高,拥有一支技术精良的专业化维修队伍,对企业是十分重要的。

2. 设备维修的社会化

企业大而全、小而全给企业管理带来了许多负面影响，对一些中小企业来说，拥有一套完整的维修机构在很多情况下是不经济和效率低下的。应该使设备维修走专业化和社会化相结合的道路，把维修人员相对集中，建立面向整个社会的专业维修机构，从而使其发挥更大的作用和取得更好的经济效益。

3. 设备维修人员的配置和管理

一般来说，对维修人员的配置主要有下面四种方式。

(1) 集中维修，即把所有的维修作业和维修人员由一名管理人员集中领导，整个维修现场集中于一处，设计、施工和管理等在一处进行。这种方式便于集中管理，对修理对象的适应性强，但与设备使用部门的联系较弱，且维修时间容易拖长。

(2) 区域维修，即把维修人员分散配置在企业各区域，在一名管理人员的指挥监督下执行维修任务。这种方式增加了设备维修部门与设备使用部门的整体感，便于对维修人员的现场监督，维修时间短，但需配备的维修人员较多，技术力量分散，不易维修高、精设备。

(3) 部门维修，即把维修人员配备于各制造部门，由部门的领导指挥监督进行维修工作。这种方式与区域维修相似，主要的不同点是维修人员直接置于制造部门的管理人员的管理之下，更易于配合生产计划的完成，但这也易于造成对维修工作的总体考虑不全，轻视长远维修工作，维修的责任分散。

(4)联合维修，即把集中维修、区域维修和部门维修结合进行，以取其之长，补其之短。联合维修对不同的维修对象采取不同的组织方式。例如，对高、精、尖设备和要求维修技术高的设备采用集中维修。对其他设备则可采用区域或部门维修。这种方式在企业中得到广泛应用，如何组织要视企业的实际情况而定。

此外，对维修人员的业绩考核和管理也是企业设备管理工作中不可忽视的一个问题。许多企业往往由于在这方面处理不善，影响了维修人员的工作积极性，从而给设备管理工作造成了不利影响。企业应根据自己采用的设备维修制度、生产的实际状况及设备维修人员的组织状况妥善处理这方面的问题。

第五节　设备的更新与改造

一、设备的寿命

1. 设备的物质寿命

设备的物质寿命又称设备的自然寿命，是指设备从投入使用到报废为止所经历的时间。设备的物质寿命是根据设备的有形磨损确定的，主要取决于设备本身的质量及其使用和维修的状况。如果设备使用和维修工作做得好，则设备的物质寿命相对较长。然而，随着设备物质寿命的延长，维修费用也会提高。

2. 设备的经济寿命

设备的经济寿命是指设备从投入使用，到因继续使用不经济而被淘汰时所经历的时间。设备的经济寿命取决于第1种无形磨损。由于随着设备使用时间的增长，维修费用亦会增加，设备的使用成本将提高，这时依靠高额的维修费用来维持设备的使用往往是不经济的，所以应淘汰旧设备，重置新设备。

确定设备的经济寿命的方法有很多，比较常见的是利用费用曲线来确定。如图 16-6 所示，设备的购置费用曲线与使用寿命曲线组成的总费用曲线的最低点即为经济寿命最佳年限。

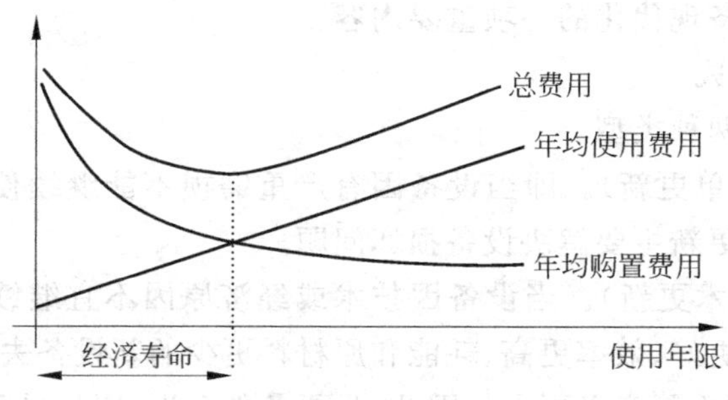

图 16-6　设备的经济寿命

此外，亦可利用设备的综合经济效益来确定经济寿命，即当设备所创造的经济效益（多以利润表示）已无法抵消为维持设备运行而支出的总费用时，设备的经济寿命即告终结。

3. 设备的技术寿命

设备的技术寿命是指设备从投入使用到因科学技术的发展，出现技术性能更优越的设备或设备所生产的产品已不为市场所需要时，而在设备物质寿命结束之前就被淘汰时所经历的时间。它的长短取决于设备的第 2 种无形磨损。一般来说，技术发展越快，设备的技术寿命就越短。

4. 设备的折旧寿命

设备的折旧寿命又称设备折旧年限，是指财务部门为了收回设备投资以便日后重置或更新设备而把设备投资逐步摊入产品成本，当设备价值的余额折旧到接近零时所经历的时间。设备的折旧寿命一般是根据设备的有形磨损和无形磨损规定的，它对企业淘汰设备决策的影响很大。

5. 设备的役龄

设备的役龄是指设备已经使用的时间。设备的役龄是与设备寿命密切相关的一个指标，它反映了设备新旧程度，可供制定设备的更新改造方案时参考。

在过去，我国的大部分企业基本上是以设备的物质寿命为标准来更新设备，这种做法造成维修费用过高、设备过分陈旧，不能适应生产发展和技术进步的要求。今后，随着技术进步、产品开发速度加快，企业之间竞争加强，确定设备最佳使用年限时，应综合考虑设备的物质寿命、经济寿命和技术寿命，以求获得最佳技术经济效果。

二、设备的更新

（一）设备更新及其方式

1. 设备更新

设备更新是指用技术性能更完善、经济效益更显著的新型设备来替换原有技术上不能继续使用或经济上不宜继续使用的设备。

设备更新是消除设备的有形磨损和无形磨损的重要手段,进行设备更新的目的是适应新的生产工艺和操作方法,更好地提高企业装备的现代化水平,提高企业的经济效益。

我国在相当长一段时间内,企业的设备管理执行以修为主的策略,往往能修就修,设备更新速度十分缓慢。这种状况严重阻碍了企业的发展和经济效益的提高。今后,应把设备更新作为企业装备现代化的一项重要内容。

2. 设备更新的方式

设备更新有下面两种类型。

(1) 原型更新(简单更新)。即当设备因有严重磨损不能继续使用时,用结构相同的新设备去更换。原型更新主要解决设备损坏问题。

(2) 新型更新(技术更新)。当设备因技术或经济原因不宜继续使用时,用技术更先进、结构更完善、性能更好、效率更高、耗能和原材料更少的新设备去更换。从技术进步的角度,新型更新比原型更新意义更大。因此,只要条件允许,应尽量采用新型更新,以加快提高企业装备的现代化水平。

(二) 设备更新决策

在进行设备更新时,应很好地了解所需设备的技术发展动向和市场供应状况,制订目标明确、切实可行的更新计划,以确保设备更新的正确进行。

一般来说,在进行设备更新的决策时,应从技术和经济两方面进行分析论证。

1. 设备更新决策的技术性分析

在进行设备的新型更新时,应对以下问题进行分析论证:

(1) 更新后新设备的基本规格和主要参数能否满足生产发展的要求;

(2) 新设备在技术性能上比原有设备有多大改进和提高;

(3) 新设备比原有设备在劳动条件和环境保护方面是否有所改善。

2. 设备更新决策的经济性评价

在进行设备更新决策时,除了应进行技术性分析外,还需要进行经济论证。经济论证的主要内容包括计算设备的投资回收期和设备的投资收益率等。有关的算法在技术经济学中都有介绍,此处不再赘述。

三、设备的技术改造

(一) 设备技术改造的意义

设备的技术改造是指应用新技术和先进经验改变现有设备的原有结构,给旧设备装上新部件、新装置、新附件,或将单机组成流水线、自动线等所采取的较重大的技术措施。通过技术改造能改进现有设备的技术性能,提高设备的工作能力,使其主要输出参数接近或达到新型设备的技术水平,而所需费用则低于购置新设备的费用。尤其当开发新产品而市场上难以购置到所需特殊规格和性能的设备时,对原有设备进行技术改造就成了唯一可行的方法。

我国广大企业中有大量设备处于老化和超期服役状态，亟须更新和改造。受资金和资源的限制，全部更新这些设备在短期内是不可能的。所以在进行必要的更新的同时，应把对老设备的技术改造作为提高企业生产现代化水平的重要措施。

（二）设备技术改造的特点

1. 针对性强

设备技术改造一般由设备的使用单位提出，许多时候还由使用单位自己进行或配合进行。由于设备使用单位对设备的现状最熟悉、对使用要求最清楚，因而能结合企业的实际情况对技术改造提出明确而具体的要求，能够抓住设备的关键部位进行改造。

2. 适应性强

设备的技术改造往往与工艺革新密切结合，在许多情况下只要对原有设备稍做改造就能适应新的生产工艺和操作方法。

3. 经济性好

设备技术改造是在原有设备基础上进行的，往往投资少、周期短、见效快。尤其对一些大型、精密、稀有设备进行改造，通常能节约大量的资金，取得显著的经济效益。

设备的更新和改造是企业提高技术装备水平、改进生产工艺的重要措施，关系企业的竞争力和长远发展，是企业设备管理中具有战略意义的重要内容。

思 考 题

1. 设备管理的意义是什么？
2. 现代设备具有哪些特点？这些特点对设备管理提出了什么要求？
3. 试述设备管理由事后修理走向综合管理的必然性。
4. 试述设备综合管理的主要内容。
5. 设备前期管理包括哪些内容？应如何评价设备前期管理在设备管理中的作用？
6. 如何在设备选择中考虑人的因素？
7. 设备的磨损可分为哪几类？
8. 试述设备的磨损规律及故障发生规律。
9. 设备状态监测与诊断技术有哪些内容？其应用范围是什么？
10. 如何合理使用设备？使用设备与维护设备的辩证关系是什么？
11. 设备修理有哪些类别？如何正确选择设备修理方式和组织设备的修理？
12. 试对不同的设备维修制度进行综合评述。
13. 应如何理解设备的寿命？
14. 设备更新与设备技术改造有何本质上的区别？

参考文献

1. 路甬祥.走向绿色和智能制造——中国制造发展之路[J].国内外机电一体化技术，2010(4).
2. 陈芨熙，顾新建.新的制造战略——绿色制造[J].中国机械工程，1997(3).
3. 张彦宁，蒋黔贵.现代企业管理最新理论和案例精选(2008)[M].北京：企业管理出版社，2008.
4. [美]弗雷德·R.大卫.战略管理[M].李东红，陈宝明，徐玉德，等，译.北京：清华大学出版社，2006.
5. [美]玖·笛德，约翰·本珊特，凯恩·帕维特.创新管理—技术变革、市场变革和组织变革的整合[M].金马工作室，译.北京：清华大学出版社，2004.
6. 陈劲，郑刚.创新管理——赢得持续竞争优势[M].北京：北京大学出版社，2009.
7. 美国卓越制造协会.绿色制造[M].赵道致，纪方，译.北京：人民邮电出版社，2010.
8. 赵家荣.我国推行清洁生产的回顾与展望[J].中国经贸导刊，2003(5).
9. 赵家荣.加快推行清洁生产的基本思路及对策措施[J].中国经贸导刊，2002(18).
10. 段广洪，刘学平.绿色制造：制造业可持续发展的必由之路[EB/OL]. http://www.kexuemag.com/artdetail.asp? name=304.
11. 国家科技部副部长李学勇谈增强企业自主创新能力[N/OL].人民日报[2005-12-29]. http://www.gov.cn.
12. 国务院办公厅国研室.如何增强企业自主创新能力[EB/OL]. http://www.gov.cn,2007-03-20.
13. 胡荼根，桂国庆，谢世坤，肖冠云.面向环境、能源和材料的绿色制造方法实施[J].煤矿机械，2007(3).
14. 顾建国.日本汽车"绿色制造"理念带给我们的启示[J].城市车辆，2009(7).
15. 提高技术引进消化吸收再创新能力.中国服务贸易发展报告[R].北京：商务部，2009.
16. 李红宇.为什么要强化企业自主创新的主体地位[EB/OL].[2007-12-17]http://theory.people.com.cn/GB/49154/49155/6663372.html.
17. 卫兴华，孙咏梅.转变经济增长方式与自主创新[N].人民日报，2007-02-02(9).
18. 刘吉昌，侯瑛.讨论对于我国技术引进消化吸收与创新问题的思考[EB/OL].[2009-08-11] http://www.studa.net/jingji/090811/14343675.html.
19. 吴运建，陈军.我国技术引进消化吸收现状及影响因素分析[EB/OL]. http://www.lw23.com/paper_146530141/.
20. 陶显芳.企业才是技术创新的主体[EB/OL].[2009-06-05] http://blog.ednchina.com/taoxf/234764/message.aspx.
21. 李强国.从产品开发流程看企业研发管理体系的构建[EB/OL].[2009-10-15] http://blog.163.com/wqstrong@126/blog/static/27116608200871385053144/.
22. 王贤治，王颖.个性化市场需求下的创新企业研发管理模式的探讨[J/OL].全球科技经济瞭望，2008,23(2)[2008-10-30]. http://d.wanfangdata.com.cn/Periodical_qqkjjjlw200802008.aspx.
23. 孙进平.计算机辅助设计的现状与发展[J/OL].海淀走读大学学报，2003(4). http://d.wanfangdata.com.cn/Periodical_hdzddxxb200304022.aspx.
24. 林玲玲，刘华，吴霞.供应链管理：第2版[M].北京：清华大学出版社，2008.
25. 陈柳钦.绿色物流——新世纪物流业发展的主流[J].市场与电脑，2003(1).
26. 在可持续发展下的绿色供应链管理[EB/OL].[2010-03-26] http://www.mei.net.cn/industry/utility/news.jsp? cd=300500&edittime=2010-03-26.
27. 孟祥茹.中国企业物流运作现状及发展战略探讨[J/OL].山东交通学院学报，2003(2)[2007-11-21] http://www.cnki.com.cn/Article/CJFDTotal-JNJT200302017.htm.

28. 马士华,林勇.供应链管理[M].北京:机械工业出版社,2010.
29. [日]德山博宇,曹德弼,[日]熊本和浩.生产マネジメント[M].大荣市:朝仓书店,2002.
30. 潘家轺.企业生产管理[M].北京:中央广播电视大学出版社,2001.
31. 陈荣秋,马士华.生产与运作管理[M].北京:高等教育出版社,1999.
32. 陈荣秋.生产计划与控制:概念、方法与系统[M].武汉:华中理工大学出版社,1995.
33. 刘丽文.生产与运作管理[M].北京:清华大学出版社,1998年.
34. 金占明.战略管理[M].北京:清华大学出版社,1999年.
35. 黄卫伟.生产与作业管理[M].北京:中国人民大学出版社,1997.
36. 陈茉秋.排序的理论与方法[M].武汉:华中理工大学出版社,1987.
37. 崔克讷,赵黎明.现代劳动定额学[M].天津:天津科技翻译出版公司,1988.
38. 冯云翔.精益生产方式[M].北京:企业管理出版社,1995.
39. 张根保等.企业信息化[M].北京:机械工业出版社,1999.
40. 陈启申.供需链管理与企业资源计划[M].北京:企业管理出版社,2001.
41. 陈国权.制造业先进生产方式与管理模式[M].北京:科学技术文献出版社,1998.
42. 陈国权.并行工程管理方法与应用[M].北京:清华大学出版社,1998.
43. 杨肖鸳.敏捷制造[M].昆明:云南科技出版社,1997.
44. 吴季松.知识经济[M].北京:北京科学技术出版社,1998.
45. 赵弘,郭继丰.知识经济呼唤中国[M].北京:改革出版社,1998.
46. 机械工业企业管理手册:设备管理篇[M].北京:机械工业出版社,1998.
47. 何明珂等.现代物流与配送中心:推动流通创新的趋势[M].北京:中国商业出版社,1997.
48. Richard B. Chase 等.生产与运作管理:制造与服务第8版[M].宋国防,等,译.北京:机械工业出版社,1997.
49. 彼得·F.德鲁克,等.知识管理[M].杨开峰,译.北京:中国人民大学出版社,1999.
50. 刘荔娟.现代项目管理[M].上海:上海财经大学出版社,1999年.
51. 杰克·占多,詹姆斯·P.克莱门斯.成功的项目管理[M].张金成,等,译.北京:机械工业出版社,2001.
52. 李仕模. 第五代管理[M].北京:中国物价出版社,2000.
53. David M. Anderson,B. Joseph. Pine Ⅱ.21世纪企业竞争前沿:大规模定制模式下的敏捷产品开发[M].冯涓,李和良,白立新,译.北京:机械工业山版社,2000.
54. Eliyahu. M. Goldratt,Jeff. Cox. The Goal[M]. Great Barrington, MA: North River Press,1986.
55. Eliyaha. M. Goldratt, Robert. E. Fox. The Race [M]. Great Barrington, MA: North River Press,1986.
56. 中国企业管理百科全书:增补卷[M].北京:企业管理出版社,1990.
57. 机械工业企业管理手册:生产管理篇[M].北京:机械工业出版社,1988.

教师服务

感谢您选用清华大学出版社的教材！为了更好地服务教学，我们为授课教师提供本书的教学辅助资源，以及本学科重点教材信息。请您扫码获取。

教辅获取

本书教辅资源，授课教师扫码获取

样书赠送

管理科学与工程类重点教材，教师扫码获取样书

清华大学出版社

E-mail: tupfuwu@163.com
电话：010-83470332 / 83470142
地址：北京市海淀区双清路学研大厦 B 座 509

网址：http://www.tup.com.cn/
传真：8610-83470107
邮编：100084